MARGARETE ZANDER

DIE

MARXLOH-

POWER

Integration im Alltag erleben

zanderfisch

Impressum

Lektorat: Barbara Schulz
Korrektorat: Maike Zürcher
Fotos privat Margarete Zander, Melisa Küccük (Brautmoden) und Anke Schmaler (Hochofen, Innenteil), Delal (Name geändert)
Ich danke allen, deren Fotos ich veröffentlichen durfte, insbesondere auch der thyssenkrupp Steel Europe AG, der Merkez Moschee, dem Landschaftspark Duisburg-Nord, dem Petershof e.V. und dem Klavier-Festival Ruhr
Fotos, an denen jemand Rechte besitzt, von denen ich nichts wusste, bitte umgehend bei mir melden. Sie werden sofort herausgenommen!
Zeichnungen Pollmann-Eck, Hochofen, Montan, Marxloh-Karte: Abdullah Sarikaya
Traumsteine Projekt: Alice Nierentz
Cover: Roland Albrecht

© 2023 Margarete Zander

Verlagslabel: zanderfisch

ISBN Softcover: 978-3-347-76027-1
ISBN Hardcover: 978-3-347-76028-8
ISBN E-Book: 978-3-347-76029-5

Druck und Distribution im Auftrag des Autors:
tredition GmbH, An der Strusbek 10, 22926 Ahrensburg, Germany

Für meinen Vater

1985 wollten wir ein Buch schreiben über das Ankommen.
Über Arbeiter wie Dich, die Menschen beim Ankommen begleiten
und ihnen Türen öffnen und ihre Herzen.
In ihrem Alltag.
Nun habe ich unser Buch geschrieben, mit Menschen in Marxloh,
die angekommen sind und Türen und ihre Herzen öffnen für alle,
die gerne in Deutschland leben möchten. Und über LehrerInnen,
die Wege in eine gemeinsame Zukunft gehen.
Dabei habe ich die Werte wiederentdeckt, die Du gelebt hast, die
dieses Zusammenleben so erstrebenswert und unsere Gesellschaft
wirklich stark machen.

INHALTSVERZEICHNIS

Einleitung

Marxloh, ein Samstagmorgen im August 2022.

Der Sperrmüllwagen der Wirtschaftsbetriebe hallt durch die engen Straßen mit den alten Arbeiterhäuschen beim Hotel Montan. Die Nacht war ruhig. Nur ab und zu ein paar Betrunkene auf dem Weg nach Hause. Ich stehe auf und will erleben, wie Marxloh aufwacht. Heute Mittag werden die Straßen wieder sehr belebt sein – große Familien, oft mit drei oder vier Genrationen, werden aus einem Umkreis von hundert Kilometern anreisen, um gemeinsam etwas Schönes zu erleben. Osnabrück, Emsland, Luxemburg, Köln, Düsseldorf, Moers, Balingen, Dinslaken.

Der Grund: Hier gibt es Luxus: Goldschmuck, Eleganz für die häusliche Einrichtung, traumhafte Hochzeitskleider und Anzüge und schicke Restaurants, die darauf eingestellt sind, dass große Familien kommen und gemeinsam mit vielen Einkaufstüten an großen Tischen sitzen und zusammen essen. Das gemeinsame Shoppen mit der ganzen Familie erinnert besonders die älteren türkischen Frauen und Männer an frühere Zeiten in Istanbul oder Izmir. Und so ein bisschen weht mitten in Marxloh das Flair des Orients durch die Straßen. Schon diese Atmosphäre erleben die Menschen als ein Highlight ihrer Woche, hier gibt es das Lebensgefühl, bei dem sie durchatmen können.

Doch vor elf Uhr tut sich da nichts. Ich gehe los. Gleich an der ersten Straßenecke fegt der bulgarische Besitzer eines kleinen Supermarktes mit einem handlichen, durch die Stille ringsherum heute aber besonders lauten Laubbläser mühsam die Schalen von Pinienkernen zusammen.

„Gar nicht so leicht, diese Teile zu entfernen", sage ich.

„Geht, ich mach das dreimal am Tag." Sein Tonfall sagt: Muss sein. Nervt aber.

Ich biege in die Kaiser-Wilhelm-Straße ein. Kein Autoverkehr, keine Fahrräder, keine Straßenbahn. Alles leer. Aber vor und in den Geschäften ist es wuselig. Überall werden Schaufenster geputzt, Tische und Stühle gesäubert, gefegt, geschrubbt, aufgeräumt. Eine ältere Frau wienert die Haustüre des

Mehrfamilienhauses samt Klingelbrett, obwohl der ganze Eingangsbereich ziemlich lädiert aussieht. Die Stimmung ist gut. Ich atme Kohlenpott.

Viele der vierstöckigen Häuser der Jahrhundertwende sind noch vom Kohlenstaub verdunkelt, einige sind renoviert wie das Haus mit dem Türmchen am Pollmann-Eck. Die Ladenbesitzer setzen ihre Angebote in Szene und versuchen, ihrer Ware im Parterre eine Art magische Anziehungskraft zu geben. Die Luft ist hier mitten im Kohlenpott immer noch dreckiger als woanders, aber so schlimm wie früher, als unsere Fenster in Walsum mindestens dreimal in der Woche von einer roten oder schwarzen Staubschicht bedeckt wurden, ist es wohl nicht mehr.

Coffeeshop

An der Trinkhalle in der Weseler Straße, die hier „Coffeeshop" heißt und während der Woche die erste Anlaufstelle für die Männer auf dem Arbeiterstrich ist, steht heute noch niemand. Ich schau mir mal in Ruhe die Stellwände voller Tüten mit Chips, Sonnenblumen-, Mais-, Kürbis- und sonstigen Kernen genauer an und auch das Plastikspielzeug – trommelnde Äffchen oder Rad fahrende Bären, meist mit Bonbons gefüllt. Außerdem gibt es eine Reihe von Barbiepuppen mit dicken Zöpfen mit exotischem Charme und kleine schicke Döschen mit Dollarzeichen in Gold und einem aufgesetzten Ring von Plastikdiamanten für das Zerkleinern von Haschisch oder Marihuana, wie mir die Verkäuferin erklärt.

In der Bäckerei des Schnellrestaurants Ali Baba steht schon eine kleine Schlange an der Theke. Überwiegend Familienväter, manche mit einem Kind an der Hand. Sie kaufen frisches Brot und Brötchen fürs Frühstück. Doch der Boom kommt noch, so gegen elf bis zwölf Uhr. Die meisten der Stammkunden schlafen gerne lang. Ich entdecke ein neues Geschäft. Exotische getrocknete Früchte, von Mandarinen-scheiben bis zu Blaubeeren, rustikal schick verpackt, Marmelade ohne Zucker, kaltgepresstes Olivenöl. Vielleicht sogar bio? Das wäre eine neue Nuance. Möchte ich später unbedingt hingehen. Öffnet natürlich auch erst um elf Uhr.

Marxloh wirkt beschaulich. Noch sitzen hier keine Bettler, die sich ihre Plätze strategisch günstig an den Laufstrecken der Kundschaft zwischen den schönsten Geschäften suchen, und noch gibt es keine kleinen Grüppchen von Menschen an den Ecken der vielen schmalen Parkwege, die Marxloh durchziehen, die mit ihren Flachmännern, Bierdosen und Energydrinks in der Hand gefühlt permanent und lautstark miteinander diskutieren. Auf Gott und die Welt schimpfen. Noch sind auch keine Mütter mit Kinderwagen und vielen Kindern im Schlepptau unterwegs. Es ist ruhig. Die Sonne scheint. Die Kirchturmuhr schlägt.

Ich weiß: Über Mittag wird es am Samstag sehr geschäftig und belebt in der Geschäftsmeile rund um das Pollmann-Eck. Überall wird dann angeregt miteinander geredet und gelacht. Männer stehen in kleinen Gruppen im Kreis und reden miteinander, gern an den Eingängen von Spielhallen oder neben Trinkhallen und Coffee-Shops. Frauen ziehen große Einkaufsshopper hinter sich her, sie sind meist zu zweit oder zu dritt und treffen sich gern vor den Discountern und den Lebensmittelgeschäften, die Obst und Gemüse auf großen Stellagen weit in den Bürgersteig hinein ausbreiten.

Die Straßencafés werden sich füllen und auch dort werden nur wenige Pärchen sitzen, dafür umso mehr große Familien und Freundeskreise, die sich samstags gern verabreden. Und je später der Tag, umso mehr große Einkaufstüten und prall gefüllte Taschen werden um sie herum stehen. Man hat den Eindruck, die Geschäfte florieren.

Politessen laufen dann herum und schreiben die auf, die die Parkbucht nicht genau getroffen haben und mit einem Rad auf dem Bürgersteig stehen. Es gibt viele dicke Autos und wenig Parkraum. Hier sieht man die neuesten Modelle der gängigen Nobelfabrikate – Mercedes, BMW, ab und zu auch einen Maserati oder Jaguar. Viele SUVs. Und neue Mittelklassewagen. Meist Toyota. Die Autos haben bulgarische, rumänische, polnische, niederländische, belgische und deutsche Kennzeichen. Eine verrückte Mischung aus Familienautos und Geschäftskarossen, die Erfolg demonstrieren. Dazwischen große weiße Lieferwagen mit getönten Scheiben, in denen Arbeiter und Baumaterialien transportiert werden. Das regt die Fantasie an. Krimiautoren, Romanschriftsteller: Hier liegen die Storys auf der Straße!

Ich schlendere zurück ins „Montan". Frühstücken. Luzie ist da. Wie sie das Buffet herrichtet, ist es eine herzliche Einladung, ein echtes Willkommen. Sie hat ein Händchen für Gastlichkeit. So kann der Tag beginnen.

Warum ich über Marxloh schreibe? Das erzähle ich in meiner ersten der vielen Marxloh-Geschichten, die ich in der Straßenbahn erlebt habe. Und diese hat mich so aufgewühlt, dass ich einfach mehr erfahren wollte. Und anfangen musste, zu erzählen.

Marxloh hat viel Potenzial

Straßenbahn Linie 903:
Schockierende Selbsterkenntnis

Ein extrem heißer Sommertag. Ich fahre mit der Straßenbahn 903 von Duis-burg-Walsum zum Hauptbahnhof. Die Bahn ist mehr als voll besetzt, jeder bewegt sich so wenig wie möglich. Auf den Kinderwagen im Tiefeneinstieg türmen sich grellbunte Picknickdecken mit Einhörnern und Rennwagen, rie-sige Kühltaschen, XXL-Flaschen mit Softdrinks, Wasserpistolen im Maschi-nengewehr-Design, Plastikeimer und Schaufeln für den Sandkasten, Roller und Dreiräder. Die Menschen hängen schlaff auf den dunkelroten Plastikdop-pelsitzen, es ist ungewöhnlich ruhig.

Mein Blick streift über viel nackte Haut mit Tattoos, die über gewölbtem Fleisch zu zerfließen scheinen, über weiße Söckchen in Paillettensandalen, die unter gemusterten Röcken hervorblitzen, über Badiletten mit Plüschknöpfen, riesige dünne Kopftücher und bodenlange bunte Sommerkleider mit langen Ärmeln über Jeans getragen. Ich sehe fleckig bedruckte kurze Baumwoll-Shorts und graue Socken in Sandalen, verschwitzte T-Shirts mit Motiven von Rennwagen und Statements wie „Big is beautiful" und „New York". Ob die-ser Mann in den mittleren Jahren schon mal in New York war? Oder ob diese Stadt sein großer Traum ist? Wer weiß. Zwischen das gleichmäßige Rattern der Straßenbahn und die Stationsansagen „Heckmann" und „Wolfstraße" mischt sich ein mauliges Lamento zweier junger, schmächtiger, sportlich durchtrainierter Männer. Sie tragen weiße T-Shirts mit japanisch anmuten-den Mustern und schwarze, locker fließende Polyesterhosen. Die Gespräche und ihre Sporttaschen lassen darauf schließen, dass sie auf dem Weg zum Boxtraining sind.

Im Gelenk zwischen den Wagen steht ein gutaussehender junger Mann um die Fünfundzwanzig, dunkler Teint, dichte, schwarze Haare, weißes Polo-shirt, beige mittellange Baumwollhose, Flipflops. Unbeirrt von den hohen Temperaturen und dem Gedränge um sich herum liest er konzentriert in ei-nem dicken Buch. Es ist ein wunderschönes Buch in einem dunklen grünen Ledereinband, verziert mit goldenen arabischen Schriftzeichen. Auch die

Anfangsbuchstaben einiger Kapitel sind auffallend und aufwendig verziert. Es ähnelt kunstvollen Bibelausgaben, und es ist auch ungefähr so dick wie eine Bibel. Vielleicht der Koran?

Fundamentalist?

Ohne, dass ich bewusst darüber nachdenke, startet der Film – das ganz große Kopfkino: Ist das vielleicht einer jener jungen Männer, die unter dem Druck eines Imam stehen, der eine fundamentalistische Gesinnung indoktriniert und sie dazu bringen möchte, ihre Koranauslegung und Werte über die des deutschen Grundgesetzes zu stellen? Einer derjenigen, die die Gesetze des muslimischen Glaubens nach ihren kämpferisch fanatischen Welteroberungsfantasien auslegen? Ist dieser junge Mann auf dem Weg zu einer Lehrstunde in Fundamentalismus? Wird er dort auf Glaubenssätze eingeschworen, die er über die Gesetze unseres Staates stellen soll? Über die Regeln der Demokratie?

Mit beinahe fanatischer Akribie schlägt der junge Mann immer wieder die Fußnoten am Ende des Buches nach, offensichtlich sorgfältigst darum bemüht, alles genau zu verstehen. Was mag ihn antreiben, bei fast unerträglicher Hitze diese Texte so intensiv zu studieren? Neugierig nähere ich mich ihm, um vielleicht den Titel des Buches zu erkennen. Als Journalistin habe ich normalerweise keine Hemmungen zu fragen, und doch zögere ich. Er könnte es als Belästigung empfinden. Noch während ich versuche, einen genaueren Blick in das Buch zu werfen, sind wir leider schon an der Haltestelle Duisburg Hauptbahnhof angekommen, und ich muss aussteigen.

Freundlicherweise ist mir jemand behilflich, den dicken Koffer die steilen und schmalen Stufen der Straßenbahn herunterzuheben – es ist mein eifriger Leser! Ich bedanke mich, er lächelt. Zwei Minuten später registriere ich, dass er auf der langen Rolltreppe zum Fernbahnhof hinter mir steht. Ich fasse mir ein Herz, drehe mich um und spreche ihn an: „Entschuldigen Sie bitte, Ihr Buch sieht so wunderschön aus, darf ich fragen, was Sie da vorhin in der Straßenbahn gelesen haben?" Er schaut mich verblüfft an und druckst ein bisschen herum. „Ja, hm, ich weiß nicht, ob Sie schon einmal etwas davon gehört haben. Das sind Aphorismen von Wittgenstein." Das saß. Ein Buch eines der größten Philosophen des 20. Jahrhunderts. Ich hätte zu gern gesehen, wie ich da geguckt habe! Vermutlich stand mir die Überraschung ins Gesicht geschrieben. Wir blieben noch einige Minuten zusammen oben an der Rolltreppe, und er erzählte mir, dass er aus Syrien kommt und auf dem Weg zu einer Tante sei, die ihm das Buch des Philosophen vor einigen Wochen geschenkt hatte. Sie unterrichtet in Essen, und die beiden wollten sich gleich darüber unterhalten.

Toleranz?

Mehr habe ich nicht über ihn erfahren. Und doch sollte diese kurze Begegnung nachhaltige Folgen haben. Ich war erschrocken über meine Wahrnehmung. Was war mir in der Straßenbahn alles durch den Kopf gegangen? War ich schon so von all den negativen Nachrichten geprägt, dass sich die Angst, ein Anschlag durch den IS könnte direkt hinter jedem noch so friedlichen Gesicht lauern, schon verselbstständigt hatte und ich im Prinzip hinter jedem, dessen Äußeres auch nur im entferntesten ahnen lässt, dass er aus einer anderen Kultur kommt, einen möglichen Attentäter vermute?

Ich musste an meinen Vater denken, der als Meister bei Thyssen auf jeden Menschen offen zugegangen war. Als die meisten zurückhaltend auf die „Gastarbeiter" reagierten und voller Furcht und Ablehnung waren, weil sie nichts über die fremde Kultur wussten. Mein Vater sah die Situation menschlich: Diese Männer hatten ihre Heimat verlassen und waren äußerst mutig und arbeitswillig, voller Hoffnung auf ein Leben ohne Armut aus Marokko, der Türkei, Italien oder Jugoslawien nach Deutschland gekommen. Kontaktfreudig, wie er war, wusste er um ihr Heimweh, kannte ihre Sehnsucht nach ihren Familien. Er machte keinen Unterschied, ob jemand Generaldirektor oder Pförtner war. Er hat die neuen Mitarbeiter unterstützt, und dabei war ihm ganz egal, woher sie kamen und wie gut sie Deutsch sprachen oder welche Religion sie hatten. Wenn jemand freundlich gefragt hat, bekam er auch eine freundliche Antwort. Mein Vater hat den neuen Mitarbeitern geholfen, anzukommen, sich ihr Leben in Duisburg angenehm einzurichten.

Damals, als Günter Wallraff das Buch „Ganz unten" veröffentlichte und wir schockiert und gleichzeitig dankbar waren, dass jemand die Lage an die Öffentlichkeit brachte, wollten mein Vater und ich ein Buch schreiben, über all jene, die die Fremden willkommen heißen. Über den Reichtum, den sie in unser Leben gebracht haben, ganz konkret sichtbar schon allein durch ihre Gemüse- und Stoffstände auf dem Markt. Damals ist es nicht dazu gekommen. Mein Vater ist früh gestorben.

Nun habe ich mit denen gesprochen, die diese Zeit erlebt haben, die gekommen sind, um zu bleiben. Und ich wurde reich beschenkt: Viele haben mir gern ihre Geschichten erzählt, Geschichten, die das Leben schreibt, zum Staunen, zum Träumen, Schmunzeln und Nachdenken.

Menschen in Marxloh begegnen

Und so lade ich Sie ein nach Marxloh! Erleben Sie einen Stadtteil, der sich permanent verändert. Und der sich doch selbst treu bleibt. Hier leben Menschen, die eines mehr haben als andere: Toleranz. Begegnen Sie mit mir Menschen, die gern in Marxloh leben und arbeiten. Die in Marxloh zu Hause sind, weil sie schon immer hier waren oder in diesem Viertel der Stadt Duisburg Heimat gefunden haben. Lernen Sie die liebenswerte, die wirklich starke Seite des Dorfes – und Sie werden erleben, dass es eins ist! – näher kennen. Mit Menschen, die das Zusammenleben Tag für Tag ein bisschen lebens- und liebenswerter machen.

Ich schreibe nicht über die vielen Initiativen und Institutionen. Hier begegnen Sie Menschen, die die Herausforderungen Ihres Alltags annehmen und Zukunft mitgestalten in einer Gesellschaft, die sich permanent verändert. Demokratische Zukunft. Sie sind Stahlkocher oder Konditorin, SchulhausmeisterIn oder SchulleiterIn, verkaufen Brautmoden oder gesunde Lebensmittel oder organisieren Treffpunkte, um mehr über das Leben in Deutschland zu erfahren und sich über Unterschiede und Gemeinsamkeiten der verschiedenen Kulturen und Traditionen auszutauschen.

Staunen Sie über die Leidenschaft, mit der Schulen die Herausforderungen annehmen, wie sie Vielfalt als ihre Stärke betrachten und damit unsere Gesellschaft stark machen für die Zukunft.

Erleben Sie diesen Stadtteil im Wandel und staunen Sie mit mir, wie das Miteinander unterschiedlichster Menschen im Alltag ganz konkret funktioniert. Denn Marxloh ist auf dem besten Weg, sich von der sogenannten „Nogo-Area" zu einer hippen „Go-to-Area" zu wandeln.

Sie können nichts tun für Integration, meinen Sie? Ja, das dachte ich auch immer, dieses „Was geht mich das an? Ich bin ja tolerant!" Aber Sie können etwas tun. Mehr, als Sie denken. Und dass Sie den dumpfen Boden für feindliche Gesinnungen in unserer Gesellschaft nicht stumm nickend stärken, sondern andere Geschichten erzählen, das ist wichtiger, als Sie vielleicht ahnen.

Wegweiser an der Herbert Grillo-Gesamtschule

Kapitel 1:

Begegnung mit Gänsehaut

Während Marxloh immer wieder in den Medien mit Schlagzeilen über Polizeieinsätze, Clan-Kriminalität, undurchsichtige Immobiliengeschäfte und kriminellen Sozialbetrug auftaucht, läuft mir Tobias Bleek über den Weg. Begeistert schwärmt er von seinem Projekt in Marxloh – muss er ja, denke ich, schließlich leitet er das Education-Programm des Klavier-Festivals Ruhr. Aber so, wie er davon berichtet, macht er mich neugierig. Er weiß, dass ich aus dem Stadtteil nebenan komme und Marxloh seit meiner Kindheit kenne, und möchte gern, dass ich einen journalistischen Blick auf das Engagement des Festivals werfe. Und weil es zeitlich passt, sage ich zu, auch wenn ich mich insgeheim frage: Was will das renommierte klassische Klavierfestival in Marxloh? Mehr als Danke sagen für den internationalen Erfolg und davon etwas an einen sozial schwachen Stadtteil abgeben, kann es doch nicht sein – oder? Ich kenne das von vielen Festivals, dass sie ihr Image mit Aktionen für Kinder aufpolieren. Aber denken die Veranstalter ernsthaft, dass sie in Marxloh bei Kindern und Eltern auf Interesse an Klaviermusik stoßen? Und mal ehrlich: Ist es wirklich Klaviermusik, was die Menschen in Marxloh brauchen? Ist es klassische Musik, die den Schulen hilft, ihre Lernziele zu erreichen? Die das Leben im Stadtteil lebenswerter machen könnte? Es ist die falsche Frage, aber das weiß ich da noch nicht.

Was will das Klavier-Festival Ruhr in Marxloh?

Natürlich, auch ich engagiere mich seit vielen Jahrzehnten dafür, Menschen für die klassische Musik zu begeistern. Alle sollen erleben, wie sehr diese Musik die eigene Persönlichkeit und das Seelenleben stärken kann. Natürlich sind solche kostenfreien Angebote und der Eintritt in ein richtiges Festival für Schulen eine willkommene Abwechslung zum normalen Unterricht. Aber:

Tobias Bleek zieht zwei Asse aus dem Ärmel, die mich neugierig machen. Das erste: Das Klavier-Festival unterstützt die Schulen das ganze Jahr über – üblicherweise laufen Education-Projekte nur während der Festivalzeit. Und das zweite Ass ist einer der Musiker, der dieses Projekt mitträgt: Richard McNicol. Ich kenne den Briten von seiner unfassbar eindrucksvollen Education-Arbeit bei den Berliner Philharmonikern. Der Dirigent Simon Rattle hatte ihn bei seinem Amtsantritt 2002 aus London mit nach Berlin gebracht, und der erfahrene Flötist lockte zuerst einmal die gefeierten Orchestermusiker aus der Reserve und konnte sie für die Arbeit mit Kindern und Jugendlichen wirklich begeistern. Innerlich applaudiere ich ihm immer noch für so manchen Moment, den ich in seinen Projekten miterleben durfte. Einmal hatte er eine Regel aufgestellt: Wenn wir den Konzertsaal betreten, verständigen wir uns nur noch mit Zeichen, ohne Worte. Alle hielten sich daran - bis auf die beiden Lehrerinnen, die die Klassen begleiteten und die wurden dann auch prompt ermahnt!

Der Flötist hatte einfach ein gutes Gespür für den richtigen Ton und am liebsten hätte ich oft selbst gern mitgemacht, statt nur zu berichten.

Ich freue mich also darauf, dass ich Richard McNicol in der Grundschule Henriettenstraße wieder begegnen werde. Mit etwas Herzklopfen mache ich mich morgens von Walsum aus auf den Weg

Blick aus der Straßenbahn auf den Hochofen

nach Marxloh. Die mahnenden Worte meiner damals neunzigjährigen Mutter begleiten mich: „Du weißt, dass in Marxloh die Leute immer wieder überfallen und ausgeraubt werden. Das lese ich jeden Tag in der Zeitung!"

Natürlich weise ich die Bedenken als unbegründet zurück, frage mich aber insgeheim: Ist das wirklich gefährlich? Tatsächlich weiß ich es nicht. Ich bin lange nicht zu Fuß im benachbarten Stadtteil unterwegs gewesen. Fahre ich mit der Straßenbahn 903 von

„unserer" Duisburger Haltestelle Schwan durch Marxloh zum

Duisburger Hauptbahnhof, fühle ich mich sicher. Auch wenn ich mal ein Stück laufe, ist das kaum anders als in meiner Wahlheimat Berlin. Bislang jedoch gehe ich zu Fuß nur durch die Einkaufsmeile auf den beiden Hauptstraßen, auf denen reger Verkehr herrscht. Heute also soll ich mittenhinein in die sogenannte „No-go-Area". Dahlstraße. Hier wurde vor einigen Jahren ein Kind bei einer Rangelei zwischen Erwachsenen so schwer mit einem Messer verletzt, dass es an den Folgen starb. Ich habe von verschiedenen Seiten davon gehört. Also steige ich wachsam an der Haltestelle Wolfstraße aus, drei Stationen hinter der Haltestelle Walsum-Schwan. Ich muss beim türkischen Restaurant Ali Baba rechts in die Seitenstraße einbiegen, vor dem Hotel Montan die Straße links und dann die erste Straße rechts nehmen, das ist die Henriettenstraße.

Eine Grundschule in Marxloh

Außer mir sind nur einige Schulkinder und Mütter mit Kleinkindern unterwegs. Die Sonne scheint, die Straße macht einen friedlichen, ruhigen Eindruck. Üppige rot blühende Geranien auf den Balkonen der vierstöckigen Reihenhäuser lassen die Umgebung freundlich wirken, die Grünanlagen sind gepflegt. Dazwischen immer wieder typische Siedlungshäuser aus der Zeit vor dem Ersten Weltkrieg – die Fassaden noch wie früher aus alten schwarzen Backsteinen, die Fenster neu. Man sieht, die Häuser werden sorgfältig instand gehalten.

Plötzlich entdecke ich die Grundschule. Ich weiß nicht, was ich mir vorgestellt hatte – das jedenfalls nicht: Ich stehe vor einem großen alten

Backsteingebäude, das wirkt wie eine alte Dorfschule. Bei dieser ersten Begegnung scheint sie mir wie vom Himmel gefallen. Sie lacht mich geradezu an mit ihren bunt bemalten Fenstern und dem großen Schulhof mit Kletternetz und dem üppigen alten Baumbestand. Einige SchülerInnen spielen Ball, kommen neugierig näher und grüßen mich.

Ich gehe die Treppe hinauf und komme an einer Bücherei vorbei. Ein Blick durch die offene Tür zeigt einen bunten, ordentlich aufgeräumten Raum mit Regalen voller Bücher, gemütlichen Sitzecken und kleinen Tischen, im hinteren Bereich sitzt eine Frau an einem Pult, die mich freundlich grüßt. Ich frage nach dem Weg zum Musikraum. Oben im Flur würde ich ihn schnell selbst finden, lacht sie, da würde mich die Musik schon leiten, aber: Sie bringt mich gerne hin. Hier ist alles still. Im Moment hören wir nur unsere eigenen quietschenden Gummisohlen auf der Steintreppe. Bis mir fröhliche Klänge von Trommeln, Rasseln, Glockenspielen und Klangstäben entgegentönen. Richard McNicol macht mit etwa fünfundzwanzig SchülerInnen des ersten Schuljahres Musik in einem riesigen hellen Saal, der gefühlt über zwei Etagen geht.

Alles wirkt luftig, großzügig. Die Kinder trommeln und hämmern mit Schlägeln für Xylofone auf ihren Instrumenten herum. Wer hier schüchtern ist, hat keine Chance, gehört zu werden – oder?

Richard McNicol entwickelt einfache Frage- und Antwortspiele ohne Worte: Er selbst spielt eine Melodie auf seiner Querflöte, die Kinder antworten mit ihren Instrumenten. Er gibt die Lautstärke vor, das Tempo und die Intensität. Und ganz wichtig sind ihm die Pausen.

Er gibt ganz klare Zeichen und fordert konsequent, dass niemand in diesen kurzen musikalischen Pausen auch nur einen Ton spielt oder sich bewegt.

Und dann nimmt er wieder seine Flöte, und spielt mit so viel Freude, dass man einfach mitmachen möchte. Die Atmosphäre ist gut. Richard McNicol lacht mit den Kindern, und wenn mal etwas nicht gleich gelingt, macht man es eben noch mal. Niemand wird ausgelacht. Er wiederholt und wiederholt und wiederholt. Das, was er sagt, hört sich an, als würde er mit den Kindern in einem spannenden Bilderbuch blättern: „Das ist, als wenn man unter Wasser die Luft anhält", erklärt er gerade, auch wenn die meisten das nicht verstehen, denn hier spricht kaum jemand deutsch. Und doch lernen die Kinder zuzuhören und entwickeln den Ehrgeiz, so schön zu spielen wie der Flötist es vormacht. Immer wieder fragt er: „Könnt ihr das vielleicht noch schöner? Könnt ihr versuchen, mit euren Instrumenten zu zaubern, zu tanzen, zu flüstern, zu singen?"

Dass der Musiker damit kokettiert, als Brite ja auch nicht perfekt Deutsch zu sprechen, bringt eine gewisse Leichtigkeit in den Prozess. Dabei sind es nicht unbedingt seine Worte – es ist einfach die Art, wie er mit den Kindern spricht, wie er arbeitet und Ruhe in den Unterricht bringt. Und über das gemeinsame Musizieren lernen alle so ganz nebenbei auch einige deutsche Wörter und ihre Bedeutung kennen:

Laut und leise, schnell und langsam, schön und – stopp!

Doch nun bin ich hereingekommen, und natürlich bleibe ich nicht unbemerkt. Richard McNicol gibt uns einen Moment für die Begrüßung. Klar, mein Aufnahmegerät und das Mikrofon sind supercool. Spontan lasse ich die Kinder ihre Namen ins Mikrofon sprechen, dabei dürfen sie über Kopfhörer ihre eigene Stimme hören. Das macht ihnen einen Riesenspaß, und die Art, wie sie reagieren, ist von Kind zu Kind verschieden. Einige albern herum, andere sind ganz ehrfürchtig, wieder andere haben fast Angst, die eigene Stimme zu hören. Die Atmosphäre ist so gut, dass es ein Leichtes wäre, mit den Kindern weiter mit diesem Equipment zu arbeiten. Ihre Neugier – Pädagogen sprechen von intrinsischer Motivation – und Begeisterungsfähigkeit sind geradezu greifbar und machen einfach Lust auf mehr. Den Kindern und mir. Doch mit dem Zauberton seiner Flöte fängt Richard McNicol die Kinder im Nu wieder ein, und sie machen weiter zusammen Musik. So hat mich der Flötist einmal mehr beeindruckt.

Ich beschließe spontan, einen Radiobeitrag über dieses Projekt des Klavier-Festivals Ruhr in Marxloh zu produzieren. Was mir dazu allerdings noch fehlt, ist eine kompetente Stimme, sind authentische Hintergrundinformationen über die Arbeit an dieser Grundschule. Gibt es ein spezielles Lernkonzept? Montessori-Pädagogik oder eine andere Methode, die ich noch nicht kenne? Am besten wäre natürlich ein Interview mit der Direktorin der Schule. Ganz spontan? Schwierig. Ich konnte nicht ahnen, was mich dort erwartet.

Aber: Tobias Bleek kommt mit einer guten Nachricht von der Schulleiterin zurück: Sie sagt mir in ihrem eng getakteten Tagesablauf spontan zehn Minuten Interview zu. Wunderbar. Das reicht fürs Erste für einen Kurzbeitrag fürs Radio.

„Guten Morgen!" in mehr als zehn Sprachen

In sportlichem Tempo kommt Regina Balthaus-Küper am großen Besuchertisch ihres gemütlichen Büros dann auch direkt zur Sache und bringt die Lage ihrer Grundschule ungeschönt und empathisch auf den Punkt: „Ja, Marxloh ist schwierig. Aber der Stadtteil kommt in den Medien oft zu schlecht weg. Natürlich gibt es Probleme an der Schule, aber da ist auch viel Potenzial. Unsere Aufgabe ist es, dieses Potenzial hervorzulocken und zu stärken." Das kommt überzeugend, und diese Einstellung erklärt die Atmosphäre, die man in dieser Schule spürt.

2005 hat Regina Balthaus-Küper als Konrektorin an der Städtischen Katholischen Grundschule Henriettenstraße in Marxloh angefangen, zwei Jahre später die Schulleitung übernommen. Seither musste sie auf einige gravierende Veränderungen reagieren: „Unsere Schule ist nicht ganz einfach zu beschreiben. Wir sind eine Schule im sozialen Brennpunkt, die sich in den letzten zehn Jahren noch einmal massiv verändert hat. Wir hatten schon immer circa fünfundachtzig bis neunzig Prozent Migranten. Bis vor zehn Jahren waren davon etwa sechzig Prozent türkischen Ursprungs. Dann gab es noch eine etwas größere Gruppe libanesischer Herkunft und ganz viele andere Nationalitäten. Und dann begann ganz langsam die Zuwanderung von Menschen aus Osteuropa, überwiegend aus Rumänien und Bulgarien. Dazu kommen – ebenfalls ohne Deutschkenntnisse – die aus anderen europäischen, aber auch

24

aus afrikanischen Ländern und Flüchtlinge aus Syrien, aus dem Irak. Alle ohne Deutschkenntnisse. Sechzig Prozent der Kinder sprechen kein Deutsch, wenn sie in unsere Schule eintreten. Das heißt, wir alphabetisieren ganz am Anfang, im ersten Schuljahr, mit Händen und Füßen. Gleichzeitig lernen die Kinder aber auch erst einmal Gruppen- und Arbeitsstrukturen, überhaupt ein soziales Gefüge von Gruppen kennen. Wie verhalte ich mich, wie gehe ich mit Schere, Kleber und Knete um und so weiter. Das sind alles Dinge, die die Kinder nicht kennen. Und trotzdem machen wir gute Erfahrungen!"

Regina Balthaus-Küper brennt für ihre Arbeit und wirkt dabei sehr besonnen. „Wir müssen als Lehrer unser Konzept, unsere methodischen Vorgehensweisen, auch unsere inneren Zugangsweisen komplett umstellen. Aber wenn wir uns auf die Kinder einlassen und sie auf ihrem Stand fördern, gelingt es, und die Kinder gehen gern zur Schule. Viele von ihnen erscheinen anfangs noch unregelmäßig, weil die Eltern erst einmal das Schulsystem kennenlernen und Vertrauen entwickeln müssen. Aber die Kinder kommen mit leuchtenden Augen. Sie

KGS Henriettenstraße

sind sehr aufnahmefähig, und es macht großen Spaß, mit ihnen zu arbeiten!"

Ich bin beeindruckt von so viel Empathie und der nach all den Jahren noch so engagierten offenen Haltung der Schulleiterin. „In wie vielen Sprachen können Sie inzwischen ‚Guten Morgen' sagen?", frage ich. „Oh, das sind schon einige. Also, in zehn Sprachen bestimmt, ja!"

Was für eine Persönlichkeit! Diese Schulleiterin steht nicht mit dem Rücken an der Wand, sie entwickelt mit ihrem Team aus LehrerInnen, dem Schulhausmeister und seinem Team, KüchenhelferInnen und diversen SozialarbeiterInnen ein anregendes ruhiges Lernklima für die Kinder, die ihr anvertraut werden. Und welche Rolle spielen dann Impulse und Projekte wie die des Klavier-Festivals Ruhr? Warum nimmt sie die zusätzliche Arbeit, die dabei für die Schule entsteht, in Kauf?

„Es ist eine sehr ermutigende Erfahrung für uns, dass dieses Team des Klavier-Festivals – auch der Intendant selbst und die Sponsoren, die wir bisher kennengelernt haben – das Ganze nicht nur als irgendein Projekt sehen, das sie finanziell unterstützen, sondern wirklich an den Kindern und an ihrer Entwicklung interessiert sind. Sie fördern uns. Das gesellschaftliche Interesse an unserer Arbeit hier ist ja nicht so breit gesät. Da tut das schon sehr gut!" Die Angebote des Klavier-Festivals Ruhr werden in zahlreichen Gesprächen mit allen Beteiligten tatsächlich auf die Bedürfnisse der Schulen zugeschnitten. Unglaublich!

„Es tut einfach sehr gut zu spüren, dass es auch Menschen gibt, die unsere Sicht auf die Situation teilen.

Das heißt ganz konkret: Menschen, die die Kinder nicht nur defizitorientiert sehen", erklärt Regina Balthaus-Küper. „Natürlich haben die Kinder im Vergleich zu den bei uns gängigen gesellschaftlichen Maßstäben viele Defizite. Aber sie haben eben auch sehr viel Potenzial. Und auch wenn Marxloh in den Medien meist mit der ,No-go-Area' in Verbindung gebracht und als Problemzone dargestellt wird – ich erlebe es anders. Nämlich so, dass die Fähigkeit der Bewohner, mit Verschiedenheit umzugehen, in Marxloh sehr, sehr groß ist. Viel größer als in den sogenannten etablierten Stadtbezirken von Duisburg oder anderen Städten. Ich denke mal, dieses Riesenpotenzial ist den Menschen hier gar nicht bewusst. Dabei überwiegt es die Probleme, die es hier gibt, meiner Meinung nach bei Weitem. Der Alltag in Marxloh ist davon geprägt, dass die Menschen sich hier gegenseitig tolerieren. Wie gut sie sich wirklich verstehen, das ist noch mal eine andere Frage, aber sie tolerieren sich, und sie können mit dieser Verschiedenheit – Sprache, Kultur, Aussehen, Kleidung – viel besser umgehen als ein großer Teil der restlichen deutschen Bevölkerung!"

26

Was für ein Kompliment an die Bewohnerinnen und Bewohner von Marxloh! Und das hat umso mehr Gewicht, weil man von dieser Schulleiterin nun wirklich nicht sagen kann, dass sie alles durch eine rosarote Brille sieht. Sie arbeitet mitten im Brennpunkt. Über die Lebensbedingungen dort macht ihr niemand etwas vor.

Schöner Schock

Ich bin beeindruckt und weiß, dass ich mehr erfahren möchte. Auch von ihr. Dieses Gespräch hier ist erst der Anfang. Sie freut sich. „Noch was", sagt sie, als ich mein Mikrofon und das Aufnahmegerät einpacke. „Der Name Zander kommt mir so bekannt vor. Haben Sie Verwandte in Walsum – eine Cousine vielleicht?" Ich bin verblüfft. Nein. „Eine Schwester?" Auch das nicht. „Jahrgang 57?"

Ich sehe sie an und habe plötzlich das Bild eines Teenagers vor Augen – vierzig Jahre jünger. Ganz langsam sage ich: „Regina! Ich weiß noch, wo du in unserer Klasse gesessen hast!"

„Und du hattest so lange Haare!", lacht sie und hält ihre Hand auf Brusthöhe. Wir stehen auf und umarmen uns. Lachen. Neun Jahre, bis zum Abitur sind wir zusammen zur Schule gegangen. Auf das Kopernikus-Gymnasium Walsum. Dass wir uns nach so langer Zeit auf diese Weise wiederbegegnen, ist ein Moment mit Gänsehaut, und wenn wir später uns oder anderen davon erzählen, schütteln wir immer noch den Kopf, dass wir uns nicht gleich wiedererkannt haben.

Wir mochten uns zu Schulzeiten und mögen uns heute. Und da ist eine Vertrautheit, die man nicht beschreiben kann. Seither sehen wir uns häufiger. Reginas guter Ruf ist für manche Gespräche in Marxloh mein Türöffner geworden.

Ihre Schule erlebe ich wie die anderen Schulen in Marxloh: als Ort der Deeskalation für unsere Gesellschaft. Orte, an denen die Basis für ein Zusammenleben in Demokratie und Frieden mit gelegt und gefestigt wird.

Regina Balthaus-Küper, weitere Schulleiter aus Marxloh, LehrerInnen und das Klavier-Festival Ruhr werden noch häufiger in den Geschichten über Marxloh auftauchen. Denn sie sind ein zentraler „Energiewandler" im Leben des Stadtteils. Lehrkräfte und KünstlerInnen schaffen gemeinsame gute Erfahrungen für Kinder und Eltern verschiedener Kulturen im Umgang miteinander.

Ich hoffe, Regina wird irgendwann – nach ihrer Pensionierung – Zeit finden, diese Erfahrungen aufzuschreiben, von den vielen kleinen und großen Erfolgen ihres Alltags berichten, uns sensibilisieren für unser Verhalten, für andere Werte und Lösungswege und die Potenziale aufzeigen, die im Miteinander liegen. Damit alle davon profitieren können. Denn in der dynamischen Entwicklung – das sagen Hirnforscher wie die Neurowissenschaftlerin Maren Urner – liegen die Chancen für unser Glück als Individuum und Gesellschaft.

Mal den Blick verändern

Bei einem meiner zahlreichen mehrtägigen Marxloh-Besuche taucht das Thema Müll auf. Man hat gemeinsame Aktionen geplant, es gibt Plakate mit Androhung von bis zu 50.000 € Strafe bei illegaler Müllentsorgung auf den Straßen, man hat Müllsammler engagiert, und die Stadt hat Mittel freigesetzt, das Problem in den Griff zu bekommen. Oft fällt es mir gar nicht so auf, wenn ich aus Berlin komme, dass es hier dreckiger ist als anderswo, aber derart darauf gelenkt, sehe ich in den nächsten Tagen mehr Müll als sonst. Besonders in der Fußgängerzone – wo die Wirtin der Marktschänke mir erzählt, dass sie dreimal am Tag den Müll aufsammelt, damit es für ihre Gäste vor der Kneipe „gemütlich" bleibt. Ich sehe genauer hin. Auf Marxlohs Straßen liegen leere Tetra-Pak- und Chipstüten, Papier von Schokoriegeln, Kopf-hörerverpackungen, dünne Plastikbecher für Kaffee, Küchenabfälle in durchsichtigen Mülltüten, aber auch mal Herdplatten, Toaster, Matratzen, Kinderklamotten. Das ist für alle, die hier leben und den Stadtteil für Besucher attraktiv halten wollen, natürlich mehr als ärgerlich. Die Wirtschaftsbetriebe Duisburg sorgen mit

Verstärkung dafür, dass es wieder sauber wird. Anlieger helfen mit. Ich möchte nicht so auf das Thema fokussiert bleiben und beschließe, morgens früh aufzustehen und vielleicht einen anderen Blick auf den Alltag zu erleben, ich möchte einfach mal sehen, welche Kinder hier leben und wie sie zur Schule gehen.

„Ich bin da und ansprechbar – also: die Schule ist für Sie da!"

In der Henriettenstraße herrscht um Viertel vor acht Hochbetrieb. Laila, eine der Sprachintegrationspädagoginnen der Grundschule, steht vor dem Schultor. Wach und gut gelaunt. Sie grüßt die Kinder mit Namen. Und einige würden ihr am liebsten in die Arme laufen. Als Mitarbeiterin des Projekts „Eltern für Eltern" ist Laila innerhalb des Familienzentrums der Schule ansprechbar für alle, die mit dem System Schule in Deutschland noch nicht zurechtkommen und Fragen haben. Schon eine halbe Stunde vor ihrer offiziellen Sprechzeit (morgens zwischen acht und zehn Uhr) steht sie auf dem Bürgersteig, und weil sie die Namen aller Kinder kennt und sie so freundlich begrüßt, wächst allmählich auch das Vertrauen der Eltern. Laila signalisiert:

Mit ihrer offenen, herzlichen Art gibt sie jedem Einzelnen das Gefühl, zur großen Schulfamilie dazuzugehören.

Hier kommen alle zusammen: Bulgaren, Rumänen, Libanesen, Türken, Deutsche – man kann ihre Herkunft nur vermuten, aber das Bild ist bunt und schön. Ein Bild aus ganz verschiedenen Kulturen. Das zeigen alle stolz nach außen! Die meisten Erstklässler werden von ihren Müttern gebracht. Ihre Kleidung ist Ausdruck ihrer Persönlichkeit und scheint ihnen Sicherheit zu geben auf einem Boden, der ihnen noch eher fremd ist. Nur die Schulranzen der Kinder und ihre Kleidung, die sind sich erstaunlich ähnlich: Angesagt ist Pink bei Mädchen mit Disney, Ballerina, Pferden und Einhörnern, Blau bei Jungen mit Weltall und Fußball.

Die Kinder strahlen, wenn die Mütter ihnen beim Betreten des Schulhofs ihre Schulranzen aufsetzen. Die Mütter grüßen sich und bleiben noch ein bisschen auf dem Bürgersteig hinter der Schulmauer stehen.

Eine glanzvolle Sonderwelt

Ich habe Glück: Gerade heute kommt Regina mit einem Mikrofon auf den Schulhof, sie hat ihre Gitarre dabei. „Heute ist der Tag der Bücherei", sagt sie und lässt sich von den Kindern erklären, was man in der Bücherei macht. Ein schöner Zufall, dass die Frau, die die Kinder dort betreut, Frau Buch heißt.

Nun wird gesungen: „Guten Morgen" (auf Deutsch, Französisch, Polnisch, Spanisch, Englisch, Türkisch, Rumänisch, Bulgarisch, Albanisch, Arabisch und Kurdisch) und „Alle Kinder lernen lesen" – die Kinder johlen und klatschen, die Stimmung fühlt sich ein wenig nach Popkonzert an. Regina erinnert sie, beim Singen nicht ins Schreien überzugehen und es klappt. Die Kinder sind begeistert. Viele der Mütter sind stehen geblieben, einige haben Tränen in den Augen. Heute werde ich durch Marxloh gehen und sie sehen, die Mütter, die ihre Kinder in der Schule in guten Händen wissen, die Vertrauen haben, dass es ihren Kindern dort gut geht. Und die Kinder, die sich freuen, dass sie zur Schule gehen dürfen.

Mir fällt das Gespräch wieder ein, in dem ich mit Regina auch über die Kinder gesprochen habe, die aus osteuropäischen Familien kommen. „Schule ist besonders für diese Kinder eine glanzvolle Sonderwelt, und diese Sonderwelt lieben sie!" Denn – so hat sie mir erklärt – in der Schule werden sie in dem bestärkt, was sie können, sie lernen jeden Tag etwas Neues und werden dafür gelobt. „Unser Ziel ist, dass alle Kinder, auch die in sozial schwierigen Situationen, einen Zugang zu ihren Potenzialen finden", erklärt sie mir. Und dass dazu der Grundsatz gehört: „Wir müssen vom Kind her denken!" Dieser Gedanke prägt Reginas Handeln im Leben der Schule.

Das war filmreif!

Und damit das gelingt, muss das Schulsystem eigentlich über sich hinauswachsen. Es muss Freiräume geben für Kinder, die allein aufgrund ihrer mangelnden Sprachkenntnisse mehr Zeit brauchen, die besser in kleineren

Gruppen arbeiten. Und es braucht mehr Zeit für LehrerInnen, die individuelles Schulmaterial vorbereiten und sehr gezielt auf jedes einzelne Kind schauen müssen, um Potenziale zu erkennen und entsprechend zu fördern. Fertige Bücher und Materialien gibt es dafür nicht. Das müssen die Lehrenden individuell erstellen!

„Wir gehen auch zu den Kindern nach Hause und fragen nach, was mit ihnen ist, wenn sie nicht in die Schule gekommen sind." Regina lacht. Sie erinnert sich an eine Szene, als eine Familie auf wiederholtes hartnäckiges Klingeln nicht reagierte und die Nachbarn schon auf der Straße stehen blieben und ihr gestikulierten, es sei jemand zu Hause. Nach gefühlten zehn Minuten rief Regina vom Bürgersteig aus nach oben: „Wenn Sie jetzt nicht öffnen, holen wir die Polizei!" - „Das war natürlich filmreif", meint sie rückblickend über sich selbst schmunzelnd, und sie hätte es sich lieber erspart, aber sie sah keine andere Möglichkeit. Und - es hat funktioniert: Zwei Minuten später standen die beiden schulpflichtigen Kinder mit ihren Schulranzen neben ihr.

„Man muss die Kinder emotional stärken", erklärt sie. Denn einigen Eltern ist es egal, ob ihre Kinder zur Schule gehen, besonders wenn sie selbst nie Lesen und Schreiben gelernt haben. Aber die Erfahrung bestätigt ihr Handeln: „Die Kinder sind unglaublich dankbar dafür." Und Regina hat das Wohl der Kinder im Blick.

Ideen mit Augenzwinkern

Und dann sagt sie etwas, was ihre Stärke und Souveränität ein bisschen erklärt, was ihr einen ganz besonderen Schlüssel zur Lebens-wirklichkeit der Kinder gibt: „Meine Mutter hatte durch die widrigen Umstände in ihrer Jugend keine abgeschlossene Berufsausbildung. Ich weiß, wie schwer es für ein Kind emotional ist, den Bildungsstand der eigenen Eltern zu überschreiten."

In der Konsequenz heißt das für ihre Beziehung zu den Kindern: „Letztlich können wir nur versuchen, den Kindern den emotionalen Spagat erträglicher zu machen, ihnen Sicherheit zu geben. Die Konfrontation können wir ihnen nicht ersparen."

Doch diese Distanz der Eltern zur Schule hat auch eine gute Seite: „Wir haben das Glück, dass von ihnen kein Druck ausgeht. In einer entspannten Situation entwickeln sich Leistungen. Sobald die Eltern Druck machen, überträgt sich der auf das Verhalten, und der Lernprozess leidet darunter."

Es war die Städtische Katholische Grundchule Henriettenstraße in Marxloh, die sich der Bundespräsident 2017 unter anderem für seine Deutschlandreise ausgesucht hatte. Und was hat die Schulleiterin gemacht? Sie hat die Kinder Bilder malen lassen, „Willkommen in Marxloh", und hat Frank-Walter Steinmeier zur Begrüßung eine Mappe mit diesen kleinen Kunstwerken überreicht. Es sind fröhliche Bilder – Bilder, die die Schule zeigen, Spielplätze, Schaukeln, Bänke, Bäume, die Kinder selbst, ihre Freunde, Eltern, Geschwister, Regenbögen, Waffeln mit Eiskugeln, Herzen, Sterne,

Schmetterlinge, Bilder, auf denen die Sonne scheint. Und die größeren Kinder haben etwas dazugeschrieben:

„Willkommen, lieber Herr Bundespräsident!"

„Gefällt es Ihnen hier in Marxloh? Mir gefällt es hier sehr. Ich bin in Marxloh groß geworden. Wie ist es in Berlin? Ist es in Berlin auch so groß und schön? Mir gefällt Marxloh sehr, weil es so viele Parks gibt. Für mich ist der beste Park der Schwelgernpark. Ich komme ursprünglich aus Bosnien. Hier meine Nationalflagge. Viele Grüße."

Auf anderen Bildern kann man lesen: „Lieber Herr Bundespräsident, willkommen in Marxloh. Ich lebe gern in Marxloh. Die Bäume finde ich toll. Ich komme aus dem Libanon. Ich liebe die Schule und die Menschen hier in Marxloh. Ich liebe die Sonne. Viele Grüße."

„... Ich liebe spielen und ich liebe meine Schule. Hier in Deutschland geht es mir gut ..."

„... ich spreche Rumänisch, Ungarisch, Englisch, Deutsch. Ich bin drei Jahre in Deutschland. Marxloh ist schön. Es ist mein Zuhause. Schule ist schön! ...“

„... Was ich nicht in Marxloh mag, ist, dass hier überall Müll liegt. Was ich in Marxloh mag, ist, dass wir was zum Essen haben. Ich hasse, dass man raucht ...“

Der Besuch des Bundespräsidenten und seiner Ehefrau wurde zu einem großen Fest. Im Treppenhaus holte Regina ihre Gitarre heraus und dann wurde gesungen. Auf dem Schulhof wurde getrommelt, dabei haben besonders einige sehr talentierte Schüler aus Rumänien alle beeindruckt. Als sie ihr Stück gespielt hatten, ging einer der Trommler auf die Besuchergruppe zu, den Bundespräsidenten mit seinen Bodyguards und den zahlreichen Begleitern aus Politik und Medien und fragte:

„Und wer ist hier jetzt der Präsident?!“

Zusammen mit den Bildern der Kinder hat Regina dem Bundespräsidenten einen Informationsbrief über die Katholische Grundschule Henriettenstraße überreicht. Nach der Reise sollte er in Ruhe zu Hause lesen können, welche Unterstützung sie vor Ort bräuchten, wie das Schulsystem sich öffnen sollte, damit alle Kinder echte Chancen haben, sich einen guten Platz in der Gesellschaft zu erarbeiten.

Frank-Walter Steinmeier war beeindruckt. In „Stimmen der Demokratie“, einer Sammlung von Erfahrungsberichten von dieser Deutschlandreise mit seiner Ehefrau Elke Büdenbender, schreibt er später auch von dieser Begegnung in Marxloh.

Bildung sei ihm ein besonderes Anliegen, so beginnt er seinen Bericht über seine Eindrücke dieses Schulbesuches. „An der Städtischen Katholischen Grundschule in Duisburg-Marxloh beispielsweise habe ich erlebt, wie greifbar groß und vielschichtig die Herausforderungen sind, aber auch, dass sich die Lehrkräfte, allen voran die engagierte Schulleiterin Regina Balthaus-Küper, nicht entmutigen lassen.“ Und er zitiert die Schulleiterin unter anderem mit ihrem Appell an die Politik: „Duisburg-Marxloh hat schon oft seine Integrationsfähigkeit bewiesen, angefangen bei den sogenannten Gastarbeitern, die seit den 1950er-Jahren ins Ruhrgebiet kamen. Heute (2017) haben fast drei Viertel der Einwohner im Stadtteil und fünfundneunzig Prozent unserer

SchülerInnen eine Zuwanderungsgeschichte. (…) Deshalb sind wir dankbar, wenn die Politik den Bedarf anerkennt, auch wenn die nötigen Fachkräfte nicht von heute auf morgen zur Verfügung gestellt werden können. Ich glaube, die Erkenntnis setzt sich langsam durch:

Bildung unter den aktuellen Umständen gelingt nur als große, wirklich große Kraftanstrengung, mit deutlich mehr Zeit, mit mehr Investitionen und mit dem Mut, neue Wege zu gehen. Wir sind dazu bereit, aber wir brauchen Unterstützung."

Auch Elke Büdenbender schildert ihre beeindruckenden Erfahrungen im Unterricht der KGS Henriettenstraße und kommt zu dem Ergebnis: „Sozialarbeit an den Schulen braucht nicht nur eine breitere fachliche Fundierung, sie braucht auch eine neue Intensität, wenn in den Unterrichtsstunden Zeit für die eigentlichen Inhalte bleiben soll. Zwischen den Bildungsträgern und Budgetverantwortlichen in der Politik hat diese Diskussion längst begonnen, aber sie muss einen gesamtgesellschaftlichen Widerhall finden, um echten Wandel zu bewirken."

(aus: „Stimmen der Demokratie. Begegnungen auf einer Deutschlandreise" von Bundespräsident Frank-Walter Steinmeier, Herausgeber: Bundespräsidialamt, Berlin, Juni 2018)

Kapitel 2:

Typisch Kohlenpott – mein Vater

„Wir lieben Klaviermusik!", erklären mir die Jugendlichen aus der Oberstufe des Elly-Heuss-Knapp-Gymnasiums – die mit Kopftuch und die ohne, egal, ob sie als Muttersprache Arabisch, Türkisch, Marokkanisch, Syrisch, Kurdisch, Bulgarisch, Rumänisch, Deutsch oder Libanesisch sprechen. Ein großer Teil dieser Verliebtheit geht mit Sicherheit auf die beiden jungen Pianisten zurück, die am Klavier live die Tanz-Performances begleiten, Fabian Müller und Lorenzo Soulès.

Nach dem ersten Besuch des Education-Projektes in der KGS Henriettenstraße komme ich nun regelmäßig nach Marxloh. Es macht mir Spaß, den Stadtteil und seine BewohnerInnen wieder zu entdecken und zu beobachten, wie sich die Projekte des Klavier-Festivals Ruhr entwickeln. Als ich zum wiederholten Mal bei den Proben auftauche und immer wieder nachfrage, was die Arbeit in den Projekten vom Schulalltag unterscheidet, kommt eine Gruppe der älteren Mädchen des Elly-Heuss-Knapp-Gymnasiums entschlossen auf mich zu: „Dürfen wir Sie auch mal was fragen?"

„Gern!"

„Sie denken doch auch, wir sind hier die Ghetto-Kinder?!"

„Nein!"

Meine Antwort kommt so spontan und so tief aus dem Herzen, dass die Mädchen des Tanzprojektes aufhorchen.

Ich erzähle ihnen, dass ich mir nicht vorstellen konnte, was das Klavier-Festival Ruhr in Marxloher Schulen macht. Dass ich neugierig bin und im Kulturprogramm des Hörfunks über das „Sacre du Printemps"-Tanzprojekt berichten möchte. Recherchen durch die Medien kennen sie schon, erzählen mir die Mädchen, aber gerade erst hätten sie wieder erlebt, dass man ihnen nicht richtig zuhört. Da wurden sie nach ihren Zukunftsplänen gefragt und ein Mädchen hat geantwortet, dass sie gern in Essen oder vielleicht auch in Berlin studieren würde. In der Zeitung musste sie später lesen „Nix wie weg hier!". Sie war schockiert. So hatte sie das gar nicht gemeint. Die SchülerInnen mussten schon häufiger die Erfahrung machen, dass ihre Antworten zurechtgebogen werden für ein Bild, das sie selbst so gar nicht haben. Sie fühlen sich ausgenutzt: als Stichwortgeber für Gedanken und Aussagen, die sich über das Thema Marxloh in Verbindung mit Migrationshintergrund und Integration gut verkaufen lassen. Die JournalistInnen – so empfinden es die Jugendlichen – wollen von ihnen Geschichten von Gewalt und Diskriminierung hören, von Problemen und kulturellen Brandbeschleunigern, weil sie Aufmerksamkeit und Platz in den Medien garantieren. Mit ihrem Lebensgefühl aber hat das gar nichts zu tun. Nun verstehe ich die leichte Skepsis mir gegenüber. Journalistin? Vorsicht! Erst mal abwarten.

Ich bin so betroffen, dass ich mich aus der Reserve locken lasse und persönlich werde: „Nein!", sage ich energisch. „Das ist nicht meine Einstellung. Ich möchte gern wissen, wie man heute hier lebt, allein schon, weil mich der Duisburger Norden geprägt hat."

Der Gebetsteppich

Und dann erzähle ich: dass ich im Stadtteil nebenan in Walsum geboren und aufgewachsen bin. Dass ich bis zu meinem achtzehnten Lebensjahr hier gewohnt habe und bis heute regelmäßig komme, weil mein Elternhaus hier steht und ich meine Mutter besuche. Sämtliche Veränderungen von Marxloh habe ich miterlebt: Marxloh, das war in meiner Kindheit unser Einkaufsparadies. Hier habe ich meine erste lange Hose bekommen und das schönste Kleid, das ich als Jugendliche je hatte. Und dann berichte ich von meinem Vater. Als Anfang der 60er-Jahre die ersten Gastarbeiter für das Ruhrgebiet angeworben wurden, war mein Vater Fahrsteiger auf der Kokerei Friedrich Thyssen 4/8 in Duisburg-Hamborn, in dem Stadtbezirk, zu dem auch Marxloh gehört. Er war Sicherheitsbeauftragter des Betriebes und bekam fast einen Herzinfarkt, als er einen türkischen Arbeiter in Gebetshaltung auf einem kleinen Teppich vor der Batterie antraf, wo die Öfen gerade mit tausendzweihundert Grad gedrückt wurden und aus den Türen, die sich nie zu hundert Prozent schließen lassen, die glühende Kohle Funken sprühte.

Mein Vater riss den Mann dort weg: „Das ist gefährlich, du kannst ganz schnell in Flammen stehen!"

Man kann sich gut vorstellen, dass dieser Vorfall in den nächsten Tagen für erheblichen Gesprächsbedarf sorgte. Mein Vater suchte nach einer Lösung für den praktischen Betrieb: Wie könnte man es unter Berücksichtigung des Arbeitsablaufs und sicherheitstechnischer Auflagen einrichten, dass alle, die während der Arbeitszeit Raum und Zeit fürs Gebet gen Mekka möchten, sie auch bekommen?

Wohnung mit Waschkaue

Die Lösung war bald gefunden. Da es für Muslime keine exakt vorgeschriebenen Zeiten, sondern gewisse Zeitfenster für die Gebete gibt, ließ sich eine praktikable Lösung für die Pauseneinteilung finden. Und mit ein bisschen Geschick machte mein Vater aus zwei Lagerräumen einen, wodurch ein Raum fürs Beten frei wurde. Über solche konkreten arbeiterfreundlichen Maßnahmen entwickelten die „Gastarbeiter" in den Siebzigerjahren langsam, aber sicher Vertrauen in ihren Fahrsteiger, den sie kurz „Meister" nannten. Sie fragten ihn, ob er ihnen eventuell auch behilflich sein könnte, eine Wohnung zu finden – „Wohnung mit Waschkaue". Wir Kinder schmunzelten damals darüber, weil der Begriff eigentlich in die Arbeitswelt gehörte. Jeder wusste natürlich, dass das Badezimmer gemeint war. Aber die „Wohnung mit Waschkaue – damit Frau und Kinder nachkommen können", wurde bei uns zu Hause zum Synonym für das Ankommen. Für den Wunsch, sich ein schönes Zuhause einzurichten.

Die Schülerinnen des Elly-Heuss-Knapp-Gymnasiums hatten mir aufmerksam zugehört. So hatten sie die Geschichte noch nie gehört. „Wenn ich das meinen Eltern erzähle ...", sagte eines der forschen Mädchen. Weiter kam sie nicht – ihr standen die Tränen in den Augen. Ich war schockiert!

Mein Vater hatte sich damals den „Koran – kurz gefasst" und „islamın beş şartı" (Türkçe – Alemanca), also „Die fünf Gebote des Islam" (türkisch – deutsch) gekauft, sechsundfünfzig Seiten für eine Mark beziehungsweise fünf türkische Lira, also für jeden leicht erschwinglich, um Fakten kennenzulernen anstatt weiter darüber zu spekulieren, was man selbst in unserer katholischen Gemeinde an Befürchtungen hörte. Da erzählte man, im Koran steht, muslimische Gläubige halten Christen für ungläubig und dürften sie deshalb jederzeit umbringen. Natürlich steht das nicht im Koran!

Koran Sure 5 Vers 32

Mein Vater zitierte später gern folgende Sure daraus: „Wenn jemand einen Menschen tötet, so ist es, als hätte er die ganze Menschheit getötet; und wenn jemand einem Menschen das Leben schenkt, so ist es, als hätte er der ganzen Menschheit das Leben geschenkt." (Koran, 5:32)

Mein Vater war ein typischer Mann aus dem Kohlenpott: ehrlich, direkt, hilfsbereit, gesellig. Im Betrieb war er der Sicherheitsbeauftragte. Bei meinem Ferienjob im Büro hörte ich immer wieder, dass er seine Gespräche mit den Mitarbeitern auf Augenhöhe führte. Und auch wir erlebten ihn so zu Hause: egal, wo jemand herkam oder welche Funktion er hatte – mein Vater ging auf alle zu. Im Betrieb hatte er immer ein Bonbon in der Tasche, und wenn eine schwierige Sonderaufgabe gut gelungen war, dann gab er einen Tag später gerne einen aus. Natürlich keinen Alkohol. Bei ihm gab es Fleischwurst oder Döner, Orangensaft oder Zitronensprudel. So kam er auch privat ein bisschen ins Gespräch, interessierte sich für den Alltag der Menschen, ihre Lebens-gewohnheiten, erfuhr, wer gerade Vater oder Großvater geworden war und wer Sorgen hatte, weil jemand krank war.

Broschüre aus den 70er Jahren

„Mein Hobby ist die Familie", sagte er immer, wenn ihn jemand nach seinen Träumen fragte. Manche haben sich darüber lustig gemacht, und uns Kindern wurde dieses fürsorgliche Interesse während der Pubertät manchmal auch lästig. Aber ihm war es ernst. Und natürlich haben wir seine

Unterstützung genossen, die Offenheit und sein menschliches Verständnis geliebt und einiges von ihm übernommen.

Gleichberechtigung der Frau

Am Küchentisch haben wir mit ihm gestritten – über Gott und die Welt, über die veralteten Moralvorstellungen der katholischen Kirche, ihre in unseren Augen menschen- und lustfeindlichen Lebensregeln, vor allem aber über die Rolle der Frau in der Gesellschaft. Was wir toll fanden: Der überzeugte Patriarch war nach hitzigen Diskussionen manchmal sogar bereit, ein Stückchen von seiner Position abzurücken. Ein großer Schritt für ihn, denn er gehörte zu der Generation Männer, die noch unterschreiben musste, wenn ihre Ehefrauen eine Arbeitsstelle annehmen wollten.

Letztlich hat er dazugelernt und war stolz darauf, dass es für seine beiden Töchter das Ziel ihrer Ausbildung war, selbstständig zu sein und auch ohne Finanzierung durch einen Ehemann ein gutes Leben leben zu können – in einem Beruf, der ihnen Spaß machen würde. Wir haben ihm immer wieder erklärt, dass wir unsere Ausbildung nicht als Teil unserer Aussteuer betrachteten, die es uns ermöglichte, einen Mann aus besseren Kreisen zu heiraten. Und mein Vater konnte aus solchen Gesprächen und dem, was er aus den Medien erfuhr, lernen und umdenken. Spaghetti, Pizza und Döner sind nie seins geworden, er hat sie probiert – und Kartoffelsalat, eingelegte Heringe, Ölsardinen und Sülze bevorzugt. Aber er hat Gewohnheiten und Bräuche anderer ganz selbstverständlich akzeptiert. Solange ihn niemand „bekehren" wollte, war ihm das alles recht.

Während sein Vater als Chefsekretär bei Krupp eher die Nähe der Chefs und der Kollegen in den höheren Verwaltungsetagen suchte und genoss, bevorzugte mein Vater die Nähe zu den Kumpels, mit denen er unter Tage als junger Steiger angefangen hatte. Mit denen gingen wir samstags bei Heimspielen ins Fußballstadion des MSV Duisburg, und vormittags trafen wir sie auf dem Markt in Duisburg-Hamborn. Dort wurde der „Meister" von vielen herzlich gegrüßt. Oft saßen wir bei Tchibo an der Ecke des Markplatzes, und ich erinnere mich gut an die vielen „Gastarbeiter", die freudestrahlend auf meinen Vater zukamen, um ihn zu begrüßen und ihm ihre Familien vorzustellen.

Unvergessen bleibt mir eine der vielen Begegnungen mit einem türkischen Mann mit sechs Kindern, die ältesten waren im Grundschulalter.

Der Mann sprach meinen Vater aufgeregt an: „Meister, danke, Wohnung gut. Mit Waschkaue. Danke! Das sind meine Frau und meine Kinder!"

Mein Vater hat gelacht. „Prima, Ali, sind das alles deine Kinder oder sind zwei von deinem Cousin dabei?"

„Meister, das ist doch meine Familie. Bruder und Frau kommen nach."
Mit einem Augenzwinkern ging man auseinander.

Warum mein Vater so ein großes Verständnis hatte für die, die zugewandert waren? Das hängt auch mit seiner eigenen Geschichte zusammen – auch so eine typische Ruhrgebietsgeschichte.

Polnischer Migrationshintergrund

Mein Vater hieß ursprünglich Sosinski. Sein Großvater war aus Polen ins Ruhrgebiet gekommen, um hier Arbeit zu finden. Ich kann mich noch gut an ihn erinnern: Der Uropa lief oft bei uns am Haus vorbei. Alle kannten den alten Mann, weil er immer einen großen Sack mit Blättern und Zweigen auf dem Rücken trug, die er im nahe gelegenen Wäldchen gesammelt hatte. Heilkräuter. Er wurde belächelt, aber: sie haben geholfen. Wie der Huflattich, den mir meine Mutter auf den Arm legte, als der nach einer Impfung stark angeschwollen war. Die Urgroßeltern wohnten nur eine Straße weiter. In meiner Erinnerung war der Uropa ein Mann in einem schwarzen Anzug, mit einem Lächeln. Und die Uroma: eine weißhaarige Frau mit einem rundlichen gütigen Gesicht. Sie war sehr stolz darauf, dass ich die roten Haare von ihr geerbt hatte. Und ich ließ es mir immer wieder gern von ihr erzählen.

Mein Vater hatte zwei Geschwister. Und als der Rektor der Schule meinem Großvater vorschlug, sein Sohn Werner solle weiter das Gymnasium besuchen und Abitur machen, da lehnte der Großvater ab, weil er drei Kinder habe und die Ausbildung nicht bezahlen könne.

Schulausbildung abgebrochen

So hat mein Vater nach der Mittleren Reife eine Lehre gemacht, hat auf dem Schacht unter Tage gearbeitet und die Kohleflöze auf ihre Sicherheit überprüft. Als Kinder waren wir von dieser gefährlichen Arbeit – die Flöze waren siebzig Zentimeter breit, fünfzig hoch und manchmal drei bis vier Kilometer lang – so beeindruckt, dass wir zu Hause oft Grubenwehr gespielt haben: Wir stellten unsere sämtlichen Stühle in der Wohnung in eine Reihe hintereinander, legten Decken darüber und krochen mit Taschenlampe und Hammer durch den dunklen Tunnel unter den Stühlen hindurch und klopften alles auf Sicherheit ab. Um sich diesen täglichen Gefahren unter Tage nicht mehr aussetzen zu müssen, bewarb er sich auf mehrere Stellen, aber: Er wurde jedes Mal abgelehnt.

Zu einem der Chefs bei Thyssen hatte er Vertrauen. Auf seine Nachfrage, warum er die Stelle nicht bekommen habe, sagte der ihm schließlich: „Mit diesem Namen können Sie eine Karriere hier vergessen!" Polnischer Name, polnische Herkunft – für viele war das in den Fünfziger- und Sechzigerjahren noch ein Makel.

Mein Vater versuchte, den Familiennamen ändern zu lassen und den deutschen Mädchennamen seiner Ehefrau als Familiennamen anzunehmen. Das wäre möglich gewesen, doch sowohl sein Vater als auch sein Großvater hätten den Antrag mit unterschreiben müssen. Der Großvater verweigerte die Unterschrift. Er war natürlich stolz darauf, dass er aus Polen kam und wollte sich auf diesen ‚Etikettenschwindel' nicht einlassen!

Als unser Urgroßvater starb, nahmen meine Eltern den Familiennamen meiner Mutter an. Das ging 1961 relativ problemlos – und der Karriereweg war frei. Schon bei der nächsten Ausschreibung bekam mein Vater eine Stelle über Tage. Das motivierte ihn dann so, dass er gleich eine höhere Laufbahn einschlagen wollte, und so besuchte er die Abendschule und Fortbildungen zum Steiger in Clausthal Zellerfeld. Mit dem Abschluss durfte er sich „Ingenieur" nennen. Kein Wunder also, dass er sich dafür einsetzte, dass niemand aufgrund seines Namens und seiner Herkunft benachteiligt wird.

Meine Mutter wurde noch lange mit dem alten Familiennamen angesprochen.

„Ach ja, Sie heißen ja gar nicht mehr Sosinski. War ja nur polnisch eingeheiratet."

Sammelmappe aus den 70ern

Migrationshintergrund Ostpreußen

Sie wusste nicht, wie sie das kommentieren sollte, Anfang der Sechzigerjahre. Ihre Eltern hatten den neuen Schwiegersohn mit offenen Armen empfangen. Denn sie erinnerten sich noch allzu gut an die Kommentare, die sie bekommen hatten, als sie in den zwanziger Jahren heiraten wollten. Der Vater meiner Mutter war aus Ostpreußen gekommen und wurde mehr oder weniger direkt gefragt, warum er aus Braunsberg weggegangen sei, ob er dort vielleicht etwas auf dem Kerbholz hätte oder vielleicht sogar schon Frau und Kinder.

Die Zuwanderer aus Polen waren im Ruhrgebiet dann doch relativ schnell integriert. Mein Vater erklärte das so: „Sie gingen in die gleiche Kirche, stellten dort ihre Madonna in eine Ecke und konnten ihre gewohnten Rituale weiter ausüben." So einfach war das.

Und noch etwas ließ meinen Vater so menschlich handeln: seine christliche Grundeinstellung. Er war ein gläubiger Christ „ohne schiefen Kopp", wie er immer sagte. Und das hieß für ihn, dass er sich nicht demütig hinstellte und ein „gutes Werk" tat. Es war da, wo man ihn brauchte und half einfach, in seiner direkten und herzlichen Art.

Mein Vater war ein typischer Mann aus dem Kohlenpott, so einer, wie ihn der Kabarettist Jürgen von Manger mit seinem „Adolf Tegtmeier" in den Siebzigerjahren geschaffen hat. Sein Motto in allen Lebenslagen lautete: Mensch bleiben!

Es gibt diese Haltung im Kohlenpott noch. Sie begegnet mir auch in Duisburg-Marxloh täglich, häufig völlig unerwartet. Und es ist für mich wohltuend zu spüren, dass auch mein Herz noch im Rhythmus des Kohlenpotts schlägt.

Standorttafel 53 Kokerei Friedrich-Thyssen 4/8   Landschaftspark Duisburg-Nord

Linie 903:

Glitzermädchen

Die Fahrten mit der Straßenbahn Linie 903 von Duisburg Hauptbahnhof über Marxloh Pollmann bis zum Schwan sind für mich wie der Besuch einer Theatervorstellung. Jedes Mal tauche ich in diesen fünfundzwanzig Minuten auf der Fahrt zu meiner Mutter in den Norden Duisburgs tief in das Leben im Kohlenpott ein. Und erlebe die verrücktesten Geschichten. Dieses Mal steigt am Pollmann-Eck eine Frau mit einem kleinen Mädchen ein. Die Straßenbahn ist voll, im Tiefeneinstieg stehen die Menschen dicht gedrängt.

Das Mädchen mit den dunklen Locken und den langen Wimpern ist etwa vier Jahre alt, trägt pinkfarbene Leggings, darüber ein Kleid in Rosa und Rot, wie ich mir als Kind mein schönstes Prinzessinnenkleid an Karneval gewünscht hätte. Solche Kleider sind derzeit der Renner in den Kinderabteilungen der Bekleidungsketten und auch die Kombination mit einer schlichten weißen Strickjacke lässt darauf schließen, dass es sich nicht um eine Verkleidung handelt. Doch die mit Pailletten übersäten Turnschuhe in Pink und Weiß und die silberne Kette mit den bunten Federn deuten irgendwie darauf hin, dass sie sich extra fein gemacht hat. Was wohl in ihrer übergroßen weißen Handtasche steckt?

Neben den Springerstiefeln des stämmigen Mannes, der mit dem langen grünen Ledermantel mit schwarzen Applikationen von Helmen mit Stierhörnern und langen Fransen an einer dicken pludrig weiten Hose den Eindruck vermittelt, er sei Mitglied einer Rockergang, wirkt das Mädchen wie eine zierliche Puppe. Mit beeindruckendem Selbstverständnis bahnt sich die Kleine einen Weg zwischen den dicht gedrängten Beinen der Erwachsenen und setzt sich mit geradezu prinzessinnenhaftem Selbstbewusstsein behutsam auf die Treppenstufen. Jeder ist ein bisschen zur Seite gerückt, und sie hat sich den Platz, den sie braucht, ganz selbstverständlich genommen. Ihre Mutter - vermute ich mal - hat kein Wort gesagt, die ganze Zeit. Wie alle anderen hat auch der Rocker das Schauspiel beobachtet.

Ein kurzer Blickkontakt – und schon ist er mit dem Mädchen im Gespräch. Ganz offensichtlich ist er im Umgang mit Kindern erfahren. Das ist kein Erwachsener, der sich an ein Kind heranmacht oder mit Kontrollblick auf ein Kind herabschaut, ob es sich auch gut benimmt. Mit dunkler, sanfter Stimme fragt er sie, was sie vorhat und warum sie sich so schön angezogen hat. Und sie erzählt: Ihre beste Freundin hat heute Geburtstag und sie sind unterwegs zur Feier. Keiner um die beiden herum hat auf sie gestarrt, aber alle haben es mitbekommen. Und auf einmal ist die Stimmung in der Straßenbahn wie verwandelt. Waren die Erwachsenen vorher vom äußeren Erscheinen des bulligen Typen vielleicht ein wenig eingeschüchtert, so liegt nun ein entspanntes Lächeln auf ihren Gesichtern. Als der Mann an der nächsten Haltestelle aussteigt, ruft eine ältere Frau ihm hinterher: „Schönen Tach noch!"

Kapitel 3:

Mädchen in Marxloh

Die Energie der Musik in der Sporthalle ist greifbar. Igor Strawinskys „Sacre du Printemps" erklingt aus dicken Lautsprechern, und geschätzt fünfzig SchülerInnen tanzen dazu. Alle hoch konzentriert. Yasha Wangs harter Befehlston pusht sie zu Höchstleistungen. Die Choreografin und Tänzerin wurde in China und an der Essener Folkwang-Hochschule ausgebildet und ist Fan von Pina Bausch. Ihre Proben sind eine Mischung aus chinesischer Strenge und freundschaftlichem Spaß am Tanzen. Die SchülerInnen lieben sie. Alle wissen, dass die begabte Choreographin ein klares künstlerisches Konzept verfolgt, und deshalb akzeptieren sie auch, dass Yasha Wang sie nicht nur mit Samthandschuhen anfasst. Das Tanzstück soll beim Klavier-Festival Ruhr im Landschaftspark Duisburg-Nord mit Klavierbegleitung aufgeführt werden. Die SchülerInnen vertrauen Yasha Wangs professionellem Anspruch. Jetzt sitzen alle in Grüppchen auf dem Boden, trinken und warten auf die Kinder der KGS Henriettenstraße und der Buchholzer Waldschule, einer Förderschule mit dem Schwerpunkt Geistige Entwicklung. SchülerInnen aller drei Schulen werden zusammen dieses Stück aufführen.

Die Tänzerin in der Rolle der Jungfrau, die in Strawinskys Ballettmusik den Göttern geopfert werden soll, zieht meine Blicke besonders auf sich. Sie spricht mit ihrem Körper, sie zeigt Energie und Ekstase, lässt sich vom Rhythmus und der Stimmung der Musik tragen. Hinter diesem zarten Mädchen mit dem schmalen, blassen Gesicht und den dunklen, hüftlangen Haaren, die zum Zopf geflochten sind, hätte ich diese Wildheit und extrovertierte Ausdrucksstärke im Tanz niemals vermutet. Auch ihre Freundinnen sind beeindruckt. Sie fragen sie, wie sie das macht, auch, wie sie diese komplizierten Schrittfolgen überhaupt so gut behalten kann. „Na ja", lacht sie, „ich hab die Musik auf meinen Laptop runtergeladen, mich in mein Zimmer eingeschlossen und geübt" – und nach einer kurzen Pause ergänzt sie: „Bis meine Mutter ganz laut an die Tür geklopft hat. Da musste ich erst mal aufhören."

„War ihr das zu laut?", fragt eines der gleichaltrigen Mädchen.

„Nein", antwortet die Tänzerin ruhig, „ich höre oft laute Musik, aber keine Musik von 1913!" Auf die fragenden Blicke erklärt sie: „Meine Mutter hat sich einfach Sorgen gemacht."

„Sacre du Printemps" als Hinweis auf mögliche Depressionen? Hatte ich so noch nicht gehört. Und dass dieser Eindruck für die Jugendliche im direkten Zusammenhang mit dem Alter der Musik steht, verblüfft mich wirklich. Ich komme mit dem Mädchen – Delal heißt sie – und ihren Freundinnen ins Gespräch. Sie sind neugierig auf meine Arbeit als Journalistin, aber ziemlich zurückhaltend, weil sie keine Lust haben, sich als Ghetto-Kinder vorführen zu lassen, die in einer „No-go-Area" leben.

„Ich möchte mir gern ein Bild von eurem Leben machen", sage ich. Natürlich möchte ich auch wissen, ob die Mädchen abends noch ohne männliche Begleitung rausgehen, ob sie sich unsicher fühlen, vielleicht sogar schon mal überfallen worden sind. Ich will alles wissen, ohne Tabus. „Wir sind hier zu Hause", erklärt Delal ruhig.

„Marxloh ist unsere Heimat, und natürlich sind wir hier auch abends unterwegs!"

„Ja", ergänzt Seyda, „ich verbringe jedes Jahr sehr gern die sechs Wochen Sommerferien in der Türkei bei Oma und Opa mit der ganzen Familie, aber ich bin jedes Mal heilfroh, wenn ich wieder in Marxloh bin. Da schlägt mein Herz höher, hier darf ich sein, wie ich will, hier treffe ich meine Freundinnen und Freunde, hier bin ich zu Hause."

„Mein Herz schlägt auch höher, wenn ich Schlackeberge oder einen Förderturm und die hohen Schornsteine sehe", antworte ich, und dann kommen mir die Erinnerungen an „mein" Marxloh der Sechziger- und Siebzigerjahre. An „mein" Einkaufsparadies: die erste lange Hose in Trevira 2000 – damals für ein Mädchen eine kleine Revolution! Das erste Minikleid von Greve am Pollmann-Eck. Die ovale Armbanduhr mit dem grünen Zifferblatt...

Seit vielen Jahren aber bin ich nur noch zu Besuch in Duisburg – und Marxloh gehört schon lange nicht mehr zu meinen Einkaufsparadiesen. Brauche ich etwas für meine Mutter, die noch in Walsum lebt, bekomme ich es dort direkt vor der Haustüre, und die Spezialgeschäfte, die mich früher nach

Marxloh gezogen haben, die gibt es nicht mehr. Bis auf den Schlüsseldienst. Der bietet einen guten Service und kommt auch nach Walsum.

Die Mädchen schlagen vor, mit mir durch „ihr" Marxloh zu gehen. Sie möchten mir zeigen, was Marxloh in ihren Augen so attraktiv macht. Und sie möchten sehr gern hören, wie ich es früher erlebt habe, was hier für mich als Kind und Jugendliche attraktiv war.

Am Freitagnachmittag, mit Blick auf ein entspanntes Wochenende, treffen wir uns also zu dritt an einem zentralen Verkehrsknotenpunkt vor dem „Marxloh-Center". „Von hier aus kommen wir überall hin", schwärmen die Teenager. „Wir können unsere Freundinnen und Freunde besuchen, nach Oberhausen ins Centro oder nach Duisburg in die Innenstadt fahren."

Tatsächlich kommt hier gefühlt alle fünf Minuten ein Bus an. Vor uns liegt der große August-Bebel-Platz, auf dem zweimal in der Woche ein Markt stattfindet und der regelmäßig für Veranstaltungen genutzt wird. Delal und Seyda besuchen besonders gern die internationalen Feste mit Musik und Tanz und dem Duft verschiedener Länder, den jede Menge frisch zubereitete kulinarische Köstlichkeiten verbreiten. Heute aber ist alles leer – bis auf die Parkbank, einem Treffpunkt für Obdachlose und Alkoholiker. Jeden Tag kommt der Krankenwagen und nimmt jemanden mit. Und am nächsten Tag sitzt er oder sie dann wieder dort, erzählen sie mir.

Informationsbörse

Als ich noch in Walsum lebte, zog uns ein Kaufhaus der Horten-Kette magisch hierher. Viele Jahre konnte man das noch an der typischen Form der Steine erkennen, mit denen die Fassade verkleidet war. Inzwischen gibt es auch die nicht mehr. Jetzt ist hier das Marxloh-Center mit bekannten Ladenketten wie MediaMarkt, Aldi und KiK, außerdem gibt es kleinere Läden mit Billigkleidung und Haushaltswaren und einen großen Zeitungs- und Schreibwarenkiosk mit Lotto-Annahmestelle und Postservice.

Wie ich später erfahre, ist dieser Laden von Klaus und seinem Sohn Kai Jens Heinze auch ein Treffpunkt für Geschäftsleute, die sich für ein einladendes Einkaufsflair ihres Stadtteils engagieren und hier die neuesten Informationen aus der Stadtverwaltung und Insidernachrichten austauschen.

Auch der Geschäftsführer des MediaMarktes Marxloh Muzaffer Celik gehört dazu. Er möchte gern eine gute Stimmung beim Einkaufen. Dafür hat er nach den Vorstellungen seiner MitarbeiterInnen zwei Ruheräume, eine Küche und eine Terrasse attraktiv mit Grill und hochwertigen Kochgeräten ausgestattet, damit sich die Angestellten in seiner Filiale wohl fühlen. Er kann keinen Streit verhindern, sagt er, aber eine „harmonische Grundstimmung" in seinem Betrieb herstellen, damit jeder gerne hier arbeitet und die KundInnen freundlich und gerne bedient. Er unterstützt auch Aktionen im Marxloh-Center, die den Stadtteil von seiner besten Seite zeigen, wie zum Beispiel eine Fotoausstellung, die von der Gewerbeschule gestaltet wurde mit der Botschaft, die die Gewerbetreibenden verbindet: Marxloh hat Flair!

Typische Fassadengestaltung

Die Jugendlichen führen mich weiter. Wir überqueren die Straße, vorbei an Woolworth und kommen an einem weiteren Einkaufszentrum mit Billigläden und Filialen großer Handelsketten vorbei, dem „Im-Brahm-Center". Ich erinnere mich gut an die alte Brotfabrik, die dem Center den Namen gibt. Damals hing auf Augenhöhe der Lkw-Fahrer ein großer Auto-Rückspiegel und darunter stand der Spruch: „So sehen mich meine Kunden!" Heute findet man dort alles für den Haushalt und das tägliche Leben zu Preisen für den kleinen Geldbeutel. Die Läden sind gut besucht, es gibt lange Schlangen an den Kassen. Nein, das ist noch nicht das Marxloh, für das die Menschen aus einem Umkreis von bis zu zweihundert Kilometer zum Einkaufen kommen. Das ist eine ganz normale Einkaufszone einer mittelgroßen Kleinstadt.

Wir biegen von der kleinen Nebenstraße in die Kaiser-Friedrich-Straße ein, die direkt zum Pollmann-Eck führt. Hier fährt die Straßenbahn der Linie 901, attraktiv für alle, die Industrie- und Hafenkulisse lieben und beim Anblick riesiger Rohrgeflechte und Schornsteine ins Schwärmen geraten. Man könnte auch diese Linie bis zum Hauptbahnhof nehmen, aber ich nutze sie ungern, denn seit Jahren gibt es an Werktagen einen Schienenersatzverkehr, weil – so heißt es – die Duisburger Verkehrsgesellschaft nicht mehr genügend Straßenbahnwagen hat.

„Hier beginnt unser attraktives Einkaufsviertel",

erklären mir die beiden Teenager, „das Marxloh, von dem unsere Verwandten bis nach Holland, Belgien und Luxemburg schwärmen."

„Meine Tante liebt besonders den Goldschmuck", erzählt Seyda. „Den gibt es durch die Konkurrenz der vielen Geschäfte in so großer Auswahl und so günstig, dass sie dafür regelmäßig aus Utrecht zu Besuch kommt." Delal erlebt das auch so. Ihre Tante kommt manchmal extra aus Rotterdam. „Und wenn Hochzeiten gefeiert werden – und das kommt ja bei uns fast jeden Samstag vor –, dann kann man hier gut und günstig tolle Outfits kaufen. Man möchte ja nicht immer die gleichen Kleider tragen!", erklärt Seyda. Hochzeiten – so erinnere ich mich – waren für uns als Jugendliche Veranstaltungen, zu denen wir meist gezwungenermaßen gingen, und wir waren froh, dass wir nur selten mitgehen mussten, weil meist nur im engsten Familienkreis gefeiert wurde. Feste dieser Art waren häufig sehr steif, es gab viele Reden, viel zu viel Essen und lustig wurde es erst, wenn dann die Musik spielte und der Alkoholpegel einen gewissen Stand erreicht hatte. Auf diese Art von Ausgelassenheit konnten wir jedoch gut verzichten.

Diese Mädchen aber lieben Hochzeitsfeiern. „Bei unseren Hochzeiten kommen so viele Gäste", schwärmen sie, „dass man jedes Mal auch Freunde trifft. Dann wird gut gegessen und getanzt, und man hat einfach eine gute Zeit miteinander."

„Ist das vielleicht auch ein guter Ort, sich zu verlieben?", frage ich.

„Eher nicht", da sind sich die beiden einig. Eine Hochzeitsfeier mit vielen Verwandten ist kein Ort zum Flirten. Tut man es doch, wird die ganze Familie sofort aufmerksam und beobachtet, was passiert. Dann wird sehr schnell von Eltern und Großtanten austaxiert, ob die beiden von den Familien her zueinander passen und ob die Höhe der Aussteuer auch stimmen könnte. Wenn die äußeren Bedingungen passen, wird von allen Seiten Druck gemacht, dass man doch bald heiraten sollte. Verliebt man sich bei einer Feier also wirklich einmal, wäre es besser, es niemandem zu sagen und sich erst mal heimlich zu treffen.

Pollmann-Eck

Brautmoden Ceyda

Wir sind jetzt bei unserem Spaziergang im Herzen von Marxloh angekommen. Das Viertel rund um die Straßenkreuzung am Pollmann-Eck genießt seit den Neunzigerjahren das Flair der romantischen Hochzeitsmeile. Die Häuser aus der Zeit der Jahrhundertwende sind eine attraktive Kulisse mit bodentiefen Schaufenster-fronten für glitzernde meist in schneeweiß strahlende Hochzeitskleider. Bis zu fünfzig Geschäfte rund um das Thema Hochzeit gibt es im Zentrum von Marxloh, dazu gehören Brautmodenläden und Juweliere, Herrenausstatter und Geschäfte mit allem, was man für einen neuen Hausstand so braucht.

Auch in den Sechziger- und Siebzigerjahren war das Pollmann-Eck ein attraktives, über Marxloh hinaus beliebtes Einkaufsviertel, in unseren Augen, von Walsum aus gesehen, eine Nobelecke.

Wo heute in acht großen Schaufenstern an zwei Straßenfronten der Kreuzung auf zwei Etagen Hochzeitskleider um die Wette funkeln, war früher das Bekleidungsgeschäft Greve mit Mode für die ganze Familie. Gehobene Preisklasse. Meine Großmutter und meine Großtante kauften hier zweimal im Jahr ihre Sonntagsgarderobe und führten sie dann abends stolz der Familie vor. Zum Frühjahr und zum Winter gönnte man sich ein oder zwei neue Kleidungsstücke, etwas Besonderes. Und wir als Kinder haben uns gewünscht, zum Geburtstag oder zu Weihnachten ein Kleidungsstück dort aussuchen zu dürfen. Meist wurde vor dem Einkauf eine Preisgrenze nach oben festgelegt.

Möbel Pollmann

Schwelgern 1

Ein paar Meter weiter auf der anderen Seite der Kreuzung zeigen die beiden mir das einzige Blumengeschäft weit und breit. Dort bestellt man den Schmuck für die Hochzeiten, vom Autoaufleger über den Brautstrauß bis zur Tischdekoration. Es überwiegen knallige Farben, üppige echte und künstliche Blumen, viele in leuchtendem Rot und Blau eingefärbt.

Bis in die Neunzigerjahre zog hier das Einrichtungshaus Möbel Pollmann Kunden vom fußläufigen Stadtteil Röttgersbach bis nach Düsseldorf und zum Niederrhein an – Ärzte, Rechtsanwälte, Politiker, Architekten. Man schätzte das elegante, zeitlose Design und die solide Verarbeitung der Möbel, die erstklassige Fachberatung und den Schreinerservice. Ich wunderte mich damals nicht schlecht, als mein Bruder sich dort von seinem ersten selbstverdienten Geld als Assistenzarzt in Münster ein elegantes Bücherregal aus Massivholz für sein Wohnzimmer kaufte, das die ganze Wand bis unter die Decke einnahm. Damit erfüllte er sich einfach einen Traum aus Jugendtagen! Denn wir haben als Kinder und Jugendliche dort regelmäßig ins Schaufenster geschaut und gestaunt, wenn wir im Laden nebenan in der Buchhandlung Lenzen zu tun hatten. Es war für uns von Walsum aus die nächstgelegene Möglichkeit, die erforderlichen Schulbücher zu bestellen und – vor Internetzeiten – einfach mal zu stöbern, was es an interessanten Neuerscheinungen gab.

Bei Lenzen haben wir auch unsere kleinen gelben Reclam-Hefte für den Deutschunterricht bestellt. Mir fällt ein, wie die Verkäuferin meine Mutter einmal nach ihrer Bestellung fragte: „Wollen Sie den ‚Gallischen Krieg‘?"

„Ich nicht", hat meine Mutter geantwortet, „aber mein Sohn!"

Kleine Erinnerungen zum Schmunzeln an dieses Standardwerk des Lateinunterrichts von Julius Caesar über die Eroberung Galliens.

Der schwarze Riese

Geschäftsleute erzählen mir später, dass das Haus wohl sehr luxuriös von der WAZ (Westdeutsche Allgemeine Zeitung) saniert worden sei, der Verleger die Büros dann aber doch sehr bald wieder aufgab. Eine der Familien, die schon mehrere Häuser rund ums Pollmann-Eck besitzt, hat das Haus gekauft und vermietet die ehemaligen Räume der Zeitungsredaktion– wie ich höre, äußerst lukrativ – an ein Brautmodengeschäft und einen Steuerberater.

Gemeinsam mit Delal und Seyda gehe ich die Straße weiter hinunter in Richtung Hochofen. Seit dem 13. Februar 1973 ist Marxloh geprägt vom „Schwarzen Riesen", dem größten Hochofen der westlichen Welt. Er ist einhundertzehn Meter hoch. Hier wird auch heute noch Stahl gekocht. Früher haben die Stahlarbeiter das Ruhrgebiet reich gemacht, und bis heute werden die Männer, die hier arbeiten, mehr bewundert als jeder, der in der Muckibude seine Muskeln stählt. Der Kontrast zwischen der dunklen Industriekulisse und den strahlenden weißen Brautkleidern hat etwas Faszinierendes.

Beim Anblick der glitzernden Festkleider geraten die Mädchen ins Schwärmen. Es ist wirklich ein Thema für sie, welches Kleid sie sich einmal aussuchen werden, und sie sind jede für sich absolut geschmackssicher, was sie schön finden und was nicht. Ich selbst hatte mir nie Gedanken darüber gemacht. Für mich – und da war ich nicht die einzige in meiner Generation und in meinem Freundinnenkreis - war es nie ein Traum, in Weiß zu heiraten – ganz im Gegenteil: Für mich hätte es bedeutet, mich zu verkleiden und nicht so, wie ich bin, „Ja" zu sagen. Aber die Mädchen haben Bilder von einer Hochzeit in Weiß im Kopf.

Was ich unterscheiden kann, sind billige Stoffe und hochwertige Stoffe, Spitze und Tüll und ich sehe, dass die Auswahl groß und für jeden Geldbeutel etwas dabei ist.

Tanzschuhe für die Braut

Erst in den Gesprächen mit der Besitzerin des Brautmodengeschäftes Ceyda werde ich später begreifen, dass jede Kultur ihre eigenen Ansprüche an die Brautkleider hat, und dass es eine Kunst ist, mit den Entwürfen unterschiedlichsten Ansprüchen gerecht zu werden.

Lebensqualität

Auch in den Auslagen der Einrichtungsgeschäfte glitzert und glänzt es. Die Schaufenster geben einen Einblick in eine Wohnwelt, die vom Orient geprägt ist, und ich staune, was die Teenager attraktiv finden, was für sie zur Ausstattung einer gemütlichen Wohnung unbedingt dazugehört. Mir wird bewusst, wie der Sinn für Schönheit geprägt wird, wie stark dabei der Einfluss von Familie und Kultur ist, und ich stelle einmal mehr fest: Schön ist auch, was vertraut ist. Einiges – so erfahre ich – würden nur die Mütter kaufen: bestickte Kissen mit Rüschen und Tagesdecken mit Spitzen.

Anderes – wie ein arabisches Teeservice – ist auch für die Jugendlichen äußerst attraktiv. Und wieder einmal bleiben mir die wahren Unterschiede zwischen den Designs verborgen. Warum ist das eine schön, das andere nicht? Ich sehe es nicht, aber die beiden wissen es ganz genau.

Was für ein wunderbares Gespräch vor dem Schaufenster! Ich würde jedem und jeder empfehlen, wenn sich die Möglichkeit ergibt, so einen Moment des gemeinsamen Anschauens einfach mal zu nutzen.

60er Jahre Shopping

Ganz interessiert fragen mich die beiden Jugendlichen nun, welche Geschäfte es hier früher gab. Mir fällt das Bekleidungsgeschäft „Sinn" ein, ein Garant für erstklassige Wäsche und Oberbekleidung. Als ich noch in den Kindergarten und in die Grundschule ging, kauften wir hier unsere Sonntagsgarderobe, später auch einige Kleidungsstücke, die wir zu besonderen Gelegenheiten wie den Vorspielabenden mit Musik in der Schule trugen. Und es blieb so ein Gefühl von „Sonntag", wenn die Eltern oder die Oma einem hier etwas zum Anziehen gekauft hatten.

Im nächsten Laden, in dem heute elegante Männeranzüge, Krawatten und Manschettenknöpfe verkauft werden, gab es damals ein Stoffgeschäft. Ich erinnere mich gut an die ältere hagere Verkäuferin, die mit Argusaugen darüber wachte, dass ich als Kind die Stoffe nicht anfasste, und die meine Mutter jedes Mal belehrte, sie verkaufe Stoffe nur an Schneider und an Frauen, die etwas vom Nähen verstünden. Als Kind habe ich mich geärgert, weil meine Mutter ihr nicht einmal gesagt hat, dass ihre Mutter Schneiderin war und sie das Handwerk von ihr gelernt hatte. Meine Mutter, die viel für uns Kinder und sich selbst nähte und normalerweise ihre Stoffe in großen Warenhäusern oder auf dem Markt kaufte, hat stets geschwiegen und einmal im Jahr in diesem muffigen, dunklen, bis unter die Decke mit Stoffballen gefüllten schmalen Laden einen kostbaren Stoff gekauft. Daraus hat sie sich dann ein sogenanntes Cocktailkleid für die Weihnachtsfeier genäht, die mein Vater jedes Jahr für die Meister und Vorarbeiter der Kokerei organisierte. Da musste sie schick aussehen. Es war das einzige Mal im Jahr, dass sie zum Friseur ging, und das war teuer genug. Also nähte sie selbst und bekam für ihre Kleider so manches Kompliment!

Als Kinder liebten wir auch das Hutgeschäft in Marxloh. Die Preisklasse war für meine Oma und meine Mutter zu hoch, aber beim Blick in das Schaufenster konnte man sich ein Bild davon machen, was modern war und was die „Frau von Welt" gerade trug. Das war nämlich – so wurde uns von Anfang an gesagt – ein Laden für die Gattinnen der Chefs. Wir Kinder entwickelten eine lebhafte Fantasie, wenn wir uns vorstellten, wer solche Hüte trug und wie diese Damen wohl miteinander sprachen. Überhaupt gaben die Schaufenster einiger Geschäfte in Marxloh uns Einblicke in eine Welt, die wir uns finanziell nicht leisten konnten, die wir irgendwie als steif und altmodisch, aber eben auch als „vornehm" empfanden.

Luxus der 60er und 70er

Das Pelzgeschäft zum Beispiel. Als wir Kinder waren, hatte noch jede Frau einen Pelzmantel im Schrank. Den von meiner Mutter habe ich erst entsorgt, als sie gestorben war. Das teure Stück durfte man ja nicht wegwerfen. Viele hatten Pelzmäntel von ihren Müttern geerbt oder bekamen zu Weihnachten einen von ihrem Ehemann geschenkt. Das sollte betonen, wie kostbar ihnen die Frau war. Erst langsam drang das Bewusstsein „Fur Hurts" aus den USA herüber – eine Bewegung gegen die grausame Zucht von Pelztieren. Als Kinder machten wir uns keine Gedanken darüber, wie die Tiere gehalten und getötet wurden. Wir mochten es, wenn unsere Oma mit ihrem schwarzen Krimmer-Mantel – einem persischen Lammfell – neben uns herlief und wir beim Unterhaken den Pelz fühlen durften. Aber ich erinnere mich gut, dass ich mich geekelt habe vor den toten Tieren im Schaufenster – vor den Nerzen und Hermelinen, die man sich mitsamt Kopf, Augen und Füßen als Stola umhängen konnte. Als ich als Teenager mehr über den Umgang von Pelztierhändlern mit den Zuchttieren erfuhr und von der Anti-Pelz-Bewegung hörte, war ich sofort dabei.

Im nächsten Geschäft hatte man damals besonders viel Schaufensterfläche geschaffen und vom Bürgersteig eine kurze Passage in den Verkaufsraum hineingebaut. So bekam man besonders viel Ausstellungsfläche für das edle Porzellan, das in den 70er- Jahren zum Teil von Künstlern gestaltet worden war, mit kontrastreichen Farbflächen von Mondrian oder Blumen von Monet, Porzellan von so exklusiven Firmen wie Hutschenreuther und Rosenthal. Eigentlich hätte man solche Angebote eher im Duisburger Süden vermutet, wo die Krupps und Thyssens und Anwälte zu Hause waren, aber auch am Rand von Marxloh, in Röttgersbach oder um die Firma Grillo herum, gab es nicht wenig Kunden für solche Ausstattungen. Zu den Käufern gehörten Apotheker und Ärzte, Angestellte aus den Chefetagen von Thyssen, Krupp und Grillo, höhere Verwaltungsbeamte und Schulrektoren. Die Villenviertel mit den großen Grundstücken und dem alten Baumbestand haben heute noch ein sehr individuelles Flair. Und manch einer, der hier wohnt oder ein Haus geerbt hat, will einfach nicht wahrhaben, dass sein Grundstück noch zu Marxloh gehört. Spätestens wenn die Erben es verkaufen möchten, zeigt sich der Wert der Lage, denn die Preise fallen, weil der Wohnwert sinkt oder aggressive Immobilienmakler die Verkaufspreise diktieren.

Auf unserem Spaziergang durch Marxloh kommen wir auch an den Lieblingsrestaurants der Mädchen vorbei. Völlig begeistert erzählen sie mir, was sie wo am liebsten essen, während ich beim Studieren der Speisekarte nicht wüsste, was ich bestellen sollte, und beim Blick in den Laden nichts als eine spärliche, ungemütlich wirkende Bestuhlung und viel klein geschnittenes Gemüse in der Theke wahrnehme. Sie treffen sich hier regelmäßig im Kreis von Freunden und der Familie und genießen die köstlichsten Gerichte. Was sie beschreiben, macht mir richtig Appetit. Die Stühle? Sind doch nicht wichtig, meinen sie. Hauptsache, es passen viele Leute in den Laden, und alle können um einen Tisch herum sitzen. Mit ihren Erzählungen verändert sich meine Sicht auf das Restaurant Plötzlich sehe ich hier eine einladende Kulisse für gesellige Stunden mit orientalischen Köstlichkeiten.

Je weiter wir in Marxloh in Richtung Hochofen gehen, desto weniger Geschäfte gibt es. Noch ein Reisebüro, ein Küchenladen, ein türkisches Café, neuerdings auch ein bulgarisches Café. Milchglasscheiben verhindern den

Einblick in die Cafés, ab und zu hat man die Möglichkeit, durch einen geöffneten Türspalt kurz hineinzuschauen, und man sieht: Hier sitzen nur Männer. Viele an kleinen Tischen mit Würfel- oder Kartenspielen. In diesem Straßenabschnitt häufen sich die Spielhallen.

„Das hier ist die Männerwelt", erklärt mir Delal, nun ganz geschäftige Stadtführerin, und zieht mit ihrem Arm einen Bogen über den ganzen Häuserblock. Ich muss lachen. „Würdet ihr hier auch mal gerne irgendwo reingehen?" Die beiden schauen mich fassungslos an. Auf die Idee wären sie noch nie gekommen. Das ist für sie eine wirklich seltsame Frage. Hier auf der Straße entlangzugehen, ist jedoch kein Problem, sie meiden den Bereich nicht, denn auch hier gibt es noch einige für sie attraktive Angebote:

So lockt sie zum Beispiel der kleine Laden mit den speziellen arabischen Süßigkeiten regelmäßig her. Und das Café „Elif's Tortenwelt". Die beiden geraten ins

Café Elif's Tortenwelt

Schwärmen: Wer eine besondere Feier ausrichten möchte, kauft hier seine Torten – Hochzeit, Geburtstag … Ich staune: Dort war früher eine Kneipe – verraucht, dreckig. Das weiß ich nur vom Hörensagen. Drin war ich nie. Wir gehen ins Café und stehen vor einer typischen Konditoreitheke. Durch das gewölbte Glas sehe ich Bienenstich, gedeckten Apfelkuchen und Schwarzwälder Kirschtorte. Eine Frau mit Kopftuch strahlt mich an und fragt, was ich gerne hätte.

„Moment mal", sage ich. „Sind das nicht alles typisch ‚deutsche' Kuchen?"

„Ja", lacht sie, „aber ohne Alkohol und Gelatine!"

Und hier beginnt eine Geschichte, die ich an anderer Stelle ganz ausführlich erzählen möchte.

Als Höhepunkt des Rundgangs durch „ihr" Marxloh wollen die Teenager mir die Moschee zeigen. Als sie jünger waren, haben die Mädchen dort regelmäßig Angebote für Jugendliche wahrgenommen, jetzt gehen sie selten hin. Und beten tun sie zu Hause. Aber die Männer der Familien gehen regelmäßig zum Freitagsgebet dorthin. Als wir ankommen, findet gerade eine Totenzeremonie statt. Seyda entdeckt ihren Großvater, der gerade ein Gebet spricht.

Die Merkez Moschee

Es entspinnt sich ein seltsames Gespräch zwischen uns. War ich bislang offen und forsch in meinen Fragen, merke ich, dass ich jetzt, wo es sehr persönlich wird, vorsichtiger werde. Wollen sie mit mir darüber sprechen?

„Wo wird der Tote dann beerdigt?", frage ich.

„Vermutlich wird er in seine Heimat geflogen."

Ich kann gut verstehen, wenn jemand beerdigt werden möchte, wo er geboren wurde. Lange Zeit wollte ich in dem Familiengrab beigesetzt werden, in dem mein Vater und meine Großeltern und viele liebe Verwandte beerdigt wurden. Im Laufe der letzten Jahre hat sich meine Einstellung gewandelt. Mein Lebensmittelpunkt ist Berlin und ich möchte dort begraben sein, wo meine Familie lebt. Und die Jugendlichen? Sie haben noch nicht ernsthaft darüber nachgedacht. Aber es gibt noch nicht viele muslimische Grabfelder im Ruhrgebiet, und die Regeln, nach denen Tote beerdigt werden, sind in der Türkei anders als in Deutschland. Vor allem gibt es bei Muslimen das Ewigkeitsprinzip. Ein Grab wird nicht nach fünfundzwanzig oder dreißig Jahren aufgegeben, wie in Deutschland üblich.

Der nächste Friedhof, auf dem ausschließlich Muslime beerdigt werden, erzählen mir die Teenager, liegt in der Nähe von Wuppertal. Aber das wäre den Mädchen auch fremd, zu weit weg. Dann vielleicht auf einem Friedhof in Duisburg, auf dem es Grabfelder für Muslime gibt, wie am Mühlenberg in Duisburg-Rheinhausen. Wo hat unser Gespräch uns hingeführt? Wir schweigen. Ich bin mir sicher, dass die beiden zu Hause weiter darüber sprechen werden.

Dialog unter der Kuppel

Im Moment können wir die wunderschöne Moschee im traditionellen osmanischen Stil mit dem vielen Gold, dem riesigen Kronleuchter und den bunten Mosaiken nicht besichtigen. Aber schon von außen ist das Bauwerk mit seinen silbernen gewölbten Kuppeldächern und dem vierunddreißig Meter hohen Minarett beeindruckend. Es ist eine große Moschee, die viertgrößte Deutschlands. Und die Mädchen sind besonders stolz, dass es darin eine Bildungs- und Begegnungsstätte für alle gibt, auch für Nicht-Muslime, mit Bibliothek und Café. Jeder und jede ist hier willkommen. Die Mädchen geben mir jedenfalls das Gefühl. Ich habe mit ihnen ein Marxloh erlebt, in dem man sich wohlfühlen kann – ihr Lebensgefühl und ihre Freude haben mir den Blick auf ein attraktives Marxloh geöffnet.

Zu Hause recherchiere ich über muslimische Friedhöfe und die Moschee. Ich erinnere mich an die eine oder andere Diskussion, die ich in der Zeitung darüber gelesen hatte. Es ist eine DİTİB-Moschee, das heißt, sie gehört zum Verband der Diyanet İşleri Türk İslam Birliği, abgekürzt DİTİB, der „Türkisch-Islamischen Organisation der Anstalt für Religion".

Merkez Moschee

Die Imame, also die Vorbeter, werden in der Türkei ausgebildet, und die Vorsitzenden des Verbandes sind häufig türkische Botschaftsräte. Das wirft die Frage auf, wie offen in dieser Moschee gepredigt und diskutiert wird. Und das hängt natürlich von den Imamen ab. Auf der Homepage im Internet liest man: „Die Moschee mit einer interreligiösen und interkulturellen Begegnungsstätte steht unter dem Motto ‚Dialog unter der Kuppel'." Das klingt einladend.

Spannende Fragen

Tatsächlich gehe ich ein paar Tage später noch mal allein hin. Ein Mann kommt auf mich zu und lädt mich herzlich ein, die Moschee anzuschauen. Ich muss nur meine Schuhe ausziehen und in ein Holzregal am Eingang stellen und darf dann auch den Innenraum betreten, der zu Gebetszeiten ausschließlich Männern vorbehalten ist. Ein wunderschönes Licht durchstrahlt den ganzen Raum. Es wird reflektiert von bunten Mosaiken im Dachgewölbe. Der achthundert Quadratmeter große Gebetsraum mit dem weinroten Teppichboden wirkt sehr warm und gibt jedem meiner Schritte etwas Erhabenes. Die Decke und die Wände mit ihrem blau reflektierenden Licht wirken wie ein Himmelsgewölbe, die Kronleuchter und die Mosaike wie Gestirne. Sind das bestimmte religiöse Zeichen und Formen? Ich kann sie nicht deuten, will aber unbedingt mal eine Besichtigung mit einer kompetenten Islamkundlerin machen. Die Zeichen sind mir durch unsere Kultur nicht vertraut, das heißt auch, es gibt keine Assoziationen – weder einschüchternde noch erbauende. Aber ich spüre eine angenehme Offenheit und Schönheit, die mich berührt.

Einige Wochen später nimmt Delal mich mit zum Fastenbrechen. Im Fastenmonat Ramadan gibt es rund um die Moschee einen großen Markt mit zahlreichen weißen Zelten. Es duftet nach Gebackenem und Gebratenem, es gibt Salziges und Süßes. Viele essen nach Sonnenuntergang, wenn sie den ganzen Tag gefastet haben, zu Hause und kaufen sich hier nur noch etwas Süßes und trinken Kaffee oder Tee. Delal kennt viele Leute, manche nur vom

Sehen, einige persönlich. Hier und da bleibt sie stehen und wechselt ein paar Worte. Ich staune, was auf dem Markt alles angeboten wird. Geschäftsleute nutzen den Ort, um auf ihre Angebote aufmerksam zu machen. Einige kenne ich aus den Läden, die sie in Marxloh haben, wie den mit den Parfüms und Accessoires und den mit der riesigen Auswahl an Trockenfrüchten und Nüssen. Er ist bekannt für seine Spezialitäten wie Geleewürfel mit Rosenduft, gebrannte Erdnüsse oder die mit Gewürzen überbackenen Nuss-Imitate aus Kichererbsen für Allergiker.

Transparente Luftballons mit Lichterketten geben dem Markt zwischen der Geschäftigkeit des Kommerziellen eine zauberhafte Poesie. Es gibt Zelte mit einer Beratung zu Zahnimplantaten, mit Immobilienangeboten und allem, was man zum Kochen in der arabischen Küche braucht, von der Teekanne mit Samowar bis zum Reiskochtopf. Besonders groß ist das Zelt, in dem religiöse Bücher und Devotionalien verkauft werden. Man findet den Koran in unterschiedlichsten Schmuckvarianten, Armbänder mit arabischen Glücksbringern, Gebetsteppiche und -ketten, Räucherstäbchen und Kompasse für die Gebetsrichtung.

Religiöse Andacht

Die Atmosphäre erinnert mich an unsere Wallfahrten nach Kevelaer. Als Kinder liebten wir die Läden in diesem Marienwallfahrtsort am Niederrhein, den wir früher mindestens einmal im Jahr mit der Familie besuchten. Neben Prozessionen und Gottesdiensten mit vielen Kerzen rund um die sogenannte Gnadenkapelle haben nicht nur wir Kinder gern in den Andenkenläden gestöbert und uns einen Rosenkranz, ein Kreuz, Kerzen oder ein Muttergottesbildchen gekauft. Sieht man mal davon ab, dass die Inhalte der Glaubensregelwerke und die tradierten Glücksbringer und Meditationsdekorationen andere sind, habe ich den Eindruck, ich begegne hier wie dort den gleichen Bedürfnissen. Die einen betrachten das Auge der Fatima als Schutzzeichen, die anderen finden in einem Engelchen ein Schutzsymbol. Aber letztlich ist es die gleiche Art von Frömmigkeit, die diese Gläubigen leben.

Delal und ich suchen das Zelt auf, in dem es Tee, Kaffee und süßes Gebäck gibt. Es ist kalt, aber irgendwie gemütlich. Alles ist sehr schlicht, wir sitzen auf Bänken an niedrigen Holztischen mit dicken Kissen im Rücken, das ganze Zelt ist ausgelegt mit dunklen, farbenprächtigen Teppichen mit kunstvollen Ornamenten. Der Tee wird auf einem Messingtablett am Tisch serviert in Gläsern mit üppig verzierten Messinghalterungen. Für mich hat das einen Hauch von Orient. Ich fühle mich wohl und willkommen in dieser fremden Welt. Und Delal? Sie ist hier zu Hause. Das spürt man einfach. Alles ist ihr vertraut. Sie ist in dieser Umgebung auf eine besondere Weise entspannt und fröhlich. Sie besucht selten die Moschee, aber sie betet zu Hause regelmäßig. Dennoch bietet ihr diese Moschee eine religiöse Heimat. Das hat nichts Fanatisches, das gehört zu ihrem Leben dazu.

Nach dem Abitur machte Delal ein Freiwilliges Soziales Jahr. Weil sie der Gesellschaft einfach etwas zurückgeben wollte. Sie arbeitete im Krankenhaus und stieß dort unverhofft auf große Widerstände. Den Teamgeist, den sie sich erhofft hatte, gab es in ihrem Arbeitsbereich nicht. Der Einsatz, den sie zeigte, wurde vom professionellen Pflegepersonal nicht geschätzt, als Hilfspflegekraft war sie ihnen zu selbstständig. Auf Anraten der Behörde wechselte sie in die soziale Kinderbetreuung. In Jugendzentren kennt sie sich aus: Sie selbst hat dort alles gefunden, was ihr die Familie oder die Schule nicht geben konnte. Und nun wurde sie dort vorübergehend zu einer vollwertigen Mitarbeiterin – das gefiel ihr gut.

Rückhalt für Mädchen?

Inzwischen hat Delal eine Ausbildung zur pharmazeutisch-technischen Assistentin abgeschlossen. Nun kann sie als Aushilfe in der Apotheke Geld verdienen und ihr Studium der Pharmazie beginnen.

Ich möchte wissen, wie sie es bei sechs Geschwistern und Eltern, die nicht perfekt Deutsch sprechen, so weit geschafft hat. Die ganze Familie ist stolz auf sie, vor allem ihre Mutter, die selbst gern zur Schule gegangen wäre, aber nie die Gelegenheit dazu hatte. Delal hat es geschafft: durch den Rückhalt ihrer

Eltern und das Stadtteilzentrum Mabilda – Mädchenbildungsarbeit e.V. Delals Augen leuchten, wenn sie von dieser Einrichtung in Duisburg-Hamborn erzählt. Bei diesem freien Träger der Jugendhilfe e.V., hauptsächlich für Mädchen zwischen sechs und achtzehn Jahren, hat sie Freundinnen unter Gleichaltrigen und den Erzieherinnen gefunden. Dieser Ort mit dem ruhigen Arbeitsraum, der Küche und dem Garten war zwischen ihrem sechsten und sechzehnten Lebensjahr für sie wie ein zweites Zuhause. In all den Jahren als Schülerin ist sie jeden Tag dort hingegangen, hat gegessen, Hausaufgaben gemacht, gespielt und ihre Freizeit mit anderen Mädchen verbracht. Bis achtzehn Uhr. Sie hat Tanzen gelernt, an Selbstverteidigungs-Workshops teilgenommen und sämtliche Ferien-angebote mitgemacht. Das Wichtigste für sie: „Ich wusste einfach bei jedem Workshop: Ich werde am Ende mit einem guten Gefühl rausgehen, ich werde nicht enttäuscht sein. Bei manchen habe ich sogar zweimal mitgemacht. Diese Programme haben mich zu einer starken Frau gemacht. Mir wurde vieles mitgegeben, was ich anders niemals erworben hätte. Sei es Selbstbewusstsein, sich selbst zu lieben und zu akzeptieren, sich nicht schnell runterziehen zu lassen, konstruktive Kritik zu akzeptieren oder einfach Aufklärung. Ohne diese jahrelange Unterstützung wäre ich heute bei Weitem nicht so offen und selbstbewusst."

Nicht provozieren lassen

Was es heißt, in der Gesellschaft in Deutschland zu leben, hat Delal dort im täglichen Leben und durch das gemeinsame Nachdenken darüber ganz natürlich erfahren. In dieser Gemeinschaft gab es keine Vorurteile, weil sie Kurdin ist. Hier hat sie gelernt, richtig Deutsch zu sprechen. Das hat sie stark gemacht, vor allem, wenn es in der Schule wieder mal Diskussionen über das Thema Heimat gab. Nicht selten hat Delal erlebt, dass Jugendliche mit Migrationshintergrund die politischen Spannungen und Kriege zwischen ihren Herkunftsländern und kulturellen Gruppierungen für kleine Machtspiele unter sich ausnutzten, um sich Ansehen zu verschaffen. Einmal hat ein Junge mit türkischem Migrationshintergrund, den sie hatte abblitzen lassen, eine lautstarke Auseinandersetzung entfacht. Zum Schluss schrie er sie an: „Dann geh doch zurück in deine Heimat, Delal!" Und ergänzte süffisant grinsend in die Runde: „Ach, entschuldige, du hast ja keine Heimat, ihr Kurden habt ja kein eigenes Land."

In solchen Momenten – die ihr in ähnlicher Form auch heute immer mal wieder passieren – bleibt Delal äußerlich ganz ruhig. „Wir sind hier in Deutschland", antwortet sie dann. Sie wird nicht sagen: „Ich bin aber Deutsche!" Das würde bedeuten, dass sie die Herkunft ihrer Eltern verleugnet. Delal ist Deutsche. Und sie ist Kurdin. Sie will sich nicht auf einen Teil reduzieren lassen. Aber sie lässt sich nicht provozieren und will ihren Frust über solche Versuche, sie in eine emotionale Zwickmühle zu stoßen, nicht nach außen zeigen. Emotional zu reagieren, das wäre für sie zu kurz gegriffen und entspräche absolut nicht ihrem Lebensgefühl. Ventile für ihre Wut findet sie: Sie hat Freundinnen und Freunde, die sie halten.

Wunderbares Lebensgefühl

Und: Ein ganz starkes Ventil ist für Delal der Tanz. In ihren Tanz fließen all die Fragen und Gedanken ein, die sich Teenager und junge Erwachsene stellen. Im Tanz kann sie was riskieren, Grenzen überschreiten. Der Tanz muss sich nicht auszahlen. Sie kann einfach mal etwas ausprobieren. Delals Lebensgefühl ist eines von Freiheit, Selbstbestimmung und Verantwortung. Und das lebt sie sehr bewusst. „Mabilda", sagt sie leise mit einem Lächeln, „hat mich immer mit offenen Armen empfangen. Die Pädagoginnen dort haben sich Zeit für mich genommen und waren ernsthaft interessiert an dem, was mich bewegt hat und wie es für mich weitergeht. Bis heute weiß ich: Wenn ich Hilfe brauche, kann ich mich auf sie verlassen – immer. Das werde ich niemals vergessen. Ich bin dafür von Herzen dankbar!"

Delal würde ihre Großmutter im Irak gerne noch einmal sehen und von ihr vieles hören über die Vergangenheit, über die Kultur, die Stärken und die Schwächen. Aber für ihren Seelenfrieden ist die Begegnung nicht notwendig. Diesen Frieden hat sie in ihrer Heimat Deutschland, in Marxloh gefunden.

Kapitel 4:

Zurück in den Irak?

Zwei Mantren wird Sheriban bei unseren Begegnungen immer wieder benutzen: Das erste, „Sabr, sabr, sabr", sagt so viel aus wie „Einmal tief durchatmen, und der Knoten löst sich ..." oder: „Beruhige dich, alles braucht Zeit, immer mit der Ruhe."

Das zweite, „Alhamdulillah", ist Arabisch, steht im Koran und spielt im Alltagsleben der Muslime eine extrem wichtige Rolle. Die Bedeutung ist in etwa „Gott sei Dank, es geht mir gut". Es klingt wie „Hammdalla" und mit dem gutturalen L, das die Araber sprechen, wirkt es auch für unsere Ohren irgendwie beruhigend.

Bis zu ihrem siebenundzwanzigsten Lebensjahr führte Sheriban im Irak das ganz normale Leben einer irakischen Frau auf dem Lande. Da war sie seit zwölf Jahren verheiratet und hatte sechs Kinder mit einem zwölf Jahre älteren Mann. Sie wäre gern weiter zur Schule gegangen, mit fünfzehn, doch der Bruder wollte es anders: Man war einer anderen Großfamilie etwas schuldig, und so wurde die Jugendliche als Wiedergutmachung einem Mann gegeben, der sich in sie verliebt hatte. Altersgemäß hätte ihre ältere Schwester zuerst heiraten sollen, aber dieser Mann wollte nur sie, und so sah sich der Bruder „gezwungen", darauf einzugehen, um das Familienunrecht wiedergutzumachen und weitere Racheakte zu verhindern.

Sheriban versuchte, dagegen zu rebellieren, aber von ihrer Mutter konnte sie keine Unterstützung erwarten. Die hatte sich – wie die meisten anderen Frauen auch – ihr Leben lang den gesellschaftlichen Erwartungen untergeordnet. Eine andere Option gab es nicht. Zudem war sie krank und pflegebedürftig und hätte schon deshalb nicht einschreiten können. Und sie war fest davon überzeugt, dass unter der Obhut ihres ältesten Sohnes alle in der Familie gut aufgehoben waren. Sheriban spricht nicht über die Gefühle, die sie damals hatte, als sie diesen fremden Mann, Kemal, heiraten musste. Aber die Geschichte kennt in ihrer Familie jeder. Die Kinder sprechen darüber, erzählen sie wie eine Anekdote, besonders in Situationen, in denen sie das Gefühl haben, ihr Vater mische sich zu sehr in ihre Angelegenheiten ein. Damit geben sie ihm deutlich zu verstehen, dass sie ihm das Recht verweigern, über sie zu bestimmen, nach dem Motto: Wie konnte er nur…? Ihr Leben in Deutschland ist doch eher von Freiheit, Selbstbestimmung und Eigenverantwortung geprägt – und das haben Sheriban und Kemal bei der Erziehung ihrer Kinder in Deutschland auch genau so gewollt.

Im Laufe der Zeit hätten sie und ihr Ehemann sich aneinander gewöhnt, sagt Sheriban. Mit den gemeinsamen Erlebnissen, mit den inzwischen acht Kindern und dem Alltagsleben, das man weit weg vom Heimatland gemeinsam gemeistert habe, sind Vertrauen und Liebe gewachsen. Und dass bisweilen kommt sogar so etwas wie Eifersucht aufkommt, wenn ihr Ehemann sich bei Familienfeiern zu angeregt mit attraktiven Frauen unterhält, das erzählen mir ihre Kinder amüsiert.

Sheriban ist die Mutter von Delal, und sie will mir ihr Marxloh zeigen. Ich soll verstehen, warum das ihr Zuhause ist und warum sie nicht wieder in den Irak zurückgehen möchte.

Schon bei unserer ersten Begegnung empfanden wir eine große gegenseitige Sympathie, aber es gibt ein Handicap: Sheriban spricht nicht gut genug Deutsch, um die Tour mit mir zu zweit machen zu können. Also wird Delal mit dabei sein und übersetzen.

Marxloh- seit achtzehn Jahren Sheribans Zuhause

So wie Sheriban zu unserem Treffen kommt, macht sie den Eindruck, als seien wir im Urlaub irgendwo im Süden zu einer Städtebesichtigung verabredet. Ihr lachsfarbenes, locker fallendes Kleid mit den Trompetenärmeln, die mit breiter Goldspitze eingefasst sind, wirkt sommerlicher, als die Außentemperaturen es eigentlich zulassen. Einen modisch gelungenen Kontrast dazu bildet ihre schwarze weite Hose. Und so, wie sie die Sonnenbrille auf ihr weißes leichtes Kopftuch geschoben hat und in ihren hohen Sandalen läuft, strahlt sie eine souveräne Gelassenheit aus und wirkt fast einen Hauch mondän.

Als sie nach Deutschland kam, war sie zunächst in einem Auffanglager in Halberstadt und dann in Halle in Sachsen-Anhalt gelandet, doch dort begegnete sie vielen Vorurteilen und wurde täglich offen angefeindet. Jedes Mal beim Einkaufen bekam sie von jemandem zu hören: „Die soll doch dahin zurückgehen, wo sie herkommt!" oder „Nimm ihr das Kopftuch ab!", und so traute sie sich bald nicht mehr allein auf die Straße. Es waren ihre kurdischen Freunde, mit denen Sheriban und ihr Ehemann Kemal häufig telefonierten, die ihnen rieten: „Kommt doch nach Marxloh. Da habt ihr mehr Perspektiven."

Und tatsächlich war, vom ersten Moment an, als sie in Marxloh ankam, ihre Angst verschwunden. Es war, wie nach Hause zu kommen – Sabr. Marxloh war wie der Orient. Sie konnte sich wieder frei bewegen, denn auf den Straßen und in den Geschäften fiel sie absolut nicht mehr auf mit ihrem Kopftuch und ihrer Art, sich zu kleiden.

Und sie fanden schnell FreundInnen. Die meisten Kontakte der Familie liefen über die Männer, die sich in den Cafés oder in der Moschee trafen, und sie brachten früher oder später auch die Frauen zusammen. Es gab immer jemanden, der ihnen helfen konnte, ob bei der Einschulung ihrer Kinder oder bei der Wohnungssuche. Mit sehr wenig deutschen Sprachkenntnissen hat Sheriban ihr Leben als Mutter und Ehefrau gemeistert. Denn fast überall konnte sie kurdisch oder arabisch sprechen, auf dem Markt und in den Geschäften fand sie nicht nur das, was sie für das Leben für sich und ihre Familie brauchte, sondern auch das, was sie gern hatte. Das fing beim Gemüse an und ging über den Hausrat mit Teekessel und Samowar bis zum Gebetsteppich und den weit fallenden Kleidern aus ihrer Heimat.

Keine Flucht. Ausreise!

Einmal pro Woche gab es den Freitagsmarkt, der sie an den Markt in ihrem Dorf im Irak erinnerte. Bei den Stoffhändlern konnte sie die Heimat quasi mit Händen fühlen – viele der Stoffe wurden von dort importiert. Sie nähte, was der Geldbeutel hergab.

„Mit der Situation der Flüchtlinge heute kann man das nicht vergleichen“, erklärt sie mir. „Ich bin ja damals nicht geflohen, ich bin ausgereist.“ Sie lächelt. Ihr Ehemann war schon vorausgefahren, er hatte eine Kriegsverletzung und wollte aufgrund der unklaren politischen Lage nicht im Irak bleiben. Denunziation und Korruption waren an der Tagesordnung, er hatte Angst, im Gefängnis zu landen. Und so ließ sich Kemal sein Erbe ausbezahlen und flog nach Deutschland. Er wollte sich eine Arbeit suchen, seine Frau und die Kinder sollten dann über das Familienzusammenführungsprogramm nachkommen.

„Fast hätte es nicht geklappt“, sagt Sheriban und erzählt die Geschichte noch heute so spannend, als sei ihr Ausgang ungewiss, weil das so unglaublich für sie war. Es ist die Geschichte ihrer Ausreise: Für Sheriban war die Vorfreude auf ein Leben mit ihrem Mann und ihren Kindern in Frieden und die Aussicht auf eine gute Schulbildung für die Kinder in Deutschland stärker als alle Angst und alle Zweifel. Doch ihr hoffnungsvoller Traum von einem gelobten Land platzte erst einmal wie eine Seifenblase: Als sie mit ihren sechs Kindern die Grenze vom Irak in die Türkei passieren wollte, verboten die irakischen Kontrolleure dreien ihrer sechs Kinder die Ausreise. Nur die drei, die blaue Augen hatten wie sie selbst, hätten mitkommen dürfen. Für eine Genehmigung reichte auch kein Telefonat mit dem Vater, der natürlich bestätigte, dass das alles seine Kinder sind.

Sheriban musste also mit den Kindern zurückfahren, alle einen DNA-Test machen lassen, und erst mit diesen biologisch eindeutigen Nachweisen wurde ihr gut vierzehn Tage später mit allen sechs Kindern die Ausreise genehmigt.

Acht Kinder – ein Segen

Die Reiseroute hört sich anstrengend an. Von ihrem Heimatort aus fuhr sie mit den Kindern erst einmal achtzehn Stunden mit dem Bus, dann ging es mit dem Flugzeug von Ankara nach Düsseldorf. „Was für ein Stress“, staune ich. „Wie war das denn, mit sechs Kindern so lange unterwegs zu sein?“

„Die waren brav," sagt sie, „die haben damals einfach gehört, was ich gesagt habe. Es gab auch keinen Streit untereinander. Für die Kinder war das ein Abenteuer. Das Reisen war gar kein Problem. Und", fügt sie nachdenklich hinzu, „im Vergleich zu den Bedingungen, unter denen Menschen heute flüchten, fast schon bequem." Sabr.

Zwei Kinder kamen dann noch in Deutschland zur Welt: eine Tochter in Halle in Sachsen-Anhalt und noch ein Mädchen in Marxloh. Sheriban sieht es als ihre Lebensaufgabe, ihre Kinder zu aufrichtigen, verantwortungsbewussten Menschen zu erziehen. Sie ist stolz, dass alle die deutsche Staatsbürgerschaft haben. Alle sollen die guten Ausbildungsmöglichkeiten in Deutschland nutzen, fleißig sein, ihren Fähigkeiten entsprechend. Ihre eigene Mutter hatte sie damals nicht unterstützt, hatte sich den Gesetzen der Tradition gebeugt und den Männern der Familie die Verantwortung überlassen – in dieser Hinsicht konnte sie Sheriban kein Vorbild sein. Wut auf ihre Mutter hat sie heute trotzdem nicht. „Es ist einfach schwer, sich in unserer Gesellschaft der Dominanz der Männer entgegenzustellen", sagt sie. „Innerlich aber ist meine Mutter stark."

Traditionelle Bordüre

Bis heute sei sie ihr ein Vorbild, weil sie ihr beigebracht habe, mit Stolz durchs Leben zu gehen, und diese Haltung möchte Sheriban an ihre Kinder weitergeben. Und es scheint ihr zu gelingen: Als es in Deutschland später noch einige Versuche von Verwandten gab, die ebenfalls ausgewandert waren und ganz in der Nähe wohnten, diese männliche Dominanz weiter auszuüben, wehrte sich Sheriban erfolgreich und hatte in ihrem Mann ihren stärksten Verbündeten.

In der deutschen Gesellschaft lebt sie frei von der traditionellen Fremdbestimmung durch Mitglieder der Großfamilie. Und ihre wahre Stärke, die findet sie immer wieder in einem hingebungsvollen, mehr oder weniger fatalistischen Gottvertrauen. Sabr.

„Dass alle meine Kinder eine gute Ausbildung bekommen und aufrichtige Menschen werden, daran habe ich mit allen Kräften gearbeitet", sagt Sheriban stolz und entschuldigt sich dann quasi bei ihrer Tochter, die ja alles für uns übersetzt. „Und weil mir die Familie das Wichtigste ist, hatte ich leider nie Zeit, richtig Deutsch zu lernen." Sie verstehe vieles, wenn man langsam spricht, könnte auch antworten, sorge sich aber wegen ihrer schlechten Aussprache, sagt Delal. Ich bin mir nicht sicher, wie viel Sheriban wirklich versteht.

„Es war mir immer wichtig, mit Lehrerinnen und Lehrern selbst zu sprechen, und auch beim Frauenarzt wollte ich nicht, dass meine Kinder die Gespräche übersetzen", erklärt Sheriban selbstbewusst auf Deutsch. Erst, wenn die Gedanken komplexer werden, übersetzt ihre Tochter. Und es ist nicht anders als bei deutschen Mutter-Tochter-Gesprächen. Bei aller Vertrautheit bleibt da doch eine natürliche Grenze.

Delal schätzt diese Nähe zu Sheriban: „Ich rede immer so mit meiner Mutter", sagt sie stolz. „Wir sprechen ganz offen miteinander, und wenn ich ein Problem habe, weiß ich, dass sie Zeit für mich hat."

Sobald Delal studieren wird, bedeutet das allerdings, dass sie nicht jeden Abend – wie es in der Familie üblich ist – beim Abendessen mit am Tisch sitzt. Noch ist es so, dass Sheriban kocht und tatsächlich fast alle abends zum Essen da sind, mit Partnern und Kindern, auch die, die schon verheiratet sind und längst nicht mehr zu Hause wohnen. Das Essen steht dann in vielen Schüsseln auf dem Tisch, etwa eine Stunde lang kommt immer wieder etwas Neues, Warmes hinzu, und alle nehmen sich und essen, wann sie gerade da sind. Es gibt reichlich Reis und verschiedenste Gerichte, die man kombinieren kann, wie man möchte – eine Art warmes Buffet, mit verschiedenen Sorten Fleisch, von allem reichlich und frisch gekocht, dazu frisches Gemüse, Tomaten, Gurken und was die Saison zu bieten hat. Einfach köstlich!

Die gemeinsame Mahlzeit ist kein Zwang, aber alle fühlen sich wohl und sicher im Kreis dieser großen Familie. Das ist Soulfood – Essen für die Seele.

„Du bist die Erste, die studieren wird, und damit erfüllst du mir einen Traum",

nimmt Sheriban ihrer Tochter das schlechte Gewissen, weil sie dieses Ritual unterbrechen wird. „Ich bin stolz auf dich, dass du das Abitur geschafft hast, und wenn du studierst, freue ich mich für dich!" Die Freude, wie sehr Sheriban diesen Moment genießt, ist greifbar. Als Mutter ist sie durch ihre Tochter selbst auch irgendwie an dem Ziel angekommen, von dem sie immer geträumt hatte. Und jetzt erlebt sie dieses Glück – ganz besonders intensiv in jenen Momenten, in denen sie darüber sprechen darf.

Kurdisches Buffet

Genau genommen wohnt die Familie gar nicht mehr in Marxloh – die Wohnung, in die sie vor einigen Jahren umgezogen sind, liegt vier bis fünf Haltestellen vom Zentrum entfernt. Sie ist günstig und groß genug für alle, doch Sheriban kauft am liebsten nach wie vor in ihrem alten Marxloh ein, ihrer Heimat rund ums Pollmann-Eck, wo ihre Kinder groß geworden sind. Da, wo die Straßenbahnen der Hauptlinien 901 und 903 sich kreuzen, die beiden Verkehrsadern, die von der Duisburger Innenstadt über den Hauptbahnhof nach

Marxloh und Walsum bis hin nach Dinslaken Richtung Niederrhein führen. Sheriban möchte mir gern das Haus zeigen, in dem sie über fünfzehn Jahre gewohnt haben.

Kurz hinterm Pollmann-Eck bleiben wir vor einem der fünfstöckigen Wohnhäuser aus den Fünfzigerjahren stehen, wie sie nach den Zerstörungen durch den zweiten Weltkrieg die Lücken zwischen den Gründerzeithäuser füllen. Hier wohnte die zehnköpfige Familie auf zwei Etagen. „Wunderschön", sagt Sheriban, „und praktisch. Geschäfte, Schule, Kindergarten und Ärzte – alles, was man brauchte, war direkt um die Ecke. Und neben der deutschen Kneipe und dem Büro der Caritas gab es auch schon zwei türkische Restaurants. Die Brautmodengeschäfte kamen erst später."

Ohne Bevormundung

Bei der Caritas sah Sheriban die Frauen aus allen Nationen ein- und ausgehen. „Man wusste, dass einem hier ganz praktisch geholfen wird", erinnert sie sich. „Das hat den Frauen Mut gemacht. Man hat ihnen zugehört", sagt Sheriban. Sie hat viel mit anderen Frauen gesprochen und erklärt mir, dass man sich damals in dieser Beratungsstelle verstanden und nicht bevormundet gefühlt habe, auch wenn es nur äußerst selten Dolmetscher gab. Man sei auch nicht eingeschüchtert worden, sondern hätte ganz konkrete praktische Hinweise bekommen, wie man das Leben der Familie in Deutschland am besten organisiert.

Dass die Straßenbahn direkt vor dem Haus vorbeifuhr, hat sie nicht gestört. „Die Kinder wussten ja, dass sie dort nicht spielen durften" – und überhaupt: „Kinder waren früher einfach leichter zu erziehen als heute", lacht sie und freut sich immer wieder darüber, dass sie es geschafft hat, ihre acht Kinder zu selbstständigen, freundlichen und toleranten Menschen zu erziehen.

Sie haben ihren Platz in der Gesellschaft gefunden: im Logistikunternehmen, im Fachhandel, in der Autowerkstatt. Einige sind verheiratet. Dabei sind nicht alle Partner Muslime, einige sind Christen und sie haben unterschiedliche Migrationshintergründe: Ihre Familien kommen ursprünglich aus Polen, aus der Türkei und aus Deutschland.

Sheriban sind alle willkommen. Die Kriege in ihrer Heimat haben sie verändert. „Mensch ist Mensch", sagt sie, „und wenn zwei sich lieben, darf man sich nicht dazwischenstellen. Niemand hat das Recht dazu." Die ersten Enkelkinder sind da.

Um die Ecke ihrer alten Wohnung gibt es immer noch die Trinkhalle, an der sich die Kinder nachmittags etwas zum Naschen gekauft haben. Delal schaut sofort nach, ob es ihre Lieblingssüßigkeiten noch gibt und lacht: Ja, da sind sie, die Schlumpf-Gummibärchen, Esspapier in allen Farben und „Center Shock" – Kaugummis mit saurer Hülle, die mit unglaublich süßem Fruchtsirup gefüllt sind.

Ein paar Schritte weiter ist die KGS Henriettenstraße. In diesem Viertel konnten die Kinder mit ihren Freunden auf der Straße spielen, in den Hinterhöfen oder auf den zahlreichen kleinen Grünflächen und Spielplätzen. Mutter und Tochter steigt bei ihren Erinnerungen daran der Duft von Grillfleisch und Würstchen in die Nase, der besonders im Sommer abends in den Straßen hing. Sheriban wirkt glücklich auf dieser Zeitreise in die Neunzigerjahre. Wir gehen den Weg weiter zum Kindergarten. Es

Segensspruch

war kein Problem für sie, dass ihre Kinder den evangelischen Kindergarten besuchten. Ausgeschlossen fühlten sie sich dort nie, auch wenn sie in der Familie kurdisch sprachen und einen anderen Glauben hatten. „Da sind alle zusammengekommen, Muslime und Christen, evangelisch, katholisch, nicht gläubig – egal, es spielte keine Rolle."

Sie war froh über diese Toleranz, die sie selbst anderen gegenüber hat, auch wenn sie selbst gläubige Muslimin ist – oder vielleicht gerade weil sie es ist. „Meine Kinder haben dort perfekt Deutsch gelernt!" sagt sie stolz, denn darauf hat Sheriban streng geachtet: dass ihre Kinder nicht durch ihre Sprache benachteiligt wären. „Deutsch zu sprechen ist eine wesentliche Basis für den Erfolg ihrer Kinder in Deutschland", davon ist Sheriban überzeugt.

„Willkommen"

Sie ist jetzt in ihrem Element, fühlt sich wohl in Marxloh, das spürt man bei jedem Schritt. Ihre Stimme klingt aufgeregt. „Und da ist der Supermarkt, in dem ich heute noch fast jeden Tag einkaufe", deutet Sheriban die Straße hinunter. Ich sehe nichts. Ein Supermarkt? Ich bin diese Straße schon oft entlanggegangen, aber an einen Supermarkt kann ich mich nicht erinnern. Zielsicher biegt sie in eine schmale Autoeinfahrt in einen trostlosen Hinterhof ein. Der Wind weht ein paar Papierfetzen herum. Vor meinen Augen erscheint das Marxloh der Sechzigerjahre: dreistöckige, graue Bergmannshäuser, daneben eine Reihe von Garagen, mannshohe dunkel verrußte Backsteinmauern, die die Grundstücke voneinander trennen, lange Reihen grauer Mülltonnen. Als sie gebaut wurden, boten die alten Siedlungen wegen ihrer niedrigen Häuser und großen Hinterhöfe eine gute Lebensqualität. Nun hat die Stadt Leitfäden für die Besitzer erarbeitet, die Häuser und Höfe den ursprünglichen Siedlungsideen entsprechend zu sanieren, um die Wohnqualität wieder zu steigern. In diesem Viertel steht das offensichtlich noch aus. Unverhofft öffnen sich zwei automatische Glastüren einer flachen, unscheinbaren Lagerhalle.

„Willkommen" steht hier in Schreibschrift auf Deutsch über dem Eingang des Verkaufsraumes. Sheriban ist verschwunden, eingetaucht in ein Universum, das für mich erst einmal wie ein ziemlich weit-läufiges Warenlager aussieht. Sie kann mir den Markt nicht einfach nur zeigen, sie befühlt gleich Melonen und Zucchini, scannt mit ihren Augen das Gemüseangebot und geht wie die Einkäuferin eines guten Restaurants ganz darin auf: professionell, leidenschaftlich, zielstrebig. Sie weiß sofort, was im Angebot ist, ihre Fantasie blüht, ihr fällt alles Mögliche ein, was sie am Abend auf den Tisch bringen könnte. Heute werden es gefüllte Zucchini sein, der Preis und die Qualität des Angebotes überzeugen sie.

Sheribans Lust aufs Kochen verwandelt meinen Blick. Der Supermarkt, der nicht viel anders aussieht als andere türkische Supermärkte, bekommt in meinen Augen plötzlich ein orientalisches Flair.

Es ist nicht mehr der Markt, bei dem man höllisch aufpassen muss, welches Gemüse oder welche Früchte man kauft, weil man die meisten wegen ihrer Überreife sofort verarbeiten muss. An ihrer Seite nehme ich wahr, wie das Gemüse kunstvoll, aber irgendwie auch ganz natürlich aufgetürmt ist, als hätten die Bauern es gerade von den Feldern geholt. Die feuchte Kühle erinnert mich an die Markthallen in südlichen Ländern. Warum habe ich das in türkischen Märkten sonst nie so empfunden? Vielleicht, weil ich nach Bioprodukten suche, was hier noch keine Rolle zu spielen scheint? Oder weil ich keine Großfamilie zu versorgen habe, die ich mit Bergen von Gemüse glücklich machen könnte? Oder weil ich diese duftenden Vorstellungen von den Gerichten gar nicht habe, die später dann in großer Runde von der Familie gemeinsam gegessen werden?

Mit Sheriban wirkt das Fremde verführerisch. Sie erklärt mir die Vorzüge der unterschiedlichen Reissorten, der Öle, der Ge-

Kurdisches Buffet

würze, der Brotaufstriche: Reis mit Sehriye (Reisnudeln), Tahin (Sesammus fürs Brot) und Pismaniye (ähnelt Zuckerwatte). Sheriban öffnet mir ein Tor zum Reich einer verführerischen Esskultur, sodass ich am liebsten selbst sofort kaufen und probieren möchte.

Ich muss an meine Kindheit denken. Weil Türken anders als die Deutschen gekocht haben, mochten einige Leute nicht mit ihnen in einem Haus leben. Der kalte Geruch von Knoblauch, der sich im Treppenhaus ausbreitete, war ungewohnt und unangenehm. Heute nimmt man diese Begleiterscheinungen gern in Kauf für den guten Geschmack, und Knoblauch gehört auch in deutschen Haushalten ganz selbstverständlich in jede gute Küche. Es amüsiert mich, wenn ich daran denke, wie klein die Petersiliensträußchen waren und häufig noch sind, die in deutschen Supermärkten angeboten werden, und dass bis auf Zucker, Pfeffer und Salz, Essig und Öl, Maggi und Lorbeerblätter nur wenige Gewürze unsere Alltagsküche im Kohlenpott der Sechziger- und Siebzigerjahre bestimmt haben. Bei meiner Tante Änne, die vom Bauernhof kam und in ihrem Garten bei uns nebenan Gemüsebeete anlegte, gab es ein paar Kräuter wie Bohnenkraut, Dill, Senf und Schnittlauch, aber das war's dann schon fast. Ich bin froh, dass vor allem italienische und arabische Zuwanderer dieses Angebot gründlich erweitert haben!

Kurdische Esskultur

Wir schlendern durch Marxloh. Sheriban hat wieder die Rolle der Stadtführerin übernommen – es ist ihr Zuhause. Sie empfiehlt weitere Supermärkte, Einrichtungsläden und arabische Restaurants. Sie erklärt mir die besten Vorspeisen: Suppe (Linsen- oder Joghurt-) oder Brot mit selbst gemachtem Zaziki, Auberginen- und Karottenaufstrich. Als Hauptspeise Grillteller, meist mit Reis oder Pommes, Salat und je nach Art Kebab (Hackfleisch gegrillt) oder Tavuk (Hähnchenspieß), Döner oder Iskender (gegrillter Hackfleischspieß) in Portionen geschnitten und in Brot gewickelt, dazu Joghurt und Tomaten-Dip. Zum Nachtisch schließlich Künefe (ein Dessert aus Fadennudeln, Käse und Zuckersirup) oder Baklava (ein Gebäck aus Teigblättern, Zuckersirup und Nüssen). Dazu trinkt man Cola, Wasser, Ayran (Joghurtgetränk) und zum Nachtisch meist Kaffee oder schwarzen Tee.

Viele der Verkaufsräume mit ihren langen Glastheken, den Resopaltischchen und den Stühlen mit Plastikpolstern wirken auf mich wie Schnellimbisse. Sheriban erklärt, ein gutes Restaurant müsse nicht durch plüschige Polstermöbel oder weiße Tischdecken, zig Gläser und Kronleuchter zeigen, dass die Küche exzellent ist. Wenn irgendwo das Essen wirklich gut ist, spricht sich das schnell herum. Deshalb komme man immer wieder und bringe die guten Freunde gerne mit.

Wir landen auf unserem Nostalgie-Rundgang schließlich in Elif's Tortenwelt, die Konditorei ist besonders bekannt für ihre kreativen köstlichen Hochzeits- und Geburtstagstorten. Die Geschichte dahinter werde ich später ausführlich erzählen.

Aber zurück zu Sheriban: Für immer in den Irak zurückkehren möchte sie nicht. Zu viele ihrer Kindheitserinnerungen wurden durch den Krieg zerstört. Und da wäre ja auch die Familie, die ganz selbstverständlich über ihre persönliche Lebensführung bestimmen würde. Die Freiheit, ohne die Kontrolle der weitläufigen Familie in Deutschland zu leben und mit ihren Kindern angekommen zu sein, möchte sie sich nie mehr nehmen lassen.

Einige Wochen später besuchen Sheriban und Delal mich in Berlin. Im Gegensatz zu ihrem Mann hatte Sheriban bis vor Kurzem noch keine dauerhafte Aufenthaltsgenehmigung, weil sie den Deutschtest nicht bestanden hätte. Ihre Kinder rieten ihr immer wieder zu, es gab ein Angebot für einen Deutschkursus, ganz in der Nähe, bei Mabilda e.V., aber sie schaffte es nicht, anzufangen, auch wegen ihrer vielen gesundheitlichen Probleme.

Ich finde es schade, dass ich nicht ohne Übersetzerin mit ihr sprechen kann. Es wäre einfach noch mal anders als durch Vermittlung über ihre noch so verständige und freundliche Tochter. Und ich könnte ja vielleicht auch etwas von mir und meinem Leben in Deutschland erzählen oder wir könnten einfach mal über den Alltag, miteinander lachen. Die Sympathie ist da, aber wir können uns nur über die einfachsten Dinge wie Teetrinken und Spazierengehen mit Gesten und wenigen Worten verständigen.

Ich spreche Sheriban darauf an. „Aber das reicht ja!", antwortet sie mir auf Deutsch. Auf mich wirkt das ein bisschen wie eine Zurückweisung. Und plötzlich spüre ich eine unsichtbare Mauer zwischen uns. Mehr erfahren über das Leben der Deutschen – nein danke? Vielleicht habe ich das falsch verstanden. Es beschäftigt mich in Gedanken weiter. Ja, lässt sie mir später von Delal sagen, das hätte ich falsch verstanden. Sie möchte gern mehr erfahren über die Menschen, die ihr begegnen, egal welcher Herkunft, und Freundschaften pflegen. Und eines Tages wird sie mehr Deutsch lernen und sich auch auf Deutsch unterhalten können. Da ist sie sich sicher. Und darauf freue ich mich schon.

Café Elif's Tortenwelt

Linie 903:
Theater in der Straßenbahn

Auf diesen Abend hatte ich mich besonders gefreut: die Aufführung eines Werkes des amerikanischen Komponisten Jon Cage in einer der alten, beeindruckend sorgsam restaurierten Industriehallen, der Jahrhunderthalle in Bochum. Eine fantastische Stahlkonstruktion. Neuntausend Quadratmeter groß, lese ich. Zur Blütezeit des Ruhrgebietes eine Gaskraftzentrale für ein Stahlwerk und die dazugehörige Arbeitersiedlung. Voller Spannung fahre ich zum Festival. Während der Einführung zum Werk „Europeras" wird mir klar, dass ich mir die Opern ein bisschen anders vorgestellt hatte. Gut, bei Cage ist der Interpretationsspielraum groß, aber ich habe seine „Europeras" als ein Werk verstanden, in dem der Amerikaner John Cage uns zeigt, was wir an Opern nach Amerika gebracht haben, im Sinne von „Schaut euch das mal mit Verstand an". „Zweihundert Jahre lang haben die Europäer uns diese Opern geschickt!?", so der augenzwinkernde Kommentar von John Cage. Für mich hat er mit Humor hinter diesen Kulturexport ein ziemlich großes Fragezeichen gesetzt.

Jedenfalls hatte ich mir vorgestellt, hier die schlimmsten Ohrwürmer der europäischen Opern zu hören und Spaß an diesem musikalischen Zerrspiegel zu haben.

Der Regisseur jedoch hatte nur Stellen aus Opern ausgesucht, die nicht populär sind. Keine Lust, kein Spiel, großer intellektueller Ernst. Kann man machen. Ich war leicht frustriert. Enttäuscht und gelangweilt. Mit diesem Gefühl bin ich in Bochum in den Zug nach Duisburg gestiegen und dann mit der Straßenbahn 903 weiter nach Walsum gefahren.

Die Straßenbahn ist nachts um halb zwölf unerwartet voll. Wo die wohl alle gewesen sind? Was diese Menschen heute Abend wohl erlebt haben oder noch erleben wollen? Ein Anstreicher sitzt da in einem weißen Arbeitsanzug voller Farbspritzer, dicken Arbeitsschuhen und einer schweren Ledertasche. Mir scheint, er hatte einen guten Tag und ist zufrieden über seinen Feierabend. Im Tiefeneinstieg, wo man viel Beinfreiheit genießt, hat es sich ein Typ mit Irokesenschnitt und grünem Parka bequem gemacht. Schwer zu schätzen, wie alt er ist, mir scheint, er geht auf das Rentenalter zu, aber irgendwie ist er rein äußerlich wie aus den Siebzigerjahren übrig geblieben. Sein Outfit ist eigenwillig und zeigt Persönlichkeit, ich assoziiere friedlichen Widerstand und ein unangepasstes Leben.

Die junge Frau auf der anderen Seite des Ganges mit dem strahlend weißen Kopftuch aus Seide schaut gedankenverloren aus dem Fenster. Ihre verlängerten Wimpern geben ihren großen dunklen Augen etwas Strahlendes. Sie könnte auch Reklame für Lidschatten machen. Ihr langer schwarzer Mantel legt sich beim Sitzen lässig um ihren Körper. Darunter blitzen ihre Turnschuhe mit dem glitzernden Strasssteinchen hervor und die blaue Jeans. Sehr attraktiv. Was ihr wohl durch den Kopf geht? Gern würde ich mit ihr reden.

Déjà-vu

Gegenüber macht es sich mit gekonnter Routine eine ältere Frau mit einem Rollator bequem: einparken, Bremse anziehen, hinsetzen. Sie fängt an, in ihrer Handtasche zu kramen, und löst ein Déjà-vu bei mir aus: Mein Gott, solche Handtaschen hatte meine Tante Änne, die Mitte der Neunzigerjahre gestorben ist. Zu ihren Lebzeiten waren diese Taschen schon irgendwie aus der Mode, aber zu älteren Frauen haben sie gepasst: schwarzes Lederimitat, ähnlich wie ein Beutel an der Öffnung in leichten Falten zusammengenäht, mit einem Clip am schmalen Metallbügel zu schließen. Gerade so groß, dass ein Portemonnaie, ein Knirps und ein Gebetbuch hineinpassen. Die Frau findet derweil, was sie gesucht hat: ein kleines Fläschchen mit Eau de Cologne – 4711! Ich muss lachen. Oje, denke ich, dass es das noch gibt. Als ich ein Kind war, war das in Kombination mit einem Stück Seife ein beliebtes Geschenk für ältere Frauen, wenn man nicht wusste, was man ihnen zu Weihnachten oder zum Geburtstag mitbringen soll, und sie haben sich darüber gefreut! Ich erinnere mich gut, wie meine Oma mir ihre Sammlung an Fläschchen und einzeln verpackten „Erfrischungstüchern" gezeigt hat. Der Geruch aus dem

Wäscheschrank kommt mir in die Nase. Ganz real oder in der Erinnerung? Ich weiß es nicht. Aber es macht mich vergnügt.

Am Pollmann-Eck steigt ein Pärchen mit einem Kinderwagen ein. Um diese Zeit?! Ach ja, ist ja Beecker Kirmes. Sie steigen hier von der 901 in die 903 Richtung Dinslaken um. Die junge Frau mit den mittelblonden lockigen Haaren und den knallroten Lippen trägt ein Lebkuchenherz mit der Zuckergussaufschrift „Schatz" um den Hals, über dem Kinderwagen schwebt ein Ballon mit dem Kopf von Mickey Mouse. Das Kind schläft, die Eltern schweigen stillvergnügt. „Wie alt ist es denn?", fragt die Frau, die ich gar nicht wahrgenommen hatte. Sie gehört zu einem bestimmten unauffälligen Typ von Rentnerinnen, die einfach überall irgendwie da sind. Meist tragen sie dunkle Wollmäntel und beige Schuhe aus dem Orthopädiefachgeschäft. „Fünf Monate." Alle strahlen. Auch die ältere Frau. Wie sich herausstellt, eine stolze Oma. Sie hat heute mit ihren Enkeln Geburtstag gefeiert, die Kleinste ist drei Jahre alt geworden. Schön war es. Und der Puppenwagen kam gut an.

Heiter steige ich an der Haltestelle „Schwan" aus der Straßenbahn aus. Das war eine schöne Vorstellung! Jeder und jede ein Typ. Und allen würde ich gern noch länger zusehen und zuhören.

Kapitel 5:
Kartenspiel und Schicksalsparagraf: 51

Ein paar Männer sitzen in einem typisch türkischen Café und spielen Karten. Manche trinken Bier, manche Cola, Kemal trinkt Kaffee. „Das war nicht immer so", lacht er, „ich habe auch Alkohol getrunken. Aber nach dem Herzinfarkt lasse ich es lieber!" Kemal ist Muslim, kurdischer Muslim aus dem Irak. Er besucht regelmäßig die Merkez-Moschee an der Warbruckstraße in Marxloh, gehört aber keiner speziellen religiösen Gruppierung an. Er geht nur zum Beten hin und fährt dann wieder nach Hause. Seine engsten Freunde trifft er nicht in Marxloh, sondern in einem Café in Essen. Die meisten sind Christen aus dem Irak. Sie sitzen zusammen, plaudern ein wenig und spielen Backgammon, Domino oder Karten. „51" heißt sein Lieblingsspiel: Wer mit seinen Karten genau auf 51 Punkte kommt, hat gewonnen.

Im richtigen Leben hat Kemal vor über fünfundzwanzig Jahren eine Aufenthaltsgenehmigung nach § 51 bekommen – ob das die Gewinnerkarte war, lässt sich im Nachhinein nicht so eindeutig bejahen. Erst seitdem er die deutsche Staatsbürgerschaft hat, fühlt es sich für Kemal wie ein Hauptgewinn an: „Ich liebe Deutschland! Hier sind alle nett zu mir und haben mir geholfen, meiner Frau, meinen Kindern. Die Kinder wurden in der Schule unterstützt, alle acht konnten eine gute Ausbildung machen und haben einen Beruf gelernt. Ich liebe Deutschland!"

Deutscher Staatsbürger

Seine Familie erzählt mir, er habe seinen besten Anzug angezogen, als er zur feierlichen Übergabe der Einbürgerungsurkunde gegangen ist. Die Einladung dazu hat er tagelang ständig mit sich herumgetragen und immer wieder gelesen. So, als könne er es gar nicht glauben. Denn der Weg dorthin war nicht leicht. Dreimal hat er Anlauf genommen – die größte Hürde war der Sprachtest. Beim ersten Mal erreichte er nur achtundzwanzig der geforderten dreiunddreißig Punkte im schriftlichen Test, schaffte jedoch die mündliche

Prüfung. Beim zweiten Anlauf hatte er in der schriftlichen Prüfung die geforderte Punktzahl, doch – beim gleichen Lehrer – mündlich nicht bestanden. Daraufhin wechselte er zu einem anderen Lehrer, belegte noch einmal drei Monate einen Sprachkursus und bekam am Ende überall die volle Punktzahl – Ziel erreicht! Er ist stolz und strahlt über das ganze Gesicht, wenn er davon erzählt.

Der Akt der Einbürgerung mit dem Singen der Nationalhymne war für ihn der feierliche persönliche Höhepunkt seiner Integration. Kemal ist glücklich, ein deutscher Staatsbürger zu sein. Es verstärkt sein Lebensgefühl von Freiheit und Sicherheit, das er nirgendwo sonst hatte. Stand in seinem Pass bislang als Anmerkung unter Reisemöglichkeiten „alle Länder, außer Irak", fallen jetzt die Beschränkungen weg. Er darf in alle Länder reisen, auch wieder in seine Heimat, den Irak.

Geboren ist Kemal in Mossul, heute leben seine älteste Schwester und seine Mutter in Duhok. 2016 war er zum letzten Mal dort – offiziell war die Einreise damals für ihn gar nicht erlaubt und mit großem Risiko verbunden, aber seine Mutter war krank, und er wollte sie unbedingt sehen. Dass es mit der Rückreise aus dem Irak nicht klappen könnte, sah er als das geringere Risiko an. Einer seiner Cousins ist Bürgermeister der Stadt und hätte im Zweifel seine Ausreise durchgesetzt, davon ging er aus. Für die Hinreise aber fürchtete er, am Flughafen abgewiesen zu werden. Er hoffte, die Schweden würden nur auf die Farbe des Passes schauen und nicht lesen, dass er nicht in den Irak reisen darf. Und so war es dann auch.

Selbst wenn der Pass noch nicht in Ordnung war – wirklich gefährlich war die Einreise für den Kurden nicht, denn das Verhältnis zwischen den regierenden Arabern und den Kurden war geklärt und friedlich, anders als in den Neunzigerjahren, als er aus der Türkei nach Deutschland ausreiste. Damals hätte ihn wegen seiner Desertation bei einer Einreise in den Irak mindestens das Gefängnis, vermutlich aber die Todesstrafe erwartet. Als die Bomben zwischen Kurden und Arabern fielen, floh er mit seiner Familie, mit Sheriban und den sechs Kindern, in die Türkei – ohne offizielle Ausreisegenehmigung. Sie wohnten damals in einem Lager nahe der syrischen Grenze, doch die türkischen Behörden schickten sie in den Irak zurück.

„Komm nicht", schrieb die Mutter ihrem Sohn damals, „die kurdischen Männer werden ins Gefängnis gebracht oder sofort erhängt." Der Vater starb damals, 1994, als Soldat in der Türkei an Krebs. Kemal brachte seine Familie nach Hause und floh gleich wieder – diesmal mit einem gekauften gefälschten Pass: zunächst wieder in die Türkei, von dort mit Bus und Auto über die Ukraine, Slowakei und Tschechien nach Deutschland. Über Berlin und Dresden kam er schließlich nach Köln und meldete sich bei der Polizei. „Wir geben Ihnen eine Fahrkarte in die zentrale Aufnahmeeinrichtung für Asylbewerber in Halberstadt", sagte ihm der freundliche Sachbearbeiter auf Arabisch, nachdem Kemal seine Situation geschildert hatte.

„Ich weiß nicht, wie das geht, mit dem Zug fahren!",
antwortete der Flüchtling. Er war überfordert.

„Aber wie sind Sie denn aus dem Irak nach Köln gekommen?!", fragte der Beamte. Während Kemal mir das erzählt, muss er selbst lachen, so absurd kommt ihm das heute vor. Aber man spürt auch noch seine Erleichterung, dass ihn am Ende jemand mit dem Auto hingefahren hat. Dafür ist er bis heute unendlich dankbar.

Nach ein paar Wochen in Halberstadt bekam er eine Wohnung im benachbarten Aschersleben, wo er mit drei anderen Asylbewerbern aus dem Irak in einer Dreizimmerwohnung lebte. „Das war schön und sicher", erinnert er sich. „Es war sehr, sehr gut, und alle waren sehr nett." Nun endlich konnte er in Ruhe planen, wie er in Deutschland Fuß fassen und seine Familie nachholen könnte. Er zog zu einem Freund nach Halle an der Saale. Ein Gericht entschied darüber, nach welchem Verfahren sein Aufenthalt in Deutschland geregelt werden sollte. Welche Folgen diese Entscheidung des Richters haben könnte – niemand hatte Kemal damals darüber aufgeklärt. Und er hatte einfach Vertrauen in die Behörden in Deutschland.

Kemal erinnert sich, dass die meisten der Asylsuchenden entweder nach § 16 oder § 51 eingestuft wurden. Der Richter entschied in seinem Fall § 51. Was das bedeutete? Man kann es im Internet nachlesen, müsste aber juristischen Sachverstand besitzen, um die konkreten Auswirkungen auf das persönliche Leben in Deutschland wirklich zu verstehen. Kemal konnte das nicht lesen. Er vertraute dem deutschen Rechtssystem und den Behörden. Seine Gedanken kreisen um seine Familie. Er wollte sie in Sicherheit bringen und erfahren, wie er in Zukunft für sie sorgen könnte. Mithilfe von Freunden und Behörden suchte er einen Weg, ein normales Leben zu führen. Und das hieß: arbeiten und Deutsch lernen und die Familie nachholen. „Ich habe eine Frau und sechs Kinder im Irak", das war sein Dauerthema. Ein Ägypter, der in der Sozialbehörde arbeitete, half ihm, einen Antrag auf Familienzusammenführung zu stellen. Auf Youssef war Verlass – Youssef wurde zum Freund.

§ 51

Doch ehe das Verfahren in Gang kommen konnte, musste Kemal beweisen, dass er der Vater der Kinder und die Frau, für die er die Ausreise beantragte, die Mutter der sechs Kinder war. Das hieß: Er musste zu einem DNA-Test nach Münster. Zum Glück halfen auch hier die Sachbearbeiter bei den Behörden. Er selbst bezahlte damals 2.250 D-Mark, damit die Reisekosten für die Familie gedeckt waren. Nach einigen Tagen vergeblicher Versuche, jemanden im Irak telefonisch zu erreichen, konnte er seiner Familie das Geld schicken.

Zehn Tage später flog Kemal nach Ankara, um Sheriban und die Kinder abzuholen und mit ihnen nach Deutschland zurückzufliegen. Sie waren fast einen ganzen Tag mit dem Bus aus dem Heimatdorf in die Türkei gefahren. Die Strapazen der Reise nahmen sie nicht wahr. Zu groß war die Vorfreude auf ein Leben in Deutschland – in Freiheit.

Über Düsseldorf reisten sie nach Halle an der Saale. Dort wurde eine weitere Tochter geboren: Delal. Die Freude war groß, doch das gute Lebensgefühl, das sie erwartet hatten, wollte sich irgendwie nicht einstellen – das Kopftuch wurde argwöhnisch betrachtet, die Kinder häufig bedroht und beschimpft. Und so fragten sie bei Freunden und Verwandten nach, ob jemand eine gute Stadt zum Leben wüsste. Weil ein Freund von Krefeld schwärmte, fragte Kemal dort beim Wohnungsamt nach, doch nun begriff er selbst zum ersten Mal, was eine Aufenthaltsgenehmigung nach § 51 bedeutet: Man ist in vollem Umfang sozialhilfeberechtigt. Aufgrund seiner Einstufung nach § 51 bekam Kemal keine Erlaubnis, eine Arbeit anzunehmen, das bedeutete, es gab auch keine Möglichkeit für ihn, einen Deutschkursus zu machen. § 51 bedeutete: Er war komplett abhängig von einem sozialen Versorgungssystem – für den Mittevierzigjährigen war das nicht leicht. Doch so wenig er das akzeptieren wollte, so wenig konnte er es ändern. Krefeld, Essen und Oberhausen lehnten die Ansiedlung der Familie ab. Duisburg-Hamborn sagte schließlich Ja. Und Kemal fragte nach: „Wie können wir eine Wohnung finden, wovon können wir leben?"

„Kein Problem", war die Antwort, „wir helfen!"

Kemal ist körperlich nicht sehr belastbar – der Splitter einer Bombe steckt in seinem Steißbein und lässt sich nicht entfernen. Es ist die Folge eines Bombenangriffs, bei dem sein Bruder ums Leben kam, der dabei neben ihm im Auto saß. Allzu gern hätte Kemal in Deutschland in seinem Beruf als Automechaniker weitergearbeitet und dafür auch gern eine Fortbildung gemacht. Aber mit § 51? Keine Chance! Eine Weiterbildung? Nicht möglich! Und deshalb war aus Sicht der Behörden auch kein Deutschkurs nötig. Abgelehnt!

„Ich habe keinen Kontakt mit Deutschen, deshalb beherrsche ich die Sprache bis heute so schlecht", entschuldigt sich Kemal. Die Kinder sprechen sehr gut. Alle haben einen Beruf gelernt, Delal hat das Abitur und studiert, ihre jüngere Schwester geht noch zur Schule. Alle sind zuverlässige und starke Persönlichkeiten. Und so gut es geht, unterstützen die Eltern nach wie vor ihre Kinder und Enkelkinder, und die, die schon Geld verdienen, unterstützen die Eltern.

Am Pollmann-Eck

Ihre Offenheit und Freundlichkeit hat der Familie beim Ankommen in Deutschland geholfen. Der erste Vermieter in Marxloh war nett. Er nahm die Kinder häufig mit zum Schwimmen. Doch die Wohnung war auf Dauer zu klein, das Bad war Teil der Küche, und als das achte Kind geboren wurde, beschlossen sie, sich eine andere Wohnung zu suchen.

In einem stark renovierungsbedürftigen Haus am Pollmann-Eck fanden sie zwei kleine Wohnungen, die übereinanderlagen, aber das war erst einmal egal – viel Platz war gut! Das Schönste daran war, dass die Umgebung ihnen von Anfang an das Gefühl gab, zu Hause zu sein. Dass die Mutter ein Kopftuch trug, war kein Problem, Supermärkte, Ärzte, Kindergarten und Schule – alles war sehr gut zu Fuß zu erreichen.

Leider hatte die Wohnung extrem viele Schäden. Der Vermieter versprach immer wieder, die Mängel zu beseitigen, Stromkabel zu verlegen, die Dichtungen der Wasseranschlüsse zu erneuern, aber dreieinhalb Jahre lang passierte nichts. Bis die Polizei kam. Die riet der Familie, schnellstmöglich auszuziehen, denn die Besitz- und Mietverhältnisse seien nicht klar, und es drohe eine Zwangs-räumung. Zweimal musste die Familie noch umziehen. Ihr Lebensmittelpunkt aber blieb Marxloh.

Und dennoch: All die Jahre war Kemal von einer großen Unruhe getrieben. Er fuhr im Ruhrgebiet von Stadt zu Stadt, suchte Freunde, suchte Arbeit. Er verkaufte seine Eigentumswohnung im Irak – sein Erbe – und eröffnete einen Internetladen. Leider genau zu dem Zeitpunkt, als das private Internet für alle zu boomen begann und die Smartphones massiv auf den Markt drängten. Die technischen Entwicklungen überrollten ihn, der Laden ging pleite. Er war zu unerfahren, um das Ruder noch mal herumzureißen. Schicksal, sagt er beinahe fatalistisch. Er musste es akzeptieren, auch wenn er dabei sein Erbe verloren hat. Dieser Misserfolg war eine Lektion fürs Leben.

Kemal fand damals Halt im Glauben, Familie und Freunde waren und sind sein Lebensmittelpunkt.

Zurück in den Irak?

Wäre es sinnvoll? Wäre er dort ein anderer Mensch geworden? Seine Mutter fragte immer wieder nach, wann er denn zurückkäme. Sie war alt und krank und hätte ihren Sohn gern in ihrer Nähe gehabt. Vor einigen Jahren ging Kemal tatsächlich zurück in sein Heimatland und stellte sich all diesen Fragen.

Viel hat er danach in Deutschland nicht von dieser Reise erzählt. Dabei hätte die Familie gern mehr über seine Gedanken erfahren. Er schweigt. Man spürt: Es war eine aufwühlende Reise in die Vergangenheit, eine Reise durch Höhen und Tiefen seines Lebens. Eigentlich ist Kemal gern in Gesellschaft, doch zu dieser Reise hat er sich ganz allein auf den Weg gemacht an die Orte seiner Kindheit und Jugend. Welche Gefühle haben ihn begleitet? War das noch seine Heimat? Würde er eines Tages mit seiner Frau zurückgehen wollen? Es gab heitere Momente, ja. Aber es überwogen bei Weitem die schmerzlichen Erinnerungen, als er den einst so geliebten Straßen und Plätzen, den Orten, die ihn geprägt haben, wiederbegegnete. Beim Anblick der Ruinen kamen die Kriegserlebnisse mit einer Wucht zurück, die ihn erschütterte.

Essen mit der ganzen großen Familie

Dabei war der Start ins Leben, eigentlich seine ganze Kindheit nicht schlecht gewesen. Damals in Mossul nannten ihn die kurdischen Freunde Salach. Und obwohl seine Muttersprache Kurdisch in der Schule verboten war und er dort Arabisch sprechen musste, fühlte er sich im Irak akzeptiert. Die Zweisprachigkeit war für ihn normal, sagt er, kein Problem. Bis heute schaut Kemal die Fernsehprogramme auf Kurdisch und Arabisch gleich gern an.

Auf seine Reise in die Vergangenheit hat er niemanden mitgenommen, sagt er, weil er sich nicht beeinflussen lassen wollte. Er wollte sich nicht dazu drängen lassen, etwas schönzureden, wollte auch nicht in Nostalgie schwelgen oder sich im Schmerz ergehen. Kemal wollte noch einmal seine Veränderung nachvollziehen, wie aus Salach Kemal wurde, prüfen, ob es gut ist, wie es ist. Vieles bewegt ihn emotional weiter, aber eines weiß er jetzt mit Gewissheit: „Deutschland ist mein Zuhause!"

Kemal hat seine Mutter besucht und seine älteste Schwester. Und natürlich war er dort noch einmal ganz unmittelbar mit seiner Erinnerung konfrontiert: dass er mit siebenundzwanzig Jahren das fünfzehnjährige Mädchen geheiratet hat, das lieber weiter zur Schule gegangen wäre. Die Familienfehde hatte ihm das Recht gegeben, ein Mädchen aus dieser Familie zu heiraten, und er hatte sich in Sheriban verliebt. Heute muss er damit leben, dass seine Kinder ihm das ab und zu vorhalten. Sie, die in Deutschland und unter ganz anderen Bedingungen groß geworden sind, können und wollen nicht verstehen, wie er sich auf so einen Handel einlassen und ein nicht mal sechzehnjähriges Mädchen gegen dessen Willen heiraten konnte. „Aber ich liebe sie doch", antwortet er dann kleinlaut. Wohl fühlt er sich mit diesen Erinnerungen nicht.

Erst in Deutschland haben die beiden wirklich zueinandergefunden. Gemeinsam genießen sie die Freiheiten und leben mit den guten Bräuchen aus ihrer Kultur weiter. Gastfreundschaft wird großgeschrieben. Wir sitzen im geräumigen, sehr aufgeräumten Wohnzimmer. Als Gast bekomme ich Tee und Nüsse und andere Köstlichkeiten aus dem Irak. Direktimport. Keine Imitate aus Deutschland. Dafür gibt es eigene Geschäfte – große Supermärkte, zu denen die Familie ab und zu einen Ausflug macht. Die eigene Kultur wird gepflegt. Mit Stolz. Und die Gäste sollen sie gern mit genießen.

Merkez Moschee

Der Glaube

Äußerlich halten die gemeinsamen Mahlzeiten am Abend die Familie im Alltag zusammen. Innerlich wird der Zusammenhalt auch durch den Glauben bestimmt. Alle aus der Familie haben den Ruf des Muezzin als App auf ihrem Handy und halten sich an die vorgeschriebenen Gebetszeiten.

Wir können über Christen und den Papst genauso sprechen wie über das Freitagsgebet, die DİTİB-Merkez-Moschee und die Geschichte der Kurden. Man spürt bei Sheriban und Kemal eine große Offenheit, etwas über andere zu erfahren. Dabei wird Toleranz groß geschrieben Ihre Schwiegertöchter und -söhne, sind polnischer, türkischer, arabischer und deutscher Herkunft – sie alle sind willkommen! Und sitzen gern zusammen. Sie haben Spaß daran zu erleben, wie sich die Enkelkinder entwickeln, tanzen miteinander, lachen, schauen fern, erzählen.

Seit seinem Herzinfarkt ist Kemal ruhiger geworden. Aber er nimmt sich nach wie vor seine Freiheiten und fährt regelmäßig zu seinen Freunden nach Essen, wo sie sich unterhalten und Karten spielen ... Und heute ist es ihm nicht mehr so wichtig, ob er gewinnt oder verliert im Spiel 51.

Kapitel 6:

Schwarzfelder Kirschtorte

„Elif macht die besten Torten! Da müssen Sie unbedingt reingehen und probieren!" drängeln und schwärmen Delal und Ceyda bei unserem Spaziergang, auf dem sie mir „ihr" Marxloh zeigen. Natürlich macht mich das neugierig. „Wer für ein Familienfest etwas Besonderes möchte, ob Hochzeit, Geburtstag oder Einschulung, der bestellt hier eine Torte." Türkische Hochzeitstorten? Ehrlich gesagt kann ich mir darunter nur wenig vorstellen. Sind sie anders als die bei uns üblichen mehrstöckigen Hochzeitstorten? Und wie sieht eine Torte zur Einschulung aus?

Ich lade sie auf ein Stück Torte ein, und wir betreten gemeinsam das Café. Hinter einer der in Konditoreien üblichen hohen gewölbten Glastheke steht eine schlanke Frau mit schwarzem Kopftuch, das ihr weich und locker über die Schultern fällt und Haare und Stirn bedeckt. Sie trägt ein wadenlanges schwarzes Kleid aus feinem Stoff und schaut mir lächelnd in die Augen. Neugierig betrachte ich das Angebot in der Vitrine. „Moment mal", sage ich zu ihr, „da sehe ich Schwarzwälder Kirschtorte, Schokoladentorte, gedeckten Apfelkuchen und Bienenstich. Sind das nicht alles typisch deutsche Kuchen?"

Sie lacht. „Ja, bei uns aber ohne Gelatine und Alkohol!"

Wie sich herausstellt, spreche ich mit der Besitzerin des Elif, Nurcan Yagiz. Sie hat dieses Café vor einigen Jahren hier eröffnet, hat sich quasi aus ihrer Küche heraus selbstständig gemacht. Eine muslimische Frau, die den Laden schmeißt? Ich staune. „Die Auswahl an Kuchen für den Cafébetrieb ist gerade sehr groß, weil sich vor ein paar Tagen eine Reisegruppe vom Niederrhein angemeldet hat", erklärt sie. Leute aus Wesel, die sich mal die Weseler Straße in Marxloh ansehen wollten. Und natürlich möchte sie auf die potenziellen Kunden eingehen, und dazu gehören selbstverständlich deutsche Kunden! Deshalb haben sie auch nicht die türkische Bezeichnung für Konditorei gewählt, sondern „Elif's Tortenwelt". „Die Schwarzwälder Kirschtorte ist keine Schwarzwälder Kirschtorte", klärt sie mich augenzwinkernd auf, „es ist eine ‚Schwarzfelder Kirschtorte'". Und dann erzählt sie amüsiert, dass schon einige ältere Deutsche den Laden betreten hätten, nur um darauf aufmerksam zu machen, dass der Name auf der Tafel draußen falsch geschrieben sei. Wenn sie dann erfahren, dass es sich hier um einen sehr bewusst kalkulierten kleinen Trick handelt, sind sie verblüfft. Des Rätsels Lösung: Wer am traditionellen Rezept des weltbekannten Tortenklassikers etwas verändert, darf den Namen „Schwarzwälder Kirschtorte" nicht benutzen. Und weil in „Elif's Tortenwelt" diese berühmte Torte ohne Kirschwasser und ohne Gelatine produziert wird, haben sie den Namen kurzerhand in „Schwarzfelder Kirschtorte" verwandelt. Es wird so manches Mal auch Nurcans verschmitztes Lächeln gewesen sein, das ihr bei dieser Erklärung über die Lippen huscht, das Kunden zum Probieren verführt und dann auf den Geschmack gebracht hat.

Hier zahlt ihr für Merkel!

Neben dieser schönen Anekdote erlebt Nurcan auch Geschichten, die sie eher traurig stimmen. So hatte ein Busunternehmen vom Niederrhein einmal vierzig Personen zu Kaffee und Kuchen angemeldet. Die älteren Herrschaften wollten im Anschluss an ihre Besichtigung der überregional bekannten Merkez-Moschee in Marxloh in „Elif's Tortenwelt" Kaffee trinken. Der Reisebus hielt vor dem Café, aber nur gut die Hälfte der Reisenden stieg aus. Nurcan fragte nach, warum sie nicht hereinkämen. „Wir zahlen doch nicht für Erdogan!", entrüsteten sich einige der deutschen Ausflügler lautstark.

Elif's Tortenwelt

„Hier zahlt ihr nicht für Erdogan", konterte Nurcan energisch, „mich interessiert, was Merkel macht. Hier zahlt ihr für Merkel!" Daraufhin kamen tatsächlich ein paar von denen, die im Bus geblieben waren, ins Café, aber einige blieben stur. Diese Ablehnung empfand Nurcan als extrem verletzend. Ein wenig getröstet hat sie dann das anschließende Lob der Gäste: „Schade, dass die anderen Ihre wunderbaren Torten nicht kennengelernt haben!" Versöhnlich ergänzt Nurcan: „Na ja, das waren ältere Leute. Ansonsten erleben wir so etwas nicht." Ganz im Gegenteil! „Unsere Kunden kommen aus einem Umkreis von fünfzig bis sechzig Kilometern, um unsere Torten zu kaufen. Die außergewöhnliche Qualität spricht sich einfach herum!"

Und doch hat Nurcan die Ablehnung hart getroffen – sie ist Deutsche.

In Duisburg geboren und aufgewachsen

Mit elf Geschwistern. Der Vater war Anfang der Siebzigerjahre aus der Türkei gekommen, arbeitete als Kranführer bei Mannesmann, die Mutter hatte zwei Putzstellen. Wenn sie von der Arbeit nach Hause kam, musste die Wohnung aufgeräumt sein und das Essen auf dem Tisch stehen. Nurcan musste man das nicht zweimal sagen. Sie half gern und fühlte sich für alles mitverantwortlich. Sie war die sechste zwischen neun Mädchen und drei Jungen.

Schon als Kind kochte Nurcan gern, am liebsten aber hat sie Torten gebacken. Erst für die Familie, dann immer öfter auch für Freunde der Familie und für die großen Familienfeste, Hochzeiten und Geburtstage. Zu jedem Fest steuerte sie Torten bei. Und jedes Mal ließ sie sich etwas ganz Besonderes einfallen. Sie fragte nicht nur nach dem Geschmack der Feiernden, sie wusste auch, welche Farben jede und jeder Einzelne am liebsten mochte und gab so dem individuellen festlichen Charakter der Feier optisch einen besonderen Kick. „Leider wurde mir das bald zu teuer", erklärt sie, „denn man kann ja von Verwandten und Freunden kein Geld dafür nehmen." Damals kam der Gedanke auf, sich mit einer Tortenbäckerei selbstständig zu machen.

„Das wird stressig", prophezeite ihr Ehemann, „aber: Ich unterstütze dich!" Nurcan strahlt, als sie das erzählt. Wer die beiden zusammen erlebt, glaubt es sofort. Sie ist die treibende Kraft, hat ein ganz besonderes Händchen für die Tortenbäckerei, er schafft den Rahmen, strukturiert die Abläufe und organisiert.

Nurcan machte eine Ausbildung zur Konditorin. Murat ist Bauingenieur. Einige Jahre arbeitete er als kaufmännischer Leiter in einem Architekturbüro. Er kennt sich aus mit Genehmigungsverfahren und versteht auch das Beamtendeutsch in Vorschriften für die Zulassung von Betrieben. Ganz nebenbei und „aus lauter Neugier", wie er sagt, hat er in Essen noch einige Semester Betriebswirtschaft studiert und führt die Bücher des Cafés. Er macht den Einkauf, das Marketing, die Werbung. Jeder Ehepartner ist für seinen Teil verantwortlich, aber alles geht Hand in Hand und gemeinsam mit dem Team aus Mitarbeitenden, Familie und Freunden. Ihr größtes Kapital, sagen sie, sind Leidenschaft, Vertrauen und dieser Teamgeist, aus dem sich eine ganz besondere Energie entwickelt.

Diese besondere Energie zeigte sich schon, als sie anfingen, das heruntergekommene Ladenlokal, das ehemalige „Jägerstübchen", fit zu machen für ihren Betrieb. Vierzig Jahre lang hatte niemand Zeit und Geld in die Renovierung der Räume investiert. Die Mieter wechselten, aber mehrmals haben Beamte vom Ordnungsdienst wegen illegaler Geschäfte und mangelhafter Hygienebedingungen die Tür versiegelt und den Betreibern die Konzession entzogen.

Wunschtorten

Bevor Nurcan und Murat anfingen, die Räume umzubauen und einzurichten, haben sie erst einmal den Mann von der Lebensmittel-aufsicht eingeladen. Von ihm haben sie sich ganz konkret zeigen lassen, welchen Anforderungen sie in diesen Räumen nach aktuellen deutschen Hygieneregeln gerecht werden mussten. „Damit wir später keine Kopfschmerzen bekommen! Wir haben alle Gesetze befolgt", sagt Nurcan stolz. „Wenn du hier lebst, musst du das einhalten. Ansonsten kommst du nicht weiter." Das kommt sehr pragmatisch.

„Mein Mann wollte zunächst einige der Renovierungsarbeiten auf später verschieben", erinnert sie sich, „aber ich wollte von Anfang an alles tipptopp – und so haben wir es dann auch gemacht." Ihr Tonfall unterstreicht unmissverständlich: Wenn es um Hygiene und Ordnung gibt, gibt es für sie absolut keine Kompromisse! Dass sie so viel in ein gemietetes Lokal investiert haben, setzt ein großes Vertrauen in die Vermieterin voraus. „Wir haben das hier aufgepeppt", sagt Nurcan, „da muss man einfach zusammenhalten."

Der Mann von der Gewerbeaufsicht war skeptisch, ob ein Umbau in eine Konditorei mit Café überhaupt machbar sei. Er bot ihnen an, zwischendurch nochmal zu kommen, um sie zu beraten, damit sie Dinge dann gegebenenfalls nachbessern könnten. Doch Nurcans Ehrgeiz war geweckt. Als er dann zur Abnahme kam, war sie doch ein bisschen nervös. Ob sie alle Vorschriften berücksichtigt hatten? Ihr stockte der Atem, als der Beamte plötzlich in der Mitte des Raumes stehen blieb und rief:

„Oh, mein Gott!"

Nurcan fuhr der Schreck in die Glieder: Hatte er schon die ersten Mängel entdeckt? „Was habt ihr daraus nur gemacht?!" Der Kontrolleur traute seinen Augen kaum. Was hier passiert war, machte ihn einfach sprachlos. Und nach gründlicher Inspektion aller Details erteilte er noch an Ort und Stelle die Betriebsgenehmigung.

Elifs Spezialität sind Torten mit Fotos aus Esspapier und Torten mit kleinen Figurinen und Szenerien. Darin bringt Nurcan ihr künstlerisches Talent für das Modellieren ein. Je nach Anlass der Feier gestaltet sie auf der Torte mal ein Fußballfeld mit Toren und Spielern, mal ein Schulgebäude mit spielenden Kindern, ein Polizeihemd mit Handschellen oder eine Rose auf einem Herz, ein Motiv, das bei jungen Verliebten besonders hoch im Kurs steht. Geschmack und Qualität sprechen sich herum, und die Fotos der Torten im Internet zeigen entsprechende Wirkung – und bringen täglich neue Kunden.

Nurcan ist gestalterisch kreativ und tüftelt gern neue Rezepte aus. Dabei hat sie allergrößten Spaß daran, sie dann von ihrer Familie, von Freunden und

Kunden testen zu lassen. Sie müssen probieren, während Nurcan gespannt auf das Feedback wartet. Sie weiß, dass die türkischen Kuchen den Deutschen oft zu süß sind, und will eine offene und ehrliche Kritik. Dann verbessert sie die Dinge so lange, bis sie optimal sind, und das bedeutet für eine Konditorei: unwiderstehlich.

Anfangs hat sie ihre Torten aus Fondant gebaut, einer schweren Zuckermasse, aber sie waren wie Buttercremetorten: viel zu mächtig. Zusammen mit ihrem deutschen Konditormeister entwickelte sie schließlich eine Torte, die dem heutigen Geschmack der Konsumenten entspricht: mit mehr Leichtigkeit, weniger Fett und Zucker. Nur noch die Verzierungen werden aus Fondant gefertigt. Mit dieser Rezeptur hat sich „Elif's Tortenwelt" zu einer

Hochzeitstorten nach Maß

ganz besonderen und eigenen Marke entwickelt, im Internet und zwischen all den anderen Cafés, die in Marxloh neu eröffnen. „Elif's Tortenwelt" spricht ganz bewusst auch die deutschen Kunden an. „Wir passen uns dort an, wo wir leben!" Das ist die Haltung, die dahintersteckt.

Hier ist Nurcan in ihrem Element – selbst, wenn sie müde ist: „Das Tortenbacken, -gestalten und -verzieren geht immer", sagt sie. Was aber auch bedeutet: Bei aller Arbeit und Verantwortung für den Betrieb arbeitet sie handwerklich weiter voll in der Herstellung mit. „Elif's Tortenwelt" expandiert ständig weiter. Hier arbeiten ca. zwölf bis fünfzehn MitarbeiterInnen, dazu gehören ein Konditormeister, Azubis, eine Frau fürs Marketing und eine Grafikerin. Es ist eine internationale Besetzung: ein Indonesier, fünf Deutsche, eine Deutsche mit arabischen Wurzeln – halb Libanesin, halb Palästinenserin – und

Deutsche mit türkischem Migrationshinter-grund. Nurcan wünscht sich, dass alle „mit Liebe, Lust und Laune zur Arbeit kommen". Sie sollen sich morgens, wenn sie aufstehen, auf ihren Tag im Elif freuen. „Ich bin kein Chef, ich bin genauso wie ihr", erklärt sie ihren MitarbeiterInnen. Das funktioniert, weil es klare Regeln gibt, die wichtigsten sind: „Wir sind ein Team. Keiner ist höher als der andere. Es wird nicht gelästert. Wir sprechen unklare Dinge sofort an."

Nurcans Haltung ist von ihrem Glauben geprägt. „Schlecht über andere zu reden, stiftet nur Unruhe. Wenn ein Mitarbeiter gerne kommt, dann arbeitet er auch mit Leidenschaft." Und wenn es mal stressig wird, weil allen die Arbeit über den Kopf wächst, dann motiviert sie sie und verspricht auch mal eine kleine Belohnung. Diese Einstellung ist das A und O. Nurcan ist über-zeugt: Allerbeste Zutaten, Präzision und Vertrauen im Team sind die Zutaten, die „Elif's Tortenwelt" zu etwas ganz Besonderem machen. Das ist das Fun-dament für eine gute Arbeitsatmosphäre, und die ist letztlich die Vorausset-zung für den Erfolg.

Dass in ihrer Branche oft ein rauer Ton herrscht, weiß sie aus eigener Er-fahrung von ihrer Ausbildung. Und dass es bei vielen noch heute so ist, hört sie von ihren Angestellten.

„Was soll die Brüllerei?"

fragt Nurcan. „Nicht mal bei meinem kleinen Sohn komme ich damit durch. Wenn ich laut werde, ignoriert er mich. Man muss lernen, miteinander zu reden." In der Familie helfen alle mit, auch wenn ihre Kinder auf Dauer nicht in der Konditorei arbeiten möchten: Eine Tochter studiert Sozialwissen-schaften, eine andere ist Kinderpflegerin. Dass ihre Kinder stunden- oder ta-geweise im Betrieb mithelfen, ist selbstverständlich. Dass sie dafür bezahlt werden, auch.

„Alle Eltern lieben ihre Kinder", sagt Nurcan, „wichtig ist, dass man sie nicht blind liebt!" Man muss sie für das Leben in der Gesellschaft vorbereiten, und das heißt auch, ihnen etwas abzuverlangen und zuzutrauen, sie dabei aber nicht zu überfordern. Der Druck darf nicht zu groß werden, man muss darauf achten, welchen Charakter ein Kind hat und was es braucht, um ein gutes Leben zu leben und sein Talent zu entwickeln.

Miteinander reden, den Kindern Anerkennung schenken – das gehört für sie und ihren Mann zu den Leitlinien. Der Sohn besucht die Koranschule. „Er soll den Koran lesen und den Inhalt selbst übersetzen können. Nicht nur stur auswendig lernen. Er soll die Grundlagen des muslimischen Glaubens verstehen. Der Koran ist ja unser Wegweiser", erklärt sie. Wie ihre Eltern will auch sie keinen Zwang ausüben. „Wir kommen aus der Gegend vom Schwarzen Meer. Da sehen das alle lockerer." Sie lächelt.

Vorbild sein im Leben, Werte leben, das versuchen sie. „Wenn mein Vater etwas zu mir sagt – und das ist bis heute so –, werde ich niemals mit Nein antworten. Ein Nein gab und gibt es bei uns zu Hause nicht. Ein Beispiel: Schuhe für siebzig Euro. Mir waren sie zu teuer, aber mein Vater hat gefragt: ‚Willst du sie wirklich?' Dann hat er sie mir gekauft. Es gibt ja diesen schönen Spruch – auch bei den Deutschen: ‚Ich lebe nicht für meine Kinder, ich lebe mit meinen Kindern. Dann macht das Leben auch Spaß!' Mein Vater kam von der Arbeit, dann hat er etwas mit uns unternommen. Fahrrad fahren, schwimmen ... Wir haben alles mitgemacht."

Zeitgemäß leicht

Das Café Elif liegt am nördlichen Rand des Hotspots von Marxloh. Warum sie sich diese Straßenecke vor acht Jahren ausgesucht haben? „Zufall!", sagt Nurcan. „Nein", sagt Murat, „ich bin über mehrere Tage zu unterschiedlichen Zeiten diese Straße rauf- und runtergegangen und habe die Angebote in den Immobilienforen im Internet studiert und mich erkundigt. Diese Ecke ist nach der belebten Pollmann-Ecke die nächste große Kreuzung Richtung Norden. Es gibt eine gute Anbindung an die Autobahn, und wir liegen in der Nähe der Zentralmoschee. Weitere Bauvorhaben an der B8 sind in

Planung, und so wird sich diese Umgebung hier innerhalb der nächsten fünf bis zehn Jahre zu einer florierenden Geschäftsmeile entwickeln."

Im Moment kämpfen sie mit der Parkplatzsituation für die vielen Kunden aus der näheren und weiteren Umgebung, die im Internet ihre Torten bestellen und zum Abholen ins Café kommen. Das einladend hell gestaltete Café mit den freundlich und elegant wirkenden Rosé-Akzenten musste bereits um einen Raum erweitert werden – es ist einfach ein beliebter Treffpunkt für Marxloher und Touristen geworden, die zum Shopping nach Marxloh kommen.

Erfolgsrezepte

Nurcans Terminkalender ist eng getaktet. Sie leitet die Konditorei und die praktische Herstellung der Torten, daneben organisiert sie die Kundenanfragen im Internet. Dass sie ihre Ausbildung zur Konditorin mit Bestnoten gemacht hat, als sie schon vier Kinder hatte, sieht sie sportlich. Jetzt hat sie angefangen, ihren Meister zu machen, damit sie selbst Lehrlinge ausbilden kann. Denn sie würde ihre Erfolgsrezepte gern weitergeben – inklusive der Erkenntnis, dass die persönliche Leidenschaft eine absolute Voraussetzung für Erfolg ist. Und dass aus dieser Leidenschaft ein Anspruch wächst. Ein Anspruch, der nicht nur Sorgfalt und Fleiß verlangt, sondern auch die Bereitschaft, sich persönlich mit seinen Fähigkeiten voll und ganz im Team einzubringen.

Auch wenn es um die Erweiterung ihres Angebotes oder der Räume geht, befragen Nurcan und Murat Yagiz am liebsten Freunde und die Familie, heißt: Auch hier su-

Elif's Tortenwelt

chen sie sich ein Team. Der bosnische Schwager hat bei der Einrichtung des Cafés Tipps für die Wahl der Lampen und Stühle gegeben, andere praktische

Tipps kamen von ihrer Schwester, die einen der Söhne eines erfolgreichen türkischen Restaurantbesitzers in Marxloh geheiratet hat. Jeder Rat ist erst einmal willkommen und wird ernsthaft abgewogen.

So ein Leben ist ziemlich anstrengend, sollte man meinen. Doch Nurcan würde das so nicht sagen. Natürlich ist ihr Terminkalender auch mal zu dicht verplant, aber ihre Leidenschaft für die Arbeit als Konditorin entfacht einfach immer neue Energie. „Anstrengend" ist also kein treffendes Wort. Das wurde ihnen noch mal klar, als sie das Logo für ihr Café entwickelten: Es sollte Leichtigkeit und Eleganz vermitteln. Das ovale Reklameschild zeigt den schwarzen Scherenschnitt einer Dame mit Wespentaille in weißer Servierschürze und weißem kurzen Blusenkragen. Auf pinkfarbenem Hintergrund balanciert sie eine dreistöckige Torte. Bemerkenswert ist, dass sie auf Fußspitzen tanzt wie eine Ballerina – ein Zeichen für die klassische Eleganz und die Leichtigkeit, die diese edlen Torten-Kunstwerke jeder Feier geben sollen. Strahlend rät Nurcan jedem, der ihren Erfolg bewundert: „Tu das, wofür dein Herz schlägt und wofür du brennst, dann wird es was!"

Kopftuch?

Ganz grundsätzlich wird ihre Familie getragen von ihrem Glauben. „Wir werden im muslimischen Glauben erzogen – wie die Christen auch", bekennt Nurcan. „Alles in unserem Leben hat seine Ordnung. Jeder hat seine Aufgaben, und über alles in unserem Betrieb führen wir genauestens Buch. Und wir tun das nicht für die Behörden", erklärt Nurcan überzeugend. „Wir brauchen nicht den Druck, dass das Ordnungsamt oder das Finanzamt kommt, damit alles ordentlich ist. Wir tun das schon allein für uns, rein aus religiösen Gründen. Und das bedeutet: Wir machen alles legal. Denn eines Tages müssen wir im Jenseits Rechenschaft ablegen!"

Ob ihre Töchter Kopftuch tragen oder nicht, überlassen Nurcan und Murat Yagiz ihnen selbst. „Man soll niemanden zwingen – so steht es auch im Koran!" Die Verantwortung, wie sie ihren Glauben dann letztendlich leben, liegt bei den Kindern selbst. Ihre persönliche Verantwortung als Eltern, sagt

Nurcan, besteht darin, dass sie ihre Überzeugung an ihre Kinder weitergibt. Da ist sie sich auch mit ihrem Mann einig. Zu all dem passt gut, dass Murat neben seiner Arbeit Bücher zum Verständnis des Islam veröffentlicht. In einem Verlag mit dem wunderbaren Namen „Bücher können fliegen!".

Bei meinen Besuchen in Marxloh komme ich regelmäßig hierher, um Torten und Kuchen zu „probieren". Ich liebe es, dabei die strahlenden Gesichter der Menschen zu sehen, die eine individuell für sie gefertigte Torte abholen. Immer wieder höre ich: „Sooooo schön! Da werden sich alle freuen!" Die Kunden gehen mit dem guten Gefühl, dass die Feier mit ihrer Torte einen besonderen Glanz bekommt. Und das ist die Philosophie von Nurcan: „Ich werde nie sagen, wir sind die Besten, aber eines sollen alle wissen: Unsere Torten und Kuchen sind etwas ganz Besonderes!"

Natürlich verlasse ich das Café Elif nicht, ohne etwas Süßes mitzunehmen. Das so verlockende wie üppige Angebot in der großen Vitrine macht mir die Entscheidung schwer: Soll ich den köstlichen Bienenstich wählen, die kleinen braunen Törtchen, die an Spekulatius mit Sahne erinnern und auch an heißen Sommerabenden köstlich schmecken, oder doch die Schnitte mit Joghurt und frischen Früchten? Ich verschiebe die Qual der Wahl auf die Kaffeetafel zu Hause und nehme einfach von allem etwas mit. Und natürlich kaufe ich noch ein Tütchen mit den knusprigen Schoko-Mandel-Chips – und freue mich auf kleine köstliche Momente.

Hit bei Verliebten

Linie 903:

Obdachlos?

Als die Straßenbahn an der Haltestelle Hauptbahnhof einfährt, ist sie schon gut besetzt, aber ich finde noch einen Platz in der Reihe hinter dem Tiefeneinstieg. Von hier hat man den besten Blick auf die Mitfahrenden. Ihre Tüte mit der klangvoll bunten Aufschrift „Jeder Ton ein Hit" fällt mir zuerst auf. Die ältere Frau, die sie an ihre Einkaufskarre gehängt hat, singt vor sich hin. Ich weiß nicht, warum – sie sitzt weit weg –, aber ich weiß sofort: Sie wird mich ansprechen. Ihr Blick ist ungefähr so unauffällig und beobachtend wie meiner. Ich bin erst einmal damit beschäftigt, es mir mit Koffer, Rucksack und Umhängetasche irgendwie bequem zu machen. Sie singt vor sich hin, summt mehr, aber es sind Wortfetzen zu hören. Welche Sprache? Ich weiß es nicht, sie ist weit weg.

Niemand nimmt lange Notiz von ihr. Mein Blick bleibt an ihrer Kleidung hängen. Mit ihrem weiten Rock über der grauen Baumwollstrumpfhose erinnert sie mich an die bäuerlichen Cousinen meiner Großmutter vom Niederrhein. Der unförmige, einst beigefarbene Pullover ist in die Jahre gekommen, verwaschen und fast verfilzt, die schwarze Jacke ist typisch für die alten Frauen früher – gestrickt, vermutlich aus Baumwolle, mit großen schwarzen Knöpfen. Die Leute kommen und gehen.

Irgendwann räkelt sich ein kleines zartes Mädchen ein bisschen scheu auf dem Sitz neben ihr, weiße Strumpfhose, weiße Schuhe, rosafarbener Mantel, kurze geflochtene Zöpfe. Die Frau spricht sie an. Scheuer Blick zur Mutter. Keine Reaktion. Aber es dauert nicht lange, und das Mädchen erzählt lebhaft, gestikuliert, lacht. Da treffen zwei Welten aufeinander und sind ganz schnell vertraut miteinander. Die beiden zaubern ein Lächeln in mein Gesicht, ganz sicher.

Was für eine Frau! Sie ruht in sich. Still – fast vergnügt. Ihr dunkles, eher derb gewebtes Tuch macht den Eindruck, als würde es nicht nur als Schal, sondern manchmal auch zum Zudecken benutzt. Die ausgetretenen, aber geputzten Schuhe lassen eine Ahnung aufkommen: Ist die Frau vielleicht obdachlos? Mutter und Kind steigen aus. Der Platz bleibt frei.

Quer durch die Bahn spricht sie mich an. „Weite Reise?"

„Berlin!"

Die Stimme ist warm und hell. Ich stelle mich mit meinem Gepäck zum Aussteigen schon mal an die Tür. Wir schauen uns an. „Urlaub?"

„Ich besuche meine Mutter."

„Die wird sich freuen."

„Bestimmt. Ich freue mich auch."

„Ich besuche auch meine Mutter", ihre Stimme wird leiser, „bald. In Poznán. Lange nicht gesehen – das Grab. Alles Gute!"

„Danke schön. Ihnen auch: alles Gute!"

Kapitel 7:
„Ich werd mal Millionär!"

Die Straßenbahnfahrt mit der Linie 903 von Walsum nach Duisburg-Mitte, vorbei an zahlreichen glitzernden Schaufenstern der Brautmodengeschäfte rund ums Pollmann-Eck, ist für mich wie der Blick in ein Märchenbuch. Die Schaufenster der dunklen, von der Industrieluft des Hochofens und der Kokereien geschwärzten Gründerzeithäuser strahlen in hellem Weiß. Sie sind bis in die hinterste Ecke ausgeleuchtet und ziehen den Blick in eine Welt voller Hochzeitskleider mit ausladenden Reifröcken, die schillernd glänzen und vielfach über und über mit Pailletten und funkelnden Steinchen bestickt sind. Ich selbst habe nicht mit großem Pomp geheiratet und war auch nie auf einer Hochzeit mit einer Ausstattung, wie sie hier angeboten wird. Doch ich möchte gern einen Blick hinter die Kulissen werfen und verstehen, wie diese Brautmodenwelt in die Lebenswelt von Marxloh passt. Ich habe Glück: Der Vater einer Schülerin des Tanzprojektes, über das ich im Radio berichte, besitzt eines der schönsten Geschäfte der Hochzeitsmeile, „Melisam". Er hat es nach seiner Tochter benannt, und gemeinsam laden sie mich ein, mir vor Ort ein Bild zu machen.

Der elegante Schriftzug über dem von Schaufenstern flankierten Eingangsbereich strahlt Eleganz aus. Mitten im riesigen Verkaufsraum steht hinter einer Sitzgruppe aus schwarzen Samtpolstersesseln zwischen strahlenden, eleganten Hochzeitskleidern in Weiß ein mächtiger schwarzer Schreibtisch. Dahinter sitzt – auf einem goldgerahmten, ebenfalls mit schwarzem Samt bezogenen Stuhl –lässig, dabei auf den ersten Blick doch auch ein bisschen einschüchternd: Tercan Küccük. Die Situation erinnert mich an eine Szene aus einem italienischen Film von Pasolini im großbürgerlichen Milieu der italienischen Gesellschaft der Achtzigerjahre. Mit seinen nach hinten gegelten schulterlangen lockigen Haaren, dem piekfeinen weißen Oberhemd, der maßgeschneiderten dunkelblauen Hose mit Nadelstreifen und den vermutlich ebenfalls maßgeschneiderten spitzen schwarzen Lederschuhen gehört er zu denen, die es geschafft haben: ein erfolgreicher Geschäftsmann, dem man das auf den ersten Blick ansieht und der seinen Managerjob liebt. Schon bei der Begrüßung wird klar, dass er die Situation gern im Griff hat und die Fäden zieht, dass er seine Augen und Ohren überall hat und neugierig ist. Seine Frau bringt mir erst einmal einen Kaffee, zieht sich aber sofort wieder zurück. Sie trägt kein Kopftuch und wirkt mit ihrer gastfreundlichen Geste keineswegs devot. Sie ist schön, selbstbewusst, kundenorientiert.

Ob ich unser Gespräch aufzeichnen darf? Kein Problem, nur zu. Der Geschäftsmann spricht gern über Marxloh. „Hier unten sitze ich selten", erklärt er, „ich bin meist oben im Büro." „Hier unten", also im Brautmodengeschäft, da arbeiten seine Frau und seine beiden Töchter. Er ist dankbar, dass seine Familie in das Geschäft miteingestiegen ist und die jüngere Tochter, die studiert, am Wochenende aushilft. Das ist nicht selbstverständlich für ihn. „Meine ältere Tochter hat ihre Ausbildung zur technischen Assistentin in der Textil- und Modebranche leider abgebrochen", bedauert er, aber letztlich ist er auch froh, dass sie ihr Talent erkannt hat und es mit großem Engagement in den Familienbetrieb einbringt. „Sie zeichnet nach den Vorstellungen ihrer Kundinnen Entwürfe für Brautkleider", erklärt er, „sie ist ein Naturtalent!" Und so, wie er das sagt, spürt man die Anerkennung und den Stolz des Vaters.

Eigene Schneiderwerkstatt

Er lässt die Brautkleider zum Teil in Marxloh nähen, direkt hinter dem Verkaufsraum gibt es eine kleine Schneiderwerkstatt. Tercan Küccüks Ehefrau war von Anfang an voll mit im Geschäft, den großen Erfolg schreiben sie sich gemeinsam auf die Fahne. Beide haben sehr ehrgeizig dafür gearbeitet. Doch seitdem ihre Kinder erwachsen sind, geben sie immer mehr Verantwortung an sie ab. So können die Eheleute es inzwischen etwas ruhiger angehen lassen: Sie fliegen regel-mäßig gemeinsam in die Türkei. Der Anlass ist meist geschäftlich, aber sie richten es so ein, dass Zeit für gemeinsame Freizeitgestaltung bleibt.

Jetzt ist es immer mehr die Aufgabe ihrer Kinder, den Handel zu expandieren und die Modegeschäfte erfolgreich in die Zukunft zu bringen. Ja, man muss bereits von Geschäften in der Mehrzahl sprechen, denn der Sohn hat inzwischen zwei gut laufende Läden, fußläufig nur fünf Minuten entfernt. Er hat vor Jahren eine Ausbildung zum Groß- und Einzelhandelskaufmann gemacht, daraufhin hat Tercan Küccük ihn zunächst in seinem Herrenbekleidungsgeschäft eingestellt. Als er sah, wie geschickt der Sohn die Geschäfte führte, hat er ihm den Laden überschrieben: „HOBI", Herrenbekleidung, keine fünfzig Meter entfernt von seinem Brautmodengeschäft „Melisam" an der Kreuzung Pollmann-Eck. Jeder, der hier vorbeifährt, kennt diesen Laden, denn das riesige Reklamefoto, das dem Pollmann-Eck bereits aufgrund seiner Größe über zwei Stockwerke ein Times-Square-Feeling gibt, zieht die Blicke auf sich. „Unterstützt HOBI nicht auch den MSV?", will ich wissen, denn ich meine, ich hätte das Logo des Fußballvereins auf der Reklame gesehen. „Ich weiß es nicht genau", antwortet Tercan Küccük, und ich habe den Eindruck, er möchte einen Einblick in die Geschäftsstrategien von „HOBI" lieber seinem Sohn überlas-

Hobi prägt das Gesicht der romantischen Meile

sen. Das elegante Herrenbekleidungsgeschäft ist schon lange nicht mehr sein Thema, da mischt er sich nicht ein. Er hat sich vorgenommen, nur zu helfen, wenn er gefragt wird.

Aber habe ich den Sohn nicht vorhin noch im Brautmodengeschäft gesehen, eifrig gestikulierend in ein Gespräch mit seinem Vater vertieft? Ja, er kommt regelmäßig, und dieses Mal ist es tatsächlich um ein weiteres größeres

Modegeschäft gegangen, das man am Pollmann-Eck betreibt. Die Konkurrenz ist groß, und da gehört es vermutlich zu den erfolgreichen Strategien, selbst möglichst viel Raum einzunehmen.

Ich möchte gern hören, wie alles mit dem Modehandel angefangen hat, und staune nicht schlecht über die Geschichte, die im ersten Moment an eine klassische amerikanische Erfolgsstory denken lässt: vom Tellerwäscher zum Millionär. Und doch ist dies eine Geschichte, wie sie ganz typisch ist für die erfolgreichen Zuwanderer im Kohlenpott, die aus eher ärmlichen Verhältnissen kamen.

„Ich werde mal Millionär!",

hatte Tercan Küccüc als Zehnjähriger seinem Onkel immer wieder versichert. Alle haben gelacht, wenn er das gesagt hat, denn angesichts der Bedingungen, unter denen die Familie in Duisburg-Rheinhausen lebte, war daran absolut nicht zu denken. Heute lacht Tercan Küccük, „weil es für den Onkel so aussieht, als sei ich es geworden!". Und es sieht nicht nur für den Onkel so aus. Der Unternehmer, der in Deutschland als Sohn türkischer Gastarbeiter geboren ist, war einer der Ersten, die Hochzeitsmode in Marxloh verkauft haben, und er gehört zu denen, die die „romantischste Geschäftsstraße in NRW" über Marxloh hinaus bekannt und attraktiv gemacht haben.

„1997 entschloss ich mich, in die Modebranche einzusteigen", erzählt er. Im Urlaub in der Türkei hatten es ihm damals Herrenhemden im Versace-Stil angetan. Und er überlegte damals mit seiner Frau: „Die müsste man doch gut im Ruhrgebiet loswerden?!" Tercan Küccük witterte ein gutes Geschäft, wollte aber zunächst erst einmal ohne großes Risiko, also neben seinem Beruf, den Versuch starten, die Hemden zu verkaufen. Die Bedingungen schienen günstig: In Marxloh lebten viele Türken, es gab einen großen Leerstand an Ladenlokalen, und dadurch waren die Mieten billig. Direkt an der Kreuzung der Hauptverkehrsadern der B8 und der Weseler Straße, von West nach Ost und von Nord nach Süd, wo sich die Straßenbahnen der Linien 903 und 901 kreuzen, fand er einen Laden, der ihm zusagte. „Er stand seit etwa vier Jahren leer, früher soll da mal Eduscho drin gewesen sein. Inzwischen war es natürlich eine Bruchbude." Das war seine Chance.

Er mietete den Laden, holte Herrenmode à la Versace aus der Türkei und nannte den Laden „HOBI". Der Verkauf lief gut an. Da kam der Juwelier von nebenan auf ihn zu. Ob er nicht auch Hochzeitsanzüge importieren könne. Er konnte. Er holte sich den Änderungsschneider aus dem Laden an der nahe gelegenen Kaiser-Wilhelm-Straße ins Haus, der die Anzüge auf Figur anpasste, und erweiterte sein Angebot. Und weil die Nachfrage stetig stieg, machte sich sein exzellenter Herrenschneider nach etwa sechs Monaten mit einem eigenen Herrenmodeladen selbstständig – direkt neben „HOBI". Tercan Küccük war enttäuscht, aber letzt-

Einen Tag Prinzessin sein

lich wusste er: Konkurrenz belebt das Geschäft, und der Verlust war für seine Geschäfte nicht existenzbedrohend. Tercan Küccük fand neue Mitarbeiter und einen Freund, der mit in sein Geschäft einstieg, und konnte seine Erfolgsstory fortsetzen. Rückblickend wundert er sich selbst, wie stark die Nachfrage wuchs.

„2006 ging es hier so richtig los! Da kam alle zwei Wochen ein neues Geschäft am Pollmann-Eck dazu. Alles rund um Hochzeiten, den eigenen Hausstand für die jungen Leute und die gewohnten orientalischen Inneneinrichtungen." Das machte ihm Mut, und er eröffnete zusätzlich zum Herrenausstattungsgeschäft ein Brautmodengeschäft. Jetzt aber war der Zeitpunkt gekommen, an dem er sich entscheiden musste – bis zu dem Moment war Tercan Küccük ja immer noch doppelgleisig gefahren und hatte weiter in dem Beruf gearbeitet, den er gelernt hatte. Mit dem zweiten Laden war das zeitlich nicht mehr zu schaffen. Da musste er den Job, der ihm bis dahin finanzielle Sicherheit gewährt und sehr viel Freude gemacht hatte, aufgeben. „Eigentlich schade", meint er rückblickend, „das war gerade in dem Moment, als man mir dort angeboten hatte, meinen Meister zu machen." Aber was war denn sein Beruf? Was hatte er gelernt?

„Schweißer." Er lacht, vermutlich über mein verdutztes Gesicht. War das nicht seltsam, dass sich der Schweißer zutraute, ein erfolgreicher Unternehmer in Sachen Mode zu werden?

Man staunt nicht schlecht, wenn Tercan Küccük seine Geschichte erzählt. Wie er die Gelegenheiten, die sich ihm boten, ergriff, und mit Mut, Fleiß und Talent weiterkam auf seinem beruflichen Weg, wie er im Betrieb immer weiter gefördert wurde.

Das Vertrauen seiner Vorgesetzten beflügelte ihn.

„Ich habe Schweißer gelernt, aber nach sechs Monaten bei Thyssen für eine Leiharbeitsfirma wechselte ich als Montagearbeiter zu einem Automobilzulieferer, zur Firma Kiekert in Velbert." Wie gern er dort gearbeitet hat, schwingt heute noch in seinen Worten mit.

Bei Kiekert arbeitete er sich dann stetig hoch: Sein Aufstieg führte vom Fließbandarbeiter zum Transporter weiter zum Einrichter, über Bandführer, Bandleiter und Vorarbeiter schließlich zum Meistervertreter. „Als ich dann so weit war und Meister werden sollte, da ging es nicht mehr, da musste ich aufhören – wegen meiner Geschäfte in Marxloh", sagt er mit ein wenig Bedauern in der Stimme. Zehn Jahre lang waren der Aufbau seiner Modegeschäfte und seine steile Karriere beim Automobilzulieferanten parallel gelaufen. Dass er so lange zweigleisig gefahren war, führt er auf seine Erziehung zurück: „Wir sollten immer auf Nummer sicher gehen, haben mir meine Eltern gesagt, auch wegen der Rentenversicherung und so. Und Türken sind einfach auch fleißige Leute!" „Wer rastet, der rostet", sagt ein deutsches Sprichwort, das es fast wortgleich auch in der türkischen Kultur gibt. Und danach leben sie.

Tercan Küccük erinnert sich oft an seine Zeit bei Kiekert in Velbert, denn Vieles, was er dort gelernt hat, hat ihm auch in der Modebranche genützt. „Ja, ich habe der Firma einiges zu verdanken", erklärt er, „ich wurde sehr gut geschult!" Offensichtlich hatten die Chefs der Firma damals seine Führungsstärken erkannt, denn sie haben ihn regelmäßig zu Fortbildungskursen geschickt. So stieg er Stufe für Stufe höher auf der Karriereleiter.

Die Schritte zur Romantischen Hochzeitsmeile

Die Bedeutung einiger Schulungen erkennt er erst heute so richtig. „Ich musste sogar einen Moderatoren-Lehrgang machen: Wenn man Leiter am Fließband oder Vorarbeiter ist, dann muss man ja mit den Menschen kommunizieren. Und die Firma Kiekert war jetzt nicht irgendeine Firma!" Der Geschäftsmann ist stolz auf diese besondere Ausbildung. „In anderen Firmen hat ein Meister vielleicht zehn oder zwanzig Mitarbeiter, wir hatten um die vierzig, fünfzig oder manchmal sechzig, alle mit unterschiedlichsten Voraussetzungen in Bezug auf Wissen und kulturelle Prägung. Da muss man einfach professionell kommunizieren, damit es im Betrieb nicht zu Auseinandersetzungen kommt, die die Arbeit blockieren. Man muss richtig erklären, was genau wie zu tun ist, und natürlich muss man auch ständig über die Produktionen Protokoll führen. Die Vorgänge zu reflektieren und letztlich immer weiter zu verbessern, das war eine wirklich gute Übung – da habe ich extrem viel gelernt! Und jetzt, in meinen Geschäften, sehe ich, wie wichtig das war!"

Ein Dauerthema im Verkauf ist natürlich die Frage, wie man mehr Kundschaft nach Marxloh locken kann. Seine Rechnung ist einfach: „In ganz Europa leben circa fünf Millionen Türken, allein in NRW leben aber siebzehn Millionen Menschen. Natürlich wollen wir da viele Deutsche als Kundinnen und Kunden gewinnen." Und der erfolgreiche Geschäftsmann weiß genau, was die Deutschen anspricht: Mit den hochwertigen, glänzenden weißen Brautkleidern, die im schwarzen Samtambiente der Schaufenster filmreif in Szene gesetzt sind, mit den barock wirkenden Möbeln, mit den in mattem Gold luxuriös wirkenden Rahmen, mit dem dunklen Teppichboden und den übergroßen Spiegeln in üppig verzierten Goldrahmen, dem schwarz glänzenden Klavier in der Ecke – mit all diesen Dingen unterstreicht er sehr kalkuliert die Hochwertigkeit und die internationale Ausrichtung seines Angebotes.

Die Kleider für das Henna-Fest am Vorabend der Hochzeit hat die Familie in den hinteren Teil des Ladens verbannt. Und das, obwohl sie viel Umsatz bringen – schließlich kleiden sich die Freundinnen der Braut, die sie beim Kauf des Brautkleides begleiten, zu den festlichen Anlässen gern jeweils neu ein. Aber: „Es schreckt deutsche Käuferinnen eher ab, wenn die typische ältere türkische Frau hier einkauft", versucht Tercan Küccük mir zu erklären. Ich verstehe nicht so ganz, was er meint. In dem Moment deutet er dezent

Türkisch-arabisch-rumänisch – alles nach Wunsch

nach hinten. Da ist plötzlich – wie um zu erklären, was er meint – eine ältere Frau vor einem der eleganten Spiegel aufgetaucht. Sie trägt ein dunkles, buntes, grob gewebtes Kopftuch, als würde sie auf einem Bauernhof arbeiten, und hat ein schickes glänzendes Kleid einfach mal so – wie einen Kittel – über ihre Alltagskleidung drapiert. „Ja, das meine ich", flüstert Tercan Küccük diskret, „das gehört auch zu unserer Kultur. Diese Frauen sind uns natürlich auch sehr willkommen, aber die deutsche Kundschaft schreckt das eher ab, und deshalb soll dieser Eindruck keinesfalls das Image unseres Brautmodengeschäftes ‚Melisam' prägen."

Man muss auf seinen Ruf achten. Die Konkurrenz schläft nicht. Und auch, wenn sie das Geschäft belebt – der Wettbewerb in Marxloh ist doch sehr groß. Fünfzig Geschäfte gibt es inzwischen in Laufweite rund um das Pollmann-Eck, die neben der Mode für Braut und Bräutigam alles für die Hochzeit anbieten, vom Schmuck bis zu den Blumen und den Geschenken für das Brautpaar – in der Regel Schönes und Nützliches für den neuen Hausstand.

Zukunft mitgestalten

„Ich hoffe, dass auch deutsche Kunden das besondere Angebot von Marxloh mehr und mehr sehen. Wenn mehr deutsche Kundinnen kämen, müssten wir unsere Kollektion ein bisschen umstellen. Aber natürlich: Wenn die Nachfrage da ist, würden wir das gern tun." Tercan Küccük sucht ganz gezielt den Kontakt zu den Deutschen. Der war schon mal besser als heute. 2006 zum Beispiel. Das war ein ausgesprochenes Erfolgsjahr, nicht nur für die deutsche Fußballmannschaft. Die Geschäfte am Pollmann-Eck brummten. Damals hat Tercan Küccük in der Türkei eine deutsche und eine türkische Flagge anfertigen lassen, beide zusammen waren so groß wie die ganze Fassade des dreistöckigen Hauses, in dem er das Herrenbekleidungsgeschäft HOBI betrieb. Auf die deutsche Fahne ließ er den Weltmeisterpokal drucken, auf der türkischen Fahne stand: „Ihr seid auch unsere Jungs!" Tercan Küccük erinnert sich gern und mit Stolz daran. „Das ging durch die ganze Presse. Und genau das war unser Lebensgefühl damals."

Abhängig von der politischen Lage ist das Verhältnis zwischen Deutschen, Türken und Deutschen mit türkischem Migrationshintergrund in den letzten Jahren reservierter geworden, und es gibt viele stark emotional geführte Diskussionen, die Distanz schaffen. Der Umsatz stagniert. Zudem verunsichern Berichte über die vermeintliche „No-go-Area" Marxloh mit Raubüberfällen vor allem die Kundschaft vom Niederrhein. Die Damen, die hier gern ihre langen Kleider fürs Schützenfest gekauft haben, bleiben fast ganz weg. Hinzu kommt ein neues Problem: der Sperrmüll auf den Straßen. Der Verein der Geschäftsleute, das 2010 gegründete Marxloher Einzelhandels Bündnis MEB, lässt sich immer wieder neue Aktionen einfallen, um die Situation vor Ort in den Griff zu bekommen und das schicke Image der „romantischen Einkaufsstraße" wieder-herzustellen. Ihre gemeinsame Aktion wie der Auftritt von hundert Bräuten auf der A 40 beim Projekt „Still-Leben Ruhrschnellweg" im Jahr 2010 zaubert heute noch ein stolzes Lächeln auf das Gesicht des Geschäftsmannes. „Das stand sogar in China in den Zeitungen!", schwärmt er, „und brachte damals viel neue Kundschaft nach Marxloh."

Tercan Küccük seufzt. Er ahnt, dass es heute nicht mit einer gut inszenierten Reklame-Show getan ist, um das Image des Einkaufsparadieses Marxloh wieder aufzupolieren. Bei allem guten Willen und Überlegungen, wie er selbst im Verbund der Einzelhändler aktiv werden könnte, sieht er nicht nur die Geschäftsleute in der Pflicht: „Wir allein können das nicht schaffen. Die Stadt muss hier auf jeden Fall auch etwas tun, denn wir zahlen viel Gewerbesteuer. Das ist schon fast vergleichbar mit den Geschäften in Duisburg-Mitte, und wir sehen, dass dort einiges getan wird. Es kommen immer noch viele Kunden aus Holland, Belgien, Frankreich und der Schweiz, das kann man schon als Einkaufstourismus bezeichnen. Da muss die Stadt einfach mithelfen, dass es hier sauber wird."

Ins Gespräch kommen

Der Geschäftsmann wirkt besorgt. Seitdem so viele neue Zuwanderer auf einmal gekommen sind, ist das Bild von Marxloh nicht nur bunter, sondern irgendwie auch chaotischer geworden. „Die Stadt macht den gleichen Fehler wie damals, als die ersten Türken gekommen sind", erklärt er. „Man sollte die Menschen dazu verpflichten, Deutsch zu lernen, und ihnen die Regeln erklären, die unser Zusammenleben prägen, von der Müllentsorgung bis zur Nachtruhe." Es geht keinesfalls um Ablehnung oder Ausgrenzung, sondern um ganz praktische Hilfestellungen der Stadt bei der Integration der Neuzuwanderer. Sein Lösungsansatz: „Wissen ist wichtig!

Und da spricht Tercan Küccük aus Erfahrung. Er bedauert, dass seine Eltern nie richtig Deutsch gelernt haben. Sein Vater war mit zweiundzwanzig Jahren aus der Türkei nach Deutschland gekommen, hatte bei Krupp gearbeitet und in seiner Freizeit ausschließlich türkische Freunde getroffen. Die Mutter arbeitete beim AEG Kabelwerk in Mühlheim. Sie spricht besser Deutsch, weil sie viel mit Deutschen zusammengekommen ist: beim Einkaufen, im Treppenhaus, beim Kinderarzt, bei Elternabenden in der Schule und auf der Arbeit. Sie ist heute Rentnerin, reist viel und engagiert sich sozial in ihrer Nachbarschaft.

Als Tercan Küccük zwei Monate alt war, brachten die Eltern ihn in die Türkei. Dort wurde er von der Großmutter erzogen, in dem Dorf, in dem sein Vater geboren war. Mit sechs Jahren holten sie ihn dann zurück zu sich nach Deutschland. „Es war schwierig für meine Eltern, mit einem Sechsjährigen zurechtzukommen", erinnert er sich. Und es war schwierig für den Sechsjährigen. Er verstand die Welt seiner Eltern erst einmal nicht. Als sie zwei Jahre später die Großmutter nach Duisburg holten, kam auch für das Kind die Welt so langsam wieder in Ordnung. „Da hatte ich meine ,wahre' Mutter wieder!" Die Erleichterung, die man heute noch spürt, wenn er das sagt, lässt ahnen, dass die ersten Jahre in Deutschland für ihn als Kind nicht leicht waren.

Wie aber kam es trotzdem dazu, dass er diesen Mut und das Selbstvertrauen besaß, sich als Geschäftsmann selbstständig zu machen? Das habe er letztlich seinem Vater zu verdanken, sagt er nachdenklich mit leicht bitterem Unterton. „Ich habe alles versucht, aber mit zehn Jahren wusste ich, dass ich von ihm keine Unterstützung erwarten konnte. Da habe ich entschieden:

„Du gehst deinen eigenen Weg."

Weil er zu wenig Taschengeld bekam und die deutschen Kinder in der Schule besser ausgestattet waren, was Schulranzen und Stifte und die Ausstattung ihrer Federmäppchen betraf, auch, weil sie mal Geld für die Kirmes hatten, suchte er sich kleine Nebenjobs: mittwochs und samstags stand er vor der Schule um halb sechs auf und half auf dem Markt mit, Stände aufzubauen. Nach dem Unterricht ging er wieder hin, zum Abbauen. Dafür gab es dann fünf oder zehn oder auch mal fünfzehn Mark. Als er vierzehn Jahre alt war, hat er dann noch zusätzlich die Sonntagszeitung ausgetragen.

Saz und Keyboard

Damals hat er begriffen: „Wichtig für den beruflichen Erfolg sind Talent und Wille." Und Willen hatte er! Mit zwanzig Jahren eröffnete er eine Trinkhalle – neben seinem Job als Schweißer. Weil er aber keinen Freund fand, der mitmachte, und weil der Umsatz nicht ausreichte, jemanden einzustellen, blieb die Trinkhalle häufig geschlossen, und er musste sie bald wieder aufgeben. Auch das war unterm Strich eine wichtige Erfahrung für den Erfolg als Geschäftsmann. „Man muss wissen, wann es genug ist. Man darf keine Angst haben, neue Pläne zu schmieden." Und ein neuer Plan war schnell da: Sein Hobby, die Musik, sollte sich zu einer Leidenschaft entwickeln – und zu einer weiteren Einnahmequelle.

Die Geschichte begann eher wenig hoffnungsvoll. Als er noch ein Kind war, hatte sein Vater ihm eine Saz, eine türkische Laute, gekauft. Schon nach wenigen Wochen hing sie im Wohnzimmer an einem Nagel an der Wand und wurde nicht mehr beachtet. Bis ein neuer Nachbar einzog, ein türkischer Musiker. Der weckte bei dem Zwölfjährigen die Begeisterung für das Instrument. Er gab ihm Unterricht, erkannte die Musikalität des Teenagers und stachelte ihn an: „Die Saz ist kein Zukunftsinstrument, du musst Keyboard lernen!" Und dann überzeugte der Musiker Tercans Vater davon, dass das gut für seinen Sohn sei. Und der Vater? Der kaufte ihm dann tatsächlich sein erstes Keyboard! Tercan Küccük erzählt mit leuchtenden Augen davon. Er sieht das Instrument von damals noch vor sich, fünfhundert D-Mark hatte es gekostet, samt eingebautem Kassettenrekorder. „Mit allem Drum und Dran!". Aus dem Hobby entwickelte sich schnell ein lukrativer Nebenjob: Der Nachbar nahm ihn mit, um bei türkischen Hochzeiten Musik zu machen, und irgendwann wurde er als Alleinunterhalter gebucht: mit Keyboard, Bassgitarre und, wenn es sein musste, auch mit Gesang. Das Geschäft blühte.

Den roten Teppich des Musikers hat der Geschäftsmann lange schon eingerollt. Und der rote Teppich liegt im Eingangsbereich seines Brautmodengeschäftes und in seinem neuen Event-Center in Voerde. Denn Tercan Küccük hat ein neues Projekt. Er knüpft an die alte Tradition des Hotels Saathoff mit seinen legendären Paradise-Partys an und wagt Neues: Hochzeitsmessen, Events und Theaterveranstaltungen.

Ein Wir-Gefühl?

Natürlich habe ich noch viele Fragen in Bezug auf das Zusammenleben der Menschen in Marxloh, doch Tercan Küccük will mir nicht alle beantworten.

Diplomatie ist für einen Geschäftsmann einfach wichtig. Über Religion zum Beispiel spricht er nicht öffentlich. Er hat den Koran gelesen und ist gläubig. Aber er möchte sich nicht von religiösen Führern oder Parteien vereinnahmen lassen. Nur eines erklärt Tercan Küccük genauer, angesprochen auf die großen Pro-Erdogan-Demonstrationen mit den vielen jungen Leuten am Pollmann-Eck vor einigen Jahren:

„Gerade mal zehn Prozent der Türken fühlen sich in Deutschland wirklich integriert.

Der Rest empfindet sich nicht als deutsch und erlebt allzu oft: Was in Deutschland geleistet wird, zahlt nicht auf das Konto der Menschen mit türkischem Migrationshintergrund ein." Bei Behörden und im öffentlichen Leben stoßen viele nach wie vor auf Vorurteile und Distanz. Um ihr Selbstbewusstsein zu stärken, sind die deutschen Jugendlichen mit türkischem Migrationshintergrund stolz darauf, was in der Türkei aufgebaut wird, so zum Beispiel die sensationelle Brücke über den Bosporus bei Istanbul im Jahr 2016. Sie haben das Gefühl, das sei eine Leistung von Türken, mit der sie sich mit ihren deutschen KollegInnen messen können. Diese emotionalen Defizite in der Anerkennung der Deutschen mit türkischem Migrationshintergrund in Deutschland nutzt die türkische Regierung geschickt aus und füllt sie mit einem seltsam irrealen Wir-Gefühl. Wäre es nicht schon lange an der Zeit, dass in Deutschland ein echtes Wir-Gefühl entsteht und alle sich mitverantwortlich dafür fühlen?

Zuwanderer sollten Deutsch lernen

Für das Zusammenleben der Menschen solle das Land doch nicht den gleichen Fehler machen wie in den Sechziger- und Siebzigerjahren, als man die Neuzuwanderer sich selbst überlassen hat, ergänzt Tercan Küccük. Die Stadt Duisburg sollte heute den Neuzuwanderern im Alltag zeigen, wie sie in Marxloh gut mit den anderen zusammenleben können. Dazu sollten alle Verantwortlichen – Geschäftsleute, Behörden und Politiker – das Gespräch miteinander suchen und an einem Strang ziehen.

Dann könnte Marxloh wieder aufatmen und sowohl als attraktive Einkaufsmeile als auch als beliebter Treffpunkt für Jung und Alt mit Restaurants und Spezialitäten für alle Nationen weiterentwickelt werden.

Beim Verlassen des Brautmodengeschäftes treffe ich im Vorbeigehen an der Kasse die ältere türkische Frau wieder. Sie ist ganz aufgeregt, denn sie kauft sich für das bevorstehende Familienfest das lange glänzende Kleid, mit dem sie vor dem Spiegel gestanden hat. So sympathisch, wie sie wirkt, möchte man sie gern begleiten und einfach mitfeiern!

Tercan Küccüks Tochter Melisa ist inzwischen ganz Geschäftsfrau. Sie hat gelernt, sich den Situationen anzupassen, verkauft übers Internet genau so erfolgreich wie im Laden direkt. Mit unglaublichem Fleiß arbeitet sie im Geschäft und im Event-Center. Was sie stark macht, ist ihr Bewusstsein für Qualität. Die Tatsache, dass ihre Schwester und ihre Mutter die Kleider entwerfen und sie die besten Stoffe und Spitzen verarbeiten lassen. Und wenn Kundinnen sagen, dass ihnen das Angebot zu teuer ist, dann sagt Melisa selbstbewusst: „Gehen Sie ruhig noch woanders hin und schauen sich um. Es gibt ja hier in Marxloh für jeden etwas!" Muss man nicht um jede Kundin kämpfen? „Bestimmt nicht, indem man sie überredet", sie lacht, „wer Qualität möchte, der wird zurückkommen!"

Eleganz und Design

Melisa ist da, wenn sie wie neulich einer Braut und ihren Kindern am Hochzeitstag beim Ankleiden helfen soll und ist stolz auf ihr Design-Konzept im Event-Center. Und wer das nicht möchte, der soll diese Location eben nicht buchen. Ich bin beeindruckt. Kann man sagen „Qualität setzt sich durch?" Ich bin zu wenig Geschäftsfrau. Aber eines sehe ich: mit so einem starken Konzept wird der Erfolg fortgesetzt, und die Freude an der Arbeit in Marxloh in der romantischen Hochzeitsmeile bleibt erhalten.

Kapitel 8:

Wir waren zuerst da!

Viele Jahre schon fahre ich mit der Linie 903 durch Marxlohs Hochzeitsmeile mit den märchenhaften Schaufenstern: Von Walsum kommend folgt auf die türkischen Gemüseläden mit ihren üppigen Auslagen und die Spielhallen und türkischen Cafés mit den Milchglasscheiben eine Glitzerwelt aus Prinzessinnenkleidern und Goldschmuck wie aus Schatztruhen aus Tausendundeiner Nacht. Ich sehe Frauen, die in Gruppen von sechs bis acht Personen Brautmodengeschäfte aufsuchen, beobachte eifrige Verhandlungen junger Paare mit ihren Familien bei den Goldhändlern. Die Geschäfte laufen.

Fünfzig Meter neben der Kreuzung Pollmann-Eck, mitten im Herzen der romantischen Hochzeitsmeile, entdecke ich ein kleines Reformhaus. Hat nicht meine Oma schon dort gekauft, wenn sie etwas besonders Gutes für einen Krankenbesuch mitnehmen wollte? Naturreine Säfte oder Diätkekse? Der Anblick des Ladens löst bei mir eine ganz bestimmte Assoziation aus: ein Geruch, ein bisschen abgestanden, gesund, alte Leute. Ich gehe hinein. Im Eingang kommt mir ein Mann mit einem schwarzen Turban entgegen. Er trägt ein langes gelbes Gewand über einer schwarzen Hose und hält einen Besen in der Hand. „Nachbarschaftshilfe", lacht die Verkäuferin, die meinen fragenden Blick sieht, „der Herr hier, ein indischer Geschäftsmann, eröffnet morgen nebenan seinen Laden und möchte noch die letzten Schönheitsfehler beseitigen. Dafür hat er sich den Besen mal kurz ausgeliehen." Ein angenehmer Duft steigt mir in die Nase: frisch gemahlenes Mehl und frisches Brot. Langsam bewege ich mich durch die engen Gänge. Auf kleinstem Raum ist alles sorgfältigst sortiert und einladend präsentiert. So wecken die Produkte sofort meine Entdeckerlust: die Säfte in den Regalen an den Wänden, Marmeladen und Honig, das Bio-Gemüse und -Obst, die pflegenden Kosmetika und die vielen, auch seltenen Gewürze, Nahrungsergänzungsmittel, Informationsbücher und, und, und ...

Die Verkäuferin, so stellt sich schnell heraus, ist die Besitzerin: Anne Bliersbach. Ihr Mann Marco kommt gerade abgehetzt, aber mit vielen neuen

Geschichten im Gepäck, von seiner Liefertour zurück. Wie jeden Morgen hat er vorbestellte Lebensmittel zu Kunden gefahren, die nicht mehr gut laufen können oder die einfach gern den Lieferservice nutzen. Und nein, das ist kein Start-up. Der Reformhausbesitzer tut das seit vielen Jahren. Jede Woche fährt er die gleichen Strecken ab, jeden Tag eine andere Tour, heute Mattlerbusch, morgen Jubiläumshain. Man weiß, wann er kommt. Manche Kunden lassen sich immer das Gleiche liefern, andere rufen vorher an und geben ihre Bestellung auf. Marco Bliersbach ist froh: „Die alten Kunden bleiben uns treu, und es kommen ständig neue dazu."

Schnell sind wir in ein angeregtes Gespräch über Marxloh und seine Veränderungen vertieft.

„Manchmal fragen uns Leute, die zufällig vorbeikommen, erstaunt, warum wir ausgerechnet hier einen Laden gemietet haben. Dann sage ich immer: ‚Wir waren zuerst da!'"

Marco Bliersbach lacht. Das Ehepaar führt den Laden seit 1986 und erlebt seither alle Veränderungen in Marxloh mit. Ihr Erfolgsgeheimnis wird mir in unserem anregenden Gespräch schnell klar: Sie sind neugierig und flexibel und gestalten das Leben im Stadtteil aktiv mit. Sie wollen, dass Marxloh attraktiv bleibt, für Stammkunden und für neue Laufkundschaft. Und weil sie so ein großes Fachwissen haben und ständig Fortbildungen wahrnehmen, können sie flexibel auf Kundenwünsche reagieren. Und wenn es doch mal stressig wird, dann hilft ihnen etwas, das man nicht kaufen kann: eine große Portion Humor.

Den Laden gibt es am Pollmann-Eck seit 1947.

Anne Bliersbach wirkt eher ruhig und gewinnt die Sympathien durch ihr herzliches, ansteckend glockenhelles Lachen. Wenn Marco Bliersbachs Augen beim Erzählen seiner täglichen Geschichten wieder einmal funkeln und ihm ein verschmitztes Lächeln übers Gesicht huscht, dann amüsiert man sich köstlich mit ihm. Gemeinsam schwelgen wir in Erinnerungen.

1947 haben Ellen und Otto Jilek hier ein Gemüsegeschäft eröffnet und es dann langsam in ein Reformhaus umgewandelt. Ihr Name steht nach wie vor über der Tür, aus Liebe zur Tradition – und aus Dankbarkeit. Denn es ist eine ganz besondere Geschichte, wie die Übergabe an das Ehepaar Jilek stattgefunden hat. Sie ist typisch für Marxloh, wo vieles einfach von Mensch zu Mensch geregelt wird.

Anne Bliersbach kannte Otto Jilek noch aus der Zeit ihrer Ausbildung, also von der Fachhochschule her, später hat sie ihn in Dinslaken wiedergetroffen. Und das war dann der berühmte Zufall im Leben, der das Schicksal mitbestimmt.

Die Geschichte beginnt in Oberstedten bei Bad Homburg. Dort haben Marco und Anne Bliersbach sich auf der Reformhaus-Fachakademie kennengelernt. Nach dem enttäuschenden Studium der Lebensmitteltechnologie, das für Anne Bliersbachs Vorstellungen am eigentlichen Thema „Gesunde Ernährung und Heilen durch Ernährung" völlig vorbeiging und viel zu mathematiklastig war, hatte sie eine Ausbildung zur Drogistin absolviert. Marco Bliersbach hatte zunächst eine Lehre zum Einzelhandelskaufmann bei einem Apotheker in Köln gemacht. Auch ihn hatte das Thema „Gesunde Ernährung" gepackt, schon in den Siebzigerjahren, also lange, bevor es Trend wurde.

Die Fachakademie entsprach ganz ihren Vorstellungen, sie wollten einfach in der Lage sein, in Ernährungsfragen, die den menschlichen Körper und seine Selbstheilungskräfte unterstützen und stärken, gut zu beraten. Ihr unausgesprochenes Ziel war, irgendwann einmal ein eigenes Reformhaus zu führen. Doch dieser Traum schien in weiter Ferne.

Die Jileks wiederum betrieben ein Reformhaus am Pollmann-Eck in Marxloh und wollten sich Mitte der Achtzigerjahre so langsam zur Ruhe setzen. Sie hatten vor, das Ladenlokal unten in ihrem Haus in dem boomenden Stadtteil meistbietend zu vermieten, und fanden auch schnell einige lukrative Bewerber, unter anderem die Ladenkette Douglas. Doch als die Pläne mit dem Vermieten konkret wurden, da merkten sie, dass es nicht so einfach sein würde, das Reformhaus aufzugeben und im selben Haus oben wohnen zu bleiben. Wie würden die alten Stammkunden reagieren? Die Vorstellung, dass sie immer wieder darauf angesprochen würden, sorgte für Unbehagen.

„Ja!“

Und dann kam der berühmte Zufall ins Spiel. Eigentlich wollte Anne Bliersbach zur Feier des siebzigsten Geburtstags ihres damaligen Chefs gar nicht hingehen. Ein Geschenk am nächsten Arbeitstag würde es doch auch tun. Denn dieser Chef einer Drogerie in Dinslaken war ein Mann, der seine Angestellten mit zweierlei Maß behandelte. Sie hätte ihm gern einmal die Meinung gesagt und lieber heute als morgen gekündigt. Aber sie traute sich nicht. Sie war jung, es war ihre erste Stelle, und sie wollte nicht schnell aufgeben, auch wenn ihr niemand in diesem kleinen Familienbetrieb bei Unstimmigkeiten zur Seite stand. Und weil sie ihren Chef nicht offen brüskieren und keinen Anlass für einen neuen Konflikt liefern wollte, ging Anne Bliersbach am Sonntagvormittag mit ihrem Mann Marco zum siebzigsten Geburtstag ihres Chefs, um zu gratulieren.

Auch die Jileks waren Gäste auf dieser Geburtstagsfeier. Beim Hereinkommen entdeckte Herr Jilek Anne Bliersbach. Er kannte die junge Frau aus diversen Fortbildungsveranstaltungen. Der Reformhausbetreiber aus Marxloh war bester Stimmung und machte ihr aus einer übermütigen Laune heraus – ja, man kann sagen, einen Antrag: „Anne, willst du meinen Laden übernehmen?!“, rief er beinahe theatralisch vor der versammelten Gesellschaft, und sie antwortete ganz spontan und ebenso enthusiastisch mit einem lauten „Ja!“. Wenn Anne Bliersbach das heute erzählt, dann breitet sie beim Erzählen die Arme aus wie zu einer großen Umarmung. Es war ein Befreiungsschlag!

Rechnet sich das?

Gesagt, getan, und schon ein halbes Jahr später an Silvester machten die Ehepaare Bliersbach und Jilek mit der ganzen Familie die Inventur und feierten danach gemeinsam die Übergabe: die einen den gelungenen Abschied, die anderen den Einstieg in ein Leben als Unternehmer. Es sollte ein freundliches nachbarschaftliches Verhältnis werden.

Immer mittwochs kam Frau Jilek zum Einkaufen herunter, und Herr Jilek kam noch lange, um die beiden Schaufenster zu dekorieren – „aber vielleicht auch, weil er hier ein Stück Kuchen und einen Kaffee bekam", spekuliert Anne Bliersbach schmunzelnd. Die früheren Besitzer sind inzwischen tot, aber das freundschaftliche Verhältnis zu ihren Kindern ist geblieben, und das hilft den Betreibern bis heute, den Laden zu halten. Vor allem wegen der moderaten Miete. Ihnen ist klar: Auch wenn sie verlässliche Mieter sind – die Besitzer hätten eine weitaus höhere Miete von einer Ladenkette, einer Spielhalle oder einem Brautmodengeschäft bekommen können. Und dieses Entgegen-kommen der Vermieter hat enorme Vorteile für die Kundenpflege. „Das erleichtert so manches", erklärt Anne Bliersbach. „Weil wir nicht diese hohen Kosten haben, können wir reeller beraten. Wir müssen nicht denken, der Kunde muss jetzt für soundsoviel Euro kaufen, weil ich ihn eine halbe Stunde beraten habe. Wer als Verkäufer unter so einem Druck steht, ist schnell unglaubwürdig. Bei uns ist das lockerer. Wir haben eine gute Rücklage, wir wissen, dass unsere Vermieter nicht einfach die Miete erhöhen, und wir haben kein Personal. Das gibt uns enormen Spielraum."

Natürlich werden die beiden hier nicht reich. Und im schönsten Rhythmus eines Pingpongspiels erklären sie abwechselnd: „Wir sind eben nicht so materialistisch eingestellt, eher ideell. Wir haben ja alles: eine Wohnung, ein Auto ... Wir haben nur nicht so viel Freizeit. Aber das ist ja bei vielen Berufen so. Freizeit ist halt zu knapp." Ein paar größere Fahrradtouren zu Ostern und zu Pfingsten, den Sonntag im Garten oder am Niederrhein, das frischt die Kräfte auf und reicht ihnen für ein gutes Lebensgefühl. Wichtig sind ihnen ihre Unabhängigkeit und der Alltag mit ihren Kunden, der ihnen nach wie vor Freude macht. Sie wissen, was sie erreicht haben:

„Früher gab es viele Reformhäuser in Duisburg, heute sind es noch drei", erzählen mir die Bliersbachs. Damals war man Konkurrenz, heute sind alle überregional miteinander im Gespräch. Eher kollegial. Sie kennen sich, denn etwa einmal im Monat gehen sie zu einer Fortbildung, meist mitveranstaltet von Firmen, die neue Produkte auf den Markt bringen. Die beiden halten sich aber bis heute daran, was die alte Betreiberin Frau Jilek ihnen noch mit auf den Weg gegeben hatte: „Macht die Modeerscheinungen mit, aber seid vorsichtig mit dem Bestellen. Und passt auf, wann die Mode vorbei ist." Tatsächlich bieten sie im Reformhaus überwiegend das an, was sich dauerhaft gut verkauft. Und das in bester Qualität. Das Plus gegenüber den Ladenketten, die Bio-Produkte und Nahrungsergänzungsmittel anbieten, ist ihr großes Fachwissen. Sie können wirklich beraten und das bestellen, was sie möchten, und sind nicht auf eine vorsortierte Produktpalette fixiert. Das hat sich herumgesprochen. Besonders bei den Käufern, die kulturell anders sozialisiert sind als die Deutschen.

„Erst gestern hat mir wieder ein Syrer staunend erzählt", erklärt Marco Bliersbach, „dass es ihm so fremd ist, dass man hier in Deutschland bei harmlosen Krankheiten wie Erkältungen sofort zum Arzt geht." In anderen Kulturen weiß man in den Familien viel über die Wirkung heilender Kräuter und natürlicher Nahrungsergänzungsmittel, und dieses Wissen wird heute noch ganz selbstverständlich von Generation zu Generation weitergegeben und angewendet. Da setzt man zum Beispiel stark auf die Heilkräfte von Tees wie Schafgarbe und Frauenmantel, die es hier im Reformhaus noch lose zu kaufen gibt.

Zukunft durch kulturelle Vielfalt und Junge Leute

Die neuen Nachbarn mit den verschiedensten kulturellen Hintergründen sind für die Reformhausbetreiber eine wunderbare Fügung. „Gerade in der Erkältungszeit kaufen arabische und türkischstämmige Kunden gezielt Vitaminprodukte wie zum Beispiel Cranberrysaft und basisches Pulver, damit die Schleimhäute abschwellen und sich die Bakterien nicht weiter festsetzen können." Es fällt den Lieferanten schon auf, dass sich in Marxloh einige Lebensmittel extrem gut verkaufen. „Bei Honig ist das besonders interessant. Die Deutschen kennen eher den milden Honig, Rapshonig oder ‚Wiesentracht'", lacht Anne. „Von dieser Sorte gab es schon Sonderangebote, als ich noch ein

Kind war. Wir brauchen so einen Honig nicht. Wir brauchen Edelkastanie für die Erwachsenen und Akazie für die Kinder." Der Honig-Vertreter kommentierte, bei dieser Bestellung wüsste er sofort, dass ein hoher Anteil der Kundschaft einen Migrationshintergrund hat.

Die Nachfrage reguliert das Angebot. Anne und Marco Bliersbach hören zu, fragen nach und bestellen, was ihre Kunden gerne hätten. Und es macht ihnen selbst die größte Freude herauszufinden, wo sie die beste Qualität dieser Lebensmittel bekommen können. Inzwischen bestellen sie zum Beispiel das begehrte Schwarzkümmelöl gegen Beschwerden bei Heuschnupfen in Ägypten, und die Käufer bestätigen ihnen: „Das ist das Beste!"

„Was noch sehr gut geht, ist MSM, ein Schwefelprodukt, das Türken gern für ihre Eltern kaufen, wenn sie Rheuma haben, weil es entzündungshemmend und durchblutungsfördernd wirkt. Damit werden die Gelenke freier, die Menschen bewegen sich mehr und haben weniger Schmerzen. Das ist auch für die Muskulatur gut."

So wachsen Angebot und Nachfrage. Viele kaufen für die ganze Familie, für Cousins und Cousinen, Onkel und Tanten ... Man kennt sich und ist im Gespräch miteinander. Dabei wird es auch mal privat, man spricht über die Entwicklung der Kinder und die alten Eltern, einfach über das Leben im Alltag – wie im besten Dorfladen. Die meisten Käuferinnen und Käufer kommen ganz gezielt, darunter auch viele junge Frauen. „Die haben ja wunderbare Haare und kaufen dann die schonenderen Farben", weiß Anne Bliersbach, „weil die Haare ihr höchstes Gut sind. Es gibt kaum Deutsche, die bei uns für zwölf Euro Haarfarbe kaufen, aber arabische und türkische Frauen, die kaufen gleich mehrere Tuben auf einmal. Die Qualität der Produkte spricht sich herum."

Mundpropaganda

„Die Kunden sind sehr treu", freut sich Marco Bliersbach. „Wenn man einmal jemandem aus einer Familie geholfen hat und der sich schnell besser fühlte und bald wieder gesund geworden ist, dann sind sie dankbar und erzählen das auch weiter. So entsteht eine erfolgreiche Mund-zu-Mund-Propaganda. Auch durch die Begegnungsstätten in der Moschee und die großen Familien, die sich regelmäßig bei Familienfeiern treffen, haben diese Kunden viel mehr Kontakte untereinander als die Deutschen. Und so geben sie häufig große Bestellungen für die ganze Familie auf. Fünfhundert Gramm Kurkuma oder zehn Kilogramm Honig sind da keine Seltenheit. Da kann man schon mal ein richtig gutes Geschäft machen."

„Ach, wie gut, dass Sie noch da sind!", kommt eine junge Frau geradezu erleichtert auf Anne Bliersbach zu. „Ich bin früher hier zur Schule gegangen! Jetzt brauche ich etwas gegen meine Magenschmerzen und bin froh, dass Sie mich da beraten können", freut sie sich. Immer mehr Jugendliche werden in den letzten Jahren zur Stammkundschaft. Das Bewusstsein für gute Ernährung liegt im Trend – vegetarisch, vegan, allergiegeplagt ...

Erfolgsrezepte

Hier finden sie fachkundige Gesprächspartner, die sich nicht nur im Internet schlaugemacht haben, sondern wirklich gut beraten können. „Meist mischen sie sich zuerst ihre Müslis selbst, mahlen bei uns das entsprechende Mehl, auch seltene Sorten wie Kokosmehl oder Leinsamenmehl, und darüber entdecken viele dann das Kochen. Sie fangen mit Fertigpackungen an, zum Beispiel mit Grünkernburgern, versuchen es dann mit frisch gemahlenem Grünkern und merken, dass sie das auch selbst mischen können. Und dass das noch viel besser schmeckt. So entwickeln sie einen ganz neuen Zugang zu unseren Lebensmitteln. Und wenn jemand Chia-Samen möchte, dann haben wir den auch da." Anne Bliersbach schmunzelt. „Könnte sein, dass ich dann sage ,Bitte den Löffel nicht so lange drinlassen, weil man ihn dann vielleicht nicht mehr rauskriegt'," aber da muss man Kauffrau genug sein und den Trend mitmachen. Doch wenn ich gefragt werde ..."

Besser als diese Entwicklung der Bewohner in Marxloh hätte es für die überzeugten Reformhausbetreiber kaum laufen können. Als gut etablierte Reformhäuser ihre Ladenlokale Ende der Achtziger- und Anfang der Neunzigerjahre schließen mussten – aus Altersgründen oder weil sie der Konkurrenz der Angebote großer Ladenketten nicht standhalten konnten –, da hat Anne Bliersbach angefangen aufzuschreiben, wann um sie herum welcher Laden aufgibt und wer da neu einzieht.

Nach kurzer Zeit hatte sie sechs Din-A4-Seiten vollgeschrieben und mit der Liste aufgehört.

Sie erinnert sich noch gut, wie es am Pollmann-Eck Ende der Achtzigerjahre aussah.

In den 80ern

Da gab es einen richtigen Branchenmix: das große Bekleidungsgeschäft Sinn, das auch noch Gardinen und Stoffe führte, ein Miederwarengeschäft, elf Apotheken, fünf Juweliere, zwei Pelzgeschäfte, ein Porzellangeschäft, ein Geschäft für Lederwaren, ein Hutgeschäft, eine Buchhandlung, Eisen-Pollmann, Möbel-Pollmann, ein Kaufhaus, Banken, Optiker, einen Gartenfachhandel, eine Heizungs- und Sanitärfirma und noch vieles, vieles mehr. Doch nach und nach zogen sie alle aus. Die riesigen Läden standen leer, die Häuser drohten zu verfallen. Die alten Besitzer starben, ihre Kinder hatten meist schon lange in einer anderen Stadt Arbeit gefunden, dort eine Wohnung bezogen und kein Interesse mehr, zurückzukommen und die Geschäfte fortzuführen. Nach einer kurzen Zeit des beängstigenden Leerstandes und des drohenden Verfalls der Häuser eröffneten dann Ende der Neunzigerjahre die ersten Türken hier ihre Läden. Das war ein Riesenglück!

Heute sind rund ums Pollmann-Eck Geschäfte und Dienstleistungsfirmen von Türken, Indern, Libanesen. Es gibt an die fünfzig Brautmodengeschäfte, Juweliere und Geschäfte mit allem, was das Wohnen schick und gemütlich macht. Ein paar Billigläden – Woolworth, Saturn, Aldi, Tedi, Action, KiK, viele kleine Spezialgeschäfte, einen Fahrradladen, einen Schlosser, mehrere

Herrenmodegeschäfte, eine Parfümerie, zahlreiche türkische Restaurants, Imbisse – es boomt! Und nach dem Zuzug der Osteuropäer gibt es im näheren Umkreis inzwischen auch bulgarische und rumänische Trinkhallen, Coffee Shops und Lebensmittelläden.

Marco Bliersbach ist ein leidenschaftlicher Netzwerker. Das wissen rund ums Pollman-Eck alle. Er sieht sein Geschäft als Teil einer Interessensgemeinschaft von Ladenbetreibern in Marxloh. Das war schon Mitte der Achtzigerjahre so, als Marco Bliersbach Mitglied der deutschen Werbegemeinschaft Marxloh wurde. Und das ist heute so in der neuen Werbegemeinschaft unter Federführung von Migranten mit türkischen Wurzeln. Vom ehemaligen Interessenverband waren nur noch fünf Mitglieder übrig. Jetzt planen die aktuellen Geschäftsleute Werbeaktionen für Marxloh, bilden gemeinsam ein Sprachrohr, um aus den Negativschlagzeilen herauszukommen und gemeinsam bei potenziellen Käufern und gegenüber Politik und Wirtschaft mit einer kräftigen Stimme aufzutreten.

Nachbarschaftshilfe

Marco Bliersbach kennt viele Geschichten der Geschäftsleute und der Häuser am Pollmann-Eck. Er weiß, wer das Dach am alten Jugendstil-Pollmann-Haus sorgfältig und kostspielig nach altem Vorbild restaurieren ließ, wer die von einem Zeitungsverlag hochwertig renovierten Räume für wenig Geld übernommen hat und teuer neu vermietet, wer erfolgreich Immobilien verkauft, und er erzählt mit großer Bewunderung, was aus den Kindern der Gewerbetreibenden geworden ist. Ihm gefällt der Zusammenhalt der Familien, der Fleiß und der Wille, den Kindern einen guten Start in die Zukunft zu geben. Und so ein bisschen familiären Geist gibt es auch in der Interessensgemeinschaft der Geschäftsleute. Man vertraut sich gegenseitig, und so passiert es schon mal, dass der erfolgreiche indische Ladenbesitzer von nebenan, wenn er schnell mal etwas erledigen muss und keines seiner Kinder da ist, um ihn zu vertreten, seine Tageseinnahmen kurz bei Marco Bliersbach „parkt".

Wenn die Verkäuferin aus dem Geschäft gegenüber morgens die Erste ist und den Laden nicht aufschließen kann, weil sie mit ihren Armen nicht bis ans Schloss oberhalb der Tür heranreicht, schließt Marco Bliersbach ihr auf, und wenn jemand seinen Laden neu einrichtet und renoviert, fragt er in der Regel Marco Bliersbach, wie man es organisiert, dass der Sperrmüll abgeholt wird und wo man für Sondergenehmigungen und bei Verwaltungsfragen bei der Stadt anrufen kann.

Marco Bliersbach wird nicht müde, Geschichten von Menschen in Marxloh zu erzählen, die ihn begeistern. Meist geht es dabei um den Zusammenhalt der Familien. Da wird schon mal an einem einzigen Wochenende ein Laden komplett renoviert. Und das klappt, weil alle aus der großen Familie mit anfassen. Zum Schluss wird gefeiert und am Montag pünktlich wieder geöffnet. Das beeindruckt ihn. Der Fleiß, auch die Hilfsbereitschaft der Familienmitglieder untereinander, dass jeder das beiträgt, was er tun kann ...

Besondere Beratung

Die Bliersbachs gehören zu der großen Gemeinschaft der Geschäftsleute von Marxloh dazu. „Das ist wie auf dem Dorf", erklärt Anne Bliersbach strahlend, „wir vertragen uns und helfen uns gegenseitig!" Die beiden werden bald zu meinen besten Informationsquellen über den Alltag, über das echte Leben in Marxloh – ohne dabei je indiskret zu werden oder schlecht über jemanden zu reden! Sie geben mir so manchen Tipp für spannende Gesprächspartner.

Und wo immer ich den Namen Bliersbach oder den „Mann vom Reformhaus" erwähne, erzählen mir die Menschen sofort eine gute Geschichte, die sie mit ihm verbinden. Immer geht es um hilfreiche Aktionen und praktische Tipps für ein freundliches Miteinander in Marxloh.

Linie 903:

„Wo fahrt Ihr hin?"

„Wo fahrt ihr hin?" Der junge Mann, den Delal aus der Schule kennt, ist im Smalltalk-Modus. Wir schauen uns an und lachen. Er ist leicht irritiert. „Ist das ein Geheimnis?"

„Nein, aber wir wissen es noch nicht. Wir fahren einfach mal."

Es tut uns leid, aber jetzt fühlt er sich ein bisschen verarscht. „Wir überlegen noch", sagt Delal so, als wären wir uns noch nicht einig. Wir würden uns nicht wundern, wenn er insgeheim den Kopf schüttelt und denkt: „Frauen! Da weiß man ja nie!"

Mit Delal zusammen Straßenbahn zu fahren, macht einfach Spaß. Sie liebt es genauso wie ich, Leute zu beobachten. Dabei entdeckt sie völlig andere Menschen als ich. Sie sieht anders, hört anders, ist anders sozialisiert, eine Generation jünger. Wir lachen viel, wenn wir uns dann später unsere mit viel Fantasie ausgemalten Geschichten gegenseitig erzählen. Kurz bevor wir aussteigen, geben wir uns manchmal noch einen kleinen Hinweis, weil wir wissen, wie unterschiedlich die Situationen sind, die wir im Blick haben. „Schau mal, die Frau mit dem Kind da vorne!"

Oder: „Hast du den Hund gesehen?"

„Welchen Hund?"

„Da, am Eingang, neben dem Typen mit den langen Haaren."

Tatsächlich – jetzt sehe ich ihn auch, und von draußen sieht es noch skurriler aus als drinnen: Da sitzt ein großer Cockerspaniel auf dem Sitz neben seinem Herrchen. Heute sind genügend Plätze frei, also hat niemand den Eindruck, der Hund nehme ihm den Platz weg. Es scheint sich auch niemand daran zu stören, dass er wie ein Mensch einfach einen Sitzplatz nutzt. Er sitzt da ganz still, und so, wie man Hund und Herrchen im Profil sieht, sehen sich die beiden von der Frisur her ziemlich ähnlich. Der Mann – „Herrchen" kann man hier wirklich nicht sagen – trägt eine braune Jacke mit Fransen, typisch Siebziger. Ich vermute, dass er in der Hippie-Bewegung eine gute Zeit gehabt hat. „Wer ist dir noch aufgefallen?", frage ich Delal.

„Eine Frau mit Kind am Tiefeneinstieg. Die beiden haben zusammen ein Bilderbuch angesehen und wie in einem Puzzle Wörter eingesetzt. Ein Übungsbuch fürs erste Schuljahr, vermutlich. Ich finde es schön, dass die beiden die Zeit in der Straßenbahn nutzen, etwas gemeinsam zu machen, und man sieht, dass sie beide richtig Freude daran haben."

Und wen habe ich beobachtet? Drei Männer, die mit MSV-Duisburg-Schal und -T-Shirt eifrig über die letzte Niederlage ihres Vereins sprechen und hoffen, dass es beim bevorstehenden Heimspiel einen Sieg gibt. Dem Alter nach zu urteilen, waren sie schon Fans, als der MSV noch in der Ersten Liga spielte. Nur einer von ihnen klingt optimistisch, die beiden anderen sind mehr als skeptisch. Offensichtlich sind sie unterwegs zum Wedau-Stadion.

An die Zeit, als ich mit meinem Vater an Wochenenden zu den Heimspielen ging, er in der Kurve stand und ich irgendwo neben den Spielerfrauen saß, erinnern mich heute noch mein Fußballhemd von Ronnie Worm und ein Wimpel mit Unterschriften. Doch aktuell weiß ich nicht mal, wer der Trainer ist.

Und dann sind mir noch die beiden Teenager aufgefallen, kurze Kleider, lange Haare, ein bisschen Make-up und bunte Fingernägel – sie sind schon allein durch ihre Jugend attraktiv.

Einmal Fan - immer Fan

Sie haben unentwegt in ihr Handy getippt und sich gegenseitig amüsiert die Antworten gezeigt. Offensichtlich gibt es mehrere Jungs, die sich mit ihnen verabreden möchten. Eigentlich, so viel kriege ich mit, ohne dass ich sie wirklich belausche, möchte keine der beiden die Jungs treffen, aber sie fühlen sich irgendwie geschmeichelt, dass sie gefragt sind. Das Handy der Dunkelhaarigen klingelt. Ein Blick auf das Display zeigt ihr: Es ist einer der Jungs. „Dieser A …, was will der denn? Ich will nix von dem!", entrüstet sich das Mädchen. Sie geht ran. „Naaaaa", flötet sie melodiös verführerisch. Stille. „Weiß noch nicht." Ihre Freundin macht eindeutige Zeichen, das Telefonat zu beenden. Doch sie bleibt dran: „Jaaa, ich weiß nicht …, bin noch mit Melania in der Bahn." Ihre Freundin verdreht die Augen. Zischt. „Jaaa, okay." Telefonat beendet. Keine sagt ein Wort. Sie sehen sich nicht an. „Um zwei bei Mäckes." Kein Kommentar. Beide starren aus dem Fenster. So beginnen Teeny-Soaps.

Kapitel 9:

„Das ist mein Himmel!"

Brautmoden prägen das Bild von Marxloh. Marco Bliersbach vom Reformhaus schlägt mir vor, Nihal Kuru kennenzulernen. Ihr gehört das Brautmodengeschäft Ceyda. Sie ist in Marxloh geboren und aufgewachsen und engagiert sich wie er im Kreis der Gewerbetreibenden für den Stadtteil.

Das Geschäft an der Ecke kurz vor dem Pollmann-Eck kenne ich von zahlreichen Straßenbahnfahrten. Es ist eines der Schaufenster, die wie aus Tausendundeiner Nacht wirken und nach der Fahrt entlang der zum Teil heruntergekommenen Häuser und der Spielhallen fast ein wenig theatralisch den Glanz einer romantischen heilen Welt verbreiten. Schon beim Blick aus der Straßenbahn strahlt mich ein dunkelblaues Kleid mit Reifrock und Pailletten an – als käme es direkt aus dem Museumsfundus des britischen Königshauses. Über die weißen Sneaker mit glitzernden Pailletten und zehn Zentimeter dicken Sohlen, die da im Schaufenster stehen, mag man schmunzeln, von Nihal lerne ich später: Die jungen Frauen wollen auf ihrer Hochzeit ja auf jeden Fall tanzen, und das machen sie auf High Heels mit neunzehn Zentimeter hohen Absätzen nicht lange mit.

Kaum habe ich das kleine schicke Brautmodengeschäft mit den großen Schaufenstern betreten und erzähle, dass ich Geschichten aus und über Marxloh schreibe, da sitze ich auch schon auf einem mit rotem Samt gepolsterten und aufgrund seines goldenen Rahmens und der hohen Lehne königlich anmutenden Sessel. In Jeans und Turnschuhen. Auf einem silbernen Tablett wird mir eine Tasse Kaffee serviert, mit kunstvoll verzierten Zuckertöpfchen und Plastikdöschen mit Kondensmilch, dazu ein paar Kekse in einer kleinen Porzellanschale. Ich bin willkommen. In einer Welt, die mir fremd ist – und doch vertraut. Für mich ist diese Hochzeitswelt eine Traumwelt, nach der ich mich nie gesehnt habe, eher ein exotisches Märchen. An der Hauptschlagader von Marxloh, direkt an den Straßenbahnschienen, nur einen Häuserblock von der sogenannten „No-go-Area" entfernt.

Es kommt Kundschaft. Eine Kindergärtnerin aus Moers (evangelisch, wie sich herausstellt) will heiraten, einen türkischen Montagearbeiter – er ist ihr Traummann. Fünf Jahre leben die beiden schon zusammen, jetzt wollen sie im Kreis der Familie Ja zueinander sagen. „Wir laden so viele Leute ein, weil wir sehen möchten, auf wen wir uns im Zweifelsfall verlassen können", erklärt mir der Bräutigam stolz. Sie hat das Kleid schon ausgesucht, war mehr-

Tradition trifft aktuelle Trends

mals mit Freundinnen hier, hat sich intensiv beraten lassen. Es ist klar, dass die Deutsche aus Moers sich nicht „türkisch verkleiden" möchte. Aber sie möchte zeigen, dass sie sich mit ihrem Verständnis von Familie in die Tradition der türkischen Kultur stellt. Auf ihre individuelle Art. Sie hat ein Kleid gefunden, das ihr gefällt.

Heute kommt ihre Schwiegermutter mit. Nihal übersetzt. Nicht selten ist an dieser Stelle diplomatisches Geschick gefordert, dieses Mal, erklärt mir Nihal später, ist es verhältnismäßig einfach. Sie übersetzt mit gewinnendem Lächeln, offen und im Zweifelsfall auf der Seite der Braut.

„Ja" zur großen Familie

Während Braut und zukünftige Schwiegermutter nach hinten ins Ankleidezimmer verschwunden sind, wartet der Bräutigam im kleinen Verkaufsraum. Er hat die beiden mit dem Auto hergefahren und soll traditionsgemäß das Kleid vor der Hochzeit nicht sehen. Doch plötzlich kommt der Schneider und bittet ihn nach hinten. Was ist passiert? Soll er nun doch seine Zustimmung geben? Hat die Schwiegermutter die Braut unsicher gemacht? Ist ihr das Kleid nicht traditionell genug? Dem Bräutigam ist egal, wie es aussieht, das Kleid soll seiner Zukünftigen gefallen, der Hochzeitstag soll ihr Tag werden – er liebt sie. Er ist schnell zurück, und ja, er ist einverstanden, dieses Kleid soll es sein, denn es gefällt seiner Braut. Und wie es die Tradition will, wird er es bezahlen. Sie bezahlt dafür seine Ausstattung: Anzug, Krawatte, Oberhemd, Unterwäsche, Socken, Schuhe. Alles komplett. Er hat sich beim letzten Urlaub in der Türkei eingekleidet. Alles aus einer Hand, das ganze Paket.

Ob sie noch einen silbernen Haarreif mit Strass-Diadem mitnehmen möchte? Er winkt ab. „Sowas trägst du doch nie!", kommentiert er gelassen, und der burschikose Eindruck, den sie macht, bestätigt das. Aber die Schwiegermutter fordert – auch für mich – unmissverständlich, dass sie sich diesen Brautschmuck aussucht. Schließlich ist der Haarreif im Preis inbegriffen. Zwischen zweitausend und dreitausend Euro wird das Kleid all inclusive kosten. Angesichts der Hochzeit ein großer Brocken, aber nicht der größte. „Einmal im Mittelpunkt stehen, sich traumhaft schön wie im Märchen fühlen und sich von allen bewundern lassen", das gehört zu diesem Ritual der Hochzeit, das ist quasi der „Lohn", das Geschenk an die Braut für ihren Respekt vor der Tradition.

Und so ist auch diese Geschichte wieder eine der vielen mit

Happy End –

auch für Nihal. „Die Braut hat vor Kurzem ihren Vater verloren", weiß sie, „aber nun will sie Ja sagen zur großen türkisch-deutschen Familie. Und fühlt sich wohl mit ihrer Entscheidung." Nihal ist eine gute Zuhörerin und nimmt sich viel Zeit zum Reden.

„Was ich alles höre!", stöhnt Nihal leicht kopfschüttelnd, aber sie liebt diese Rolle auch. Sie unterstützt die Frauen und hilft ihnen nicht selten, im Zweifelsfall die Familie zu beruhigen. „Früher hatten wir nur türkische und deutsche Kundinnen, heute kommen viele Russinnen, Bulgarinnen, Rumäninnen und Araberinnen aus Syrien, Afghanistan und Marokko. Jede hat ihre eigenen

136

Vorstellungen, jede Kultur ihre eigenen Rituale und Vorschriften. Und das ist spannend." Nihal strahlt. „Man erfährt so viel über die Menschen und ihre Kulturen, bekommt Einblicke in Familienstrukturen und Schicksale, das macht es für mich besonders interessant." Und das Kleid wird den Sitten und Gebräuchen angepasst, je nachdem, wie gefeiert wird. Mit traditionellen Stickereien – vor allem bei marokkanischen Traditionen – oder mit einem durchsichtigen Oberteil bei arabischen Hochzeiten, wenn Frauen und Männer getrennt feiern und die Braut beim Tanzen die Jacke ablegt, wenn der Bräutigam als einziger Mann die Feier der Frauen besucht. Er soll die körperliche Schönheit seiner Braut am Hochzeitstag sehen dürfen.

Vom Entwurf bis zum Traumkleid

Die Kleider werden auf die jeweilige Tradition und die persönlichen Träume zugeschnitten. „Vor sechzehn Jahren, als wir dieses Geschäft eröffnet haben, sah das noch anders aus. Da hatten die Kleider fast alle die klassische A-Form", erklärt Nihal. Seit ein paar Jahren wechsele die Mode ständig. Im Moment seien „Dubai-Kleider" angesagt. Die Modelle heißen „Sissi" oder „Cinderella" und gehören zur Kategorie „Prinzessinnenkleider". Manch einen mag es bei der Vorstellung, so ein Kleid anzuziehen, gruseln, denn die Vorstellung einer Verkleidung wie in einer künstlichen Barbiepuppen-Welt ist gar nicht so weit weg. Doch Nihal unterstützt keinen Billig-Glitzer-Look, wie man ihn in vielen Geschäften von der Stange kaufen kann. Sie achtet auf das Authentische, das Echte. „Satin ist im Moment sehr angesagt. Und damit das Kleid nicht billig wirkt, nähen wir den hochglänzenden Stoff unter das eigentliche Kleid, das bringt einen dezenten Glanz."

Nihal ist Expertin. Ihre Kleider zeigen Charakter. Schnitt, Spitzen und Paillettenstickerei – alles Handarbeit. „Früher haben wir Kleider häufig in Polen nähen lassen, das waren Kleider aus leichten, luftigen Stoffen, die besonders auch den Deutschen gefallen haben. Heute lasse ich fast alles in der Türkei nähen. Nicht nur in Istanbul und Izmir. Ich fahre dahin, wo es mir gefällt, und suche die schönsten Stoffe und Spitzen aus. Dann lasse ich nach den

Vorstellungen der Braut einen Entwurf zeichnen und ein erstes Modell nähen. Wenn das erfolgreich ist, bestelle ich mehr. Das ist natürlich ein gewisses Risiko. Ich muss dabei in Vorleistung gehen. Da kostet mich ein Kleid schon mal zweitausend Euro im Einkauf. Die schweren Stoffe, die Spitze, die Perlen und Steinchen, all das hat seinen Preis. Und wiegt. Achtzehn Kilogramm bringt das neueste Modell auf die Waage. Kein Wunder, dass die eher zierliche Nihal in den letzten Jahren viele Sehnenscheidenentzündungen hatte. Inzwischen trägt sie elastische Bandagen. Doch das nimmt sie in Kauf – sie liebt diese Kleider.

Das Nadelöhr

Schon beim Betreten des Ladens habe ich einen Hauch von Luxus gespürt, der den Besucher einfängt. Jetzt, wo ich eine Weile dort sitze, fällt mir auf, dass dieser kleine Eingangsbereich auf alle eine große Wirkung hat: Den einen öffnet er sich wie Dornröschens Rosenhecke, für andere aber fühlt er sich an wie ein viel zu enges Nadelöhr. Und nicht wenige drehen im Eingang um. Einzutreten und sich im Laden umzuschauen, traut sich nur, wer keine Angst hat, die eng an eng stehenden und hängenden Kleider eventuell leicht zu berühren, und: wer eine bestimmte Form der Eleganz sucht.

Wer sich aufmerksam umsieht, entdeckt schließlich einen schmalen Türrahmen an der Rückwand des Raumes. Man kann nur einzeln hindurchgehen und gelangt in einen größeren Raum mit bunten Kleidern fürs Hennafest. Sie hängen dicht an dicht und locken mit ihren außergewöhnlichen Farben und fließenden Stoffen. Diese Kleider sind eine Art „Zugabe" zum Brautkleid, und Kleider für alle Freundinnen, die den Junggesellinnen-Abschied ein paar Tage vor der Hochzeit mitfeiern. Die Tradition will es so, dass die Braut im Mittelpunkt steht. Beim traditionellen Hennafest soll sie ein bisschen weinen, weil sie ihr Elternhaus verlässt, und die Frauen trösten sie und singen mit ihr schöne traurige Lieder. Und so ein bisschen soll auch das besondere Kleid helfen, dass sie sich nicht wirklich schlecht fühlt, wenn alle sie so betrachten und mit Henna um sie herumtanzen.

Ich staune, wie weit sich der Verkaufsraum nach hinten erstreckt. Bevor Nihal und ihr Mann das Brautmodengeschäft an dieser Straßenecke eröffnet haben, war dort eine Schlecker-Filiale. Doch als ich schon denke, dass ich alles gesehen habe, führt mich Nihal zur Wendeltreppe. Ihr Blick sagt mir, dass da oben nicht nur die Büros ihres Mannes sind, der sich um den Papierkram wie Steuern und Importgenehmigungen kümmert. Nein, wer die ersten Prüfungen „bestanden" und glaubhaft den Eindruck gemacht hat, auf der Suche nach einem ganz besonderen Kleid zu sein, der darf die zwölf Stufen in die obere Etage hinaufsteigen.

„Das ist mein Himmel",

sagt Nihal mit leuchtenden Augen, als sie die Treppe vor mir hinaufschwebt. Geblendet von dem Schneeweiß der Kleider halte ich oben erst einmal die Luft an: An beiden Seiten eines langen Ganges stehen weiße Hochzeitskleider bis ganz hinten in den Raum nebeneinander. Das Weiß ist so blendend, dass diese Reihen wie zwei starke Lichtstrahlen wirken. Wie viele Kleider es sind? Dreißig oder vierzig? Der ganze Raum hat eine Aura in Weiß, der Blick verliert sich im Unendlichen. An der Stirnseite verstärken goldgerahmte Barockspiegel und eine Sitzgruppe in Gold mit schwarzem Samt den Eindruck einer Palastkulisse. Hier sitzen dann die Freundinnen und Mütter, dieses Ambiente versetzt sie in die Atmosphäre der Hochzeit mit dem Versprechen: So elegant könnte die Feier werden. Und die Braut kann hier prüfen, ob das Kleid ihrem Schönheitsideal entspricht. Das hier ist keine kitschige Bühne für den Traum kleiner Mädchen. Frauen, die hier in den Spiegel sehen, sehen darin eine Schönheit, die nicht allein durch ein Kleid entsteht. Und diese Schönheit ihrer Persönlichkeit werden sie im Idealfall am Hochzeitstag zeigen und feiern lassen. Das Kleid wird dem Charakter der Braut den angemessenen Rahmen geben und ihre Persönlichkeit in den Mittelpunkt rücken.

Auf manchen mögen diese Kleider wie eine antiquierte Kostümierung für einen operettenhaften Maskenball wirken. Auf die Frauen, die sie kaufen, wirken sie je nach Herkunft und Erziehung anders: Sie tragen Tradition.

Mit Nihals Kleidern zeigen die Frauen beides: Tradition und Selbstbewusstsein. Sie greifen auf Bilder starker kultureller Wurzeln zurück und zeigen die Frau, wie sie sich in ihrem Leben sieht. Unsichere Frauen mögen hier oben bei ihrem Anblick im Spiegel sogar fürchten, hinter dem Kleid zu verschwinden. Angst bekommen, dass sie eine Rolle spielen müssen, der sie nicht gewachsen sind. Ganz das Gegenteil möchte Nihal mit ihrer Beratung erreichen: Diese Kleider unterstreichen ein Idealbild der eigenen Persönlichkeit: ganz individuell.

Traum in Weiß

Dafür, dass das Kleid dann auch perfekt passt, sorgt der Schneider. Dschihan aus Bangladesch. Eines Tages stand er in der Tür und fragte, ob sie Arbeit für ihn hätten. Er sprach türkisch, weil er zwei Jahre in der Türkei gearbeitet hatte. Er kam wie gerufen. „Die Leute lieben ihn!", schwärmt Nihal. „Er ist so sympathisch!" Kommt aber eine Gruppe Frauen mit Kopftüchern, weiß Nihal, dass der Schneider nicht dabei sein darf. In einigen Kulturen gilt: Kein Mann darf die Braut in ihrem Hochzeitskleid vor dem Hochzeitstag sehen. Ein Brauch, den man respektiert. Dann steckt sie ab und er näht.

Erfolg in die Wiege gelegt?

Nihal weiß genau, was sie verkauft. Was sie wem verkauft. Nach wenigen Sätzen bin ich mit ihr in ein angeregtes Gespräch über Gott und die Welt vertieft – über die Welt in Marxloh und die Vorstellungen von einem glücklichen Leben. Mir wird schnell klar: Der große Erfolg ihres Geschäfts hängt mit ihrer Gabe zusammen, zuhören zu können. Nihal ist offen, unkompliziert,

140

freundlich. Dass sie mal ein Brautmodengeschäft führen würde, hätte ihr in der Schule wohl niemand zugetraut. Ihre Familie schon.

Nihal ist in Marxloh geboren. Ihr Vater kam 1968 aus der Türkei, sein Bruder hatte ihn überredet: „Wenn du nicht kommst, habe ich keinen Bruder mehr", hatte er gejammert. Doch der Vater tat sich schwer, sein Leben in der Türkei aufzugeben. Er war dort ein angesehener Tischler, restaurierte in den Moscheen antike Möbel. Und er baute Geigen. Führte einen Laden für Musikinstrumente. Und doch kam er. Arbeitete bei Thyssen. Unter Tage. Schwere Arbeit, gefährlich. Gründete eine Familie, bekam vier Kinder. Er hat sich dem Wunsch des Bruders untergeordnet.

„Er wollte gern, dass mindestens einer oder eine von uns studiert", erklärt Nihal stolz. Dass es nicht so gekommen ist, hat er dann hingenommen. Schicksal. Ihr Bruder arbeitet bei der Bank. „Irgendwann suchte man dann einen passenden Mann für mich. Ich sei ein liebes Mädchen, rauche nicht, trinke nicht. Und so lernten mein Mann und ich uns kennen. Es hat gepasst. Auch wir haben vier Kinder. Mein Sohn arbeitet bei der Bank, meine Tochter beim Zoll, die beiden anderen gehen noch zur Schule, und gemeinsam schmeißen wir den Laden."

Zusammenhalt

Einen deutschen Mann hätte ihr Vater nicht akzeptiert. Bei Nihal ist das anders. Sie ist ja Deutsche, und Ihr ist es egal, aus welchem Land die zukünftigen Partner ihrer Kinder kommen, aber einen muslimischen Glauben sollten sie schon haben. „Wir haben unsere Feiertage, wir haben Ramadan, da ist es besser, wenn man das gemeinsam lebt. Außerdem schafft der Glaube einen besonderen Zusammenhalt", weiß Nihal.

Der Bruder des Vaters ging damals übrigens bald zurück in die Türkei. Er hatte das Gefühl, in Deutschland würden gerade in der Kindererziehung zu viele Dinge verloren gehen, die in der Türkei selbstverständlich waren.

Ausländerfeindlichkeit hat Nihal nicht zu spüren bekommen – bis auf eine Ausnahme: „Wir türkischen Kinder mussten alle auf die Hauptschule. Wir bekamen nicht die Möglichkeit, uns auf der Realschule oder auf dem Gymnasium anzumelden, auch wenn die Noten gut waren." Es ist bitter für mich, das zu hören.

Nihal hat Friseurin gelernt. Ihr Mann war Dolmetscher und hat beim Grenzschutz gearbeitet. Sie war dabei. Hat auch als Übersetzerin mitgeholfen und war aber auch die Friseurin für die Grenzschutzbeamten. Sie lacht. „Das war eine richtig schöne Zeit! Koblenz, Neuss ... Mein Mann war überall, ich weniger. Er hat auch in Gefängnissen gedolmetscht, ich weniger. Ich hab meinen Kindern gesagt: ‚Geht zur Polizei oder zum Zoll!' Meine Tochter hat es geschafft." Eine Beamtin, das hat sich Nihal gewünscht.

Zurück zu ihrem Weg. Irgendwann hatte das junge Ehepaar die Idee, sesshaft zu werden. Sie verkauften Bettwäsche und Kleider auf Märkten, dann in einem Geschäft in Reinhausen. Es sprach sich herum, dass sich in Marxloh etwas tat. Dass in den leeren Räumen, die Ladenketten wie Sinn und Woolworth, Horten und Kepa verlassen hatten, Geschäfte speziell für türkischstämmige Einwohner eröffnet wurden. Da sah auch das erfolgreiche Geschäftspaar seine Chance auf einen Platz in dieser neu belebten Geschäftsmeile. Und so kauften Nihal und ihr Mann das Haus, in dem sie heute noch ihr Brautmodengeschäft betreiben. Sie haben es nach ihrer Tochter „Ceyda" genannt.

Der Traum

Zunächst boten sie dort Hochzeits- und Abendgarderobe für Damen und Herren an, arbeiteten beide im Verkauf. Dann spezialisierten sie sich auf individuell gefertigte Hochzeits- und Hennakleider, frei nach dem Motto: Konkurrenz belebt das Geschäft. Das war ihr kommerzieller Durchbruch.

Nihal hat sich gefragt, wie ihr Traum als Geschäftsfrau aussehen könnte, und tut nun vor allem auch das, wofür sie ein besonderes Talent spürt. Zum kreativen Gestalten der Hochzeitskleider und dem Händchen für den Einkauf besonderer Stoffe und Perlen kommt das Talent fürs Styling: Als Make-up- und Hairstylistin macht sie in ihrem kleinen Hinterzimmer nicht nur Bräute, sondern auch Mütter und Töchter für den Abi-Ball wunderschön zurecht: perfektes Air-Brush-Make-up, Hochsteckfrisuren – alles, was die individuelle Schönheit der Frauen unterstreicht, ist ihre Spezialität. Und wenn man ihr dabei zusieht, spürt man wieder diese Leidenschaft und die Liebe zum Detail.

Seit über zehn Jahren engagieren sie und ihr Mann sich im Verbund der Geschäftsleute, stärken das Image der „Romantischen Hochzeitsmeile Marxloh" und sind dabei, wenn es um gemeinsame Werbeaktionen geht. Bis in die Niederlande, nach Belgien und Frankreich hat sich herumgesprochen, dass es rund um das Pollmann-Eck in Marxloh eine ungewöhnlich große Auswahl an Hochzeitskleidern gibt, ein üppiges Angebot an Goldschmuck und ganz besonders schönen Dingen, die ein Stück türkische Kultur ins Alltagsleben bringen: Porzellan, Teppiche, Lampen, Vorhänge.

Nihal mag das, aber wohnen möchte sie in diesem quirligen Stadtviertel nicht. Sie lebt mit ihrer Familie im Stadtteil nebenan, weil sie die Ruhe liebt

Ihre Kundinnen sind Königinnen

und dort einen großen Garten hat. Doch fürs Geschäft ist die Weseler Straße wunderbar. Marxloh ist ihr ans Herz gewachsen. Es ist ein „Dorf", in dem sie sich wohlfühlt und wo sie sich einen besonderen Platz geschaffen hat. Marxloh hat ca. 21.000 Einwohner: etwa fünfundzwanzig Prozent kommen aus Bulgarien, elf Prozent ursprünglich aus der Türkei, acht Prozent aus Rumänien und fünf Prozent aus Syrien. Mit dem starken Zuzug neuer EU-Bürger nach 2007 wurde die Situation zunächst unübersichtlich. Berichte von Überfällen und offener Gewalt auf den Straßen bestimmten die Schlagzeilen der Medien. Sie kratzten am Image von Marxloh und schadeten dem Einkaufsparadies.

Den Besuch von Angela Merkel in Marxloh und ihre Gespräche mit einem kleinen Kreis von Sozialarbeitern und politischen Funktionären schätzen die Geschäftsleute als Geste, doch außer Umsatzeinbußen durch Straßensperrungen gab es keine konkreten Ergebnisse dieses hohen Besuches. Menschen aller Nationen sind in Marxloh willkommen.

Unruhe bringen skrupellose Geschäftemacher, die gezielt Bettlerinnen mit Kindern vor gut besuchte Geschäfte setzen. Schade auch, dass viele Kinder den ganzen Tag durch die Straßen laufen, weil sie offensichtlich keinen Schulplatz bekommen haben. Kinder, die sich nicht selten in kleinen Banden organisieren, stehlen und mit Gewalt und Lärm auf sich aufmerksam machen. Das spricht sich herum und verunsichert Kunden. Ärgerlich ist auch wild abgeladener Sperrmüll an den Straßenrändern, der das Viertel alles andere als romantisch aussehen lässt.

Doch Nihal warnt davor, die Einzelfälle und Missverständnisse im Zusammenleben überzubewerten. Sie ist nie überfallen worden und kennt niemandem, dem hier etwas Übles passiert wäre. Sie möchte einfach, dass die KundInnen einen angenehmen Einkaufstag erleben, dass sie gerne kommen. Einen wirklichen Grund dafür, Angst zu haben oder für das Gefühl, dass man hier belästigt oder überfallen werden könnte, gibt es in ihren Augen nicht.

Im Flow

Inzwischen hat Nihal sich mit Brautmoden Ceyda kleiner gesetzt. Hat das große Geschäft aufgegeben und nebenan ein kleineres eröffnet. Das kann sie im Notfall allein stemmen. „Ich bin in Deutschland geboren und aufgewachsen, ich bin Deutsche", lacht sie und begrüßt in ihrem freundlichen Temperament eine kleine Gruppe von Frauen. Auf Türkisch. „Freundinnen?", frage ich nach der herzlichen Begrüßung. „Nein, ich sehe sie zum ersten Mal. Sie sind aus Hannover gekommen. Und sie sind so sympathisch!"

Mit einem Strahlen in den Augen geht Nihal auf jeden zu, der den Laden betritt. Bei den Frauen, die auf der Suche nach Kleidern mit Freundinnen und Müttern kommen, findet sie mit sicherem Gespür immer mindestens eine, zu der der Draht sofort stimmt. Und meistens ist es die Braut. Selbstverständlich bekomme ich jedes Mal auch in diesem äußerst eleganten neuen Ambiente den Prinzessinnensessel und genau so selbstverständlich einen Kaffee. Mit Milch. So viel Aufmerksamkeit muss sein.

Kapitel 10:
Teamplayer für die Demokratie

„Wir sind die Maulwurfsklasse!", erklären mir die Kinder, die mit mir vor dem Klassenraum warten. Sie sind zappelig und auch ein bisschen neugierig, was ich da wohl möchte. Heute darf ich den Unterricht des Musiklehrers besuchen, der die sinnvolle und nachhaltige Zusammenarbeit zwischen den Marxloher Schulen und dem Klavier-Festivals Ruhr mit aufgebaut hat: Klaus Hagge. Morgens um acht Uhr stehe ich in einem gepflegten Schulflur eines Gebäudes aus den Zwanzigerjahren mit hohen Decken, den typischen Reihen von Garderobenhaken, die mich an meine Schulzeit erinnern, und vielen Türen. Auf Augenhöhe der Kinder hängen Bilder aus ihrem Kunstunterricht an den Wänden. Es ist laut.

Klaus Hagge kommt und sucht erst Mal den richtigen Schlüssel an seinem dicken Schlüsselbund, schließt auf, und die SchülerInnen stürzen sich in den Raum. Er selbst geht ruhig hinterher. Ich darf an einem Tisch sitzen, der heute frei bleiben wird, weil eine Schülerin krank ist.

Klaus Hagge ist der Leiter der Schule, Klassen- und Musiklehrer. In aller Seelenruhe setzt er sich ans Lehrerpult, holt einige Formulare heraus und fängt an zu arbeiten. Die SchülerInnen der dritten Klasse sitzen an Zweiertischen, die zum Pult und zur Tafel hin ausgerichtet sind, ganz traditionell also, und sind noch mehr oder weniger mit sich selbst beschäftigt: Einige wetteifern im Spiel mit ihren Fidget-Spinnern, kleinen Handkreiseln, die angeblich Zappelphilippe beruhigen sollen, andere räkeln sich mit dem Oberkörper auf dem Tisch, kramen in ihren Ranzen oder erzählen sich etwas. Nach ein paar Minuten steht Klaus Hagge auf, wartet, bis es still ist, und sagt: „Guten Morgen." Er sagt das normal freundlich und normal laut, wie man eben jemandem, den man trifft, einen guten Morgen wünscht.

„Gu-ten Mor-gen, Herr Hag-ge", antworten die SchülerInnen rhythmisch im Chor. Fünfundzwanzig Kinder des dritten Schuljahres der Grundschule an der Sandstraße in Marxloh. Wie das klingt! Für mich erst einmal irgendwie altmodisch! Wie früher? Ja, es ist ein altes Ritual, aber mit dem beginnt für mich eine unterhaltsam-nachhaltige Lektion in Psychologie und beeindruckender Schulpädagogik.

Was wird das hier?

Klaus Hagge kommentiert die Begrüßung: „Das war nichts. Noch mal!" Ich bin überrascht. Was ist denn hier los?, frage ich mich und überlege, was diese Aufforderung pädagogisch wohl zu bedeuten hat. Ich war selbst Lehrerin, bevor ich Journalistin wurde, und auf Drill reagiere ich nun mal empfindlich. Der freundliche Tonfall des Lehrers und seine strenge Aufforderung, die Begrüßung zu wiederholen, passen für mich zunächst irgendwie nicht zusammen. Klaus Hagge wiederholt sein freundliches „Guten Morgen", als wäre es das erste Mal.

Alle antworten im Chor: „Gu-ten Mor-gen, Herr-Hag-ge."

„Schon besser!", kommentiert er und lässt seinen Blick durch die Reihen wandern. Dann spricht er einen der Schüler an, der im Sprechtempo hörbar nachhinkte. Natürlich hatte der Schüler das gemerkt, und er weiß auf Nachfrage auch, wie er es besser hinkriegen kann: gut zuhören. Also: „Noch mal, bitte. Alle zusammen!"

GGS Sandstraße

Ich spüre, dass es nicht darum geht, eine altbackene Begrüßungsformel perfekt in dem Stil zu rezitieren, wie meine Großeltern noch „Die Glocke" von Schiller gemeinsam aufsagen mussten. Aber so viel Sorgfalt auf das Begrüßungsritual, warum? Mit welchem Ziel? Später erklärt mir Klaus Hagge: „Diese Formel ‚Gu-ten Mor-gen, Herr Hag-ge'? Ja, schön und gut, haben wir

146

Silben geübt. Aber musikalisch gesehen ist es sehr schwer einzusteigen, denn keiner weiß, wo es beginnt." Es geht in dieser Übung darum, das Hören mit dem Fühlen zu verbinden: „Ich bin beim Mitsprechen zu spät gewesen? Ich steige trotzdem mit ein und schaffe es dann irgendwie, mit den anderen gemeinsam aufzuhören. Es ist eine hohe Kunst, das zu tun. Und was Sie vorhin miterlebt haben, das war eine der Trainingseinheiten." Drill? Ganz und gar nicht. Klaus Hagge erklärt: „Bei einem Kind habe ich das direkt angesprochen, daneben saß ein Kind, bei dem habe ich es dann nicht mehr gemacht. Es dreht sich nicht darum, dass das heute bei allen perfekt klappt. Wir werden das jedes Mal machen, und das andere Kind wird sich demnächst auch öffnen, um das wahrzunehmen." Öffnen, um das wahrzunehmen! Ich frage nach. Was wahrzunehmen? Und was heißt öffnen? Müssen die SchülerInnen nicht einfach besser aufpassen? Könnte man das als Lehrer nicht mit ein bisschen Nachdruck durchsetzen, sozusagen „dirigieren"? Klaus Hagge lacht und schüttelt den Kopf. „Darum geht es eben gerade nicht. Es geht darum, eine Basis für den gemeinsamen Schulalltag zu schaffen, für das Lernen, das zwischen Individuum und Gruppe abläuft. Und dazu gehören hören, fühlen, reagieren, innerlich aktiv dabei sein."

Lernklima schaffen

Ich staune: Mit großer Aufmerksamkeit für die scheinbaren Nebensächlichkeiten wird hier durch das Wiederholen der Rituale die Qualität des Lernens verbessert. Und ich werde erleben: Klaus Hagge baut solche Bausteine systematisch in seinen Unterricht ein. „Das eigene Ohr kann mir irgendwann bestätigen: Ich bin mit euch zusammen, und es ist so ein schönes Erlebnis, das tut mir gut!" Es geht um ein gutes Lernklima. „Es ist ein sehr langer Weg, das zu bekommen, denn Kinder sind auch Ich-Menschen." Aber für heute ist Klaus Hagge schon ganz zufrieden, denn: „Wir waren anschließend im Unterricht in vielen Situationen sehr gut zusammen, und das ist ja eine wesentliche Grundvoraussetzung fürs Lernen!"

Viele der psychologischen Tipps und Tricks hat Klaus Hagge schon als Student selbst erfahren, vieles als Bassist im Jazz. Damals hat er natürlich in verschiedenen Bands gespielt, die sich manchmal ganz spontan in improvisierten Übungsräumen trafen. Und da wurde vieles ausprobiert. Und damals hat er auch das Spiel mit dem Zeitmaß kennengelernt: „Wie kommen wir auf ein gleiches Zeitmaß, ohne dass es jemand von außen vorgibt? Jeder hat ja sein eigenes gefühltes Zeitmaß."

Auf den Unterricht übertragen, bedeutet das: Es geht ihm als Lehrer erst einmal darum, dass die Klasse zu einem guten Lernteam zusammenwächst. Und in so einem Klima können dann erfolgreiche individuelle Lernprozesse ausgelöst werden.

Zweite Chance für den Star

An dieser Stelle möchte ich eine kleine Anekdote einschieben, die viel über die Qualität des Unterrichts sagt: Durch die enge Zusammenarbeit mit dem Klavier-Festival Ruhr hat Klaus Hagge die Möglichkeit, ab und zu die Stars der internationalen Klavierszene in seinen Unterricht einzuladen. Das ist jedes Mal ein Kick für die SchülerInnen, nicht unbedingt, weil die MusikerInnen berühmt sind, sondern weil sie die Musik so spielen, dass sie wirklich besonders unter die Haut geht.

Ich darf zuhören, als ein älterer amerikanischer Pianist zu Besuch kommt. Er wird abends beim Klavier-Festival Ruhr ein Konzert in der Philharmonie in Essen geben. Klaus Hagge hat ihn eingeladen, weil er in seinem Programm Klavierstücke von George Benjamin hat, zu denen seine SchülerInnen tanzen. Der Amerikaner grüßt – fast ein wenig schüchtern – und stellt seine Noten aufs Klavier. Es ist mucksmäuschenstill, denn die Schülerinnen und Schüler erwarten ganz gespannt, die Stücke live zu hören, die sie so gut aus dem Ghettoblaster kennen. Der Pianist fragt, welche der zehn kurzen „Figuren für Klavier" von George Benjamin er denn spielen soll. Die Antwort kommt schnell: die Nummer fünf, dazu tanzen sie am liebsten. Der Pianist spielt, alle hören sehr aufmerksam zu, applaudieren. Keiner sagt etwas. Klaus Hagge fordert die SchülerInnen auf, dem Pianisten zu sagen, wie es ihnen gefallen hat. Gern auf Deutsch, er würde es dann übersetzen. „Sie haben Talent und spielen sehr schön!", kommentiert ein Mädchen schüchtern. Und ein Junge stellt fest: „Ja, aber da, wo wir beim Tanzen im ersten Teil aufhören, uns zu drehen, da spielt das Klavier in unserer Aufnahme drei Töne mehr." Der Pianist schaut nach. Tatsächlich. Er hat mehrere Töne ausgelassen. Mit einem ironischen Lächeln meint er, dann müsse er das Stück ja wohl noch mal spielen. Keine Frage, na klar, denn schließlich soll er die Chance bekommen, seinen Fehler zu korrigieren, und die Schüler-Innen wollen es ja einmal „richtig" hören. Nach diesem Vortrag: großer Applaus. Alle sind schwer beeindruckt, auch der „aufmerksame Kritiker" ist nun zufrieden.

Besonders bemerkenswert ist diese Feststellung des Jungen, weil die Musik von George Benjamin nicht unbedingt aus eingängigen Melodien besteht. Der britische Komponist, Jahrgang 1960, hat seine kurzen „Figuren für Klavier" 2004 komponiert. Da schieben sich einzelne Töne und Tonkaskaden nach sonderbaren Bauplänen ineinander, unterbrochen von überraschenden Sprüngen. Die Werke stecken voller kleiner Figuren, die in der Fantasie der Kinder lebendig werden, verrückte Formen bilden und starke Charaktere zeigen. Wie sehr das die Kinder inspiriert, erlebt der Pianist in der zweiten Unterrichtsstunde. Man hat ihn zum Flügel in der Aula gebracht, wo verschiedene Schulklassen zu seiner Aufführung der „Figures" tanzen werden.

Beflügelt vom ersten Erlebnis und neu herausgefordert, lässt der Pianist nun in den „Figures" mit ganzer Hingabe fantastische Körper entstehen. Sie drehen und wenden sich und fliegen in unterschiedli-

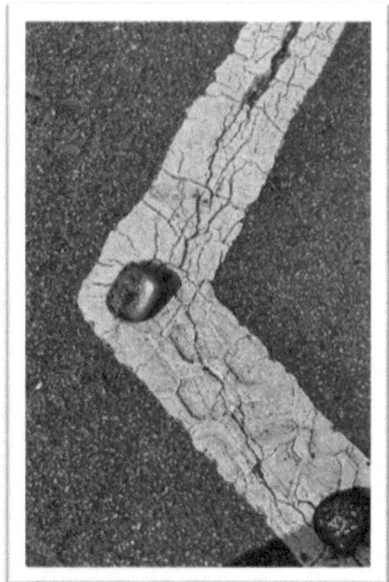

Traum- und Wunschsteine

chen Tempi durch den Raum – mal pfeilschnell, mal wie Seifenblasen. „Live vom Klavier gespielt, spürt man beim Tanzen die Töne auf der Haut", erklärt mir ein Kind ganz versonnen. Es ist beeindruckend, wie körperlich die Kinder auf die Klänge aus dem Klavier reagieren. Sie scheinen sich direkt mit der Energie der Musik aufzuladen. Und der Pianist? Der ist vollkommen perplex, wie tief die SchülerInnen die Musik erleben. An diesem Vormittag durfte der berühmte Musiker erfahren, wie intensiv Kinder neuer Musik begegnen können, auch wenn diese Musik keine einfachen Melodien und keine klassischen Rhythmen hat. Er war sichtlich verblüfft, wie stark die Kinder diese Musik mit allen Sinnen begriffen haben.

(Es gibt diese „Figures" auf der Homepage des Klavier-Festivals Ruhr im Internet, gespielt und kommentiert vom Komponisten George Benjamin selbst. Mit deutschen Untertiteln sehr anschaulich und für jedermann verständlich!)

Demokratie leben

„Ich sehe als Lehrer in Marxloh sehr viele Spielräume!", stellt Klaus Hagge begeistert fest. „In der Vielfalt an Migrationshintergründen der Kinder liegt ein riesiges Potenzial", schwärmt er: „Es gibt bei uns Schülerinnen und Schüler, die offen sind für Welterfahrung!"

Wie bereichernd diese „Welterfahrung" über die Grenzen von Kulturen und nationalen Prägungen hinweg für das eigene Leben sein kann, hat er als Student selbst in der multikulturellen Vielfalt in Berlin-Kreuzberg erfahren. Und noch etwas hat er aus dieser Zeit mitgenommen: dass die Demokratie vieles aushält! Damals war die Hausbesetzerszene sehr aktiv, es gab viele große Wohngemeinschaften, und auch er hat in einer solchen WG gewohnt. Jeden Abend kamen alle zu Besprechungen zusammen, alles wurde basisdemokratisch diskutiert und abgestimmt, alle zahlten in eine Gemeinschaftskasse, es wurde gemeinsam gekocht und gegessen und festgelegt, was am nächsten Tag zu tun war, und dann am Abend des nächsten Tages, kamen wieder alle zusammen und mussten feststellen, dass vieles von dem, was man gemeinsam beschlossen hatte, nicht erledigt worden war. „Es war so, wie Sven Regener das in seinem Buch ‚Herr Lehmann' beschreibt." Klaus Hagge lacht. „Da lernt man, die menschlichen Schwächen mit einzukalkulieren, wichtig und unwichtig zu unterscheiden, den eigenen Standpunkt zu überprüfen und sich trotz einiger Rückschläge dauerhaft und konsequent für die wirklich wichtigen Angelegenheiten einzusetzen." All das sind Dinge, die heute als Lehrer und Schulleiter seine Souveränität stärken und ihm Raum geben, gelassen mit stockenden Entwicklungen umzugehen.

Rückblickend hat er in seinen Berliner Studienzeiten gelernt, Entscheidungen demokratisch zu treffen und wirklich zu schätzen, was es bedeutet, in einer Demokratie zu leben. Denn diese Demokratie konnte damit umgehen, dass es andere Interessensgruppierungen gab, die den Staat ablehnten, die nach neuen Formen suchten und das lautstark und manchmal mit Gewalt demonstrierten.

Der Staat konnte damit umgehen, dass es andere Vorstellungen gab, und hat seine Möglichkeiten genutzt, nicht sofort mit Gewalt auf Gewalt zu reagieren.

Wunsch- und Traumstein

Hausbesetzer, die verschiedene Gesetze brachen, wurden nicht rigoros ins Gefängnis gesteckt – man hörte ihnen zu und suchte das Gespräch. So konnte es zum Beispiel gelingen, dass die Gründerzeithäuser in Berlin nicht weiter abgerissen und durch Neubauwohnungen ersetzt wurden. Es gab plötzlich ein Bewusstsein für Sanierungen. Und wie Klaus Hagge diese Errungenschaften unseres demokratischen Staates lobt, vor allem die Tatsache, dass nicht jede Gegendemonstration sofort mit Gewalt unterdrückt wurde, fällt mir die Hafenstraße in Hamburg ein, die damals in meiner Studienzeit über Hamburgs Grenzen hinaus für Randale berüchtigt war. Dort hat der damalige regierende Bürgermeister Klaus von Dohnanyi allen gezeigt, dass Reden hilft: Er fand diplomatische Lösungen für fundamentale Konflikte.

Und natürlich duckt Klaus Hagge sich auch heute als Lehrer nicht weg, wenn es darum geht, auf kulturelle Vielfalt zu reagieren, sie zu leben und aktiv mit in die Lernprozesse einzubeziehen. Kann er in Marxloh SchülerInnen den demokratischen Umgang miteinander als erstrebenswerte Lebensform vermitteln? Diese Frage ist für ihn ein zentraler Maßstab für den Erfolg von Schule.

Das sprachliche Umfeld

Um ein schlüssiges Lehr- und Lernsystem für den eigenen Schulalltag zu entwickeln, hielt Klaus Hagge sich die Gegebenheiten erst einmal sachlich vor Augen. „Die Situation ist die: Uns werden viele Zuwandererkinder zugewiesen. Das sind entweder Flüchtlingskinder oder Kinder, die aus Südosteuropa kommen. Sie haben wenig bis keine Erfahrungen mit der deutschen Sprache. Kinder ohne Deutschkenntnisse kommen also hier an und werden in das normale Schulsystem eingebunden. Würde so ein Kind in einem Schulbezirk beschult, wo es das einzige nicht deutschsprachige Kind wäre oder außer ihm nur drei oder vier weitere in der Klasse wären, dann würde das Kind nach zwei Jahren so gut Deutsch sprechen, dass es dem Unterricht folgen und bei den meisten Themen einigermaßen gut mitarbeiten könnte. An diese Situation wird gedacht, wenn man Gesetze macht und Entwicklungen plant. Bei uns greift das aber nicht, weil das sprachliche Umfeld nicht stabil deutsch ist." Solche Fakten zwingen zum Handeln. „Unser sprachliches Umfeld ist in Bezug auf die deutsche Sprache nicht besonders gut, und die Anzahl der Zuwandererkinder beträgt ein Drittel, wenn nicht gar die Hälfte in jedem Jahrgang. Das heißt, unsere gemeinsame deutsche Sprache ist insgesamt auf einem niedrigen Niveau. Was passiert jetzt aber mit diesen Kindern? Die sind, wie sie sind. Wir möchten, dass sie in diese Gesellschaft integriert werden, sprachlich und auch mit den gesellschaftlichen Normen, die wir entwickelt haben."

Neue Lehrer an seiner Grundschule (das sagen auch die anderen Schulleiterinnen und Schuleiter in Marxloh) müssen erst einmal begreifen: Es reicht nicht aus, sich streng an Lehrpläne und Vorschriften zu halten. Lehrer oder Lehrerin sein bedeutet, Verantwortung zu übernehmen und den theoretischen Rahmen, den die Schulbehörde vorgibt, sinnvoll zu füllen.

„Allen muss klar sein: Wir erziehen auch mit", sagt Klaus Hagge. „Bei uns treffen Lehrer und Lehrerinnen mit den Schülerinnen und Schülern eine Verabredung, und die lautet:

‚Wir geben uns so viel Mühe, wie wir können. Wir akzeptieren dich so, wie du bist, aber wir müssen miteinander etwas entwickeln, ohne dich allzu sehr zu frusten.'"

Mehr als sieben Jahre haben Lehrer, Eltern und Experten der Marxloher Gemeinschaftsgrundschule Sandstraße darüber nachgedacht und gestritten, wie sie dem Ziel, alle mitzunehmen, durch geeignete Lernstrategien Tag für Tag gerecht werden könnten. Und dann haben sie gewagt, das zu tun, was von der Schulbehörde schon lange empfohlen wird: den Unterricht der Lebenswirklichkeit der Kinder im Stadtteil anzupassen. Und da heißt ihre Lösung in Marxloh: jahrgangsübergreifender Unterricht. Um ein fruchtbares und effizientes Lernklima zu schaffen, werden die Kinder nicht nach ihrem Alter in Klassen eingeteilt, sondern nach sozialen Kriterien, nämlich so, dass der Klassenverbund sich positiv auf das Lernen auswirkt. Für eine Schule ein Riesenschritt! Mut gemacht hat ihnen die Beratung durch eine Schule in Bonn. Die konnte sie vor allem mit zwei Ergebnissen überzeugen:

Erstens: Das Niveau der deutschen Sprache verbessert sich schnell. Ältere Kinder sind reflektierter im Umgang mit Sprache, und wenn jüngere Kinder sie so nebenbei mithören, nehmen sie in diesem „Sprachbad" schon viel mit.

Und zweitens: Das soziale Klima verändert sich. Alle spüren: Beim Lernen geht es nicht um Konkurrenz, nicht darum, verschiedene Kulturen gegeneinander auszuspielen, und nicht darum, wer der Lautere und wer der körperlich Stärkere ist. Es geht um individuelle Talente und Fähigkeiten. Dabei sind Sport und Musik für die Anerkennung und die Stärkung des Selbstbewusstseins der Kinder ebenso wichtig wie Rechnen und Schreiben. Wer schon etwas kann, kann anderen helfen. Manche können schon gut rechnen, aber nicht lesen, andere sprechen gut, können aber nicht schreiben. Diese Voraussetzungen sind vom Alter unabhängig.

Jahrgangsübergreifender Unterricht

Auf den Regalen im Klassenraum stehen Kisten mit Hängeordnern, ordentlich in Reih und Glied nach Fächern sortiert: Mathematik, Deutsch, Sachkunde. Jedes Kind hat in jedem Fach seine eigene Mappe und bekommt je nach Lerntempo und Fortschritt eigene Arbeitsblätter. Ich ahne, wie viel zusätzliche Vorbereitung dieses individuelle Lernen bedeutet. Das bestätigen mir die Lehrerinnen und Lehrern. Doch sie tun es gern, weil die Lernergebnisse sie zufriedenstellen, weil sie sehen, mit welcher Freude und wie intensiv die meisten Kinder dabei sind. Auf diese Weise können sie jedes Kind in seinem eigenen Lerntempo begleiten. Und unterm Strich fördert diese Methode das Lerntempo der Klasse insgesamt. Bunt und ordentlich wirken die Klassenräume und ich wünschte, ich hätte den Umgang mit so einem klaren Ordnungssystem auch schon in der Schule gelernt!

„Jahrgangsübergreifender Unterricht funktioniert ein bisschen wie eine Familie", erklärt Klaus Hagge den Erfolg, „die meisten unserer Schulkinder kennen das gut, denn sie leben in ziemlich großen Familien. Nur manchmal kommt es zu Missverständnissen", lacht er und erzählt, wie ein Erstklässler auf dem Schulhof ein bisschen in Panik geriet und rief: „Hilfe, meine Tasche wird geklaut!"

„Dabei hatte der Drittklässler ihn als neuen Mitschüler erkannt und wollte dem Kleinen behilflich sein und hat den schweren Schulranzen schon mal die zwei Stockwerke in den gemeinsamen Klassenraum hochgetragen."

Es sind die scheinbaren Nebensächlichkeiten, in denen sich die grundsätzliche Haltung zeigt, die ein gutes Zusammenleben aller ermöglich. Ein Beispiel: Wenn Klaus Hagge morgens in der ersten Stunde Unterricht hat, muss er erst einmal die Anwesenheit der SchülerInnen kontrollieren. Man könnte die Liste in zwei Minuten abhaken, doch Klaus Hagge macht daraus einen schönen Miteinander-Moment: Mit jedem Namen, den er vorliest, spricht er das Kind direkt an, sucht kurz den Blickkontakt und macht einen Haken für Anwesenheit auf seine Liste. Ich bin beeindruckt, denn er stolpert über keinen einzigen der Namen aus unterschiedlichen Kulturen, und mit jeder Namensnennung rückt er das Kind für einige Sekunden ganz bewusst in den Mittelpunkt. So entwickelt er dieses für viele eher lästige Verwaltungsritual zu einem harmonischen Klang aus allen Kindern einer Schulklasse.

Die Ankündigung, dass sie gleich in den Musikraum wechseln würden, löst bei den SchülerInnen Begeisterung aus. Sie sind gespannt, ob sie dort wohl wieder mit Instrumenten spielen dürfen? „Herr Hagge denkt sich immer tolle Spiele aus", erklären sie mir auf dem Weg durchs Treppenhaus. Sie sind aufgeregt, aber auch dieses Ritual ist gelernt: Sie gehen langsam und leise.

Handwerkszeug für eigene Ideen

Die herumliegenden Trommeln und Stabspiele im Musikraum werden natürlich gleich angefasst, die Verführung ist zu groß, aber schnell sitzen wir alle in einem Stuhlkreis, und nur die Instrumente, die Klaus Hagge ausgewählt hat, sind mit dabei. Ich als Besucherin sitze selbstverständlich mit im Kreis – Zuschauen gibt es im Unterricht von Klaus Hagge nicht, er führt keine

Kinder vor. Jeder der da ist, muss mitmachen! Das erleben alle JournalistInnen oder StudentInnen, die hier gern einmal die Schulpraxis erleben möchten.

Mit schalkhafter Freude am Spiel beginnt Klaus Hagge, Nonsens-Wortgebilde in unterschiedlichsten Ausdrucksvarianten in die Klasse zu rufen. „O-kigami, o-kiki-buh, uiiii!" Mal klingt es wie ein luftiges Gespenst, mal wie ein Sumoringer, mal wie ein Sturmwind. Mit seinen Augen sucht er ein Kind aus, macht so ein Fantasiegebilde vor, und das Kind versucht, das zu imitieren. Oder es antwortet – in der nächsten Runde mit geänderten Spielregeln – auf ganz eigene Art. Die Kinder lieben dieses musikalische Theaterspielen und gestalten ihren Part mit Lust am Spiel voller Fantasie.

Dann folgt ein Spiel, in dem Kinder allein mit Handzeichen die anderen Kinder zum Singen bringen. Im Laufe der Zeit lernen sie im Musikunterricht ein Handalphabet, mit dem sie Töne mit Tonhöhe und -länge zeigen können. Grundlage dafür ist die sogenannte Solmisation, ein System, das man bereits im Mittelalter kannte. Der ungarische Komponist Zoltán Kodály hat daraus im zwanzigsten Jahrhundert eine Lernmethode entwickelt. Damit kann man quasi lernen, Musik zu lesen und zu schreiben. Klaus Hagge findet einen Vergleich: „Wenn ich Buchstaben gelernt habe, kann ich Sätze aufschreiben und später ganze Bücher verfassen, ich kann selbstständig kreativ mit Sprache umgehen. Meine Sätze, die ich spreche, kann ich mir selbst ausdenken, oder ich kann damit auf Aussagen anderer reagieren. Ich improvisiere, aber ich tue das sehr bewusst. Ganz ähnlich ist das in der Musik."

„Relative Solmisation" nennt man die Methode, die Klaus Hagge für sich weiterentwickelt hat. Die SchülerInnen lernen, über Hören, Fühlen, Sehen, Singen, Spielen und Tanzen ihre Gefühle und ihre Kreativität miteinander zu verbinden. Wer die Solmisation beherrscht, kann selbst Musikstücke erfinden und aufschreiben und jedes Stück begreifen, egal in welcher musikalischen Sprache es aufgeschrieben wurde, ob Pop oder Folklore, Beethoven oder Ligeti. „Das ist phänomenal!", schwärmt Klaus Hagge. „Kinder können das Gehörte sofort auf Instrumente übertragen. Sie lernen, sich in der Musik, die sie hören, emotional zu orientieren, Gefühle auszudrücken und Klangräume zu gestalten. Sie kennen sich im Laufe der Zeit aus – in der Tonart, im Rhythmus und in der Dynamik."

Kinderleicht? Wow! Was die können!

Am eigenen Leib erlebe ich, wie viel Konzentration diese Übungen erfordern und wo die Grenzen sind. Denn irgendwann bin ich an der Reihe. Es fällt mir schwer, die komplexen Rhythmen zu imitieren, und die Tonhöhen und das Tempo mit der Hand zeigen – das kann ich quasi gar nicht. Ich mache also die Übungen nicht annähernd perfekt, aber es stört niemanden. Niemand bewertet das oder macht sich über den anderen lustig. Die Lernatmosphäre ist offen, nur ich selbst – und im Zweifelsfall der Lehrer – achte auf meinen persönlichen Fortschritt. Doch so langsam spüre ich eine Veränderung: Plötzlich bin ich über das Musikmachen mit den SchülerInnen im Gespräch – und das ganz ohne Worte. Ich bin kein Fremdkörper mehr! Diese Übung hat mir auch emotional einen Riesenrespekt vor den Leistungen von LehrerInnen und SchülerInnen eingeflößt. Es ist nicht der einfachste Weg, das Ziel ist hochgesteckt.

„Man könnte den Kindern Instrumente geben, die von vornherein gut miteinander klingen", ergänzt Klaus Hagge. „Ich kann ihnen aber auch die Möglichkeit geben, Grundlagen kennenzulernen, und mit ihnen üben, sich bewusst musikalisch auszudrücken. Und je nachdem, wie gut ich lerne, kann ich entsprechend damit arbeiten. Einige Kinder beherrschen das so gut, dass sie sich selbst kurze Melodien ausdenken und sie von den anderen Kindern singen und spielen lassen. Andere Kinder machen ihre Handzeichen ganz spontan und freuen sich über das, was sie dann von den MitschülerInnen hören. Diese Solmisations-Übungen gestaltet jedes Kind nach seinen Fähigkeiten. Die Kinder erwerben sich ein Handwerkszeug, mit dem sie arbeiten können, nicht anders als in Deutsch oder Mathematik. Nur kann dieses musikalische Handwerkszeug andere Wirkungen auslösen."

Das stärkt das Selbstbewusstsein. Klaus Hagge hofft, dass es die Kinder stark macht, ihren eigenen Weg zu finden und den dann auch mutig zu gehen. Wenn in einer Familie von einem Mädchen nur erwartet wird, dass sie eine perfekte Hausfrau wird und Kinder bekommt, gilt das in einigen Kulturen als Bewahrung der Tradition. Schule kann das Wertesystem des Elternhauses und der sozialen Gemeinschaft nicht verändern. Aber wenn das Mädchen in der Schule die Erfahrung macht, dass es etwas kann, dass es Bestätigung bekommt für den eigenen Beitrag im Unterricht, dass ihm das ein gutes Gefühl und Anerkennung bringt, dann könnte es den Wunsch erzeugen, das weiterhin zu erleben und etwas dafür zu tun und im Idealfall seinen eigenen Weg gehen. Dann könnte sich so langsam etwas verändern.

Was sollen die Kinder lernen? Was ist wichtig?

Für seine Inhalte im Musikunterricht muss Klaus Hagge vor allem bei Eltern viel Überzeugungsarbeit leisten. Einige Mütter und Väter erwarten, dass ihre Kinder wie in bekannten Fernsehsendungen Songs ihrer Musikstars nachsingen und die Tänze imitieren, die sie aus Videoclips kennen. Diese Leistung könnten sie direkt beurteilen und anerkennen. Und vielleicht würde ihr Kind dann einmal ein deutscher Superstar werden. Dass ihre Kinder bei Klaus Hagge das Handwerkszeug lernen, Stars ihres eigenen Lebens zu werden, indem sie ihre wahren Talente entdecken und lernen, ihr Leben selbst mehr und mehr aktiv zu gestalten, ist einigen Eltern manchmal nicht begreiflich zu machen.

Ein gutes Arbeitsklima ist an allen Schulen ein großes Thema. Von einem magischen Moment, den ich im Unterricht bei Klaus Hagge erleben konnte, möchte ich gern berichten, von einer Verwandlung, die meinen Respekt vor den Lehrenden noch einmal gesteigert hat. Am Anfang war da „Strom auf der Tapete", wie man im Kohlenpott sagt, und zum Schluss, da hatte ich eine Gänsehaut.

Strom auf der Tapete!

Alles fing ganz harmlos an: Wenn der Auftritt der Schulklassen beim Klavier-Festival Ruhr näher rückt, findet die letzte Probe, die Generalprobe, im Landschaftspark Duisburg-Nord statt, auf der Bühne der alten, wunderbar restaurierten Gebläsehalle der ehemaligen Stahlhütte. Dann müssen die

Eltern vorher eine Einverständniserklärung unterschreiben, dass ihre Kinder für diese Probe das Schulgelände verlassen dürfen. Klaus Hagge nutzt diese Gelegenheit, mit dem Anschreiben die Eltern noch einmal persönlich einzuladen, doch bitte die Aufführung ihrer Kinder zu besuchen. Und weil viele Eltern nicht lesen können und auch kaum Deutsch verstehen, ist es wichtig, dass die Kinder Bescheid wissen und alles übersetzen können. Also liest Klaus Hagge seinen Brief an die Eltern in der Klasse laut vor und erklärt alles noch einmal ausführlich. Und wer etwas nicht versteht, darf jederzeit nachfragen.

Etwa zehn Minuten hat der Lehrer für das Lesen und Besprechen seines Briefes angesetzt. Es ist kurz vor Mittag, alle sind in Aufbruchstimmung. Da ist es nicht so leicht, die Kinder zum Zuhören zu bewegen. Klaus Hagge versucht, durch Pausen Ruhe zu schaffen und mahnt, sie mögen doch bitte ihre privaten Gespräche unterbrechen und auf später verschieben und beginnt, zu lesen. Ein Schulranzen fliegt vom Tisch auf den Boden, einige Kinder ziehen ihre Jacken an, kramen in ihren Sachen herum, stecken die Köpfe zusammen und tuscheln. Drei Mädchen fallen besonders störend auf. Sie kichern und ärgern sich gegenseitig, ziehen sich die Schals weg und werfen sie hin und her, kurzum: Sie hören absolut nicht zu. Klaus Hagge nennt sie beim Namen und bittet sie erneut um Aufmerksamkeit. Er weiß, sie sind müde, und es ist schwer für sie, sich zu konzentrieren. Und bleibt ruhig. Fragt nach, was er gerade vorgelesen habe. „Keine Ahnung" – die drei haben nichts mitgekriegt.

Da sagt er sehr ruhig und sachlich: „Das ist schade! Denn so kann ich gleich nicht pünktlich nach Hause gehen, weil ich euch dreien den ganzen Text noch einmal vorlesen muss." Sie lachen. Es klingelt. Schulschluss. Die SchülerInnen schubsen die Stühle weg und reißen ihre Ranzen hoch, um aus der Klasse zu stürmen. Die ersten sind schon an der Tür, da hält Klaus Hagge sie auf. „Bitte setzt euch alle noch einmal hin!" Oh nein! Lautstarkes Stöhnen, Maulen, doch seine Ansage steht. Äußerlich gefasst und sehr konzentriert ergänzt er: „Ich sage, wer wann gehen darf – und bitte ohne zu rennen!" Und dann wartet er geduldig, bis alle wieder auf ihren Plätzen sitzen und es einigermaßen ruhig ist, dann nennt er die Namen der SchülerInnen, die gehen dürfen, immer gleich drei oder vier auf einmal und wer seinen Namen hört, nimmt seinen

Ranzen, stellt seinen Stuhl hoch und verlässt langsam und ohne zu reden den Klassenraum. Das war die Ansage, und daran halten sich die Kinder.

Magic Moment

Zum Schluss sind nur noch die drei Schülerinnen da, die diese Situation provoziert hatten. Klaus Hagge setzt sich ihnen gegenüber an einen Tisch, nimmt seinen Brief an die Eltern und liest ihn vor, langsam und vollständig. Dabei klingt er weder wütend noch genervt. Doch er liest alles vor, vom Datum bis zum Feld für die Unterschrift. Er nimmt sich Zeit, fragt, ob sie alles verstanden haben. Sie nicken. Dann schaut Klaus Hagge die drei Mädchen an und beginnt ein Gespräch über die Situation, in der sie vier jetzt stecken. Ob sie es in Ordnung fänden, dass er sich extra Zeit nehmen musste, um mit ihnen allein noch mal den Inhalt des Textes durchzugehen, fragt er, ganz ohne vorwurfsvollen Ton.

Die Mädchen beschreiben, wie sie sich verhalten haben und wie es zu dieser Eskalation gekommen ist. Würde man die Gesprächssituation in einem Bild skizzieren, dann sähe man keinen Riesen neben drei Zwergen, keinen überdimensionalen Erwachsenen, der sich mächtig aufpumpt und emotional geladen drei verschüchterte Schülerinnen mit einem heftigen Wortschwall mit dem Rücken an die Wand stellt. Hier sitzt eine kleine Gruppe von Menschen zusammen und bespricht einen Konflikt. Es ist ein ernsthaftes Gespräch, aber keines, das von Aggressionen, Wut oder Angst gesteuert wäre. Klaus Hagge hat eine sachliche Ebene für das Gespräch geschaffen. Der Erwachsene nimmt die Kinder ernst und fordert sie

Wunsch- und Traumstein

letztlich durch das Nachdenken über die Entwicklung der Situation auf, sich ihr Tun bewusst zu machen.

Eine Weile ist es mucksmäuschenstill. Bis eines der Mädchen den Lehrer anschaut und sagt: „Ich möchte mich ganz doll bei Ihnen entschuldigen, Herr Hagge. Das war nicht gut von mir! Darüber hatte ich gar nicht nachgedacht." Es ist, als würde ein Sonnenstrahl die trübe Luft durchbrechen. Mir stockt fast der Atem. Diese Worte kommen ganz tief aus ihrem Herzen. Es war ein großer, mutiger Schritt für das Mädchen, das so zu sagen. Und sie hat diesen Schritt ganz allein gewagt. Die beiden anderen Mädchen schauen zaghaft zu ihr hinüber und schweigen. Aber der magische Moment – der hat alle ergriffen.

Dass ich hier als „Fly on the wall" dabei sein durfte, ist für mich ein großes Geschenk. Diese Konfliktlösung hat mich nachhaltig beeindruckt. Mitzuerleben, wie bei dem Mädchen in diesem Moment das Vertrauen ein Stück mehr gewachsen ist – in den Lehrer, in die Institution Schule und nicht zuletzt in die eigenen Fähigkeiten, Verantwortung zu übernehmen, das war unfassbar schön!

„Ich bin sehr gerne Lehrer in Duisburg-Marxloh, sonst wäre ich hier schon weg!", lacht Klaus Hagge, und diese Freude spürt man, wenn man ihn beobachtet. Er steckt voller Ideen und nimmt mit seinem burschikosen Elan und seinem offenen Lachen alle mit. Unermüdlich arbeitet er daran, dass das Miteinander gelingt: innerhalb der Schule, zwischen Schule und Stadtteil, Schule und Eltern, Schule und Politik, Schule und Kultur, Schule und Behörden. Was das aber tagtäglich bedeutet, das ahne ich, wenn Klaus Hagge am Ende eines unserer Gespräche leise und fast zu sich selbst ergänzt: „Auch mit ganz viel Frust und Situationen, in denen man denkt: Das geht eigentlich gar nicht! Aber es gibt so viele Momente, in denen man sich sagt: Ich erlebe etwas sehr Interessantes! Und da sind so viele Einzelschicksale, bei denen man spürt: Es ist wunderbar, was hier passiert!"

Linie 903:

So alt, wie man sich fühlt

Für unseren gemeinsamen Besuch in Marxloh fahre ich mit Sheriban und ihrer Tochter Delal (die wir als Übersetzerin brauchen) mit der Straßenbahn 903 von Hamborn Rathaus bis Pollmann. Ich bitte Sheriban, die Situation zu beobachten und mir hinterher zu sagen, was ihr auffällt, gleichzeitig schaue mich selbst um. Wovon wird Sheriban mir erzählen? Von den Eltern mit vier Kinderwagen im Tiefeneinstieg, die irgendwie doch noch Platz geschaffen haben für die beiden älteren Leute mit ihren Rollatoren? Von den beiden schwarzen Frauen mit ihren wunderschön bunt gekleideten Kindern mit Rastazöpfen und Schleifen im Haar, die fröhlich miteinander lachen? Oder von der etwa Fünfzehnjährigen, die sich – ihrer Figur bewusst oder nicht – in ein viel zu enges T-Shirt gequetscht hat und den mädchenhaften gelben Tüllrock schon ein paar Tage zu lange trägt, womit er sich den abgetragenen Chucks optisch langsam angepasst hat?

Sheriban erzählt mir schließlich von der älteren, dezent geschminkten Dame mit dem blond gefärbten Kurzhaarschnitt, dem gut sitzenden pinkfarbenen Kostüm und dem farblich passenden Weichschalen-Koffer, der vielleicht vor Kurzem noch in der Gepäckablage eines Flugzeugs gelegen hat, das in Düsseldorf gelandet ist. „Sie war sicher früher in einem Büro angestellt und ist seit einigen Jahren in Rente", vermutet Sheriban. Und: „Es ist einfach schön zu sehen, wie sorgfältig sie sich kleidet und pflegt – der pinkfarbene Nagellack, die feinen Strümpfe, die blonde Perücke ..." Sheriban liest daraus Lebensmut und Selbstachtung. „Ich wünsche mir, dass ich das im Alter auch noch so kann", erklärt sie und seufzt.

KAPITEL 11:

SchulhausmeisterIn als Berufung

„Zu den Menschen, die in Marxloh wohnen und sich im Stadtteil für das Zusammenleben engagieren, gehören die Stradmanns", erklärt mir Marco Bliersbach vom Reformhaus. „Ich sag nur zwei Stichworte: Schulhausmeisterin und Freiwillige Feuerwehr." Ich gehe hin und habe Glück: Das Ehepaar ist zu Hause, und ich bin sofort mittendrin.

In der Hausmeisterwohnung im Souterrain klingelt es laut und schrill. Ein Mädchen steht hinter der Tür zum Treppenhaus der Schule, schätzungsweise zweite Klasse. „Schwimmen", sagt die Schülerin ernst und schaut die Schulhausmeisterin mit großen Augen erwartungsvoll an.

„Und du hast deinen Badeanzug vergessen?"

„Nein, äh ..." Das Mädchen sucht nach einem Wort.

„Du brauchst ein Handtuch?"

„Ja!" Die Schülerin lächelt entspannt.

Nach über dreißig Jahren als Schulhausmeisterin der Gemeinschaftsgrundschule Sandstraße weiß Marietta Stradmann, was fehlen könnte. Und hat einen Schrank mit Fundstücken, die sie über die Jahre gesammelt hat. Fein gewaschen liegen sie da, zum Abholen bereit. Kaum ein paar Minuten später schellt es erneut. Ein Junge steht hinter der Haustüre zum Schulhof, der Blick ein bisschen hilfesuchend und fordernd zugleich. „Mein Fahrrad ..." Er hält es ihr entgegen.

„Was ist mit deinem Fahrrad?"

„Kaputt." Die Kette ist ab.

„Ah ja, und du bist in der Klasse 3a?! Und ihr habt gleich Verkehrsunterricht?!" Volltreffer. Mit entsprechendem Werkzeug und ein paar gekonnten Griffen hat Marietta Stradmann das Problem schnell gelöst.

Eigentlich war ihr Mann der Schulhausmeister. Sie kommt aus Bochum und hatte in Duisburg als Schaufensterdekorateurin gearbeitet. Aber im Laufe der Jahre übernahm Dieter Stradmann immer mehr übergeordnete Aufgaben:

Zunächst als Sprecher der Schulhaus-meisterInnen der Stadt Duisburg, dann der von NRW, später auf Bundesebene.

Das bedeutete, er war häufig nicht in der Schule präsent und so war seine Ehefrau Marietta, die mit ihm im Souterrain der Schule wohnte, schon „Frau Schulhausmeister", bevor sie sich offiziell auf die Stelle bewarb und sie dann auch bekam.

Sie ist schnell in alle Bereiche hineingewachsen, aber dass Schulhausmeisterin eine echte Lebensaufgabe für sie werden würde, der sie sich bis heute gerne stellt, konnte sie damals nicht ahnen. Denn im Alltag, erklären mir die Stradmanns, geht es um nichts mehr und nichts weniger, als das Leben der Schule im Stadtteil aktiv mitzugestalten. Und dazu muss man sich auf jeden Fall mit dem Betrieb identifizieren, mit allen, die täglich ein- und ausgehen. „Wenn die Kolleginnen und Kollegen sagen, dat ist meine Schule, dann sind se angekommen, dann sind dat die richtigen SchulhausmeisterInnen", erklärt Dieter Stradmann. Er warnt davor, diesen Beruf gegen ein modern verstandenes „Gebäudemanagement" auszutauschen. Denn wenn die Aufgabe anonym und unpersönlich wird, geht das Gefühl für die eigene Verantwortung verloren.

Die Visitenkarte

Die Stradmanns haben SchulleiterInnen kommen und gehen sehen. Manchmal hat es gedauert, aber letzten Endes haben sie es noch bei jedem geschafft, dass sie mit Respekt auf Augenhöhe behandelt wurden. Und wer sie kennenlernt weiß, dass sie sich diese Anerkennung als zentrales Rad im Schulgetriebe, verzahnt mit der unmittelbaren Nachbarschaft sowie dem Leben im Stadtteil, durch ihre offene Art, durch direkte Gespräche und konkretes Handeln erarbeitet haben. So manches Mal gelang das auch mit ihrem speziellen Humor: Als einer ihrer Schulleiter neu war und meinte, er müsse selbst den ganzen technischen Betrieb mit im Griff haben und alle Abläufe kontrollieren, da schickte Dieter Stradmann ihm kurzerhand jeden ins Direktorenzimmer, der zu ihm ins Souterrain kam – vom Schlosser über den Schornsteinfeger bis zum Heizungsableser. Nach kürzester Zeit wurde auch diesem Schulleiter klar, SchulhausmeisterInnen leiten und organisieren einen Betrieb im Betrieb, und diese Arbeiten müssen völlig unabhängig von jedem Unterrichtsbetrieb einfach funktionieren. Bei den Stradmanns läuft dieser Betrieb wie das Präzisionslaufwerk einer Uhr!

Sie zeigen sich mitverantwortlich für ein gutes Zusammenleben von SchülerInnen, LehrerInnen, Eltern, Nachbarschaft, Verwaltung und Öffentlichkeit. Die Schule ist für sie ein lebendiger Ort des nachbarschaftlichen Miteinanders in Marxloh. Und sie wissen: die Schulgebäude und der Schulhof geben schon rein äußerlich einen ersten Eindruck vom Zusammenleben der Menschen. Das Erscheinungsbild ist eine erste Visitenkarte der Schule.

„Wenn ich wat seh, dann mach ich dat weg!"

Als Dieter Stradmann mit dreißig Jahren die Stelle des Schulhausmeisters der GGS Sandstraße in Marxloh übernahm, sollte das eigentlich nur ein vorübergehender Job sein. Der Grund war rein familiär: Sein Vater Willi Stradmann stand nach siebenunddreißig Jahren als Schulhausmeister an dieser Schule kurz vor seiner Pensionierung. Damit die Familie die Souterrainwohnung im Schulgebäude, die vollgestopft war mit Erinnerungen, nicht Hals über Kopf räumen musste, um sie einem Nachfolger zu übergeben, hat er sich auf diese Stelle beworben. Bei der Stadt Duisburg hat das damals erst einmal keiner ernst genommen, denn Dieter Stradmann war ein ausgebildeter Elektromeister und hätte in seinem Beruf jederzeit viel mehr Geld verdienen können. Doch im persönlichen Gespräch konnte er dann glaubhaft versichern, dass er wirklich gern diese Stelle hätte. Er bekam sie – und war erst einmal total unterfordert. „Ich bin da zwanzigmal übern Bürgersteig gelaufen, ob alles sauber is, hab kaputte Lampen in dreißig Sekunden erneuert, Steckdosen, Wasserhähne – alles hab ich sofort repariert. Ich war ja Handwerker, ich war aufm Bau gewesen, ich kann Schreiner, Klempner, Schlosser, Maler, und dat hab ich dann verwirklicht. Und dat is heute noch so: Wenn ich wat seh, dann mach ich dat weg!" Sein Schulleiter hatte sich damals über das dauernde

Lamentieren der KollegInnen anderer Schulen über den Zustand der Unterrichtsräume und sanitären Einrichtungen nur gewundert und gesagt: „Bei uns ist nie etwas kaputt!"

Von Anfang an mochte Dieter Stradmann diese Arbeit gern. Was man dafür braucht, möchte ich wissen. Spontan kommt als Antwort: „Also wen Lärm stört, der is hier fehl am Platze, dat ist mal klar." Und dann fällt ihm eine kleine Anekdote ein. „Neulich stand draußen aufm Schulhof so ne ganz Kleine. Ich hab sie gefragt, ob sie ihren Klassenraum nicht mehr findet, ob ich sie hinbringen soll. Da sacht sie: ‚Ich geh da nich mehr rein, da oben isset mir zu laut, ich halt dat nich aus.' So ne Ullige im ersten Schuljahr. Da musste dich umdrehen, da lachste dich wech. Ich sach:

‚Komm, lass uns ma kucken, vielleicht hasse ja doch wieder Bock, ich frach ma die Lehrerin, ob die den Saal ‚n bisschen leiser drehen kann.'"

Wofür schlägt Dein Herz

Marietta und Dieter Stradmann sind mit der Schule und dem Stadtteil verwachsen. Als ihre türkischen Nachbarn für den Bau ihrer Moschee Anfang der Zweitausenderjahre – die Arbeiten begannen 2004, eröffnet wurde sie 2008 – auf die Straße gingen, da haben sie mitdemonstriert und ein Bollwerk gegen die politischen Kräfte gebildet, die den Bau verhindern wollten. Damals haben sie mit der ganzen Nachbarschaft Feste gefeiert, miteinander gegrillt, geredet, gelacht und getanzt. Es spielte keine Rolle, woher jemand kam oder welchen Glauben jemand hatte. Die Verständigung funktionierte und funktioniert über einfache Regeln: Freundlichkeit, Offenheit und die Absicht, andere nicht zu verletzen

166

und sich nicht verletzen zu lassen. Diese Leitplanken prägen bis heute ihr Leben in der Schule. Dabei ist Offenheit ihre Erfolgsstrategie, das bedeutet: wo ungeschriebene Gesetze des Zusammenlebens verletzt werden, da sprechen sie das direkt an. Natürlich nur, wenn es wirklich nervt. Ansonsten bleibt man einfach locker und neugierig und hat Spaß zusammen.

Ein Sack Reis

Durch Krisen und Katastrophen hat Dieter Stradmann gelernt, wichtig von unwichtig zu unterscheiden und konkreten Handlungsbedarf schnell zu erkennen. Denn seitdem er Schulhausmeister der GGS Sandstraße war, war er auch Leiter der Freiwilligen Feuerwehr – immer erreichbar, immer bereit anzupacken. Er gehört zu denen, die besonnen und schnell reagieren und Verantwortung übernehmen und hat inzwischen mehrere Generationen von Feuerwehrleuten ausgebildet. Er ist groß und kräftig, schnell und pragmatisch, denkt schnell und handelt. Packt an. Ein herzliches Raubein, typisch Kohlenpott. Doch als neulich ein junger Mann vor seiner Tür stand und ihm einen Sack Reis schenkte, da hat er doch ein bisschen weiche Knie bekommen.

„Alles klar bei Ihnen, Herr Stradmann? Kennen Sie mich noch?", fragte der ehemalige Schüler mit einem strahlenden Lächeln. Das Stichwort „Tischtennisschläger" brachte den Schulhausmeister auf die Spur. „Aaah, diese Geschichte, na klar!"

„Ich arbeite bei Müllers Mühle, und da wollte ich mich mal bedanken, dass Sie damals so nett zu mir waren und mir geholfen haben!" Die Geschichte lag zwanzig Jahre zurück. Damals war der Junge „heulend wie 'n Schlosshund" zu ihm ins Souterrain der Schule gekommen. Er hatte mit seinem Tischtennisschläger die Betonplatte getroffen und dabei war das Blatt auseinandergebrochen. Jetzt traute er sich mit dem kaputten Schläger, den sein Vater ihm erst einen Tag vorher geschenkt hatte, nicht nach Hause. „Ich sach, komm rein, ab in 'n Werkraum – Kleber, Schraubzwinge, inner Stunde bisse wieder da und kannz weiterspielen!" Der Schläger war schnell geflickt, alles wieder in Ordnung.

Dass der Junge nach so vielen Jahren noch mal wiedergekommen ist und sich bedankt hat, ist für den Schulhausmeister einfach großartig. „Dat macht Spaß dann", strahlt er. Doch Dieter Stradmann ist nicht der Typ, der um die Gunst der SchülerInnen gebuhlt hätte. Er ist streng. Für ihn sind Regeln kein Selbstzweck, aber dazu da, eingehalten zu werden, und zwar von allen, damit das Zusammenleben funktioniert und gemeinsam mehr Spaß macht.

Nach wie vor wohnt das Ehepaar im Souterrain der Grundschule. „Ich bin hier drin geboren, in diesen Räumlichkeiten, wahrscheinlich bin ich hier auch gezeugt!", lacht er. „Hier war mein Opa Hans drin, mein Vater Willi, und ich werde die letzte Generation sein. Drei Generationen Stradmänner werden dann hier gewesen sein. Seit 1912."

Wer wie das Ehepaar in der Schule lebt, kennt hier jeden Ton und jede Bewegung, hört genau, wann jemand über den Zaun springt, weiß, wann wieder jemand in der Ecke vom Schulhof steht und raucht.

„Kannze natürlich nich hingehen und sagen, he, wenn ihr hier in fünf Minuten nich wech seid, dann hau ich euch um – dann krisse ne ganz andere Ansage."

Es braucht Verständnis. Diplomatie. Grenzen – mit Einfühlungsvermögen. Heute erlebt er schon die Eltern in der dritten Generation, die ihre Kinder zur Schule bringen. „Dann heißt es oft: ‚Herr Stradmann, gucken Sie auf meine Kin-

Schlüsselbrett - Schlüsselfunktion

der wie Sie auf mich geguckt haben?' ‚Ja klar, ich pass auch auf, dat se nich rauchen, wie du dat gemacht has'.' Dann kriegen die ganz rote Backen.

‚Woher wissen Sie dat denn?! Dat wissen Se noch?' Is gelogen, aber jeder hat dat gemacht – wusste ich nich, aber hat immer geklappt!"

Dieter Stradmann genießt das Vertrauen auch von denen, die sich ganz hart geben. „Ich krich se immer auf eine Tour: ‚Ich wette, du schaffst et nich, hier ausse Gegend wegzuziehen. Du wirst deine Kinder in meine Schule bringen. Willz du, dat deine Kinder dann hier mit den Kippen spielen?' Dann lassen die hier keine Kippen mehr fallen."

Marietta Stradmann wirkt sportlich und auf den ersten Blick streng, aber wer mit ihr zu tun hat, spürt schnell: Mit ihr kann man Pferde stehlen, und sie hat eine Riesenportion Humor – eine Frau aus dem Kohlenpott: direkt, pragmatisch, herzlich. Sie kennt alle, die hier ein- und ausgehen, springt ein, wenn Not am Mann ist. Sie ist Krankenschwester, wenn jemand ein Pflaster und Trost braucht, Sozialarbeiterin, wenn eine warme Jacke fehlt, und Kollegin für die LehrerInnen, wenn die mal Unterstützung brauchen, weil sie nicht an zwei Orten gleichzeitig sein können. Sie ist da, schaut hin, hört zu, beobachtet und handelt. So manches Mal nimmt sie durch Zupacken mit einem Augenzwinkern den Stress aus den kleinen Tücken des Alltags, die so nerven können, wenn man sich daran festbeißt.

„Ich sag immer, dass das für mich etwas ganz Tolles ist, dieses Vertrauen. Dafür muss ich aber auch etwas tun. Wenn die Kinder was kaputt gemacht haben, schimpfe ich. Aber wenn sie mich im nächsten Moment brauchen, dann bin ich da. Wenn sie sich verletzt haben, helfe ich, ob gelb, blau, rot, grün, gestreift – wo ihre Wurzeln sind, ist für mich ganz egal. Sie sind hier und damit gehören sie hierhin!"

„Iiii, Ratten!"

Bis vor ein paar Jahren störte die Schulhausmeisterin regelmäßig den Unterricht. Dann zog sie mit einem Korb voller Tiere durch die Klassen. „Iii, Ratten!", kreischten einige Kinder.

„Nein, das sind Kaninchen. Unsere Kaninchen haben Junge bekommen", erklärte sie dann lachend.

Zum privaten „Streichelzoo" der Stradmanns gehörten damals noch Hühner und Enten, und auch wenn die Junge bekommen hatten, wurden sie im Unterricht ausgiebig bestaunt und gestreichelt. Irgendwann haben die Schulhausmeister die Tiere abgeschafft, weil es immer mühsamer wurde, Leute zu finden, die sich um ihren Bauerngarten an der Schule kümmerten, wenn sie in die Ferien fuhren. Bis vor Kurzem gab es noch einige Bienenstöcke im Garten. Und echten Marxloh-Honig. Ein plötzlicher Milbenbefall hat die Tiere vertrieben.

Vertrauen in die Zukunft

Inzwischen hat sich Einiges verändert. Seit Mitte 2020 ist Dieter Stradmann pensioniert. Altersbedingt hat er auch den Dienst bei der Freiwilligen Feuerwehr nach zweiundfünfzig Jahren beenden müssen, aber er ist weiterhin Sprecher der Freiwilligen Feuerwehr Duisburg und hat jetzt noch mehr Möglichkeiten, sich für seinen Stadtteil stark zu machen: Als Ratsherr der Stadt Duisburg und als solcher ist er zuständig für den Bereich Marxloh.

Doch im Souterrain der Schule, da spürt man noch das Flair, das die GGS Sandstraße in Marxloh ausstrahlt: Marietta Stradmann macht diese Schule nach wie vor mit zu einem Ort, an dem man sich gut aufgehoben fühlt. Wenn die Verständigung mit Worten schwierig ist und die Neuankömmlinge einfach noch nicht wissen, wie die Dinge im Alltag normalerweise laufen, dann reagiert sie gern mit einer gesunden Portion Humor. Ein Beispiel: Ein Schüler klingelt. Marietta Stradmann macht auf. Der Schüler: „Strohhalm!"

Marietta Stradmann: „Besen!"

Er: „Strohhalm!"

Sie: „Schüppe! Also: Was möchtest du haben?"

„Ich möchte einen Strohhalm." Geht doch!

„Bitte knall mir nicht nur ein Wort an den Kopf. Versuch doch mal, einen ganzen Satz zu sagen. Und ‚bitte' heißt das", sagt sie.

„Bitte." Er bekommt einen Strohhalm.

„Bitte schön! Und was sagt man jetzt?"

„Bitte!"

„Nein, ich sag ‚bitte', und du sagst ‚danke'."

Es sind nur Kleinigkeiten, aber so, wie die Schulhausmeisterin mit den Kindern spricht, fühlen sie sich ernst genommen von dieser erwachsenen Frau. Und entwickeln Vertrauen.

Marietta Stradmann sieht, wer die Schulkinder wann bringt, und es ist erstaunlich, wie viel sie über die persönlichen Lebensumstände der Kinder weiß. Sie weiß von einer kranken Mutter, einem abgetauchten Vater oder dass die Oma gerade gestorben ist. Und ohne sich aufzudrängen, spendet sie so manchen Trost. Mit kleinen Gesten, sie ist einfach da. Und hört zu. Verschenkt mal eine Banane, eine Apfelsine oder ein Butterbrot. Aufmerksam sein und anpacken, das ist ihre Lösung für einen gemeinsamen friedlichen Alltag. Und wenn die Kinder gerne kommen und die Eltern ihre Kinder voller Vertrauen am Schultor abgeben, dann ist das auch für die Schulhausmeisterin einfach das Schönste.

Linie 903:

Kinder machen Freude

Kein Sitzplatz frei in der Straßenbahn Linie 903. Ich stehe im Gelenk zwischen den Wagen. Beim Tiefeneinstieg sitzt eine junge Frau mit einem Kind im Buggy. Sie plaudern fröhlich, lachen und das kleine Mädchen zeigt auf alle möglichen farbigen und leuchtenden Knöpfe in der Straßenbahn – es ist ein freundliches, lebhaftes Kind. Von hinten wendet sich ein nur wenig größeres Mädchen an die Frau, bekommt einen Schnuller. Und auf der anderen Seite des Ganges sitzt noch ein kleines Mädchen mit wunderschönen dunklen Locken, das ab und zu stillvergnügt hinüberschaut und offensichtlich dazu gehört. Lächelnd beobachtet eine ältere Frau mit Rollator die Kinder und spricht die Mutter an: „Drei hübsche Mädchen haben Sie da!"

„Ja", antwortet die Frau mit dem langen bunten Rock, dem locker zum Turban gebundenen Kopftuch mit glitzernden Paillettenstreifen und zwei goldenen Armreifen, „zu Hause noch sieben Jungs."

„Zehn Kinder?!"

„Ja!"

„Ach, du Scheiße!", entfährt es der älteren Frau. Die jüngere erinnert ihre Mädchen ruhig daran, dass sie an der nächsten Haltestelle aussteigen. An der Tür dreht sie sich noch einmal um und strahlt: „Nein, viel Freude!"

Kapitel 12:

Erst dienen, dann verdienen!

Bei meinen Spaziergängen durch die sogenannte „No-go-Area" spreche ich auf meiner Suche nach Marxloh-Geschichten die ein oder andere ältere Person an. Menschen, die mir vielleicht etwas erzählen könnten über Marxloh – früher und heute.

„Fragen Sie doch mal den Apotheker", rät mir eine freundliche ältere Dame, die früher als Bedienung im Hotel Montan gearbeitet hat. „Den habe ich hier häufig bei Versammlungen gesehen, wenn es um Marxloh ging."

Schon die Schaufenster der Apotheke machen mich neugierig. Die Viktoria-Apotheke liegt direkt an der Straßenbahnhaltestelle Wolfstraße, und neben den üblichen Reklameschildern und Produkten gibt es hier Schwarz-Weiß-Fotos aus den Siebzigerjahren, Ansichten vom Stadtbezirk Duisburg-Hamborn, zu dem auch Marxloh gehört, und Fotos von einer Handballmannschaft. Ob sich vielleicht eine spannende Geschichte hinter diesen Fotos verbirgt? Ich spreche die Dame hinter dem Tresen darauf an. Der sportliche, hochgewachsene Mann neben ihr – offensichtlich der Apotheker – unterbricht sein Beratungsgespräch mit einer Kundin kurz und bittet mich, einen Moment zu warten. Man spürt sofort: Dieser Apotheker liebt den Kontakt mit den Menschen, er hat alles im Blick und er berät seine KundInnen gern.

Die Fotos, ja: Hamborn 07, sein Verein, das waren noch Zeiten … Es stellt sich heraus, dass er Profihandballer war, aus dem rumänischen Banat kommt und in der Nähe der Karpaten aufgewachsen ist. Und seit fünfzig Jahren ist Marxloh sein Zuhause. Schon sind wir mittendrin in einem Gespräch über alte und neue Zeiten. Wir lachen gemeinsam über den „Bangladesch-Express", so nennt man hier schmunzelnd die Straßenbahn, weil sie häufig hoffnungslos überfüllt ist. Wir streifen in Gedanken durch das Viertel nördlich der Weseler Straße, der B8, durch das Villenviertel, in dem Ärzte, Unternehmer und Politiker wohnen, gehen Richtung Moschee über einen riesigen Platz, an dem Detlef Buck noch 2003 die Nachkriegsatmosphäre für seinen Film „Das Wunder von Bern" gefunden hat, in dem es um den Sieg

Deutschlands bei der Fußball - WM 1954 geht und um die Nachkriegsgeneration - einen traumatisierten Soldaten, der nach Hause zurückkehrt und seine Ehefrau, eine der sog. Trümmerfrauen und seinen Sohn.

Da gibt es das noch, das Marxloh, das mich an meine Kindheit erinnert. Das Marxloh der Sechziger. Mit dem Villenviertel. Ich werde neugierig und erfahre: Ja, ein Großteil der Kinder- und Enkelgeneration der finanzkräftigen Marxloher pflegen ihr Erbe und mehren es. Auf unterschiedliche Weise. Die einen haben an Schweizer Holdings verkauft, aber in diesem Villenviertel sind auch viele geblieben und renovieren die alten Villen zum Teil sehr aufwendig.

Ein Gesellschaftsroman

Mit dem Fahrrad entdecke ich das Viertel später neu: man kann hier sorgfältig restaurierte Häuser sehen, kommt vorbei an Parks mit alten Bäumen und wunderschönen Wiesen, überall ziehen sich üppige Blumenbeete entlang der alten Alleen. Man kann davon erzählen und ins Schwärmen geraten. Aber das wären schöne, jedoch unspektakuläre Geschichten, weil die Skandälchen und Korruptionsgerüchte über einige der Bewohner in anderen Städten nicht anders klingen. Schnell merke ich: Die Geschichte, die wirklich mitten hinein in diese multikulturelle Mischung aus Menschen unterschiedlichster Bildung und Herkunft führt, die zeigt, wie man in Marxloh mit dieser Vielfalt der Kulturen leben kann, das ist die Lebensgeschichte des Apothekers! Seine Geschichte ist abenteuerlich, und eigentlich müsste er sie selbst aufschreiben. Das Buch wäre ein spannender Gesellschaftsroman, ein Geflecht großer menschlicher Dramen. Es ginge um Todesangst und Einsamkeit, aber auch um Mut, Bildung und sportlichen Ehrgeiz. Und Liebe, Sehnsucht und Glück kämen nicht zu kurz. Zwischen den Zeilen ließe sich eine Parabel herauslesen vom Lebensglück, das man sich erarbeiten kann. Denn im Leben des Apothekers Andreas Schmaler gab es alles, was man für einen guten Abenteuerroman braucht: eine abenteuerliche Flucht, seelische Folter, körperliche Strapazen, Niederlagen und Erfolge. Und echten Sportsgeist. Und: Liebesgeschichten gab es natürlich auch – aber das wäre zu persönlich. Nur so viel: Nach der ersten von der Mutter gestifteten Ehe, in der Standesdünkel gegen echte Bildung und Lebensfreude revoltierte, gibt es eine zweite Ehe.

Diese Frau zum Pferdestehlen, seine große Liebe, hat er bei einem Freund getroffen.

Heute wäre er mit seiner Apotheke hier in Marxloh ja mehr als goldrichtig, meine ich, mit den geschätzt 1.550 Neuzuwanderern aus seiner Heimat Rumänien, die im Umkreis von etwa fünfhundert Metern bis zur Schrebergartenkolonie und zum Schwelgernpark wohnen, südlich der B8. Ja, bestätigt er, er kann sich mit den neuen Einwohnern von Marxloh in seiner Muttersprache unterhalten, das ist für die meisten ihre Zweitsprache. Die Muttersprache der meisten ist allerdings Romanes – eine Sprache, die es nur in der mündlichen Überlieferung gibt und die zieht in Konflikten immer eine unsichtbare Grenze. Doch Andreas Schmaler sind alle sehr willkommen. Und werden gleich integriert, das heißt ernst genommen und mit den Alltagsritualen vertraut gemacht. Eine typische Situation:

Rumänische Brücken

Zwei etwa zehnjährige Jungen stürmen in die Apotheke. Ohne sich die Schuhe auf der Fußmatte abzutreten und ohne ein Wort zu sagen, springen sie noch ganz außer Atem vom schnellen Laufen auf die große Waage. „Was würde eure Mutter sagen, wenn ich bei euch ins Wohnzimmer käme, ohne mir vorher die Schuhe abzuputzen und ohne guten Tag zu sagen?" Die sonore väterlich-strenge Frage des Apothekers wirkt durchaus einschüchternd. Die Jungen werden verlegen, laufen aber nicht weg, denn offensichtlich sollen sie ein Rezept einlösen. „So, jetzt geht noch mal raus, streift die Schuhe ab, sagt guten Tag, und dann dürft ihr euch auf die Waage stellen!" Gesagt, getan. Ihr kleinlautes „Guten Tag" wird freundlich erwidert und die beiden haben ihren Spaß daran, auf der Apothekerwaage mit den großen Zeigern analog ihr Gewicht abzulesen.

Wir sprechen darüber, dass es bei Begegnungen im Alltag anfängt, den Menschen die Spielregeln klarzumachen, die sie noch nicht kennen. Das ist bei den Erwachsenen kaum anders als bei den Kindern. Die eigenen Umgangsformen können starke Türöffner oder auch -blocker sein.

Die Nachricht, dass in dieser Apotheke jemand Rumänisch spricht, hatte sich schnell verbreitet. Sie wurde zu einer willkommenen Anlaufstelle für alle möglichen Fragen – nicht nur für medizinische. Doch der Apotheker setzte immer auch Grenzen. Er half mal beim Lesen von Papieren, aber er verwies für das Ausfüllen auf Beratungsstellen in sozialer Trägerschaft, und natürlich ließ er auch bei Wünschen nach verschreibungspflichtigen Arzneimitteln ohne entsprechendes Rezept keine falschen Vertraulichkeiten zu. Das ist gesetzeswidrig und geht einfach nicht. Und es wurde akzeptiert.

Viktoria Apotheke

Ein paar Tage später treffe ich den Apotheker wieder, dieses Mal sitzen wir eine Straße weiter, gemeinsam mit seiner Ehefrau bei ihm zu Hause in der Wohnung in der zweiten Etage seines Mehrfamilienhauses. Stoffservietten mit Spitze liegen auf den Kuchentellern aus feinem Porzellan, englische Stilmöbel aus Kirschholz und Vitrinen schaffen eine freundliche Atmosphäre. Alles hat Stil, ist sorgfältig ausgewählt und geordnet, sehr einladend und gemütlich. Im Garten blühen die Rhododendronbüsche in Altrosa, das Gartenhäuschen mit der großen Pergola und der angrenzenden Wiese wirkt gastfreundlich. Sein Blick von der Terrasse nach unten macht ihn ein bisschen wehmütig: Vor allem in den ersten Jahren in Marxloh hat man dort mit den Sportlerfreunden und der Nachbarschaft gern Feste gefeiert, es wurde gegessen, getrunken und mit Akkordeon und Gesang auch ein Stück rumänische Heimatkultur in Deutschland weiter-gelebt.

In einem breiten Grünstreifen stoßen hier die Gärten aneinander. Im Hof nebenan stapelt sich Müll: zerschlissene Matratzen und ausrangierte Bettgestelle, ein kaputter Buggy, ein alter Kühlschrank, Plastiktüten mit Küchenabfällen und die benutzten Babywindeln, von denen jeder, der über Marxloh spricht, schon mal gehört hat: Sie werden hier einfach aus dem Fenster geworfen. Von der Straße dringt ein lautstarker Streit herüber. Gestern sei Sperrmülltag gewesen, heute dürfe man nichts an die Straße stellen. Grelle Stimmen überschlagen sich, alle schimpfen, und irgendwie werden die, die den Müll dort abgeladen haben, verstehen, dass das heute nicht der richtige Tag dafür war. Solche Missverständnisse gehören zum Alltagsstress im Viertel. Auf Dauer nervt das. Aber man muss dranbleiben, wenn sich etwas ändern soll. Warum Andreas Schmaler die neu Zugewanderten unterstützt, das hängt stark mit seiner eigenen Geschichte zusammen, und die hat es in sich!

Flucht in eine ungewisse Freiheit

Es geht um Flucht und Ankommen – er ist als rumänischer Sportstudent nach Deutschland geflohen und hat schließlich in Marxloh eine Heimat gefunden. Andreas Schmaler beginnt zu erzählen, wie er bei einem Freundschaftsturnier der rumänischen Handballmannschaft aus der Unterkunft getürmt ist und ich kann das Knattern des VW Käfers, der mit laufendem Motor vor dem Sportlerheim in Münster steht, fast hören. Die Situation war sehr gefährlich. Alles war streng geheim vorbereitet, kaum jemand war eingeweiht. Niemand aus der rumänischen Handballmannschaft durfte auch nur ahnen, dass Andreas Schmaler fest entschlossen war, nicht wieder mit zurückzufahren hinter den eisernen Vorhang. Längst hatte er die innere Emigration vollzogen, er hatte nur auf eine günstige Gelegenheit gewartet, zu fliehen. Und die schien mit dieser Reise gekommen.

Der Apotheker fühlt die Aufregung noch, als sei es gestern gewesen. Er wusste, was er riskierte. Doch für ihn gab es keinen anderen Weg. Die

Hoffnung auf das Lebensgefühl, von dem er träumte, würde sich in seiner Heimat nicht verwirklichen lassen. Die Strafe, die ihm im Ceaușescu-Rumänien drohte, wenn er erwischt würde, kannte er. Ob dem damals Einundzwanzigjährigen so richtig bewusst war, was genau es bedeuten würde, seine Familie und seine Freunde in der Heimat vielleicht nie wiederzusehen, das lässt sich aus heutiger Sicht nicht mehr beantworten. Dass es hart werden würde, hat er geahnt, denn er liebte seine Eltern und ließ neben vielen guten Sportlerfreunden auch seine Heimat zurück, das Banat mit der rauen Natur der Karpaten und dem Semenic-Gebirge, wo er so gern wandern gegangen war. Auch beruflich hatte es äußerlich gut für ihn ausgesehen: Die Zulassung zum Hochschulstudium im Fach Sport war ihm in Rumänien so gut wie sicher, und einer Karriere als Profihandballer stand nichts im Wege. Warum also diese riskante Flucht?

Eine Diktatur

Wer nie in einer Diktatur gelebt hat, kann vermutlich nur ahnen, wie es sich anfühlt. Damit ich das wenigstens ein bisschen verstehe, sprechen wir erst einmal etwas ausführlicher über die Zeit, als Nicolae Ceaușescu Rumänien regierte. Von 1967 an war der gelernte Schuhmacher in der Regierung, erst Parteivorsitzender, später auch Vorsitzender der Streitkräfte. 1974 ließ er sich dann zum Staatschef ernennen. Anfangs klangen seine Pläne vielversprechend, er pflegte gute Kontakte in den Westen, distanzierte sich von der russischen Übermacht. Doch nach und nach wandelte sich der Staat unter seiner Führung immer stärker in einen Polizeistaat. Und Ceaușescu ließ sich in einem Personenkult verehren, der sich an königlichen Vorbildern orientierte. So musste zum Beispiel ein eigens engagierter Hofschreiber Gedichte auf den Herrscher verfassen, auf den „Titan der Titanen" oder den „Sohn der Sonne". Das Staatsoberhaupt ließ sich in Bukarest einen Palast bauen, der bis heute zu den flächenmäßig größten Gebäuden der Welt gehört. Allein das goldene Badezimmer nach dem Vorbild des französischen Sonnenkönigs gibt eine anschauliche Vorstellung vom Prunk, in dem der Staatschef mit seiner Familie lebte, während es dem Volk am Nötigsten fehlte und viele hungerten.

Mithilfe der Geheimpolizei Securitate sicherte Ceaușescu seine Macht mit allergrößter Brutalität, er ließ Regimekritiker in psychiatrische Kliniken einweisen und in Gefängnissen foltern. Viele Jahre gelang es ihm, seine Regierungsgeschäfte nach außen so aussehen zu lassen, als läge alle Macht – wie in der Verfassung festgelegt – beim Volk, bei Arbeitern und Bauern. Aber die Menschen fühlten sich mehr und mehr der polizeilichen Willkür ausgeliefert. Besonders in den Städten litten sie unter einer immensen Knappheit an Nahrungsmitteln. Auch Strom und Heizwärme wurden vom Staat nur in kleinen Mengen zugeteilt.

Vor allem für Akademiker war das Leben von Gängelungen und Schikanen bestimmt: Sie bekamen wenig Lohn, mussten nach dem Studium ein Jahr auf dem Land arbeiten, ihre Kinder durften nicht studieren. Doch die Fakten, die man aufzählen kann, geben nicht wirklich wieder, was das Lebensgefühl so erdrückend machte. Es waren die Willkür, der Mangel an Anerkennung, das Wissen, dass man der Diktatur eines rigiden Staatsapparates vollkommen ausgeliefert war, unter dem die Menschen litten. Armut und Hunger verstärkten ihre Verzweiflung. Man lebte in ständiger Unsicherheit und Angst, denn jeder Freund und jeder Nachbar, sogar ein Mitglied der eigenen Familie konnte ein Spitzel der Securitate sein, jede kleinste Kritik am System einen Prozess wegen Verrates nach sich ziehen.

Andreas Schmaler wuchs in einer Akademikerfamilie auf. Sein Vater war Betriebsarzt in einer großen Firma, seine Mutter leitete eine Poliklinik in Reșița (Reschitz). Der Vater hatte deutsch-ungarische Wurzeln, die Mutter war in Iași im Osten Rumäniens geboren. Sie wollte für ihre beiden Söhne eine europäische Bildung, wie man sie in rumänischen Intellektuellenkreisen pflegte. Dabei galt es zum Beispiel als besonders kultiviert, französisch miteinander zu sprechen, was sie zu Hause auch taten. Lange hat Andreas Schmaler seine Mutter mit „vous" angesprochen „Sie". Diese Erziehung zu Kosmopoliten sollte das Bewusstsein für die eigene Herkunft keinesfalls leugnen, im Gegenteil, es sollte die eigene Persönlichkeit aus dem Reichtum des großen kulturellen Erbes der Familie stärken. Und so schickte sie ihre Kinder in den deutschen Kindergarten, obwohl der deutschstämmige Vater dagegen war. Denn er sah auch die Nachteile, die das in Rumänien haben könnte: Mit deutschen Wurzeln – nach dem Zweiten Weltkrieg lebten in Rumänien etwa 345.000 Einwohner, die deutscher Herkunft waren – war man nicht unbedingt gut angesehen. „Deutsches Schwein" war ein Schimpfwort, das man häufig zu hören bekam, wenn durchsickerte, dass man deutsche Vorfahren hatte, und im Leistungssport hörte man bei Wettkämpfen hinter vorgehaltener Hand so manches Mal die Parole: „Wir wollen deutsches Blut fließen sehen!"

Europäischer Bildungsgedanke

Die Mutter hatte auf der Flucht vor den Russen im Zweiten Weltkrieg ein italienisches Gymnasium in Constanta besucht und sprach neben ihrer Muttersprache Rumänisch fließend Italienisch und Französisch. Lesen gehörte für sie nicht nur zum guten Ton, es war ihr tägliches Brot. Wissen – das vermittelte sie ihren Kindern - bedeutet Unabhängigkeit. Man sollte sich ein eigenes Bild von der Welt und den gesellschaftlichen Verhältnissen und den unterschiedlichsten Arten zu leben machen können. So lebte sie und dieses Lebensgefühl und die eigene Verantwortung dafür gab sie an ihre Familie weiter.

Mehr als siebentausend Bücher standen in der Bibliothek des Elternhauses von Andreas Schmaler in Reșița, neben der medizinischen Fachliteratur waren das Klassiker und Bildungsromane, darunter „Onkel Toms Hütte" von Harriet Beecher Stowe und „Die Abenteuer des Tom Sawyer" von Mark Twain. Es gab besonders viele deutschsprachige, englische, französische und amerikanische Bücher. Kommunistisch gefiltert wurde das Angebot vom Staat damals erstaunlicherweise nicht.

„Wir hatten einen Start, den nicht jedes Kind bekommt", kommentiert Andreas Schmaler dankbar. Schmunzelnd erinnert er sich an so manche Dialoge mit seiner Mutter.

„Wenn sie sagte ‚Nimm doch lieber das Buch von Alexandre Dumas oder das von Jules Verne', dann war das einfach großartig. Sie hatte alle Bücher wirklich gelesen. Und natürlich haben wir manchmal doch ein anderes Buch genommen und schnell gemerkt, dass es das nicht wirklich war. Und so all-mählich haben wir ihr doch vertraut."

Der Vater förderte eine andere Seite seiner Kinder. Er war streng und brachte ihnen früh bei, Verantwortung für das eigene Leben zu übernehmen. Das bedeutete: Disziplin und Zuverlässigkeit waren oberstes Gebot. Termine mussten eingehalten werden. Aber es hieß auch, Verantwortung für den eigenen Weg mit zu übernehmen. Soweit es eben ging. „Keiner hätte von uns erwartet, dass wir Medizin studieren! Unsere Eltern forderten uns auf:

‚Macht das, woran euch etwas liegt!'

Man hat uns eine wunderbare Basis mit-, aber keine Richtung vorgegeben."

Und es waren nicht nur die Bücher, die das Interesse für die Welt geweckt haben. Es waren auch die Verwandten, die die Blicke auf verschiedenste Lebenswirklichkeiten öffneten. Da war zum Beispiel der Großonkel, der als Jurist im Handelsministerium in Bukarest arbeitete. Er sprach fließend Englisch und Französisch. Seine Frau, die Andreas Schmaler lachend als „Royalistin" charakterisiert, bewegte sich innerlich mit einem gewissen Standesdünkel bis zum Schluss in einer vom Adel geprägten Welt. Voller Stolz empfing sie damals die Familie in ihrem Haus in Bukarest, das der Großvater dieses Großonkels, Ion Mincu, gebaut hatte, der in der Familie den Ruf eines „verrückten Genies" genoss.

Ion Mincu hatte in Paris Architektur studiert und im Anschluss einige Jahre in Venedig gearbeitet, um dann in Rumänien einen eigenen Baustil zu entwickeln. Heute sind eine Universität und ein Architekturinstitut in Bukarest nach ihm benannt. Sein ehemaliges Wohnhaus, das sogenannte „Memorialhaus", steht in jedem Reiseführer als eine besondere Sehenswürdigkeit der Stadt. Es ist ein attraktives Baudenkmal rumänischer Architektur der Jahrhundertwende, der Jugendstilzeit im Übergang vom neunzehnten zum zwanzigsten Jahrhundert. Andreas Schmaler kennt das Haus am Bulevardul Magheru, der Prachtstraße von Bukarest, sehr gut. In Gedanken steht er davor, sieht an der Ecke noch das große Kino „Patria" und schräg gegenüber die Schweizer Botschaft.

Reiches Erbe

Und er ist froh, dass er heute erzählen kann: „Es ist ein prachtvolles Haus, erbaut 1890, und nach vielen Jahren, in denen der Staat es genutzt und sehr pragmatisch verändert hatte und alles langsam verfiel, kommt nun der eigentliche Glanz wieder zum Vorschein. Die Erben – die Kinder der jüngsten Tochter des gefeierten Architekten – sorgen dafür, dass alles, soweit es Sinn macht, wieder in seinen ursprünglichen Zustand versetzt wird!"

Wie er erzählt, sehe ich die Bilder, wie es sein könnte: Danach werden die Räume mit ihren hohen Fenstern wieder hell und großzügig wirken, die prunkvollen, künstlerisch gestalteten Ornamente an Decken- und Türkapitellen golden strahlen, und die Spuren der Wandgemälde, die zum Teil von namhaften Künstlern der Zeit gestaltet worden waren, wie unter einem sanften Schleier ihre alte Schönheit wieder zeigen.

Schon als Kind fand Andreas Schmaler die fantasievollen und nützlichen Details faszinierend, die dem Haus seinen besonderen Charme gaben. So hatte Ion Mincu zum Beispiel am Eingangsportal eine Stufe einbauen lassen, die es möglich machte, mit dem Pferdewagen – der Kalesche – vorzufahren und ebenerdig auszusteigen.

„Im Haus gab es auch noch alte Möbel vom Bischof von Wien um 1700", was die Familie bei ihren Besuchen in den Siebzigerjahren natürlich ganz besonders beeindruckte.

„Man hatte einiges gesehen und sich dadurch nicht so leicht indoktrinieren lassen von der rumänischen Gesellschaft", erklärt der Apotheker und ist stolz darauf. Solche Begegnungen haben das Lebensgefühl der Familie geprägt und ihnen immer das Gefühl gegeben, mit der Welt außerhalb Rumäniens – Frankreich, Italien, Deutschland – über die Kultur verbunden zu sein. „Was viele aber vergessen haben oder vergessen wollen: Dieser Staat war ein Gefängnis!"

Dieses Eingesperrtsein war für Andreas Schmaler ein ganz konkretes Gefühl. So durfte die Familie zum Beispiel nicht in den Urlaub nach Jugoslawien fahren, weil man Angst hatte, dass die Jugendlichen fliehen würden. Und sie wären auch geflohen, stellt er sachlich fest. Die Eltern mahnten zur Vorsicht, über Themen wie Politik und Einschränkungen durfte – wenn überhaupt – nur im engsten Familienkreis gesprochen werden.

Vorsicht war also geboten. Auch in einem anderen Zweig der Familie, der in Bukarest lebte, war es angeraten aufzupassen, was man sagte. Denn die Frau des Bruders der Mutter war die offizielle Übersetzerin für Madame Ceauşescu, die Ehefrau des Staatschefs. In der Begegnung mit dieser Großtante hat Andreas Schmaler begriffen, was das Byzantinische Prinzip der zwei Gesichter bedeutet: Dem Gegenüber zeigt man ein freundliches Lächeln, und schaut man auf die Rückseite, sieht man das wahre Gesicht, und das zeigt sich dann vielleicht als gehässige Fratze. Diese Verlogenheit kannte der Junge aus dem Banat, seiner Heimat, der Grenzregion von Rumänien, Serbien und Ungarn, wo Erze und Kohle gefördert wurden, nicht. Dort war man offen und direkt. Wenn man jemanden zum Kaffee eingeladen hatte, dann kam das von Herzen. „In Bukarest mussten wir von Freunden erfahren, dass die Verwandten, sobald wir weg waren, über uns gesagt haben: ‚Glaubt ihr wirklich, dass wir die eingeladen hatten?' Wir waren denen einfach zu direkt."

Nach diesen Schilderungen kann ich gut nachvollziehen, dass viele Eltern damals in Rumänien für ihre Kinder nach Chancen suchten, das Land zu verlassen. Ein besonderes Talent in der Musik oder im Sport konnte da hilfreich sein. Und auch Andreas Schmalers Eltern machten sich Gedanken darüber. Ihnen war aufgefallen, dass ihr Sohn Andreas beim Fußballspielen mit anderen Jungen auf der Straße eine besondere Ausdauer besaß und dass er bei den anderen Kindern als Spieler beliebt war. Sie schickten ihn zum Leistungssport. Das fing vielversprechend an: Mit vierzehn Jahren machte er bei einem Landeswettbewerb den ersten Preis am Sprungpferd und im Bodenturnen. Den Drill der Anweisungen für die Bewegungsabläufe beim Flickflack, beim Salto ausgestreckt und beim doppelten Salto kann er heute noch im Schlaf aufsagen.

Spitzensportler

Doch auf dem Höhepunkt dieser Sportlerlaufbahn musste der Teenager mit dem Turnen aufhören: Er bekam die Koordination der Gliedmaßen nicht mehr in den Griff, weil er zu schnell gewachsen war. Acht Jahre lang war er als Turner aktiv gewesen. Dann wechselte in die Leichtathletik. Auch da konnte er bald gute Leistungen zeigen. Als äußerst hilfreich erwies sich ein Mantra, das er als Sechzehnjähriger für sich entwickelte: „Als erfolgreicher Sportler wirst du irgendwann mal das Land verlassen können!" Das zeigte Wirkung. „Mit achtzehn Jahren war ich Meister im Fünfkampf: Weitsprung, Hochsprung, Kugelstoßen, hundert Meter und achthundert Meter laufen."

Doch sein sportliches Talent allein war nicht das Geheimnis seines Erfolges, erklärt er: „Es gibt nur ganz wenige Leute, die Talent haben und deshalb Spitzensportler werden. Man muss sich auch quälen können!", und das klingt bei ihm völlig unemotional.

Das Schönste war damals, den Erfolg gemeinsam mit anderen so richtig zu feiern und zu genießen und das konnte er am besten im Mannschaftssport. Er spielte Handball in der Schulmannschaft und Fußball in der rumänischen Jugendmannschaft, mit der er Dritter im Landesturnier wurde. Er war talentiert, ehrgeizig und hart im Nehmen. Man begreift das sofort, wenn man hört:

„In so einem Erstliga-Verein waren in den ersten Wochen ungefähr sechzig Leute beim Training. Es wurde trainiert ohne Rücksicht auf Verluste. Entweder man hat etwas getaugt oder nicht." Die Hälfte hatte bald aufgegeben.

Anton Ferenschütz, ein Freund der Familie, selbst ehemaliger Handballspieler der Ersten Liga und Sportler des Banat, war Trainer der CSM Reșița Junioren-Nationalliga und überzeugte Andreas Schmaler davon, sich auf den Handball zu konzentrieren. So kam Andreas Schmaler mit sechzehn Jahren direkt in diese Juniorenmannschaft. Nach dem Abitur 1973 machte er die Eingangsprüfung für das Diplomsportinstitut in Bukarest und wurde Spieler der Erstliga-Mannschaft von Uni-Bukarest. Er war stolz und insgeheim versprach er sich davon, bei einem zukünftigen Auslandsaufenthalt der Mannschaft aus Rumänien fliehen zu können.

Beim Militär

Schlimm wurde es für den Schüler, als er von 1973 bis 1974 zum Militärdienst eingezogen wurde. Die Demütigungen der Ausbilder bei der Armee, die ihn als Akademikersohn aufs Korn genommen hatten, waren für ihn körperlich und psychisch eine Qual, die Leutnants und der Feldwebel kosteten ihre Macht mit sadistischen Zügen aus. Das zehrte ihn aus. Hinzu kamen die schlechten Lebensbedingungen. In der hintersten Walachei südlich von Krajowa war er zusammen mit achtundachtzig Mann in einem Schlafraum untergebracht, alle persönlichen Gegenstände lagen in einem Holzkoffer unter dem Bett, die Lebensbedingungen waren spartanisch, die Kälte im Winter fast unerträglich, das Essen schlecht. Er wollte weg, weg aus dem Lager, weg aus dem Land, das ihm keine Achtung entgegenbrachte. Der Sport sollte ihm helfen, aber wie?

Seine Chance wäre, sich als Handballer für ein Turnier im Ausland zu qualifizieren. Zunächst sah es so aus, als wenn es gelingen könnte: In einem Spiel gegen den Verein der Europapokalsieger Steaua Bukarest machte er sechs Tore und wurde dafür als „Spieler des Tages" geehrt. Als er daraufhin aber von seinem Trainer nichts weiter als „einen Tritt in den Hintern" bekam, weil er einen Siebenmeter gegen den Weltmeistertorwart verworfen hatte, wusste er: Alle Hoffnung, zum Freundschaftsturnier des Handballvereins nach Deutschland mitzufahren, war dahin.

Internationale Freundschaftsspiele

„Mach jetzt bloß keinen Fehler", riet ihm der Verbandschef, „der Trainer hat dich für Buenos Aires nominiert, für den Pokal der lateinamerikanischen Länder. Für die U21."

Das hieß für Andreas Schmaler, die Fluchtgedanken für den Moment erst einmal zu verschieben und sich vorzunehmen, die Flucht später, beim nächsten Turnier dann über Argentinien, anzutreten. Dass es dieses Mal mit der Reise nach Deutschland tatsächlich nichts werden würde, bestätigte sich dann

185

auch: Man ließ ihn beim letzten offiziellen Spiel vor dem Turnier nicht einmal auf der Ersatzbank sitzen. So gab es auch keine Chance, eventuell doch noch eingewechselt zu werden.

Nur aus Pflichtgefühl ging Andreas Schmaler nachmittags um drei Uhr zum Mannschaftstreffen, bei dem der rumänische Trainer die Namen der Spieler für die anstehende Deutschlandreise offiziell bekanntgab. Unfassbar für ihn: Er war mit auf der Liste. Bereits fünf Stunden später sollte er am Zug sein. „Du fährst mit, du sollst ja Auslandserfahrungen bekommen!", ordnete der Trainer an. Erst da wurde ihm klar, dass man ihn auf die Probe gestellt und seine Reaktionen beobachtet hatte. Und dank des Rates seines Freundes hatte er sich nichts anmerken lassen und die Nerven behalten.

Was aber jetzt? Ins Studentenwohnheim konnte er nicht mehr, dafür reichte die Zeit nicht. Um jegliche Zweifel über seine heimlichen Absichten, das Land zu verlassen, auszuräumen, besuchte er noch kurz seine Tante und fragte, was er ihr aus Deutschland mitbringen soll. Der Einzige, der Bescheid wusste, war sein engster Sportlerfreund, ein gebürtiger Ungar und internationaler Judomeister, der zwei Jahre später nach Schweden flüchtete. Der hatte sich vorsichtshalber schon ein paar Tage vorher aus dem Staub gemacht und war zu einer Hochzeit in seine Heimat gefahren, damit er im Zweifel sagen konnte, er habe nichts gewusst.

Tatsächlich haben die Mitarbeiter der Securitate später genau diesen Freund als Ersten befragt, ob er von den Fluchtabsichten von Andreas Schmaler gewusst hätte, und der konnte dann glaubhaft versichern, er habe nicht einmal erfahren, dass sein Freund für das Turnier auf der Liste stand. Das stimmte.

Um seine Mannschaftskameraden nicht zu gefährden und ihnen den Spaß am Turnier nicht zu verderben, spielte Andreas Schmaler bis zum Schluss bei diesem deutsch-rumänischen Freundschaftsturnier in Deutschland alle Spiele in gewohnter Weise höchst engagiert mit und ließ sich nichts anmerken. Sogar als Dolmetscher war er aktiv und übersetzte die offiziellen rumänischen Ansprachen und Freundschaftsreden ins Deutsche.

Flucht

Und dann war es so weit. Nach dem Festbankett zum Abschluss des Turniers in Münster – er war gerade dabei, sich aus dem Staub zu machen – begegnete ihm sein Trainer in der Lobby. „Hier ist ein Ball für dich – ein Geschenk der Münsteraner!" Andreas Schmaler rutschte das Herz in die Hose. Doch er bewahrte seine Fassung, nahm den Ball scheinbar gelassen an, um ihn auf sein Zimmer zu bringen.

Nun musste alles sehr schnell gehen. Die Handballspielerin, die ihn abholen und verstecken wollte, stand bereits mit laufendem Motor in ihrem VW Käfer vor der Tür, und Andreas Schmaler rannte wie um sein Leben. Nie wird er diesen Moment vergessen. Er erinnert sich, als sei es gestern gewesen. In der Hand hatte er nur einen leeren Koffer und den Ball, kein Trikot, kein Trainingszeug, nichts. Mit quietschenden Reifen startete die Handballerin durch und brachte ihn in die Wohnung ihres Bruders. Ironie des Schicksals: Der war am gleichen Tag nach Südafrika ausgewandert.

Ein paar Tage später haben einige Studenten Andreas Schmaler dann mit nach Siegen genommen, wo die rumänischen Eltern seiner damaligen Freundin und späteren Ehefrau lebten. Nun musste er sich erst mal bei der zentralen Meldestelle, beim Bundesamt für Migration und Flüchtlinge in Nürnberg, offiziell registrieren lassen. Welchem Bundesland er zugeordnet werden wolle, fragten sie ihn bei der Behörde. Er hatte keine Ahnung. „Schick die Flohjacke nach NRW", wies ein Sachbearbeiter seinen Kollegen an. Was der Neuankömmling nicht wusste: Hätte man ihn in Baden-Württemberg angemeldet, wäre sein rumänisches Abitur anerkannt worden, in NRW nicht. Dort musste er eine Abitur-Anerkennungsprüfung machen. Andreas Schmaler machte sich dennoch keine Sorgen – er war ja immer ein guter Schüler gewesen. Diese Prüfung – davon war er fest überzeugt – würde er mit links schaffen.

Nach diesem ein bisschen holprigen Start in Deutschland schickte man ihn ins Auffanglager für Flüchtlinge nach Unna-Massen. Das Taschengeld, das er dort bekam, gab er für einen Notar aus – er hatte ja keinerlei Papiere dabei, und er musste Urkunden und Zeugnisse aus Rumänien schicken und beglaubigen lassen.

Insgeheim hatte sich der Student erhofft, dass ihn vielleicht seine Verwandten aus Rumänien, die viele Jahre zuvor nach Deutschland ausgewandert waren, unterstützen würden, doch dort blies ihm der kalte Wind ins Gesicht. Sie konnten oder wollten nicht verstehen, dass er Rumänien verlassen hatte. „Aber es geht euch doch so gut da! Wir haben es doch erlebt, als wir euch besucht haben!"

Andreas Schmaler war wütend.

„Wisst ihr eigentlich, dass meine Eltern damals einen Kredit aufgenommen haben, als ihr zu Besuch gekommen seid? Nur um euch mit Wein und Essen und allem, was dazugehört, zu verköstigen? Sie haben noch drei Jahre daran abgezahlt!"

In Rumänien hatte seine Flucht für seine Familie und für ihn die erwarteten Konsequenzen. Mit einundzwanzig Jahren, am 15. Dezember 1975, wurde Andreas Schmaler vom Militärgericht in Bukarest zu zwei plus zweieinhalb, insgesamt also viereinhalb Jahren Gefängnis verurteilt. Zum einen wegen „illegalen Fernbleibens aus der Republik" und zum anderen, weil er seinen Militärdienst nicht abgeschlossen hat. Seine Mutter trug es mit Fassung. Die engagierte Ärztin genoss in der Öffentlichkeit einen exzellenten Ruf. Sie hatte einiges in Bewegung gebracht und einige Rechte besonders für Frauen erkämpft. Ein Funktionär lud sie in der Situation nach Bukarest ein und versicherte ihr vor dem Gespräch, in seiner Wohnung würde nicht abgehört. Und dann riet er ihr, ihren Sohn Andreas nicht zu überreden zurückzukommen. In Rumänien würde der seines Lebens nicht mehr froh – und sie dann auch nicht. Er riet ihr besser kein Berufsverbot zu riskieren und auch keine offiziellen Repressalien zu provozieren, das bedeutete konkret, die Leitung der Klinik abzugeben und sich auch nicht weiter in der Frauenbewegung zu engagieren.

„Mein Bruder musste damals die Polizeiakademie verlassen, weil er jetzt ‚Verwandtschaft ersten Grades' im Westen hatte. Daraufhin studierte er Jura in Bukarest, heiratete und wohnte dann – Ironie des Schicksals – im gleichen

Studentenwohnheim, in dem Andreas Schmaler als Handballer gewohnt hatte. Beruflich hat er als Jurist für eine Tochterfirma der Gutehoffnungshütte gearbeitet, die Reduktoren herstellte – die können auf Schiffen, aber auch im Leopard Panzer II eingesetzt werden."

Ein 68er

Ob sein Bruder darunter gelitten habe, dass er seine Ausbildung nicht fortsetzen konnte, frage ich nach. Das müsste man ihn natürlich selbst fragen, meint Andreas Schmaler und ergänzt:

„Ich denke, es war sein Glück, dass er da rausgekommen ist. Er spricht fließend Italienisch, Französisch, Ungarisch, Englisch und Serbokroatisch."

Man spürt: Andreas Schmaler ist stolz auf ihn. „Ganz früher war er ein Achtundsechziger. Er hatte regelmäßig Stress mit meinem Vater, ganz besonders, als er die elektrische Gitarre ans Radio angeschlossen hat, das danach kaputt war. Auch seine beeindruckenden Poster in seinem Zimmer mit den Schriftzügen ‚Make peace, not war' und ‚Love and Peace', die er selbst gezeichnet hatte, waren meinem Vater nicht recht. Aber die waren gut, mein Bruder war wirklich begabt!"

Ein großes Glück für den einundzwanzigjährigen Flüchtling nach den ersten Wochen in Deutschland war die Otto Benecke Stiftung. Sie kümmerte sich um AbiturientInnen und StudentInnen aus dem Ostblock. Damit er sich optimal auf die Anerkennungsprüfung des Abiturs vorbereiten konnte, schickte man ihn auf ein Internat an den Staffelsee nach Murnau, wo er erst einmal einen Crash-Kursus Deutsch machen sollte.

Figaro!

Natürlich wollte er auch sofort weiter Handball spielen und suchte Anschluss. Deshalb ging er in Murnau erst mal zum Friseur. Nicht, weil er so eitel war und gut aussehen wollte – das schon auch. Vor allem aber, weil er Kontakt zu einem Profiverein suchte.

„Und die Figaros kennen sich da ja immer am besten aus!", erklärt er lachend.

Die Idee erwies sich als gut, so bekam er tatsächlich Kontakt zum Handballverein. Offiziell war er erst einmal international gesperrt. Doch ein ehemaliger Handballspieler gab ihm den Tipp: „Melde dich an, als ob du einer von uns wärst. Aus Andreas Schmaler mach Anton Mahler, Burggraben 3 – fertig, aus!" Alle wussten Bescheid und der Handballverein in der Bezirksliga nahm ihn mit offenen Armen auf. Doch ein Geheimnis blieb das nicht. Es dauerte nicht lange, da stand seine Geschichte groß in der Zeitung.

Die Handballer, mit denen er dort spielte, kamen zum Teil aus reichen Familien. Und er weiß noch gut, wie er damals gestaunt hat, wenn er zu ihnen nach Hause eingeladen wurde, weil schon die Häuser der Bediensteten wie kleine Villen aussahen. Um sein Taschengeld aufzubessern, suchte er nach Gelegenheitsjobs und konnte damals zwei „höhere Töchter" für einen Leichtathletik-Wettkampf trainieren. Ein kleiner Erfolg so nebenbei: die beiden wurden in ihrer Klasse ZugspitzmeisterInnen.

An die Zeit in Murnau erinnert sich Andreas Schmaler heute noch unglaublich gern, nicht nur, weil er dort einen Jahrhundertsommer erlebte.

„Als ich Rumänien verließ, hatte ich Tränen in den Augen. Als ich Murnau verließ, habe ich geheult, weil ich mich da so wohlgefühlt hatte! Das war für mich meine erste richtige Heimat, dort unten in Bayern."

Von Murnau aus ging er nach Willich, um sich in einem eigens dafür eingerichteten Intensivkursus auf die Prüfung zur Anerkennung des rumänischen Abiturs vorzubereiten. In seiner Klasse waren Rumänen, Schwarzafrikaner, Pakistani, hier kam die ganze Welt zusammen. Auch eine spannende Zeit, aber bei aller willkommenen Ablenkung wollte er selbstverständlich weiter Handball spielen.

Wieder ging er zum Friseur, um die richtigen Kontaktpersonen zu finden, doch dieser Figaro war skeptisch gegenüber dem schmächtigen Burschen mit dem rumänisch gefärbten Deutsch. Der Schüler fragte ihn nach einem guten

Handballverein. Handball, war die Antwort, ja, das könne man hier in einem Verein in Viersen spielen.

„Erste Liga? Nein! Gar keine Liga. Wieso denn?"

Andreas Schmaler blieb hartnäckig und erfuhr, es gäbe einen Verein, der in die Oberliga aufsteigen möchte. Der junge Handballprofi wurde ungehalten: „Ja gibt es denn hier keinen Bundesligaverein?"

„Na ja, es gibt den TV Oppum, der spielt um den Aufstieg in die Erste Bundesliga."

Das war die Auskunft, die Andreas Schmaler wollte.

„Danke", sagte er, und so, wie er das heute noch erzählt, wusste sein Gegenüber: Da ist jemand, der sich nicht unter Preis verkauft.

Die Erinnerungen an diese Begegnung haben noch einen besonderen Beigeschmack. Der Schüler erzählte, dass er dort sei, um sein Abitur anerkennen zu lassen, er würde gern studieren. Prompt musste er sich anhören: „Ach ja, dann bist du einer mehr von denen, die unseren Kindern die Studienplätze wegnehmen." Da konterte er schlagfertig: „Deinen Kindern bestimmt nicht!" Doch mit dem Kontakt zum Verein klappte es gut. Schnell war klar, welches Potenzial in dem drahtigen jungen Mann steckte. Die Chance auf einen guten Spieler wollte man sich beim TV Oppum nicht entgehen lassen. Und so spielte er Handball und bereitete sich auf die Anerkennungsprüfung seines Abiturs vor. Die nahm er auch eher sportlich, er war ja noch nie irgendwo durchgefallen. Aber es kam anders, als er dachte.

Schon in der schriftlichen Prüfung über einen Text von Franz Kafka merkte er, dass es ihm schwerfiel, seine Analyse schriftlich auf Deutsch zu formulieren, und auch bei der mündlichen Prüfung konnte er sein rumänisches Niveau auf Deutsch nicht unbedingt erreichen. Dass die Prüfungskommission ihn dann jedoch ausgerechnet in Geschichte durchfallen ließ, hat ihn maßlos geärgert. Denn Geschichte war sein erklärtes Lieblingsfach, da kannte er sich wirklich aus.

Er fragte nach, warum er durchgefallen sei, er hätte doch alles bestens gewusst über Napoleon und dessen Strategien! Ja, meinte die Prüfungskommission, das sei richtig, aber sie seien zu dem Schluss gekommen, dass er noch ein paar Monate zur Schule gehen sollte, um seine Deutschkenntnisse zu verbessern.

„Heute kann ich es verstehen", kommentiert er trocken. „Dadurch ist es mir dann doch im anschließenden Studium leichter gefallen, Worte wie ‚Thrombozytenaggregationshemmer' ohne Probleme auszusprechen."

„Wir möchten dich als Spieler bei Hamborn 07!"

Also nahm er ein zweites Mal Anlauf bei der Anerkennungsprüfung des Abiturs. Beim Handball lief es besser. In die Bundesliga schaffte es der TV Oppum in dem Jahr nicht – der Aufsteiger war TuS Nettelstedt –, aber der junge rumänische Spieler fiel auf. Der Vereinsvorsitzende von Hamborn 07, Wilhelm Schmitz aus Duisburg, kam nach einem Spiel mit einigen Kollegen auf ihn zu: „Komm zu uns!" Wir möchten dich als Spieler bei Hamborn 07!"

Er winkte mit fünftausend Mark Jahresgehalt. Das war viel Geld und eine attraktive Perspektive. Andreas Schmaler sagte zu. Leider schrumpfte das Kapital relativ schnell: Neunhundert Mark musste der Handballer für den Führerschein zahlen, und dann ließ er sich das Auto etwas kosten. Beim Gedanken daran glänzen seine Augen heute noch: Er kaufte sich einen gebrauchten Rallye-Käfer „mit Einhundertfünfundsiebziger-Schlappen, gelb-schwarz, wie Hamborn 07, Schalensitze. Der hatte 84.000 Kilometer runter, ein 1303 S". Der war Kult. Ein starkes Zeichen seiner jugendlichen Lebensfreude.

Der Deal mit Willi Schmitz war folgender: Tagsüber sollte er in einem Büro bei der August-Thyssen-Hütte arbeiten, abends bei Hamborn 07 trainieren und an den Wochenenden für den Verein spielen. Wohnen konnte er erst einmal im Junggesellenwohnheim, dem sogenannten „Bullenkloster" auf der Kaiser-Wilhelm-Straße in Marxloh. Doch leider lief es nicht wie verabredet: Von leichten Büroarbeiten bei Thyssen konnte nicht die Rede sein. Man setzte ihn als Ersatz für Arbeiter ein, die nicht rechtzeitig aus dem Urlaub zurückkamen. „Ich musste – anders als abgesprochen – Sauerstoffflaschen tragen, Eisen von Lkws abladen und so weiter. Das war ja alles nicht das Problem. Das Problem war nur: Ich war danach einfach kaputt von der Arbeit!"

Andreas Schmaler ging zu Willhelm Schmitz: „Hören Sie mal, ich mach drei bis vier Tore in jedem Spiel in der Bundesliga, ich bin Spielmacher. Aber wenn ich jetzt die Strafarbeiten für die machen soll, die zu spät aus dem Urlaub zurückkommen, bin ich platt und kann, wenn ich danach beim Handballtraining bin, kaum noch laufen –

„Sie haben mir etwas anderes versprochen!"

Klare Worte. Das saß. Da hat Willhelm Schmitz sich den jungen Spieler noch mal genauer angeschaut. Er solle mal ein bisschen von sich erzählen, wo er herkommt, was er in Rumänien gemacht habe und wer seine Eltern sind. „Und dann ging es los!"

Die Entschlossenheit, als Handballer Erfolg zu haben und sich nicht ausnutzen zu lassen, schwingt heute noch mit, wenn Andreas Schmaler von diesem mutigen Moment erzählt. Plötzlich war man miteinander im Gespräch auf Augenhöhe.

„Was sollen wir denn da machen?", fragte Willhelm Schmitz ihn.

„Der Personalchef ist noch im Urlaub, sein Subunternehmer, ein bekannter Fußballer, ist auch im Moment nicht da."

Das Einzige, was dem Förderer des Handballvereins damals einfiel, war, den erfolgreichen neuen Spieler bei sich in der Apotheke jobben zu lassen. Das konnte Andreas Schmaler sich gut vorstellen. Gesagt, getan. Wilhelm Schmitz stellte ihm übergangsweise ein kleines Appartement zur Verfügung, direkt hinter seiner Apotheke an der Weseler Straße in Marxloh. In diesem ruhigen Hinterhof sollte der junge Sportler dann noch vier Jahre lang wohnen. Bevor sie jedoch konkrete Pläne für die Zukunft schmieden konnten, musste er erst noch mal zurück nach Wiehl bei Gummersbach und seine Abitur-Anerkennungsprüfung bestehen. Dieses Mal lief alles glatt. In Geschichte wurde er mit „gut" bewertet, und auch mit seinen Deutschkenntnissen war man nun zufrieden: Prüfung bestanden. Abitur anerkannt!

„Wilhelm Schmitz hat mich dann in Marxloh eingeführt. Bei der Party hat ein Kollege zu ihm gesagt: ‚Hör mal, Wilhelm, dein Donauschwabe da, der spricht ja mit dem Eberhard fließend Französisch?!' Und Wilhelm Schmitz hat geantwortet:

‚Na klar, der hatte zu Hause ja auch eine französische Gouvernante!'

Da waren alle platt. Die ‚französische Gouvernante', das war natürlich meine Mutter. Die hatte ja auch französische Zeitschriften abonniert und mit uns Französisch parliert. Damals hatte sie uns die „Paris Match" unter die Nase gehalten und gemeint ‚Lest!'. Das gab uns letztlich ein Stück Freiheit und Weltoffenheit." Und der Eberhard, der Jurist und Notar Eberhard Rogge, wurde sein Freund. Er hatte eine Kanzlei in der Schulte-Marxloh-Straße, also quasi um die Ecke.

Lehrjahre

Nun galt es für den Handballer, die Weichen für die Zukunft zu stellen. Selbstbewusst erklärte er seinem Förderer: „Ich habe jetzt meine Hochschulberechtigung. Ich möchte gern Pharmazie studieren!"

Der Apotheker Wilhelm Schmitz war zunächst gar nicht begeistert von dieser Idee. Er meinte: „Du bist bekloppt! **Studier doch besser Medizin wie deine Eltern. Da hast du mehr Zeit für deinen Sport!"**

Andreas Schmaler wundert sich noch heute über diese Rechnung, die er absolut nicht nachvollziehen kann und lehnte ab. Daraufhin schlug Wilhelm Schmitz ihm vor, es genauso zu machen, wie er selbst es gemacht hatte: erst mal eine Ausbildung in einer Apotheke abschließen und danach studieren. Das war der Plan.

Wilhelm Schmitz besorgte ihm eine Lehrstelle bei der Berg- und Hüttenapotheke. Der Azubi war dreiundzwanzig Jahre alt, ein Handballstar und der einzige männliche Apothekenhelfer zwischen einigen sechzehn-, siebzehnjährigen Mädchen. Das ging eine Weile ganz gut. Bis ein wichtiges Spiel von Hamborn 07 gegen den VFL Gummersbach anstand. Andreas Schmaler fragte den Apotheker, ob er ein Werbeplakat für das Spiel im Schaufenster aufhängen würde. Der lehnte ab. Da parkte Andreas Schmaler kurzerhand seinen

gelb-schwarzen VW Käfer auf dem breiten Bürgersteig vor der Apotheke –
der war über und über mit den Plakaten für das Spiel tapeziert.

147 Treffer brachte Andreas Schmaler – auch dieser Wurf „sitzt" – in der Saison 1981/82 auf sein Konto und wurde Torschützenkönig der Regionalliga West (Gruppe Nord).

A.Schmaler Torschützenkönig 1981/82 in der Regionalliga West

Da musste der Chef dann doch lachen – der Lehrling hatte sein Herz erobert.

Doch die Arbeit blieb schwierig. Seit Monaten nervte ihn die Apothekenhelferin, die für die Auszubildenden zuständig war, mit ihren belehrenden Anweisungen. Noch heute verzerrt sich sein Gesicht, wenn er an ihre hohe, metallische Stimme denkt, die ihm durch Mark und Bein ging. Diese Frau verlangte, dass ihre Zöglinge regelmäßig gemeinsam in Reih und Glied antraten und sich die Fehler anhörten, die jede und jeder gemacht hatte. Irgendwann weigerte er sich, das mitzumachen. Sie schrie ihn an, er solle sich gefälligst in die Reihe stellen, doch der selbstbewusste jugendliche Sprücheklopfer konterte: „Wenn Sie mich noch mal so anschreien, könnte es sein, dass Sie mal einen Wurf erleben!"

So oder so ähnlich wird er es gesagt haben, er weiß es nicht mehr so genau. Natürlich wäre er niemals handgreiflich geworden, aber er hatte eben eine große Klappe. Und so flog er nach zehn Monaten Lehre fristlos raus.

„Ich hatte fertig!", schmunzelt er heute.

Damals konnte er das nicht so locker sehen, denn es war nicht einfach, das dann Wilhelm Schmitz zu erklären. Der Zufall kam ihm zu Hilfe: Wenige Tage nach diesem Vorfall bekam er im Nachrückverfahren einen Studienplatz in Marburg. Und so studierte er in den folgenden viereinhalb Jahren Pharmazie und spielte Handball. Die Bilanz: jedes Wochenende fünfhundert Kilometer auf der Straße, zweieinhalb kaputte Autos, ein schwerer Unfall am 7.

November 1980, zweimal überschlagen und knapp am Lkw verbeigeflogen. Glück gehabt. Er hat die Zähne zusammengebissen und weitergespielt.

Nach dem Studium konnte er eine der Apotheken von Wilhelm Schmitz übernehmen, die an der Weseler Straße, später hat er das Haus mitsamt der Apotheke gekauft. 1985 hat er den Handball an den Nagel gehängt.

Mit dem Herzen des Sportlers und den Kontakten, die er als Apotheker knüpfte, hat er sich in Marxloh sein Leben in Freiheit aufgebaut. Sein Motto:

„Erst dienen, dann verdienen!"

Damit ist er gut gefahren. Und von seinen Unternehmungen mit den Sportlerfreunden und seinen Reisen in Sachen Kunst und Kultur kann er viele wunderbare Geschichten erzählen. Auch seine rumänische Heimat hat er seinen engen Freunden immer wieder gern gezeigt.

Rumänien – die Heimat? 1977 war er von der rumänischen Regierung offiziell amnestiert worden. „Ceaușescu hatte, als er Staatspräsident wurde, wie ein Kaiser mit einem Hermelinmantel und einem Zepter in der Hand Amnestie für politische Flüchtlinge erteilt." Andreas Schmaler setzte damals alles daran, die deutsche Staatsbürgerschaft zu bekommen, um legal nach Rumänien reisen und seine Eltern besuchen zu können. Er hatte Glück. „Der Bruder des Großvaters lebte damals in Donaueschingen und hatte einen Familienstammbaum erstellt, in dem man die Geschichte der Familie bis 1726 zurückverfolgen kann. Damit konnte ich meine deutsche Volkszugehörigkeit nachweisen!" Das macht ihn bis heute stolz und zufrieden. Damals fühlte er sich als Donauschwabe. Doch im Grunde hat ihn schon die Erziehung seiner Mutter zu einem Europäer gemacht.

Regelmäßig hat der Apotheker soziale Projekte in Rumänien unterstützt, Kleidung gesammelt und sie nach Rumänien gebracht, Geld gespendet, und einmal auch zwei Robur-Busse aus den NVA-Beständen herrichten lassen und dem Theater und dem Sportverein in Reşiţa gestiftet, seiner Heimatstadt, die Partnerstadt von Bielefeld-Braacke wurde. Als er auf seiner Hochzeitsreise später die Stadt besuchte, haben sie die Busse noch einmal gesehen –

fahruntüchtig, aufgebockt. Alles ausgeschlachtet und verkauft. Andreas Schmaler war enttäuscht, weil er erkennen musste, dass man seinen Impuls der Hilfe zur Selbsthilfe nicht wirklich verstanden hatte. Er weiß, was es heißt, in der Gesellschaft keine Zukunft für sich zu sehen. Und er sieht auch, dass „Kindergelderhöhung in Deutschland" sich in Rumänien schnell herumspricht.

Hochofen Schwelgern 1

In Marxloh hat er sich gefreut, wenn er ab und zu wieder Rumänisch sprechen konnte. Hat den Menschen Vertrauen entgegengebracht. Aus eigener Erfahrung weiß er, wie schwer es ist, die Akzeptanz zu finden, die man sich wünscht.

In Marxloh genoss er als Apotheker das Vertrauen der Menschen. Besonders auch der Zuwanderer aus Rumänien. Es sprach sich schnell herum, dass es hier jemanden gab, der ihnen zuhörte, der wirklich verstehen konnte, welche Sorgen sie hatten. Er schickte sie zu Ärzten oder auch in das Gemeindezentrum, zu einer Anlaufstelle am Petershof Marxloh, einem Sozialpastoralen Zentrum an St. Peter, wo man ihnen weiterhelfen konnte. „Das war doch selbstverständlich, meint er. Darüber muss man doch nicht groß reden. Das macht man einfach, wenn einem jemand freundlich gegenübertritt." Manche wollten gern von ihren Landsleuten, die ihnen ihre Hilfe beim Ausfüllen von Papieren gegen Geld anboten, unabhängig werden und hatten auch nicht unbedingt Vertrauen in die deutschen Behörden. Auch sie schickte er zu Beratungsstellen, weil man dafür sehr viel Zeit und Hintergrundwissen braucht, aber hin und wieder saß er abends auch noch da und half ihnen, wenigstens ansatzweise zu verstehen, um was es ging.

Den Hinterhof seiner Apotheke hat er nach mediterranem Vorbild in Terracotta-Farben gestaltet, wie er sie im Süden Frankreichs und in Italien lieben gelernt hatte. Das weckt auch wunderbare Erinnerungen an die enge Verbindung zu seiner Mutter, doch dieses besondere Flair kann nicht darüber hinwegtäuschen, dass sich sein Marxloh-Feeling verändert hat.

Nachdenklich

Ist Marxloh noch seine Wahl-Heimat, der Ort, an dem er seine Freundschaften pflegen kann und seine Freizeit genießt? Das Viertel, in dem seine Freunde und Bekannten, Apotheker, Ärzte und Politiker wohnten und wohnen, hat einen Generationenwechsel erlebt. Wenn er heute mit dem Fahrrad durch die Alleen und parkähnlichen Villenviertel fährt, begleiten ihn die Erinnerungen an frühere Zeiten. Zu den Menschen, die hier heute leben, meist den Söhnen und Töchtern seiner Bekannten mit ihren Familien, hat er kaum persönliche Kontakte. Aus seiner Generation werden es immer weniger. Viele Freunde sind gestorben und beim Sportlerstammtisch gehört er jetzt zu den ältesten.

Für den Verkauf seiner gut gehenden Apotheke hat er sich Zeit genommen. Spielhallenbesitzer haben ihm Höchstsummen für die Räume geboten, und einige Apothekenketten zeigten großes Interesse. Doch er hat nach einer Person gesucht, die die Apotheke bewusst an diesem Standort führen wollte. Die Mühe hat sich gelohnt, die neue Apothekerin ist im Viertel zu Hause und hat schon eine Weile in einer anderen Apotheke in Marxloh gearbeitet. Sie ist in Duisburg geboren und aufgewachsen. Und hat einen türkischen Migrationshintergrund. Dass diese Entscheidung goldrichtig war, konnte er bereits nach wenigen Monaten feststellen: Da hatte sie den Umsatz schon verdoppelt. Natürlich hat ihm das einen kleinen Stich versetzt, gleichzeitig aber auch das Gefühl gegeben: alles richtig gemacht!

In seine Erzählungen von blühenden Zeiten klingen auch Töne an, die nachdenklich machen. Über die Stimmung im Stadtteil, über die Zukunft. Einige Kinder von alten Geschäftspartnern oder Bekannten haben sich erfolgreich Richtung Düsseldorf oder Köln mit einer Praxis oder Kanzlei selbstständig gemacht. Und weil sie das Insiderwissen über Marxloh haben, kaufen sie sehr preisgünstig alte, vom Verfall bedrohte Häuser, lassen sie von einer Schweizer Holding verwalten und vermieten über die Stadt an Neuzuwanderer, was bedeutet, dass die Miete direkt vom Sozialamt bezahlt wird. Die Besitzer gehen damit also kein Risiko ein. Investiert und renoviert wird nur das Nötigste. Und was in den Häusern innen und drum herum passiert, das scheint Besitzer und Verwaltungen aus der Ferne kaum zu interessieren. Von den Bewohnern hört man, dass sie bei solchen Mietverwaltungen auf Granit stoßen, wenn sie sich über mangelhafte Zustände in den Wohnungen beschweren.

Doch Marxlohs Zukunft hängt davon ab, wie viel Nachbarschaftsgefühl hier entsteht, wie akzeptiert sich die Menschen fühlen, wie viel Toleranz diejenigen aufbringen, die hier leben und arbeiten. Und wie gut es gelingt, die Menschen miteinander ins Gespräch zu bringen. Solange man etwas tun und mitgestalten kann, kann man hier gut leben. Passiver Zuschauer dieser Situation zu sein, ist vermutlich schwieriger. Ob der Apotheker in diesem geliebten multikulturellen Miteinander, das er selbst als tolerant und offen erlebt und mitgeprägt hat, bleiben wird, das wusste er lange nicht. Inzwischen hat er sich entschieden: Junge Leute sollen das Leben hier gestalten, er hat verkauft und ist nach Duisburg-Mitte gezogen. Aber er wird vermutlich häufig hier sein. Denn er war und ist gerne in seiner Wahlheimat und sieht, wie der Stadtteil allein schon durch die neuen Restaurants als ein beliebter Treffpunkt für Jung und Alt immer attraktiver wird.

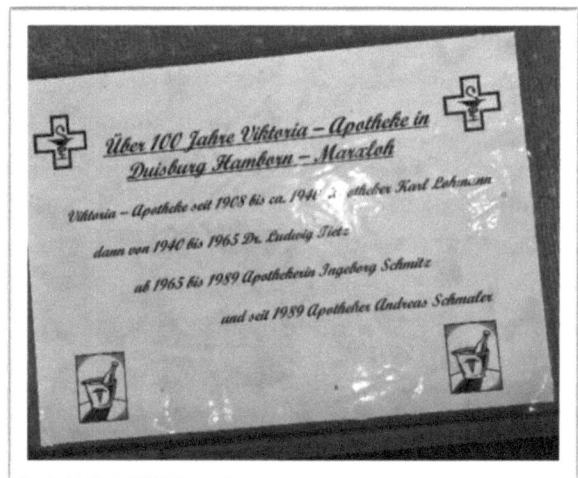

Viktoria Apotheke seit 1908

Linie 903:

Dosensammler

Haltestelle Heckmann, ich warte auf die nächste Straßenbahn. Die Sonne scheint, die leere Dose eines Energydrinks rollt unter dem überfüllten Mülleimer hin und her. Während ich noch überlege, ob ich mich bücken und die Dose aufheben soll – um sie dann aber wohin zu tun? –, kommt ein junger Mann mit einem soliden Tretroller angefahren. Kurze graue Baumwollhose, schwarzes Shirt, blaue Baseballkappe, auffällig schlank. Schüler, Lehrling? Seine für das Wetter eigentlich viel zu dicken schwarzen Socken stecken in richtigen harten schwarzen Arbeitsschuhen mit Stahlkappen. Er sieht die Dose, bleibt stehen, rollt sie mit einem Fuß geschickt zu sich heran, stampft sie mit einem kräftigen Tritt platt und steckt sie in seinen dunkelgrauen Rucksack. „Danke, dass Sie das machen", sage ich.

„Warum", fragt er, „ich bin Schüler, und da zählt jeder Cent. 15 Cent bringt 'ne Dose, das bessert das Taschengeld gut auf. Ist außerdem gut für die Umwelt."

„Sind Sie Umweltaktivist?", frage ich.

„Nee, ich hab lange im Krankenhaus gelegen, da hat man viel Zeit zum Nachdenken." Er kommt näher. „Ich bin mit nur drei Herzklappen geboren, das ist eine zu wenig, und da haben die Ärzte immer mal wieder versucht, eine vierte Herzklappe anzunähen. Jetzt scheint es zu funktionieren."

„Und wie alt sind Sie, wenn ich fragen darf?"

„Siebzehn."

„Und was möchten Sie mal werden?"

„Ich habe gerade ein Praktikum im Krankenhaus gemacht. Ich möchte gern Krankenpfleger werden."

„Sie mögen die Atmosphäre im Krankenhaus?"

„Ja. Ich hab auch schon mal 'nen Sarg getragen. Mit jemandem drin, den ich gekannt habe. So 'ne Billigversion von Sarg. Hundertfünfzig Euro. Die sind nicht so schwer. Den Mann kannte keiner. Ich hatte ein paarmal mit ihm geredet. Man muss ja nur hinschauen. Dann sieht man schon, wem Zuhören guttut, und mir tut es auch gut. Reden und zuhören."

„Krankenpflege ist aber oft eine schwere Arbeit, rein körperlich."

„Macht nichts, da hilft man sich gegenseitig. Allein ist man da nie. Und dieses Gefühl hat man jeden Tag. Das mag ich."

„Bleiben Sie dran, bestes Gelingen!"

„Alles Gute auch für Sie!"

Kapitel 13:

„Ich hab malocht"

Von der Grundschule in der Henriettenstraße vorbei an einer alteingesessenen Trinkhalle, bin ich auf dem Weg zum Pollmann-Eck. Fast stolpere ich über ein kleines buntes Blumenbeet am Fuß eines Baumes mit einem Foto des Bundespräsidenten Frank-Walter Steinmeier und seiner Frau Elke Büdenbender. „Herzlich willkommen!" steht darunter, mitten in einem kleinen Gärtchen mit niedrigem Zaun, Gartenzwerg und verschiedenen Blumen. Dieser liebenswerte Willkommensgruß soll wohl zeigen, dass hier Menschen leben, denen es nicht egal ist, wie es in Marxloh aussieht. Ich mache ein paar Fotos. Plötzlich steht wie aus dem Nichts ein älterer Mann neben mir.

„Schön, nicht wahr?!"

„Ja", sage ich, „vielleicht ein bisschen kitschig?"

Er lacht. „Ja, die beiden, die das Beet angelegt haben, die lieben es ein bisschen herzlicher. Sie wohnen hier oben und haben auch einen wunderschönen Garten hinterm Haus." Er schaut mich neugierig an. „Was machen Sie hier?"

„Ich suche Marxloh-Geschichten", sage ich.

„Ja", meint er, „das ist eine schöne Geschichte, der Bundespräsident mit seiner Frau zu Besuch in Marxloh. Nur ein paar Stunden, aber es war wunderbar! Da konnte er mal die Wirklichkeit sehen und hat hoffentlich einen guten Eindruck bekommen!"

„Wohnen Sie gern in Marxloh?", frage ich und überlege, wo er wohl herkommen mag. Sein Akzent klingt weich, angenehm, und aus seiner Art zu sprechen vermute ich, dass er schon lange in Deutschland lebt.

„Ich habe auch einen schönen Garten", sagt er lachend, „direkt hier." Er zeigt auf die Tür hinter uns. „Wollen Sie mal sehen?"

Ein bisschen skeptisch, aber neugierig genug nehme ich die Einladung an. Wie mag so ein Garten aussehen, mitten zwischen den eng bebauten Straßen rund ums Pollmann-Eck?

Durch die niedrige, etwas abgegriffene Eingangstür betreten wir einen Hausflur mit den pflegeleichten Marmortreppen der Siebzigerjahre mit ihren typischen Treppengeländern aus gebogenen Eisenstangen mit schwarzen Plastiküberzügen an den Handläufen. Wir bleiben im Parterre, gehen links durch eine schlichte Holztür in die erste Wohnung. Ich halte mir quasi den Rückweg frei, denn der niedrige Flur ist dunkel und mein Blick fällt in ein Schlafzimmer auf einen gerüschten Bettüberwurf aus Polyester der auf einem üppigen Doppelbett liegt. Doch schon sind wir in einem riesengroßen Wohnraum mit einem Esstisch aus Holz, einer dicken braunen Polstermöbelgruppe aus Leder und einem Fernseher. Alles XXL und einladend gemütlich zusammengestellt.

Geranien-Kaskaden

Hinterhofidylle

„Ich bin Jasmina", sagt eine Frau und kommt lachend auf mich zu. Sie ist etwa so alt wie ich, hantiert gerade in der Küche, die die ganze Längsseite des Raumes einnimmt und fragt, ob ich einen Kaffee möchte. Ich bin beruhigt – ja, dies ist ein gastfreundliches Haus. „Und ich bin der Ivo", stellt sich der Mann lachend vor und führt mich durch eine Glastür hinaus in den Hof. Ich bin sprachlos: Eine mehrere Meter breite und circa anderthalb Meter hohe wilde Kaskade aus roten Hängegeranien macht den Hinterhof zu einer blühenden Oase. Buschig wuchern die Pflanzen über das Geländer einer Dachterrasse. Die hat man auf zwei ehemaligen Garagen angelegt, die zu kleinen

Appartements umgebaut wurden. Davor liegt ein schmales Blumenbeet mit gepflegten, üppig wild wachsenden Rosensträuchern. Sie verströmen einen betörenden Duft. Es gibt einen offenen großen Grill und eine rote Pergola. Zwei große Tische mit rot-weiß karierten Decken und gemütlichen Stühlen laden zum Sitzen ein. Mitten in Marxloh taucht man hier in ein herrlich sommerlich anmutendes Lebensgefühl ein, wie man es mit dem Süden Europas verbindet. ‚Die haben es sich hier richtig schön gemacht!‘, denke ich.

Das hätte ich nun wirklich nicht erwartet zwischen diesen Häusern mit vernagelten Türen in der Nachbarschaft, Schrottimmobilien, die langsam aber sicher dabei sind, zu verfallen. Ivo freut sich über meine Begeisterung. „Ja, ich hab viel malocht", erklärt er mir und ist sichtlich stolz auf das kleine Paradies, das sie sich da geschaffen haben.

Reich durch Immobilien?

Der Rentner war mit Nichts aus Bosnien gekommen und besitzt inzwischen etwa vierzig Eigentumswohnungen. Die vermietet er nicht – wie die meisten Wohnungsbaugenossenschaften in Marxloh – an das Sozialamt, sondern privat. Der Vorteil ist: Dabei sucht er selbst sich die Mieter aus und erklärt ihnen, bevor sie den Mietvertrag unterschreiben, an welche Regeln sie sich zu halten haben und dazu gehören die ordentliche Mülltrennung, das regelmäßige Reinigen des Treppenhauses, die Ruhezeiten und das richtige Entsorgen des Sperrmülls.

Darüber hinaus stellt Ivo eine weitere Bedingung für einen Mietvertrag: Die Mieter müssen ihren Wohnsitz offiziell bei der Stadt anmelden. Der Hintergrund: nur so werden die Kinder von den Behörden erfasst und können einen Platz in der Schule bekommen. „Kinder müssen lernen!", sagt Ivo. Als mehrfacher Großvater ist er stolz auf seine Enkelkinder. Sie kommen gern zu ihm, schon allein, weil hier immer jemand zu Hause ist, der für sie da ist, es gibt Platz zum Spielen und Platz, Hausaufgaben zu machen. Und der Schwelgernpark zum Toben und Fahrradfahren ist auch nicht weit weg und es ist einfach schön, wenn der Opa mit ihnen dorthin geht.

Es macht Ivo traurig, dass viele Familien in Marxloh nichts gemeinsam mit ihren Kindern unternehmen, nicht mal in den Park gehen. Das kann er nicht verstehen. Für fünfzigtausend Euro wurde der Spielplatz im Schwelgernpark vor wenigen Jahren renoviert: Es gibt Rutschen, Klettergerüste, Wippen, Sandkästen. Aber meist ist er leer und soweit Ivo das beobachten kann, sitzen viele Kinder nur im Haus und sehen fern, Programme in ihrer Muttersprache. Und weil er sich ein bisschen mitverantwortlich fühlt für ein gutes Miteinander, spricht er seine Mieter direkt darauf an. Ob es hilft? Ob sie dann doch mal etwas unternehmen mit ihren Kindern? Er ist skeptisch. Aber was er tun kann, das tut er. Und sorgt wenigstens äußerlich für Ordnung. „An meinen Häusern ist alles sauber, da kannst du überall gucken!", sagt er stolz und spielt gedankenverloren mit seinem fetten Schlüsselbund. Natürlich lässt er sich nicht so ganz in seine Karten gucken.

Arbeiten sollen die Leute, findet er, so wie er sich auch alles hart erarbeitet hat. Und daran erinnert er sich noch gut: „Anfangs, als ich in Duisburg-Meiderich ankam, da hab ich mit dreizehn Mann in einem Zimmer gewohnt!" Das war vor gut fünfzig Jahren, und vielleicht schaut er deshalb heute nicht so genau hin, wie viele Leute zeitweise in seinen Wohnungen leben. Er ist davon überzeugt, dass jeder es schaffen und sich im Ruhrgebiet ein gutes Leben einrichten kann – damals wie heute.

Automechaniker oder Koch oder Maurer?

Ivo ist in Marxloh bekannt wie ein bunter Hund. Nicht wegen der Häuser, die ihm gehören, davon wissen die wenigsten. Aber er war über zwanzig Jahre lang der Wirt des beliebten Kneipenrestaurants „Kupferkanne". Wichtige Voraussetzungen, die man dafür braucht, brachte er schon aus Bosnien mit.

Dort ist er auf dem Land in der Nähe von Novi Grad geboren und aufgewachsen. Sein Vater war Maurer. Als er ein kleiner Junge war, kochte seine Mutter häufig für größere Gesellschaften und lernte ihn als Küchenjungen an. Koch zu werden, hätte er sich gut vorstellen können. Doch ein Onkel aus der

Stadt bot ihm an, eine Lehre als Automechaniker bei ihm zu machen, und Ivo willigte ein. Weg von zu Hause, ohne die Kontrolle seiner Mutter, das war attraktiv. Und es wäre auch fast gut gegangen, denn der Siebzehnjährige fühlte sich in der Familie seines Onkels sehr wohl. Er fand schnell Freunde und: hatte seine erste Freundin. Nach ein paar Monaten kam seine Mutter unangemeldet zu Besuch. Sie wollte sehen, wie sich der Junge so macht. Leider überraschte sie ihn hinter der Werkstatt beim Rauchen.

Die Lehre wurde kurzerhand abgebrochen, und seine Mutter nahm ihn auf der Stelle mit nach Hause zurück. Daraufhin besorgte ihm sein Vater eine Lehrstelle als Koch in einer Hotelküche. Das war nicht schlecht, denn als Ivo kurze Zeit später zum Militär musste, landete er als Matrose in einer Kombüse. Doch der Wellengang auf dem Schiff und die langen Zeiten auf See waren nichts für ihn. Als ihm einer der Brüder der Mutter erzählte, dass man in Duisburg als ungelernter Arbeiter auf dem Bau leicht Arbeit finden und dreimal so viel Geld verdienen könnte wie in seinem Beruf als Koch, war das für den jungen, kräftigen Mann Grund genug, es auszuprobieren.

Eine Kupferkanne aus Gold

Kurzentschlossen fuhr er hin und bekam auf der Stelle einen Job. Das war 1968. Mauern, verputzen, Kabel und Rohre verlegen, egal was – es hat ihm Spaß gemacht. Und je mehr er konnte, umso mehr war er gefragt. Als Handlanger hat er damals bis zu vierzehn Stunden am Tag gearbeitet und dabei von den Profis alles gelernt, was man fürs Renovieren braucht.
„Viele sagen, sie könnten das nie. Aber wenn du was willst, dann schaffst du das auch. Und dann freust du dich über das Ergebnis!" Ivo wollte und will etwas schaffen.

Seine heimliche Liebe aber blieb das Kochen. Als ihm nach drei Jahren auf dem Bau ein bosnischer Restaurantbesitzer in Marxloh anbot, bei ihm als Koch zu arbeiten, mit der Aussicht, später das Restaurant zu übernehmen, nahm Ivo das Angebot an. Er besuchte noch einmal die Berufsschule, um seinen Meister als Koch zu machen, und führte mehr als zwanzig Jahre lang das

Restaurant im Zentrum von Marxloh. Unter seiner Leitung wurde die „Kupferkanne" zu einem geselligen Treffpunkt für Jung und Alt – und eine Goldgrube.

Ivo öffnete sein Restaurant morgens um sieben, damit die Rentner sich dort schon zum Frühstück treffen konnten. Da gab es Kaffee und Brötchen, mittags dann ein kräftiges bosnisches Essen, meist einen Eintopf, und abends konnte man à la carte wählen: Auf der Speisekarte standen Ćevapčići, Balkan-Teller, Schaschlik und andere typisch bosnische Spezialitäten. Seine Stammgäste waren vor allem Leute aus dem ehemaligen Jugoslawien, aber das Essen aus dem attraktiven Urlaubsland war auch bei Deutschen, Italienern und Polen sehr beliebt. Es kamen viele, die in Marxloh auf Montage arbeiteten. Ivo und seine Bedienung kümmerten sich darum, dass sich bei ihnen alle wohlfühlten. So sorgten sie zum Beispiel auch dafür, dass jeder mindestens einen seiner Lieblingstitel in ihrer Musikbox finden konnte, und wenn doch mal ein Hit fehlte, dann wurde die Schallplatte kurzerhand besorgt – die Stimmung war gut, der Laden brummte.

Ivo war ein cleverer und ein großzügiger Gastgeber. So sollte ein Lehrling, der wenig Geld hatte und sich deshalb den ganzen Abend an einer Cola festhielt, kein schlechtes Gewissen haben. Ivo wusste, der würde wiederkommen, wenn er später mal mehr Geld verdient. Und wenn einer am Ende des Monats sein Bier nicht mehr bezahlen konnte, wurde ein Deckel gemacht und angeschrieben. Besonders stolz ist Ivo heute noch darauf, dass er allen, denen am Ende des Monats das Geld ausgegangen war, wenigstens kostenlos eine Suppe gegeben hat. „Das hat doch nicht viel gekostet", meint er, „nur ein paar Erbsen oder Bohnen und die Restknochen vom Fleisch – schon war eine gute Suppe gekocht und genug da für alle." Das war seine Art der Gastfreundschaft. Mischkalkulation würde man das wirtschaftlich nennen. Und es hat sich gerechnet.

Seinen neuen 750er-BMW mit zehn Zylindern hat er damals in bar bezahlt, erzählt er lachend, und seine damalige Ehefrau hat er verwöhnt und viel Geld für sie ausgegeben – Schmuck, Kleidung, Luxus. Er war spendabel, das gehörte zu seinem Image, bis es ihm irgendwann zu anstrengend wurde und er merkte, dass dieses Leben mit den vielen Dingen, die er wie getrieben tat, weil er sie sich leisten konnte, ihm persönlich wenig bedeutete. Es kam zur Scheidung und die meisten Luxusgüter ließ er bei seiner Ehefrau.

Noch einige Jahre hat er das Restaurant betrieben, ruhiger, entspannter, bis er es ganz aufgegeben hat. Seit mehr als zwanzig Jahren lebt er mit Jasmina zusammen, seiner ehemaligen Angestellten. Sie lieben es familiär und eher einfach.

„So sauber, da kannst du vom Boden essen!"

Inzwischen hatte Ivo sich ein anderes Geschäft aufgebaut: als das Restaurant immer besser lief, begann der damit, heruntergekommene günstige Wohnungen zu kaufen. Er renovierte und vermietete sie oder verkaufte sie weiter. Und weil er einige Male richtig Glück damit gehabt hatte, tat er das mit wachsender Begeisterung: In eines der Häuser in Duisburg-Beek, in dem er eine Wohnung in der zweiten und eine in der dritten Etage gekauft hatte, zog kurz danach im Parterre eine Moschee ein. Für seine neuen Mieter war das nicht so schön, weil ständig viele Leute ein- und ausgingen, und es häufig bis tief in die Nacht hinein sehr laut war. Ivo ging zur Moschee und beschwerte sich. Ein paar Tage später fragten ihn die türkischen Besitzer, was er denn für die Wohnungen haben wolle – und boten ihm dreimal so viel Geld, wie er für die unrenovierten Wohnungen bezahlt hatte. Die Arbeit hatte sich gelohnt. Und für die Mieter hat er eine andere Wohnung gefunden. So oder so ähnlich hat sich sein Immobiliengeschäft schnell lukrativ weiterentwickelt. Er kauft, renoviert, vermietet – oder verkauft gegebenenfalls auch wieder weiter.

Schlechte Erfahrungen mit Mietern, die Wohnungen nicht nur leerräumen, sondern auch Türschwellen, Waschbecken und Kupferrohre rausreißen, um sie auf dem Schrottplatz zu verkaufen, wie man es in Marxloh bei einigen Häusern von Baugenossenschaften sehen konnte, hat er nicht gemacht. Und er hat auch keine Vorurteile gegenüber Zuwanderern. Prinzipiell vermietet er an jeden, erklärt er mir: Er schaut sich die Leute einfach an und geht mit einem Vorschuss an Vertrauen offen auf sie zu. Man glaubt es ihm sofort. „Am liebsten sind mir die Bulgaren", erzählt er dann doch, „sie halten ihre Wohnungen so sauber, da kannst du vom Fußboden essen! Nur den Müll trennen sie nicht." Ob sie das System nicht verstehen? Er kann es sich nicht erklären. Was er verstanden hat, ist, dass sie sich nicht bevormunden lassen wollen. Und leider scheinen die Mitarbeitenden der Stadt, die den Neuzuwanderern den Sinn dieser Mülltrennungsmaßnahmen vermitteln sollen, häufig auch nicht die richtige Ansprache zu finden.

Der Fehler, warum Menschen ihr Verhalten nicht ändern, meint Ivo, liegt im System. Es gebe zu viele Wohnungsbaugesellschaften, die Wohnraum vermieten und sich um nichts kümmern. Sie hätten keine Hausmeister, würden wegen der Kosten das Maß der Mülltonnen nicht nach der tatsächlichen Anzahl der Bewohner, sondern nach vorgeschriebenen Mindestanforderungen bezogen auf die Anzahl der Quadratmeter anschaffen und sie würden auch nach mehrmaligen Anrufen niemanden schicken, wenn ein Mieter defekte Wasserhähne oder den Befall von Ungeziefer meldet. Auch deshalb wachse die Gleichgültigkeit.

Willkommen Herr Bundespräsident und Frau

Ivo ist als Vermieter jederzeit ansprechbar. Und er kontrolliert: Bezahlt einer seine Rechnungen nicht, werden Wasser, Strom und Heizung abgestellt. Aber wenn eine Waschmaschine kaputt ist, besorgt er schnell eine neue. „Ich helfe grundsätzlich jedem", sagt er im Plauderton. Denn: „Jeder möchte leben!" Aber er hat auch schon mal jemandem gekündigt, weil der trotz mehrfacher Ermahnungen permanent Hunderte von Pistazienschalen auf dem Gehweg und im Vorgarten fallen ließ. Diese Kündigung, meint er, habe ihm unter seinen Mietern Respekt eingebracht.

Ivo lebt gern zwischen den Menschen verschiedenster Herkunft. Aber das Problem mit dem Müll auf den Straßen ist seit ein paar Monaten größer. Die Wirtschaftsbetriebe der Stadt sind inzwischen schon sonntags unterwegs, damit sich keine Müllplätze mitten in der Stadt bilden und Marxloh für Bewohner und Besucher attraktiv bleibt. Und das ist auch für Ivo eine Herzensangelegenheit. Da mag er nicht tatenlos zusehen. Häufig fährt er morgens vor dem Frühstück erst einmal mit seinem Auto mit Anhänger durch die umliegenden Straßen und schaut, ob und wo vor seinen Häusern ausgemusterte Elektrogeräte, kaputte Möbel, zerrissene Kleidung oder alte Teppiche auf dem Bürgersteig liegen. Und wenn er registriert, dass an diesem Tag in dieser Straße kein Sperrmüll abgeholt werden soll, lädt er die Sachen auf und bringt sie zum Umwelthof. Dabei nimmt er in Kauf, dass er dort manchmal Geld für die Entsorgung bezahlen muss. Dann schimpft er zwar auf die Mieter, zahlt aber trotzdem. „Ich habe so viel Glück gehabt im Leben", lacht er, „da möchte ich etwas davon zurückgeben an die Allgemeinheit." Ivo wohnt gerne in Marxloh, und da, wo er wohnt, da soll es schließlich schön sein.

„Hier vermisse ich nichts!"

Hinter einer unauffälligen hellen Fassade des siebziger Jahre Hauses ist sein kleines Paradies. Ivo gefällt es hier. Seine Brüder haben Häuser in Bosnien gebaut, für ihn hat sich das nicht gelohnt. Zu selten fährt er in seine Heimat. Einige Jahre hatte er ein Ferienhaus in Kroatien, damit die Familien dort gemeinsam Urlaub machen konnten. Er hatte Möbel, Fernseher, alles aus Deutschland hingebracht, aber es war zu selten jemand dort, deshalb wurde häufig eingebrochen. „Das war totes Kapital", meint er. „Ich liebe mein Land, aber eigentlich liebe ich den Ort, wo ich lebe!", sagt Ivo nachdenklich und irgendwie auch erleichtert. Urlaub macht er selten. Es kommt vor, dass er schon mal spontan vierzehn Tage nach Italien oder in die Türkei fährt, meist auf Drängen seiner Lebensgefährtin, aber so richtig brauchen tut er das nicht. Seine Wohnung auf Gran Canaria hat er mehr als vier Jahre lang nicht gesehen. Auch die wird er wohl wieder verkaufen. „Hier in Marxloh ist es schön", sagt Ivo. „Da vermisse ich nichts!"

Eine seiner Töchter kommt spontan vorbei. Sie möchte ihre Lieblingsserie im Fernsehen schauen, einige Enkelkinder spielen im Wohnzimmer. Jeder bewegt sich in dieser Wohnung ganz selbstverständlich. Wie zu Hause. Und das gefällt Ivo. Er ist stolz auf seine Familie, liebt die Enkelkinder, vor allem, weil sie gerne in die Schule gehen und selbstverständlich gut Deutsch sprechen. Er selbst hat es nie so richtig gelernt, aber er macht durch seine herzliche Art alles wett und weiß nach einem Gespräch mindestens so viel über seine Gesprächspartner wie die über ihn.

Im letzten Jahr hat er siebenundzwanzig Kilo abgenommen – er hätte einfach viel zu oft viel zu viel Fleisch gegessen, ohne nachzudenken, meint er. Jetzt isst er bewusster und bewegt sich wieder mehr. Und dann erzählt er aufgeregt, dass er wieder zwei neue Wohnungen ersteigert hat, und man kann seine innere Unruhe geradezu spüren: Er will hin und renovieren. Nun wird er wieder für einige Monate von morgens früh bis abends spät auf der Baustelle sein. Das ist sein Ding. Noch braucht er keine Tabletten, und solange er noch keinen Rollator vor sich herschieben muss, lacht er, wird er Wohnungen kaufen und renovieren und vermieten oder wieder verkaufen. Seine Familie macht mit. Und abends wird gegrillt und erzählt. Das ist Ivos Glück.

Kapitel 14:

„Wir sind alle Schauspielerinnen"

D-e-u-t-s-c-h-l-a-n-d. Dalia spricht die einzelnen Buchstaben laut, während sie mit einem Kugelschreiber das Wort in ihr kleines Adressbuch schreibt. Die Syrerin möchte einfach ein bisschen deutsch sprechen können, wenn sie ihre Nachbarn im Treppenhaus trifft, anderen Müttern in der Kita begegnet oder in der Schule. Vor wenigen Monaten ist sie mit ihrer Familie nach Marxloh gekommen, und sie möchte nicht nur in der arabischsprachigen Community, sondern in Deutschland ankommen, in dem Land, das ihr und ihrer Familie Sicherheit gibt. Ich besuche das arabische Elterncafé der Städtischen Katholischen Grundschule Henriettenstraße. Morgens um 9 Uhr.

Saida Chadmi hat mich eingeladen. Sie leitet den wöchentlichen Treffpunkt. Mit ein paar schnellen Griffen hat sie den Raum, der in wenigen Stunden als Schulmensa genutzt wird, in ein freundliches Café verwandelt. Es duftet nach Filterkaffee und frischen Croissants. Auf den Tischen, die zu einem großen Block zusammengestellt sind, stehen Gläser, Teller, Tassen und Servietten. Bald werden dort viele kulinarische Köstlichkeiten ihre Verführungskünste entfalten, denn die arabischen Frauen haben wie jeden Morgen in der Frühe schon gekocht, gebraten und gebacken und bringen etwas mit: Es gibt Börek, gefüllte Auberginen, Zucchini, Msemen, das sind blättrige Teigfladen, die an Pfannkuchen erinnern, Käse, Tomaten, Gurken – alles, was eben zu einem guten arabischen Frühstück dazugehört.

Nachdem sich alle begrüßt haben und die Kinder von einer Betreuerin zum Spielen in den hinteren Teil des Raumes geholt wurden, geht es auch schon los.

„Frühstück" steht auf dem Arbeitsblatt, das Saida an die zehn Frauen verteilt, die heute gekommen sind. Auf dem Blatt sieht man Zeichnungen von Lebensmitteln, die man typischerweise zum Frühstück in Deutschland isst. Der Reihe nach nennen die Frauen die Namen auf Deutsch und Arabisch und bilden Sätze wie: „Ich esse gerne Brot. Ich esse gerne Tomaten. Ich esse gerne Käse." Saida macht ihnen Mut zu sprechen. Und sie macht Tempo. Wie auf

Knopfdruck schafft sie eine konzentrierte Lernatmosphäre, zwischendurch zelebriert sie wunderbare kurze Pausen. Dabei switcht sie die ganze Zeit galant zwischen Arabisch und Deutsch.

Elterncafé mit Power

Saida ist in Duisburg-Meiderich als Tochter marokkanischer Einwanderer aufgewachsen, an der südlichen Grenze von Marxloh, da, wo der Fußballverein MSV, der Meidericher Spielverein 02 e.V. Duisburg, 1902 gegründet wurde. Sie ist heute – außer mir – die einzige Frau ohne Kopftuch. „Daran habe ich mich schon gewöhnt", lacht sie, „das ist meistens so, wenn ich mich mit arabischsprachigen Gruppen treffe." Männer sind nicht gekommen. Auch

Frühstück im Elterncafé

das ist im Elterncafé meistens so.

Durch ihre freundliche, zugewandte Art schafft Saida eine familiäre Atmosphäre. Nach etwa dreißig Minuten Deutschunterricht wechselt sie das Thema. Sie spricht gezielt den Alltag der Frauen an, Themen wie Schule, Wohnen, Arztbesuche, fragt, wo es Probleme gibt, wie es läuft. Wenn private Gespräche aufkommen, verschiebt sie die galant auf später, Zeit fürs Lamentieren über die Vergangenheit und „Woanders war es viel schöner" beendet sie sofort: „Wir sind jetzt in Marxloh, und das Leben hier ist unser Thema."

Das Elterncafé ist eine informelle Anlaufstelle für arabischsprachige Eltern, die konkrete Fragen zum Thema Schule und Fördermöglichkeiten für ihre Kinder und das Alltagsleben in Deutschland haben. Das niedrigschwellige Angebot, im Elterncafé Deutsch zu lernen, ist für alle da, unabhängig von ihrem Aufenthaltsstatus. Und es

214

lässt sich gut in den Alltag integrieren, erklärt Dalia. Drei ihrer vier Kinder sind gerade im Unterricht, den Jüngsten hat sie mitgebracht. Ihr Mann ist zur Arbeit gegangen, und sie nutzt die Gelegenheit, mehr über ihren neuen Lebensraum zu erfahren – von Menschen, die schon länger in Marxloh leben und vielleicht ein ähnliches Schicksal haben wie sie. Sie kommt, weil sie weiß, dass sie im Elterncafé auch von ihren Alltagsproblemen erzählen kann. Hier bekommt sie Tipps von anderen Müttern, und wenn es konkrete Probleme gibt, weiß Saida Rat und lässt sie damit nicht allein.

Nachdem sie für die Begleitung von arabischsprachigen Bekannten, die ihr den Weg zur Schule gezeigt hatten, zwanzig Euro bezahlt hat, ist Dalia vorsichtig damit, jemanden um Hilfe zu bitten, sie möchte sich aber auch nicht mit allen Fragen direkt an die Behörden wenden und wenn, dann würde sie gern gezielt gleich die richtige Anlaufstelle aufsuchen. Vergeblich hatte sie versucht, mithilfe von Freunden, die ein bisschen deutsch sprechen, jemanden in der Wohnungsverwaltung zu erreichen, der einen Kammerjäger schickt, um die Kakerlaken in ihrer Wohnung zu beseitigen. Es war ihnen nicht gelungen, jemanden zu finden, der sich dafür zuständig fühlte. Saida hat sich hartnäckig am Telefon durchgefragt, und das Ungeziefer wurde beseitigt.

Vorsicht: Selbstbestimmung

Dass Dalia großen Wert auf Sauberkeit legt, sieht man ihr an. Nicht nur ihr Sohn ist wie aus dem Ei gepellt, auch sie hat sich für dieses Treffen schick gemacht: Über ihre schwarze Röhrenhose fällt locker ein beigefarbener Pullover. Sie ist leicht geschminkt, trägt goldene Ohrringe und einen goldenen Armreif. Das zarte dunkelgelbe Kopftuch unterstreicht die makellose Schönheit ihres ebenmäßigen Teints. Mit ihrem offenen Blick und dem dunklen Lachen wirkt sie sympathisch, freundlich und unternehmungslustig. Ab und zu kommt ihr Drei-Jähriger, der in der Kinderecke spielt, zu ihr an den Tisch. Er holt sich einen Keks ab oder zeigt ihr sein Spielzeug, und schon ist er wieder weg – wenn er nicht noch kurz bei Saida stehen bleibt, um sich von ihr knuddeln zu lassen.

Eine Syrerin ist heute zum ersten Mal im Elterncafé. Sie hat mit ihrem Mann und ihrem fünfjährigen Sohn einige Jahre in Spanien gelebt und hatte dort eine Stelle in einem Büro, bis ihr Mann von Freunden überredet wurde, nach Marxloh zu ziehen. Warum? Sie zuckt mit den Schultern. So genau weiß sie das auch nicht, sagt sie.

Nun sind sie da, der Mann ist unterwegs, sucht Arbeit, trifft sich mit Freunden, sie kümmert sich um den Sohn und sucht nach Möglichkeiten für ihn, schnell gut Deutsch zu lernen und seine Freizeit sinnvoll zu verbringen. Die anderen Frauen erzählen ihr vom Petershof mit Pater Oliver, einer Einrichtung der katholischen Kirche mit Möglichkeiten für Kinder zum Basteln, Boxtraining, Sport-AGs und Hausaufgabenbetreuung, und vom „Kiebitz", einem internationalen Jugend- und Kulturzentrum mit vielen Freizeitangeboten.

Eigentlich warte ich darauf, dass Saida der Frau eine Möglichkeit zeigt, einen Deutschkurs zu machen. Das würde bei ihrer Vorgeschichte meines Erachtens doch gut passen. Aber Saida zögert. Ich wundere mich, denn ich kenne Saida schon etwas länger und erlebe sie mit ihren Kommentaren und Tipps als sehr direkt. Dabei scheut sie sich nicht, auch unangenehme Kommentare abzugeben wie „Der Extrabonus der Familienbehörde im letzten Monat war für deine Kinder gedacht und nicht dafür, dass du dir ein neues Armband kaufst!". Aber im Gespräch mit der neu angekommenen Syrerin reagiert Saida auffällig zurückhaltend. Später frage ich sie, warum sie der jungen Frau nicht geraten habe, einen Deutschkurs zu besuchen. Das wäre doch ein guter erster Schritt für sie, am neuen Wohnort anzukommen. Sie seufzt.

„Ja", meint sie, „das stimmt." Das wäre sicherlich das Beste.

Aber man müsse vorsichtig sein und die Botschaften der Frauen zwischen den Zeilen lesen. Sie habe im Gespräch gemerkt, dass diese Frau noch zögert, allein die Wohnung zu verlassen und eigenständig etwas zu unternehmen. Selbst im Zusammenhang mit ihrem Sohn.

Von dieser ersten Begegnung allein kann Saida sich noch kein Bild davon machen, was dahintersteckt. Um der Frau wirklich etwas raten zu können, muss sie erst einmal ihr Vertrauen gewinnen. Viel zu häufig hat Saida erlebt, dass die Frauen, wenn sie konkrete Hinweise auf Kurse und Weiterbildungsmöglichkeiten von ihr bekommen haben, zu Hause begeistert davon berichteten und daraufhin gar nicht mehr zum Elterncafé gekommen sind. Die Ehemänner hatten sich quergestellt. Einige haben sogar Saida angerufen, um ihr unmissverständlich klarzumachen: „Wie du lebst, ist deine Sache. Bei meiner Frau werde ich das nicht dulden!"

Saida zeigt also erst einmal Zurückhaltung. Sie gibt den Frauen Zeit, anzukommen und Vertrauen zu entwickeln. Ganz langsam vermittelt sie ihnen ein Gefühl für die Freiheiten, die ihnen das Leben in Deutschland bietet. Und dazu liefert sie konkrete Fakten. Sie kennt die Situation in den Ursprungsländern, und deshalb fängt jedes Gespräch im Elterncafé damit an, dass sie den Frauen erklärt, dass man in Deutschland mit Lehrerinnen und Lehrern sprechen darf, dass Fragen zur Schule und zur Ausbildung kein Tabu sind, dass Fragen und Sorgen der Eltern von der Schule ernst genommen werden. Und nicht zuletzt sagt sie ihnen auch, dass Männer und Frauen in Deutschland gleichberechtigt sind.

Leben einrichten in Deutschland

Saida versteht die Situation der Frauen, die nicht deutsch sozialisiert sind, sehr gut, den inneren Konflikt, den sie mit sich austragen. Denn lange Jahre hat sie sich selbst zwischen den Werten ihrer kulturellen Tradition und der Lebenswirklichkeit in Deutschland aufgerieben. Sie ist ausgebrochen aus diesem Teufelskreis von Fremderwartungen und überkommenen Traditionen und hat es geschafft, ein selbstbestimmtes Leben zu führen – ein Kampf ist es allerdings geblieben. Anfeindungen aus der eigenen Community sind immer noch ein Thema.

Saida überzeugt durch Direktheit. Wie sie da herumwirbelt in ihrer attraktiven Weiblichkeit, ihren gepflegten, in einer leichten Welle über die Schulter fallenden dunkelblonden Haaren, ihrer eleganten Kleidung – sie trägt ein schwarzes knielanges Plissee-Kleid über schwarzen Leggings – und dem leichten Make-up, wirkt sie sehr sympathisch. Sie lebt einen Spagat zwischen arabischer Community und Freiheit und Selbstbestimmung durch ihre bewusste Integration in die deutsche Gesellschaft. Und hat es geschafft, dabei das große Erbe ihrer wunderbaren kulturellen Wurzeln und Werte nicht aufzugeben.

Charly

Damit ich verstehe, wie Saida dieser Spagat gelingen konnte, erzählt sie mir ihre Familiengeschichte. Einen ersten Schlüsselmoment gibt es, als Saida drei Monate alt ist. Da holt der Vater sie, ihre drei Geschwister und ihre Mutter aus Marokko und bringt sie nach Duisburg. Er hat alles gut vorbereitet. Arbeitet selbst schon seit sieben Jahren hier und fühlt sich wohl.

1962 war Tayeb Chalh in Marokko als Arbeiter für das Ruhrgebiet angeworben worden. „Er hat uns mit seiner Entscheidung, nach Deutschland zu gehen, die Freiheit gebracht!", sagt Saida stolz, „und die dürfen wir uns nicht nehmen lassen."

Sehr arme Verhältnisse waren das, in denen ihr Vater in einem kleinen Dorf in Marokko aufgewachsen war. Seine Familie war nicht in der Lage gewesen, mit ihrer Landwirtschaft alle Kinder zu ernähren, und so hat man ihn mit zwölf Jahren in die nächstgrößere Stadt zum Onkel nach Fès geschickt. Dort sollte er Geld verdienen, um die Familie auf dem Land finanziell zu unterstützen. Der Plan ging auf, der Onkel lernte ihn als Gehilfen für Elektroarbeiten an. Doch als eines Tages ein Anwerber in die Stadt kam, der Arbeiter für Deutschland suchte und einen sehr attraktiven Lohn bot, sagte er zu. Die Aussicht, einen richtigen Beruf zu erlernen und mit dem Geld nicht nur die Familie im Dorf zu unterstützen, sondern eine eigene Familie gründen und gut versorgen zu können, war einfach zu verlockend. So ist es dann auch gekommen, und im Prinzip ist es sein Leben lang so geblieben.

In Deutschland arbeitete Tayeb Chalh anfangs unter Tage im Schacht in Oberhausen, dann wechselte er zu den Wirtschaftsbetrieben nach Duisburg. Fast seinen gesamten Lohn schickte er seiner eigenen kleinen Familie in Fès, die so langsam wuchs, und einen Teil in sein Heimatdorf. 1969 holte er seine inzwischen vier Kinder und seine zweite Ehefrau – die erste war gestorben – nach Duisburg. Zwei Kinder sollten noch in Duisburg-Meiderich geboren werden.

„Die Nachbarn in Meiderich waren unglaublich hilfsbereit", erinnert sich Saida. „Wir bekamen als Kinder viel von ihnen geschenkt: gute Kleidung, Spielzeug und Süßigkeiten. Die Deutschen betrachteten damals die Gastarbeiter ja als willkommene Helfer, die den Wohlstand in Deutschland mit entwickeln", erklärt sie. „Alle waren gekommen, um zu arbeiten und Geld zu verdienen."

Tayeb Chalh war fleißig und beliebt. Jeder kannte den freundlichen Marokkaner mit dem Lachen im Gesicht, der Tag für Tag mit dem Müllwagen durch die Straßen fuhr. Bald nannten ihn alle nur „Charly". Charly grüßte, war hilfsbereit und kannte bald jeden auf seiner Strecke. Nach kurzer Zeit sprach er ziemlich gut Deutsch, und weil er so kontaktfreudig war, kamen die marokkanischen Landsleute, die neu in Deutschland waren, und fragten ihn nach den praktischen Dingen des Alltags: Wie findet man eine Wohnung, wo sollen die Kinder zur Schule gehen, welche Sportvereine gibt es und, und, und ... Charly wusste Rat – und wenn nicht, dann kannte er jemanden, den er fragen konnte.

Später zurück nach Marokko?

Noch heute erinnert Saida sich sehr gut, dass es ganz normal war, dass vor allem an den Wochenenden Gastarbeiter aus Marokko bei ihnen zu Hause ein- und ausgingen. Ganz früh half sie schon mit, Fragebögen vorzulesen und auszufüllen. Es sprach sich schnell herum, dass Charly sich bestens auskannte und seine Tipps Erfolg versprachen. Zu den besonders schönen Geschichten, an die sie sich erinnert, gehört die von einem Ehepaar, das in der Absicht gekommen war, sich scheiden zu lassen, und wissen wollte, welchen Behördenweg sie einschlagen mussten. Die beiden gerieten ständig heftig laut miteinander in Streit. Einige Kannen Tee später verließen sie dann Hand in Hand die Wohnung. Charly hörte zu und fand noch im Gespräch mit den Ratsuchenden die ersten Schritte zu einer Lösung.

Was Saida rückblickend am meisten beeindruckt, ist die Mischung aus Empathie und Tatkraft, mit der ihr Vater handelte. Er konnte intuitiv richtig einschätzen, ob jemand sein Problem aus eigener Kraft lösen konnte und man ihm nur einen Weg zeigen musste oder ob er selbst irgendwo anrufen und die bürokratischen Hürden mit begleiten musste. Der Kreis derjenigen, die Charly als Ansprechpartner aufsuchten, wurde ständig größer, auch bei den Behörden schätzte man ihn als zuverlässigen Vermittler. In der marokkanischen Botschaft in Bonn und im Konsulat in Düsseldorf ging er bald ein und aus. Wenn Veranstalter Projekte mit Zuwanderern aus Marokko planten und den richtigen Ansprechpartner in Duisburg dafür suchten, holten sie sich seine Unterstützung. Sie wussten: Tayeb Chalh genießt das Vertrauen seiner Landsleute und packt an.

Nach seinem frühen Tod – er wurde nur 54 Jahre alt – veröffentlichte die marokkanische Zeitung „Anwal" im Sportteil einen Nachruf auf ihn. Sein erfolgreicher Einsatz für die marokkanische Jugendmannschaft im Schach war unvergessen geblieben: Als die Jugendlichen zu einem Turnier nach Deutschland fliegen wollten, die Funktionäre aber die Papiere für die Teilnahme viel zu spät eingereicht hatten, konnte der Verein mit Tayeb Chalhs Unterstützung doch noch teilnehmen. Und so stand im Nachruf zu lesen:

„Er hat von der Unterkunft bis zur Verpflegung alles organisiert, um die Motivation der Spieler zu stärken! Unser herzliches Beileid an seine Familie und Freunde"

„Möge ihn Allah mit dem Paradies belohnen!"

Tayeb Chalh freute sich, wenn er helfen konnte. Doch eine Anerkennung zu Lebzeiten hat ihn ganz besonders glücklich gemacht: die Einladung zu einem Empfang beim marokkanischen König. Bis zu ihm hatte sich herumgesprochen, dass Tayeb Chalh sich in Deutschland für seine marokkanischen Landsleute einsetzte und darüber hinaus auch einen Beitrag zum sozialen

Leben in Marokko leistete: Als er bei einem Heimaturlaub in Marokko sah, dass es auf dem Land zu wenig Krankenwagen gab, fielen ihm die ausrangierten Krankenwagen in Duisburg ein, und es gelang ihm, einige davon mit seinen Freunden nach Marokko zu bringen. Er beließ es nicht bei der Idee „Man müsste mal ...", nein, er sprach sofort die richtigen Leute an und besiegelte den Plan per Handschlag. Die bürokratischen Abläufe übernahmen dann andere.

Seine ursprüngliche Absicht, zum Arbeiten nach Deutschland zu kommen, um in Marokko später gut von dem Geld zu leben, hat Charly nie so ganz aufgegeben. Schon als die Kinder noch zur Schule gingen, hatte er ein Häuschen in Fès gekauft, in dem die ganze Familie regelmäßig in den Ferien Urlaub machte. Charly hatte fest vor, im Alter mit seiner Frau in der alten Heimat zu leben. Heute ist seine Witwe häufig dort und fühlt sich sehr wohl. Doch nach kurzer Zeit vermisst sie ihre Kinder, die in Duisburg leben, und die deutsche Nachbarschaft, mit der so sie viele Geschichten verbindet, und sie kommt wieder zurück.

Hätte man zu Charlys Lebzeiten jemandem gesagt, er könne nicht lesen und nicht schreiben – niemand hätte das geglaubt. Aber: Es stimmt. Zeit seines Lebens hat er sich geschickt durchgemogelt, sogar bei der Führerscheinprüfung!

Bei ihrem Vater hat Saida gesehen, was es bedeutet, seiner Kultur treu zu bleiben und doch neue Lebensgewohnheiten anzunehmen. Da sie in einer Nachbarschaft wohnten, wo nur deutsche Familien lebten, hatte sie deutsche Freundinnen. Sie kleidete sich wie die deutschen Mädchen und ging mit ihren Freundinnen schwimmen. Oft hat der Vater sie hingefahren und wieder abgeholt. Der Burkini und das Kopftuchtragen waren übrigens in ihrer Jugend, in den Siebziger- und Achtzigerjahren, noch gar kein Thema.

Teenagerträume

Und wie die meisten Jugendlichen damals – egal welcher Herkunft – hat auch Saida sich einige Freiheiten hart erkämpfen müssen: Als einer ihrer marokkanischen Lieblingssänger nach Duisburg kam, wollte sie unbedingt ins Konzert gehen. Wochenlang lag sie ihrem Vater damit in den Ohren. Nach endlosen Diskussionen und viel Bettelei fand er schließlich eine Kompromisslösung: „Er kam mit ins Konzert und hatte selbst Riesenspaß daran." Das Eis war gebrochen. Von da an durfte sie auch ohne ihn mit ihren Freundinnen Konzerte besuchen.

„Typisch marokkanisch war vielleicht", überlegt Saida, „dass unter Marokkanern der Ruf eine so große Rolle spielt. Die Frage ‚Was sagen die Leute?'." Die marokkanische Community sollte keine Gelegenheit bekommen, etwas Schlechtes zu sagen. „Aber", so ergänzt sie, „mein Vater hatte großes Vertrauen in mich. Er hat gewusst, dass ich nie etwas getan hätte, was ihn in Schwierigkeiten gebracht oder dem Ruf der Familie geschadet hätte."

Noch heute sieht Saida, dass viele Frauen mit marokkanischen Wurzeln sehr stark davon abhängig sind, was die Familie sagt, wie die Verwandten reagieren und wie die Landsleute reden.

Meisterprüfung

„Das Problem ist", sagt sie, „dass viele von denen, die in den Siebzigerjahren nach Deutschland gekommen sind, daran festhalten, wie sie damals gedacht und gelebt haben. In Marokko hat sich das Leben mit seinen moralischen Vorstellungen weiterentwickelt, doch in Deutsch-land halten die Zuwanderer nicht selten an den alten Einstellungen fest, weil sie denken, sie würden sonst ihre marokkanische Identität verlieren."

Als ihr Vater starb, brach für Saida eine Welt zusammen. Aber es war auch der Moment, in dem sie sich ihre eigenen Talente und Wünsche noch einmal deutlich bewusst machte.

Saida hatte eine Ausbildung zur Friseurin gemacht und sie mit der Meisterprüfung abgeschlossen. Danach führte sie für kurze Zeit einen eigenen Salon, aber ihr marokkanischer Ehemann spielte nicht mit. Er sah keine Veranlassung, sich für die Kinder und den Haushalt mitverantwortlich zu fühlen. Wir sind uns einig: Auch das ist nicht unbedingt eine marokkanische, sondern grundsätzlich eine unter Männern bis heute stark verbreitete Haltung. Saida musste damals jedenfalls notgedrungen ihre berufliche Selbstständigkeit wieder aufgeben und sich bei einem türkischen Friseur anstellen lassen. Die häusliche Situation blieb angespannt. „Der Druck der marokkanischen Ursprungsfamilie war und ist groß. Da ist immer dieser Zwiespalt, wen enttäuschst du, wen verlierst du, wenn du dich über die traditionellen Regeln hinwegsetzt."

Für ihre Töchter hat Saida die Hoffnung, dass ihr Leben einmal anders aussehen wird. „Sie kennen und lieben ihre marokkanischen Wurzeln, aber sie lernen, darüber nachzudenken, welchen Weg sie selbst gehen möchten. Sie haben Arabisch gelernt, aber dafür habe ich sie nicht in die Schule einer Moschee geschickt, sondern in eine staatliche Schule. Sie sollten sich unabhängig ihre Meinung bilden. Für die Vermittlung von Werten fühle ich mich zuständig. Ich wollte nicht, dass ihnen jemand sagt, ,Du kommst in die Hölle, wenn du Haribo isst', nur, weil da vielleicht Gelatine drin ist. Kinder sind Engel, und die kommen nicht in die Hölle!"

Marokkanische Kultur

Saidas Erziehung funktioniert nicht über Angst. Sie setzt auf Vertrauen. Und Verstand. Selbstverständlich gibt es Regeln, aber sie versucht, sie zu erklären, und lässt darüber im Zweifelsfall mit sich diskutieren. Nicht nur zu Hause. Auch in der Gesellschaft, dort, wo sie arbeitet, wo sie auf andere Menschen trifft.

Ungeschriebene Gesetze

„Wenn ich mich öffne und sage, ‚Ich will das und das‘ oder ‚Ich will das und das nicht‘, und habe ein Ziel und kämpfe dafür, dann kann mir das keiner ausreden! Das erzähle ich auch meinen Kindern so. ‚Aber Mama!‘, reagieren sie dann manchmal entsetzt.“ Saida lacht.

Für viele arabischstämmige Frauen in Deutschland ist es ein ungeschriebenes Gesetz, dass man sich als Frau den Regeln der Tradition der eigenen Community anpasst und unterordnet. Ist man anders, ist man schlecht. „Anders und gut, das gibt es in unserer marokkanischen Kultur gar nicht. Das ist es, was mir da oft fehlt: diese Empathie für jemanden. Oder dass man einfach sagt: ‚Der ist so, weil er das gut findet. Basta!‘“

Saida kämpft. Für Selbstbestimmtheit und Eigenverantwortung. Die Tochter einer Freundin ist Kinderpflegerin, die Freundin will aber nicht zulassen, dass sie in ihrem Beruf arbeitet, weil zu Hause so viel zu tun ist und die Mutter das allein nicht schafft. Sie muss die Verwandten bekochen und beherbergen, die regelmäßig mit ihren Familien zu Besuch kommen. Denn es gehört zu den ungeschriebenen Gesetzen der marokkanischen Kultur: Gastfreundschaft darf man nicht ablehnen. Leider wird dieses Gesetz gnadenlos ausgenutzt.

Saida spricht ihre Freundin darauf an: „Es ist wichtig, dass wir neue Grenzen setzen. Wenn wir die Tradition nicht unterbrechen, wird sich nie etwas ändern. Warum verhinderst du, dass deine Tochter selbstständig wird?“

Wo sie etwas bewegen kann, packt Saida die Probleme offen an, und wenn sie denkt, dass es zu nichts führt, hält sie sich diplomatisch zurück.

Ein Spagat

„Ich musste oft lügen – oder sagen wir besser: bestimmte Dinge verschweigen. Hätte ich unseren Verwandten in Marokko erzählt, dass wir einen Weihnachtsbaum haben, hätten die gedacht: ‚Um Gottes willen, was ist mit der Familie passiert?‘ Nichts ist da passiert. Wir sind trotzdem muslimisch geblieben. Ich muss das nicht rechtfertigen. Ich mache es, weil ich das schön finde, nicht, weil ich es mit dem Christentum verbinde." Aber leider geht dieser Kampf auch zu Hause in Duisburg weiter. An zwei Fronten.

„Die Kinder und Jugendlichen müssen sich auch bei uns in Duisburg immer wieder beweisen. In einer Debatte über Jugendliche mit Migrationshintergrund fragte eine Jugendliche: ‚Sie reden von Ausländern. Meinen Sie eigentlich auch uns?' Die Kinder sind hier in der zweiten Generation aufgewachsen. Sie lieben ihre marokkanische Musik und Kultur, aber sie fühlen sich deshalb nicht als Fremde, sie sehen sich als Deutsche!"

Einige konservative marokkanische Freunde lehnen Saidas Annäherung an die deutsche Lebensweise ab. Und sie wissen, dass es Saida wie Nadelstiche ins Herz trifft, wenn sie sie fragen: „Ja, bist du überhaupt noch arabisch?"

Saida ist natürlich stolz auf ihre marokkanischen Wurzeln. Sie liebt und pflegt ihre Kultur – das Essen, die Tänze, die Lieder, die Bräuche. Die Begeisterung, mit der sie von den Schönheiten Marokkos schwärmt, von den Stränden der Atlantikküste und dem orientalischen Flair in der Medina von Fès, die unter dem Schutz des Weltkulturerbes steht, hat nicht nur in mir eine starke Sehnsucht geweckt, sich auf eine kulturhistorische Entdeckungsreise dorthin zu begeben. „Es ist ein Verwöhnprogramm für alle Sinne", verspricht Saida. „Ich mache gern Urlaub in Marokko. Dann gehe ich schwimmen, fahre Rad und gehe mit meinen Töchtern allein aus. Die Farben und Düfte auf den Märkten und beim Essen sind einmalig. Ich habe mir diesen Genuss nie verbieten lassen!"

Ihr könnt das schaffen!

Saida hat Punkt für Punkt Antworten auf das traditionelle Regelsystem gefunden, ohne dabei die kulturellen moralischen Werte grundsätzlich infrage zu stellen. Ihr Glaube ist der Fels, auf dem sie steht: „Gott hat mir mein Leben geschenkt, nicht die Menschen. Menschen haben nicht das Recht, mir die Freude am Leben zu nehmen. Leben ist ein Geschenk. Das muss ich nutzen. Ich kriege ja keine neue Chance. Irgendwann ist alles vorbei. Ich bin ganz froh, dass ich Freunde habe, die das einfach akzeptieren: ‚Saida ist eben ein bisschen anders.'"

Das „ein bisschen anders" kommt bei mir als eine ganz spezielle Stärke an. Saida übernimmt Verantwortung und handelt. Da war ihr Vater ihr ein großes Vorbild, und das steckt offensichtlich in ihr drin. Das, was sie antreibt, bringt sie auf einen einfachen Nenner: „Wenn man viel erlebt, erreicht man eine gewisse Stärke. Und das möchte ich weitergeben: ‚Nicht nur die anderen können das schaffen, ihr könnt das auch. Aber: Ihr müsst es wollen!'"

Saida kennt das Problem, die Ängste und Gedanken, die das bei vielen auslöst: „Wenn ich jetzt so reagiere, kriege ich Ärger mit meinem Mann oder mit der Schwiegermutter, oder die ganze Familie grenzt mich aus. Veränderung macht Angst. Dabei ist das ja eigentlich nichts Schlechtes, wenn ein Mensch positiv denkt und selbstbewusst ist. Aber das unterstützen viele Familien und Freundeskreise nicht." Sie weiß: Das Leben zwischen Beruf und Familie bleibt für viele arabischsprachige Frauen in Deutschland ein alltäglicher Spagat:

„Zu Hause führen wir ein anderes Leben, ein dienendes. Das erwarten unsere Familien von uns. Und nach außen sollen wir im Alltag und im Berufsleben selbstständig sein. Und deshalb sind wir alle perfekte Schauspielerinnen!"

Marokkanische Teekultur

Bricht eine Frau aus diesem Pflichtenkanon aus, wird es brenzlig. Über die extremsten Reaktionen wird in den Medien berichtet. Doch der Stress des Alltags ist wie ein Dauerschwelbrand, sich nicht anzupassen, kann Dauerstress bedeuten. Man kann nur hoffen, dass das für die nächste Generation anders wird.

Saida ist glücklich, dass ihr Vater sie und ihre Familie nach Deutschland geholt hat. Einmal im Jahr fliegt die Familie nach Fès, um in ihrem Haus Urlaub zu machen. Alle zusammen. Das Gefühl ist unbeschreiblich. Es ist wie ein lang ersehntes Rendezvous, das die eigenen Wurzeln wieder als eine ihrer starken Energiequellen spürbar macht. In Fès kommen sie im Kreis der deutsch-marokkanischen Familie zur Ruhe, da sind sie ganz bei sich und atmen durch. Wenn sie dann ab und zu in das Dorf fahren, in dem ihr Vater geboren ist, und diesen Teil der Familie treffen, der in Marokko geblieben ist, dann wird ihnen klar, was ihr Vater durch sein Auswandern für sie erreicht hat. Dann kommt es Saida so vor, als hätten die Menschen dort den Anschluss an die Zeit verpasst.

„Die Familie hat in einem ärmlichen Dorf gelebt. Und ich sehe an meinen Cousinen, dass sie da gar nicht rauskommen. Die heiraten alle untereinander. Dass sich dort mal ein junger Mann verläuft und eine Frau in eine größere Stadt mitnimmt, das kommt so gut wie gar nicht vor. Selbst wenn die Töchter studiert haben, lassen die Mütter sie nicht gehen. Sie haben panische Angst."

Saida weiß, wie solche Geschichten in der Regel weitergehen. „Was machst du dann als Tochter? Den Ersten, der kommt, den heiratest du, damit du wegkommst." Leider ist das häufig ein Verwandter, und damit bleibt alles beim Alten, und der Lebensraum bleibt eng.

Allah ou Akbar

In der Öffentlichkeit spricht Saida weder über Religion noch über Politik. Sie kennt den Koran und hat schon mit manchem Imam diskutiert, doch letztlich macht sie sich ihre eigenen Gedanken. Sie betet regelmäßig, hat jedoch den Ruf des Muezzins zu den Gebetszeiten auf ihrem Handy auf lautlos gestellt. „Ich möchte ja niemanden provozieren. Denn heute haben ja viele Angst vor dem Ruf ‚Allah ou Akbar'. Ein großer Teil der nichtmuslimischen Bevölkerung bringt diese Worte mit Terroranschlägen in Verbindung, dabei sind sie eigentlich nur eine einleitende Formel zum Gebet und bedeuten: ‚Allah ist groß!'"

Leider wissen auch zu wenige nichtmuslimische Menschen, was wirklich im Koran steht und dass es aus der Schrift heraus überhaupt keinen Anlass gibt, sich von dieser Aussage „Allah ist groß!" bedroht zu fühlen!

„Ich denke, der Koran ist so geschrieben, dass jede und jeder ihn verstehen kann", sagt Saida, „jeder auf seine Weise. Und über Mord steht da zum Beispiel, dass man quasi die ganze Menschheit ermordet, wenn man auch nur einen einzigen Menschen umbringt. Niemand darf töten!"

Gern zitiert Saida auch die Sure über die verschiedenen Religionen. Der Prophet Mohammed hat geschrieben, dass jeder nach seiner Religion leben und dass man das tolerieren sollte. Saida rezitiert die Sure auf Arabisch. „Hat man diese Seiten bei euch aus dem Koran rausgerissen?", fragt sie, wenn jemand im Wettstreit der Religionen der Erste und Einzige und Beste sein will.

Und dann bringt Saida das Gespräch auf eine weitere einflussreiche Persönlichkeit, die sie geprägt hat: „Meine Mutter hat mich zu dem Menschen gemacht, der ich heute bin!", erklärt sie und erzählt stolz, wie ihre Mutter sich nach dem frühen Tod des Vaters mit den Kindern durchgeschlagen hat, wie viele Putzstellen sie angenommen hat, um ihnen eine gute Ausbildung zu ermöglichen. Und dass sie dann später selbst noch einmal einen Riesenschritt gemacht hat.

Mütter

„Meine Mutter war eine typisch marokkanische Hausfrau", so beginnt diese Geschichte. Sie hat sich um das Wohl der Familie gekümmert und hat in Deutschland in ihrem deutschen Wohnviertel Freundinnen gefunden. Aber: „Als mein Papa starb, wusste sie gar nichts. Hat er Geld? Hat er eine Versicherung? Wir Kinder haben das alles rausgekriegt, und dann haben wir meine Mutter sozusagen ins kalte Wasser gestoßen." Eines Tages nämlich, als sie ihre Kinder wieder einmal bat, mit ihr zur Bank zu fahren, haben sie gesagt: „Nein Mama, das musst du jetzt selbst machen!"

Die Mutter fühlte sich komplett überfordert.

„Sie war so traurig! In dem Moment hart zu bleiben, das war sehr schwer für mich", seufzt Saida. Doch der Erfolg gab ihr recht: „Von dem Tag an hat sie sich so verändert! Sie macht inzwischen alles selbst. Sie ist noch mal zur Schule gegangen, hat Deutsch gelernt, kann lesen – sie ist eine komplett selbstständige Frau geworden. Ich glaube, innerlich war sie immer schon so, das konnte nur nicht raus. Nun kann sie endlich für sich entscheiden. Das ist es, was ich an meiner Mama schätze. Wir sind stolz darauf, dass sie das bewältigt hat! Wären wir nicht hart geblieben, dann würde sie immer noch zu Hause sitzen und immer würde irgendeines ihrer Kinder alles für sie regeln. Ich finde es nur schade, dass erst etwas passieren muss, damit man der Mensch sein kann, der man eigentlich ist!"

Vor ein paar Jahren hat die Mutter sich einen Traum erfüllt und hat mit einer Freundin eine Wallfahrt nach Mekka gemacht.

Saida arbeitet daran, dass jede Frau das Talent entdeckt, das in ihr steckt. Und dass sie es nutzt und weiter entwickelt, wenn sie es möchte.

Für sie waren die Geburt ihres ersten Kindes und die ersten Wochen danach zu Hause ein starker Impuls für eine ganz besondere Initiative: die Marokkanische Frauen Initiative, kurz MFI. Sie sah, wie sich Frauen in ihre Familien zurückzogen, sobald sie Kinder bekamen. Während die Männer sich nach der Arbeit in Cafés trafen, zu denen nur Männer Zutritt hatten, saßen die Frauen mit den Kindern zu Hause. Und das bedeutete: Viele ihrer Kontakte waren fast ausschließlich auf die Familie beschränkt und kamen über die eigene Community nicht hinaus. Die Frauen suchten keinen Zugang mehr zum Bildungssystem und zu den öffentlichen Einrichtungen, sie wurden mehr und mehr abhängig von der arabischen Community und von ihren Familien, besonders auch von ihren Männern.

Niederschwellige Angebote

Die MFI ist zu einem wöchentlichen Treffpunkt für arabischsprachige Frauen geworden, zu einem niedrigschwelligen Angebot von Brücken in die deutsche Gesellschaft. Sie bietet einmal in der Woche am Samstagnachmittag die Möglichkeit, sich untereinander auszutauschen und mehr zu erfahren über die deutsche Gesellschaft, in der man lebt. Damit die Frauen dieses Angebot wahrnehmen, ist es wichtig, dass sie ihre Kinder mitbringen können. Für sie gibt es ein Kinderprogramm mit gemeinsamen Spielen, mit Geschichten Vorlesen und auch mal mit arabischen Liedern und Tänzen.

Saida spricht bei den Treffen der MFI deutsch und bietet einfache Lektionen in Lesen und Schreiben an.

Die Frauen bringen etwas zu essen und zu trinken mit, und lernen erst einmal ihre nähere Umgebung und das Leben in Deutschland kennen – ohne irgendwelche Voraussetzungen mitzubringen, ohne sich für einen speziellen Kurs registrieren oder sich schon auf ein konkretes Ziel festlegen zu müssen. Und so kommen viele Frauen, die von der deutschen Gesellschaft gar nicht wahrgenommen werden – weil ihre Männer arbeiten und sie als Hausfrauen nirgendwo auffallen, bei Behörden und Ärzten ihre Kinder alles übersetzen oder sie mit Minijobs als Raumpflegerinnen oder Lagerarbeiterinnen keine Probleme machen.

Saida sieht, dass da mehr geht. Und welche Verantwortung die Frauen haben. Sie sind in ihren Familien und in ihrer Community in der Regel die Entscheider, in der Erziehung der Kinder, ihrer Einstellung zu Deutschland, in Fragen der Berufswahl und im Kontakt zu anderen Kulturen. Sie sind es, die gefragt werden, wenn es um die Gesundheit der Familie geht. Diese Frauen könnten viel zum Gemeinwohl unserer Gesellschaft beitragen und den Arbeitsmarkt in Deutschland bereichern. Diese Potenziale bleiben derzeit leider viel zu häufig ungenutzt.

Ausflug nach Kevelaer

Das Ziel ist erst einmal: die Frauen selbstständiger zu machen, was ihren Lebensradius betrifft. Frauen, die nicht lesen können, trauen sich zum Beispiel nicht, die öffentlichen Verkehrsmittel zu benutzen. Sie könnten vielleicht noch lernen, eine Fahrkarte zu kaufen und von A nach B zu fahren, was aber, wenn die Strecke plötzlich gesperrt ist und eine Verbindung ausfällt? Sicher, mit dem Smartphone könnten sie sich eventuell zurechtfinden, aber die Angst ist groß, und so belassen sie es lieber dabei, sich ab und zu von ihren Ehemännern dorthin fahren, wohin sie möchten.

Aber wohin möchten sie denn? Wo könnte man denn hinfahren?

Mit Saida waren manche Frauen zum ersten Mal am nahe gelegenen Rhein oder an der Ruhr, im Duisburger Hafen oder in Holland an der See. Solche Ausflüge machen die Frauen neugierig auf Deutschland und die Deutschen, auf die deutsche Geschichte und die verschiedenen Kulturen, die in Deutschland zusammenleben, auf unterschiedliche Lebensgewohnheiten und Überzeugungen. Sie bringen die Frauen miteinander und mit anderen ins Gespräch.

Saida muss heute noch lachen, wenn sie an den Ausflug der MFI zum Weihnachtsmarkt in Kevelaer am Niederrhein denkt. Immer noch hat sie die verdutzten Gesichter der Menschen in dem kleinen katholischen Wallfahrtsort vor Augen, als die siebzig Frauen – fast alle mit Kopftuch – aus dem Bus stiegen. „Die Gruppe hat natürlich für Aufsehen gesorgt, so nach dem Motto: ‚Was wollen die denn hier?‘"

Letztlich war die Erfahrung positiv, die Menschen in Kevelaer begegneten ihnen sehr freundlich, und schnell kam man bei Glühwein und alkoholfreiem Punsch miteinander ins Gespräch.

„Deutschland hat ein wunderbares Grundgesetz, und wir leben in einer Demokratie!" Saida wird nicht müde, das zu sagen. Und damit alle begreifen, was es bedeutet, welche Möglichkeiten jedem und jeder Einzelnen die Wahlen bieten, sorgt sie auch da für Aufklärung. Niederschwellig. Sie organisiert

Begegnungen mit politischen Entscheidungsträgerinnen im Landtag in Düsseldorf und Gespräche mit Abgeordneten des Europäischen Parlaments in Brüssel. Natürlich bereitet Saida solche Reisen und Treffen akribisch vor, sie gibt viele Informationen und weckt die Neugier.

Bei den wöchentlichen Treffen der MFI geht Saida auf die brennenden Fragen der Frauen ein und organisiert ExpertInnen zu Fragen von Kindererziehung und Gesundheit, speziellen Formen der Ernährung, über Fernsehkonsum und den Umgang mit dem Handy bei Kindern. Auch Tabuthemen lässt sie in Vorträgen von pädagogisch geschulten Fachleuten ansprechen. Denn vieles wird aus Unwissenheit im Alltag im traditionellen Sinne gehandhabt und totgeschwiegen. Ein Beispiel: Eine Mutter, die ein behindertes Kind hat, versucht, das Handicap zu ignorieren, und handelt so, wie sie es häufig noch in ihrer eigenen Kultur erlebt hat: Sie spricht nicht darüber. Sie schämt sich. Und die Freunde und die Familien denken, das sei Allahs Wille und sie müssten dieses Schicksal einfach ertragen.

Offen für alle Frauen!

In diesen Vorträgen erfahren die Mütter von Außenstehenden, von Fachleuten, dass „Anderssein" in Deutschland dazugehört, dass es viele Möglichkeiten gibt, Unterstützung für Menschen mit besonderen Förderbedürfnissen zu finden. Vor einem direkten Gang zu den Behörden, wozu Ärztinnen und Ärzte in der Regel raten, haben die Frauen einfach Angst, weil sie nicht wissen, welche Folgen das für sie und ihre Familie haben könnte. Sie befürchten, man könnte ihnen das Kind wegnehmen. Selbst mit einem Dolmetscher, den ihnen die Behörden zur Seite stellen würden, fühlen sie sich einem unbekannten System ausgeliefert. Und genau da bietet die MFI einen gewissermaßen geschützten, sicheren Raum und die Möglichkeit, Fragen zu stellen.

Saida lädt Anbieter von Weiterbildungsmaßnahmen ein, vom Arbeitsamt, von sozialen Einrichtungen. Die Frauen sollen möglichst viele Optionen der Weiterbildung und des Arbeitsmarktes kennenlernen. Vor allem aber sollen sie sich bewusst werden, wo sie selbst stehen und erfahren, welche beruflich attraktiven Perspektiven es gäbe.

In Einzelgesprächen oder in großer Runde wird gezielt über die Chancen für jede einzelne Frau gesprochen. Dabei geht es erst einmal darum, wovon die Frauen träumen. Aber dann – und das ist mindestens ebenso wichtig – darum, wie sie diesen Wunsch konkretisieren und wie sie ihre Vorstellungen in ihren Familien durchsetzen können. Das braucht oft einen langen Atem, und den bieten diese wöchentlichen Treffs. Hier bleiben die Träume präsent und können im Tempo der Frauen konkrete Formen annehmen.

Bei meinem Besuch kamen mir die arabischsprachigen Frauen mit großer Offenheit und viel Vertrauen entgegen. Damit ich mich auch wohlfühlte, hatten sie sehr leckere arabische Spezialitäten mitgebracht – süß und salzig - und zur Sicherheit auch deutschen Kuchen – Bienenstich! Woher sie wohl wussten, dass das mein Lieblingskuchen ist? Oder war das ihr Augenzwinkern? Na, was wird sie mögen, was ist wohl „typisch deutsch"?

Egal, ob die Frauen jung waren oder alt, ob sie schon lange oder erst ein paar Wochen in Duisburg lebten, die Frauen erzählten ganz freimütig – in einem lebendigen Sprachmix aus Deutsch und Arabisch – in großer Runde von den Hemmschwellen, die sie davon abgehalten hatten oder noch abhalten, ihr Leben in der deutschen Gesellschaft über ihren Familienkreis hinaus aktiv zu gestalten.

Kopftuchmädchen

Eine Frau erzählt mir, sie hätte es dem Verein zu verdanken, dass ihre Tochter die Lehre abgeschlossen hat. Immer wieder sei es zu Situationen gekommen, in denen ihre leider schüchterne Tochter von Vorgesetzen bei Praktika als „Kopftuchmädchen" beschimpft und als „dumm" bezeichnet wurde. „Frag was! Was willst du wissen?", hatte der Vorarbeiter im Praktikum sie aufgefordert, und weil sie darauf nicht sofort antwortete, musste sie sich anhören: „Du bringst es ja sowieso nicht. Aber meinetwegen brauchst du nichts zu fragen, aus dir wird eh nicht mehr als eine Reinigungskraft!"

Sätze wie diese haben ihrer Tochter den Boden unter den Füßen weggezogen. Das Mädchen ist gern zur Schule gegangen, aber sie ist eben schüchtern und hat sich mit ihren damals fünfzehn Jahren vor allem lauten Männern gegenüber nicht durchsetzen können. In der MFI hat man sie dann bei jedem Treffen, Woche für Woche darin bestärkt, dranzubleiben, und auch die Mutter dazu angehalten, zu ihrer Tochter zu stehen und ihr weiter Mut zu machen, weiter zu lernen. Inzwischen ist aus dem Teenager eine junge Frau geworden. Sie ist Arzthelferin bei einer Zahnärztin und tritt sehr sympathisch, offen und selbstbewusst auf.

Ich wollte mehr wissen über die arabischsprachigen Frauen, die zur MFI gehören, und habe die Interviews für den Flyer der Marokkanischen Frauen Initiative geführt. Hinter der mehr oder weniger orientalisch anmutenden wunderschönen Kleidung entdeckte ich starke Persönlichkeiten, und ich wusste, als der Flyer fertig war, es war nun wirklich das letzte Mal, dass ich Frauen mit Kopftuch und weiten orientalischen Kleidern mit leichter Skepsis und Vorurteilen begegnet bin. Einige von ihnen, die in Duisburg eine oder mehrere Putzstellen haben, legal oder illegal, haben in ihrer Heimat in einer Näherei internationale Markenkleidung gefertigt, andere sind auf dem Bauernhof groß geworden und wissen alles über natürliche Schädlingsbekämpfung und erfolgreiche Gemüsezucht, wieder andere waren Erzieherin oder Lehrerin. Wenn ich heute mit Frauen über ihre Lebensträume oder Probleme spreche, weiß ich später oft gar nicht mehr, ob sie ein Kopftuch getragen haben oder einen bunten Rock, ob sie schwarz gekleidet oder geschminkt waren. Das habe ich durch die Gespräche in der MFI Gott sei Dank nun endgültig abgelegt.

Neuer Schwung

Saida und die MFI sind die Brücke zwischen den arabischen Ursprungs-Communitys und der deutschen Gesellschaft. Ehrenamtlich. Wobei Saida in Duisburg sehr bekannt ist, vom Obdachlosen bis zum Bürgermeister. Sie berät bei Verständigungsproblemen sprachlicher und kultureller Natur, hat verschiedene Stellen – Minijobs – bei unterschiedlichen sozialen Trägern in der sprachlichen Integrationsförderung. Sie ist Streetworker und Fachfrau für Behördendeutsch und Formulare, Vertrauensperson für arabischsprachige Frauen, Behörden, Sozialarbeiterinnen, soziale Einrichtungen. Eigentlich wird es Zeit, dass man ihre Expertise und ihre Erfahrungen wie ein Studium anerkennt und ihr eine entsprechende Stelle schafft. Aber da muss wohl jemand von außen kommen, um das anzustoßen.

Saida macht anderen Mut und unterstützt, wo sie kann.

„Ich bin stolz auf jede Frau, die ich begleite und die sich bewegt", erklärt sie. „Wenn ich wieder einer von ihnen einen Weg gezeigt habe, ist das, als würde ich selbst noch mal neuen Schwung bekommen oder einen neuen Job finden. Aber ich entscheide nichts. Ich würde auch nie jemandem sagen: ,Trenn dich von deinem Mann, weil er dich schlägt!' Das ist eine private Geschichte. Wenn ich so etwas wahrnehme, sage ich: ,Lass dich als Mensch nicht kleinmachen! Du bist etwas Besonderes, und lass dir nichts anderes einreden.' Ich finde es auch schade, wenn eine Frau sagt: ,Ich bin ja nur Hausfrau.' Da raste ich schon aus. Wieso? ,Du bist Hausfrau, das reicht!' Warum denn dieses ,nur'? Das macht einen doch nur klein – klein und schwach." Und lachend ergänzt sie: „Man hat natürlich mit so einem Charakter wie ich ihn habe, oft Probleme. Aber das ist dann das Problem der anderen, nicht mehr meines."

Saida findet Lösungen für die zentrale Frage: Wie kann jede Frau die Regeln in Deutschland kennenlernen und respektieren, ohne dabei das Gefühl zu haben, die eigene Identität aufzugeben und den Zusammenhalt mit der ursprünglichen Community zu verlieren? Sie sieht hin, hört zu und handelt. Und nimmt auch mal Kinder in den Arm, die vielleicht ein bisschen verwahrlost aussehen.

„Wie kannst du das nur machen?", fragen einige. Und die Antwort darauf bringt ihre Grundhaltung noch einmal auf den Punkt:

„Jedes Kind, jeder Mensch ist ein Geschöpf Gottes, und das muss man einfach lieb haben."

Marokkanischer Bauchtanzgürtel

Kapitel 15:
Das Erfolgsrezept der Oma

Der Laden brummt. Egal, wann man kommt. Die Lage ist perfekt: im Herzen von Marxloh, am berühmten Pollmann-Eck. In einem der schönsten Häuser des Stadtteils, einem dreistöckigen Jugendstilhaus. „1901" steht in großen Zahlen unter der Dachtraufe, und die Nachfahren der Pollmanns haben das Dach nach den originalen Vorlagen der Jugendstilarchitektur restaurieren lassen. Ein stolzes Haus, Zeuge einer blühenden Wirtschaft. Wie eine Schmuckschatulle.

Bis vor Kurzem unterschied sich das „Pera" rein äußerlich nicht wesentlich von anderen Schnellrestaurants, die mehr mit dem Blick nach innen auf die mit frischem Gemüse gefüllte gläserne Theke als durch Äußerlichkeiten beeindrucken. Rechts und links der Eingangstür zeigten bunte Fotos von vielen unterschiedlichen auf Tellern angerichteten Menüs, dass hier jeder das bekommt und so essen kann, wie es in seiner Kultur eben üblich ist: ein Teller mit geschnittenen Gurken und Tomaten, Schnittkäse, Wurst, Marmelade, Philadelphia und Nutella, Butter und einem Ei, ein anderer mit einer Tasse Suppe, einer mit Sesamring, Oliven, Tomaten, Gurken und Schafskäse – das alles will zum Frühstück einladen. Daneben ein reichlich gefüllter Dönerteller, ein Grillteller und einer mit Mais, Tomaten, Salat und Hackfleischröllchen

Diese Fotos sind inzwischen Vergangenheit. Aktuell hängen dort moderne Animationsfotos, und die Verkleidung des Hauses im Erdgeschoss ist schick geworden. Mit Holzvertäfelung in mittlerem Braun, abgesetzt mit dunkel anthrazitfarbenen Rahmen – das hätte ich geschrieben, hätte ich nicht mit dem Besitzer Mehmet Demiray gesprochen. Denn: Aluminium in Holzoptik ist das, und das soll einfach mal die nächsten fünfzig Jahre halten.

Das „Pera" wird demnächst auch innen umgebaut, verrät er mir, aber auf dieses „Lebenswerk" und die anstehenden Veränderungen der Inneneinrichtung kommen wir später zu sprechen. Denn was dieses Restaurant seit mehr als drei Jahrzehnten so attraktiv macht und dafür sorgt, dass es stets gut besucht ist, sind die Menschen, die vielen Gäste, die sich hier offenbar sehr wohlfühlen. Und ja, man spürt diese Atmosphäre bereits beim Blick durch die

Fenster: Da gibt es die Gruppe von Jugendlichen, die sich trifft, um eine bestandene Führerscheinprüfung zu feiern, die Familie, die nach dem Einkaufstrip durch die Brautmoden- und Goldgeschäfte sichtlich erschöpft, aber glücklich mit vielen Tüten im Gepäck hungrig geworden ist und sich unglaublich viel zu erzählen hat. Da sind die Freundinnen, die mal unter sich quatschen möchten, die Pärchen, die außerhalb ihrer großen Familien unbeobachtet sein möchten. Es wird viel und laut geredet, es ist wuselig und die Bedienung aufmerksam und sehr freundlich. In dieser Kulisse ist Platz für Geselligkeit, für Genuss, für Gespräche, für Begegnung. Man kann hineinprojizieren, was immer man für ein entspanntes Gespräch braucht – dieser Restaurantbesuch verspricht mehr als ein angenehmes Sättigungsgefühl im Bauch.

„Ich bin ein weltoffener Weltbürger!"

Als die Arbeitsgemeinschaft der Gewerbetreibenden von Marxloh sich hier zum Essen traf, führte Mehmet Demiray sie nach oben. Die zweite Etage ist genauso groß wie der Laden im Parterre, die Lautstärke etwas gedämpfter und die Tische und Stühle werden je nach Bedarf zusammengestellt. Und was alle beeindruckt: Sie bekommen für den Abend eine eigene Bedienung, die sie ganz besonders aufmerksam im Blick hat.

Mehmet Demiray ist gerne ein guter Gastgeber. Er liebt diese Rolle. Seine Mitarbeiterinnen und Mitarbeiter sind freundlich und scheinen ihre Arbeit gern zu machen. Und falls sie Stress haben, merkt man es ihnen nicht an. Alles geht Hand in Hand. Das Essen wird frisch zubereitet und ist doch zügig auf den Tisch gezaubert. Die Teller sind gut gefüllt, es duftet köstlich, alles sieht appetitlich aus und offensichtlich schmeckt es, sonst wäre das Restaurant nicht immer so gut besucht. All das zusammen ist die Visitenkarte des Restaurants Pera, des ersten Restaurants am Platz. Und das Geheimnis: eine Mischung aus legendärer orientalischer Gastfreundschaft und dem großen Herzen eines typischen Mannes aus dem Kohlenpott.

1998 eröffnete Mehmet Demiray das Restaurant, kurz bevor sich hier nach und nach die „romantische Hochzeitsstraße" etabliert hat, die internationale Kundschaft anzieht. „Das wurde so ne richtige beliebte Weddingstraße!" Und wie Mehmet Demiray das sagt, schwingt das Staunen darüber mit, wie rasant sich diese Straße mit den leer stehenden Ladenlokalen damals in kurzer Zeit in eine pulsierende Einkaufszone verwandelt hat. „Plötzlich kamen scharenweise Kunden aus Dinslaken und Duisburg, vom Niederrhein, aus Belgien, Holland, Frankreich und Luxemburg." Und es kamen die, die in Marxloh wohnten und arbeiteten, Menschen, deren kulturelle Wurzeln in Griechenland, Jugoslawien, Italien, Polen, in der Türkei oder anderswo lagen. Es ist aber auch ganz egal, woher die Leute kamen und kommen: Mehmet Demiray hat sie als Kunden im Blick. „Ich bin ein weltoffener Weltbürger", sagt er. „Geboren bin ich in Anatolien in der Türkei, aber inzwischen ist die Türkei Ausland für mich. Ich könnte genauso gut in Venedig leben. Ich könnte überall leben. Aber mein Zuhause ist Deutschland!"

Die Türkei zu verlassen, war die Entscheidung seines Vaters und Großvaters. Weil die Arbeit in der Landwirtschaft in Westanatolien die Familie nicht mehr verlässlich ernähren konnte und sie von einem größeren Haus und einem finanziellen Polster träumten, das sie von den Erträgen der Landwirtschaft unabhängig machen würde, ließen sie sich von einem Anwerber als Gastarbeiter nach Deutschland vermitteln. Vater und Großvater verließen die Türkei und fingen bei Audi an, wechselten dann ins Baugeschäft und landeten bald im Bergbau bei Thyssen. Unter Tage ließ sich schnell viel Geld verdienen. Der Plan war, ein paar Jahre so viel Geld wie möglich in die Türkei zu schicken und sich damit dort dauerhaft Wohlstand aufzubauen, und erst einmal ging dieser Plan genau so auf.

Doch das Leben ohne ihre Frauen gefiel den Männern nicht. Nach wenigen Jahren holte der junge Vater seine Ehefrau nach. Die beiden Kinder blieben erst einmal in der Türkei bei der Oma. „Das war mein größtes Glück", lacht Mehmet heute. „Ich habe das als Freiheit erlebt, die Ruhe und das Vertrauen der alten Leute taten mir gut." Damals ahnte er noch nicht, wie sehr ihn diese Zeit prägen sollte, denn von der Großmutter hat er das Kochen gelernt und bei ihr sein Talent und seine Leidenschaft dafür entdeckt. „In der Erntezeit hatten wir je nach Saison bis zu zwanzig Wanderarbeiter und -arbeiterinnen. Mein Opa hatte tausend Olivenbäume, ein Hektar Land mit Weintrauben, außerdem musste man Getreide, Mais, Mohn, Sesam, Kichererbsen und Bohnen ernten. Und meine Oma hat für alle gekocht."

Es hat ihm Spaß gemacht, ihr in der Küche zu helfen. Und sie hat ihm immer größere Aufgaben anvertraut. Doch bis zum Inhaber und Geschäftsführer des erfolgreichen Restaurants „Pera" am Pollmann-Eck sollte er noch viele Hürden nehmen müssen.

SV Gelb Weiß Hamborn 1930 e.V.

Als Teenager hatte er erst mal einen Kulturschock – kurz, aber heftig. Er ist vierzehn Jahre alt, als seine Eltern ihn und seine Schwester nach Deutschland holen. Er spricht kein Wort Deutsch. Aber er ist nicht der Einzige. Für die Kinder, die nicht Deutsch sprechen, wird in seinem Jahrgang in der Schule an der Netze-straße extra eine Klasse eingerichtet. Und nachmittags geht er mit den anderen Jungs auf den Fußballplatz. Kickt beim SV Gelb Weiß Hamborn 1930 e.V. an der Warbruckstraße. Da spielen alle Nationen zusammen mit den Deutschen und denen, die als Deutsche gelten, weil sie schon in der zweiten oder dritten Generation in Deutschland leben, wobei die meisten aus Polen kommen.

Aber wo wer herkommt, das ist ihm damals völlig egal. Als Jugendlicher realisiert er das eigentlich gar nicht. Man muss im Fußball nicht viel sprechen, man muss Einsatz zeigen. Und das will er. In den Ferien sind die Jungs viel gemeinsam unterwegs. Mit dem Fahrrad und dem Ferienticket der Region. Zur Clique gehören Deutsche, Italiener, Griechen, Jugoslawen und Polen. Die Ausflüge an den Niederrhein, nach Krefeld, Moers, Kamp-Lintfort und in den Mattlerbusch geben ihm ein Gefühl von Freiheit und Abenteuer. „Das war eine fantastische Zeit!", schwärmt er, und sein strahlendes Gesicht spricht Bände. Und mit einem Tonfall, der alle bedauert, die das heute nicht mehr erleben, ergänzt Mehmet: „Wir haben gemeinsam etwas unternommen, miteinander auf der Straße gespielt. Computerspiele kannten wir ja noch nicht. Deshalb bin ich auch gesund und robust aufgewachsen!"

Mehmet macht den Hauptschulabschluss, und der ist damals so viel wert, dass es ihn heute noch stolz macht. Er gibt ihm das Gefühl, dass ihm die Welt offen steht. „Ich hätte bei der Deutschen Bank anfangen können, bei der Ruhrchemie oder bei Höchst. Aber ich hab aufm Bergbau angefangen, weil der Steiger und der Obersteiger immer wieder bei meinem Vater und bei meinem Opa nachgefragt hatten, wann ich fertig bin." Damals hieß es: „Harte Kerle arbeiten unter Tage!" Und natürlich war er ein harter Kerl. „Das war eine erstklassige Ausbildung! Wir haben in den drei Jahren Metall- und Holztechnik gelernt, auch Bergtechnik, und wir hatten die besten Ausbilder. Vor denen hatten wir großen Respekt. Die hatten zum Teil den Zweiten Weltkrieg noch miterlebt, einige waren in Gefangenschaft gewesen. Die waren sehr gut drauf. Die wussten, wo wir herkamen, und wollten uns etwas mit auf den Weg geben."

Mehmet denkt dankbar an diese Zeit zurück. „Ich weiß, was Bergbau ist und wie man Kohle macht", sagt er heute, und dieses „Kohle machen" ist nicht so harmlos, wie Außenstehende in rührseliger Nostalgie meinen, denen bei der Kohlenpott-Hymne „Glückauf, der Steiger kommt!" die Tränen in den Augen stehen. Wer auch nur entfernt mit dem Bergbau zu tun hatte, weiß, wie gefährlich die Grubenfahrten und die Arbeit in mehr als eintausend Meter Tiefe jeden Tag war, weiß, was alles passieren kann, wie schnell es mal zu einer Gasverpuffung oder zu einem kleinen Erdrutsch kommen kann. Der legendäre Zusammenhalt der Kumpel entstand, weil man sich der Gefahren bewusst war. Bei dieser Arbeit muss sich einer auf den anderen zu hundert Prozent verlassen können.

Kumpel unter Tage

Den Schock, was Bergbau in der Realität eigentlich bedeutet, kann Mehmet heute noch spüren, wenn er von seiner ersten Schicht erzählt. „Ich kam zu spät. Meine Ausbilder und alle waren schon unter Tage, ich musste allein anfahren. Ich sollte ins Mundloch gehen, stattdessen bin ich in den Kopfsteg reingegangen. Vom Kopfsteg zum Mundloch muss man durch den Streb, in dem die Walze die Kohle schneidet. Da kann man nur kriechen. Ich, zum ersten Mal unter Tage, musste die fünfhundert Meter zu meinen Kollegen allein laufen. Meine Pulle fällt runter, meine Jacke fällt runter, ich schwitze, es ist aber auch windig – mein erster Tag war ein Albtraum! Ich bin bei denen angekommen, da war ich schon fix und fertig. Da hatte ich schon Muskelkater überall. Plötzlich hat es geknallt, ich bin gerannt, alle haben gelacht. Ich hab noch sieben Stunden gearbeitet, aber wie, weiß ich nicht."

Förderturm Duisburg-Hamborn

Aufgeben war keine Option. Kumpel werden, von Kumpels lernen, das war die Herausforderung. „Am Ende war die Arbeit für mich Kinderkram!", und wie er das sagt, klopft er sich noch mal anerkennend selbst auf die Schulter. Nicht, weil er zum Schluss als Kumpel so unerschrocken war, sondern weil er gelernt hatte einzuschätzen, wo die wirklichen Gefahren lauerten. Auf die tausend Mark extra monatlich für die besonders gefährlichen Arbeiten, wie kleinere Löcher mit der Schippe auszuschaufeln, hat er verzichtet. Er hat gelernt, die Maschinen zu bedienen. „Damals, als ich aufgehört habe, 1996, da war das schon alles digitalisiert. Und man konnte über fünfzehn Kilometer die einzelnen Maschinen frei laufen lassen. Mit Überwachungskameras. Voll Hightech. Ich konnte das bedienen."

Natürlich hat Mehmet auch Unfälle gesehen. Meist waren sie auf menschliches Versagen zurückzuführen, auch auf neue Technologien, die erst einmal schwer zu bedienen sind. „Man muss sich das so vorstellen, als würde man heute ein Auto kaufen, das mit Touchscreen arbeitet", erklärt Mehmet. „Man weiß erst mal gar nicht, wie man das bedienen soll."

Gerade mal eine Woche hat er gebraucht, bis er sein neues Auto normal und sicher bedienen konnte. Und egal wo: Unter Stress kann es immer gefährlich werden. Drei Jahre dauerte seine Lehre im Bergbau, zehn Jahre arbeitete Mehmet unter Tage. Sein Fazit: „Das war eine tolle Zeit!"

Wenn er heute an die weiße Seife in den orangefarbenen Kartons in der Waschkaue denkt, dann ist das Kumpel-Feeling wieder ganz nah. „Unter Tage ist man dem Staub ausgesetzt. Und Steinkohle ist fettig. Da haben wir uns gegenseitig mit Schwämmen die Rücken geschrubbt. Jetzt weiß ich, was das bedeutet, egal ob zwei Meter langer Bernd oder 1,60 Meter langer Mehmet: einfach Schwamm und Seife in die Hand drücken, umdrehen, los. Das sind so Sachen, die sind da ganz selbstverständlich. Dafür braucht man keine Worte. Mir wurde in Deutschland auch da beigebracht: Der Mensch ist wertvoll!" Mehmet liebt diesen Gedanken. Und will sich nicht mit dem Eindruck abfinden, dass diese Einstellung heute langsam in Vergessenheit gerät. Teamgeist wird in seinem Restaurant und in seiner Welt großgeschrieben.

Aber der Reihe nach. Wie kam Mehmet überhaupt darauf, ein Restaurant aufzumachen, wenn es ihm so gut ging „aufm Pütt"?

„Bei uns in der Nachbarschaft gab es einen Griechen, dessen Vorfahren aus Anatolien stammten. Der hatte zu Hause auch noch Türkisch gesprochen, und als wir kleine Jungs waren und Scheiße gebaut haben, da hat er auf Türkisch mit uns geschimpft. So sind wir uns nähergekommen und nach und nach Freunde geworden."

Der Grieche hatte in Rheinhausen ein Restaurant, und über kleinere Hilfsarbeiten ist Mehmet immer mehr in den zentralen Bereich der Küche hineingerutscht und gehörte bald zum Stammpersonal. Lange hat er neben dem Bergbau im Restaurant ausgeholfen, und dann hat er den Sprung gewagt! Er hat in Orsoy – einem ländlichen Stadtteil von Rheinhausen – einen Dönerladen aufgemacht und weiterhin als Kumpel gearbeitet. Bei seinen Vorgesetzten bei Thyssen hat Mehmet mit offenen Karten gespielt, Fahrsteiger und Steiger davon erzählt, und sie haben versucht, ihm passende Schichten zu geben. Allein schon das Gefühl, dass sie ihn unterstützen, hat ihm sehr geholfen.

Und dann begann ein Abenteuer, das er erst einmal falsch eingeschätzt hatte. „In Orsoy hab ich zum ersten Mal ‚andere' Deutsche kennengelernt, wie ich sie bis dato nie getroffen hatte." Mehmet erklärt: „Da sind ja alles Neubaugebiete, wohlhabende Deutsche und Bauern. Da lebten Familien, die kaum mit Türken zu tun hatten. Die haben nicht bei Thyssen gearbeitet oder am Flughafen. Die gingen einfach wenig raus." Als er den Laden dort eröffnete, hat er nicht geahnt, dass die Leute dort gar keine Döner kannten. „Viele von denen dachten, Döner ist mein Nachname", lacht er, „sie waren freundlich, aber sie wussten gar nix!"

Döner mit Vor- oder mit Nachnamen?

Mehmet ließ sich nicht beirren. Er war von seinem Angebot überzeugt und hatte sich mit seinem Charme und gutem Essen schnell einen Kreis von Stammkunden aufgebaut. „Meine Döner haben denen geschmeckt ohne Ende. Ich habe Döner verkauft an die Bauern – Opas, Omas, alle. Ich durfte auch mal die Pferde reiten bei denen. Für Joghurt und Zaziki habe ich die frische Milch vom Bauernhof geholt. Ich wusste ja, wie man das selber macht. Wir haben abgemacht, wenn niemand da war, durfte ich trotzdem Milch abzapfen und meinen Kanister voll machen. Ich hab dann einen Zettel hingelegt. ‚Bin vom Dönerladen, habe 50 Liter geholt', und dann haben wir das später abgerechnet."

Auch wenn er auf diese Zeit zurückblickt, sagt Mehmet Demiray aus vollem Herzen begeistert: „Ja, das war eine tolle Zeit!" Er freut sich, dass einige der Orsoyer ihn heute noch regelmäßig im Restaurant besuchen kommen, denn er hat die Menschen dort und ihre dörfliche Umgebung geliebt. Das war ein bisschen wie zu Hause in Anatolien. Vom Lebensgefühl. Auch als er schon in Walsum wohnte, hat er seine Kinder noch in den Kindergarten und in die Grundschule nach Orsoy gebracht. Bis eine seiner Töchter an Leukämie erkrankte. Da musste er mit seiner Familie das Leben anders organisieren. Regelmäßig in die Uniklinik nach Essen fahren. Es war eine einschneidende Erfahrung in seinem Leben. Er seufzt, er hat seine Tochter damals verloren. Ein

Kind. Vor zwanzig Jahren. Er hat sie in der Türkei beerdigt, obwohl sie Deutsche war. Aber er wollte sie auf einen muslimischen Friedhof bringen. Keine rationale Entscheidung. Heute würde er das vermutlich anders machen, denn es gibt inzwischen einige muslimische Friedhöfe in der Region. Er verdrängt den Gedanken, aber wahrscheinlich möchte er sich mal in Duisburg beerdigen lassen.

Wer lebt hier?

Mit dem Wechsel ans Pollmann-Eck in Marxloh kamen erste Zweifel. Das Restaurant Pera lief nicht gut. Wäre er nicht doch besser auf dem Dorf geblieben? Gab es mitten in Marxloh eigentlich Bedarf für sein Angebot? Die Umgebung wirkte verlassen, es gab kaum Laufkundschaft. Die Läden mit den Brautmoden waren noch nicht so weit, aber Jahr für Jahr wurde es besser. Mehmet hat seine Umgebung sehr genau beobachtet. Wer ist hier unterwegs, wer kauft in den Läden ein, welches Essen mögen diese Leute? Es gab Deutsche, Perser, Araber, Einwanderer aus den Balkanländern, Polen, Griechen, Iren, Dänen. Und so entwickelte er mit der Hingabe eines guten Gastgebers seine Speisekarte. Mit Gerichten, die er selbst gern mag, die er sehr gut zubereiten kann und die nicht zu viel Aufwand und Investitionen erfordern. Bis heute beobachtet er sehr genau, was am besten geht, und bleibt flexibel. Am wichtigsten aber ist ihm: „Wir haben gern große Familien als Gäste und bieten auch deshalb eher etwas für kleines Geld an."

Teamgeist als Motor

Da heißt es gut kalkulieren. Schlechte Qualität an Fleisch ist nicht seine Lösung. „Hackfleisch-Verordnung, Döner-Verordnung, das halten wir alles ein. Wann darf ich einen Döner Döner nennen? Ich dürfte einen Döner vom Schweinefleisch machen, müsste es aber dranschreiben. Die Verordnungen haben die Deutschen mit den Türken gemeinsam gemacht. Wenn man in die Gewinnzone hineinrutschen möchte, muss man clever einkaufen. Ich nehme
246

den guten Käse, aber vielleicht nehme ich statt Schafskäse einen Kuhmilch-käse."

Hier zeigt sich das Geschick eines erfolgreichen Geschäftsmannes. Natür-lich unterliegt alles der Kontrolle durch die Gewerbeaufsicht und das Ge-sundheitsamt – Kühlketten, Hygiene ... „Es gibt eine Prüfampel. Rot ist schlecht, Gelb na ja, Grün ist gut. Ich bin seit Jahren im grünen Bereich. Ein-mal, ungefähr vor zwölf Jahren, hat der Oberbürgermeister den Betrieb aus-gezeichnet. Das war wunderbar. Aber das macht auch Stress – es ist sehr schwierig, so ein Niveau zu halten." Mehmet ist kein Hasardeur und geht bis heute einen gangbaren Weg zwischen solidem Grundeinkommen und Um-satzrisiko. „Ich nehme halal-zertifiziertes Fleisch. Das ist eine Marktlücke. Wir leben alle von Marktlücken. Ich wollte etwas machen, wozu die Türken grundsätzlich Vertrauen haben. Deshalb haben wir uns einem islamischen Verband angeschlossen. Angeschlossen ist vielleicht das falsche Wort, aber die haben eigene Schlachtereien, und wenn ich dort Fleisch kaufe, machen sie überall auch Reklame für ‚Pera', weil ich mehr einkaufe als andere. Von Hähn-chen über Lamm bis Kalb, Würstchen, Salami – wir holen unser Fleisch nir-gendwo anders."

Auf Bio-Fleisch angesprochen, reagiert Mehmet genervt. „Mein Laden ist nicht in der Königsallee in Düsseldorf. Wir sind in Marxloh. Wir müssen hier im Rahmen bleiben. Im bezahlbaren Bereich. Ich muss entsprechend ‚bürger-lich' bleiben. Und unsere Gewinnmargen sind nicht hoch. Bei mir sollen auch die Menschen essen können, die Hartz IV empfangen." Ein strittiges Dauer-thema zwischen ihm und dem zweiten Geschäftsführer. Sie könnten mehr Geld nehmen. Und müssten dann nicht so viel verkaufen. Aber noch setzt Mehmet sich durch.

„Mensch bleiben!", hat Tegtmeier gesagt, der als Comedian in den Siebzi-gerjahren den typischen Mann aus dem Kohlenpott verkörperte. Und genau das ist Mehmets Devise. Er ist empathisch. Und fängt damit in der eigenen Firma an. In seinen Augen läuft der Laden gut, weil er auf das menschliche Miteinander achtet. „Wenn einer der Mitarbeiter Probleme hat, seine Arbeit zu bewältigen, und alle anderen stehen untätig rum, dann macht mich das wütend. Dann bin ich auch traurig und sage ‚Leute, das geht so nicht!'. Wenn es eine Arbeit gibt, die schwer zu bewältigen ist, dann machen wir das alle gemeinsam. Wenn Zeit zum Feiern ist, dann feiern wir alle gemeinsam, wenn Zeit zum Lachen ist, lachen wir alle gemeinsam, und wenn die Zeit zum Weinen ist, weinen wir alle gemeinsam. Dann erst sind wir ein Team!"

Mehmet lacht gern. Und packt mit an. Schneidet Brot, holt Nachschub aus dem Kühlraum, führt die Tabelle mit den Temperaturen der Tiefkühltruhen. Kontrolliert mit helfendem Blick. Er ist überzeugt: „Erfolg gibt es nur durch Teamgeist." Und das spürt man, wenn man hier sitzt und isst und trinkt.

Echter Teamgeist entsteht aber nicht nur durch die Zusammenarbeit im Restaurant. Mehmet legt Wert darauf, dass sich die Mitarbeiterinnen und Mitarbeiter auch außerhalb der Arbeit treffen und Spaß miteinander haben. Regelmäßig fahren sie gemeinsam nach Oberhausen, besuchen dort ein Café oder spielen zusammen Fußball. Er hält die Augen auf und hat die Zukunft im Blick.

Wunderbares altes Türkisch!

„Langsam, aber sicher verschwinden meine Mitarbeiter, denn die türkischstämmigen Angestellten sind bevorzugte Mitarbeiter in der Industrie, am Flughafen, bei Thyssen Krupp. Die, die gut Deutsch sprechen, werden gerne eingestellt. Ich muss so langsam eine Alternative finden."

An Arbeitswilligen herrscht insgesamt kein Mangel. Bei ihm stellen sich Syrer, Perser, Afghanen und Iraner, Rumänen und Bulgaren vor. „Alle wollen bei mir arbeiten und werden in der letzten Zeit auch ‚zivilisierter' in ihren Vorstellungsgesprächen", erklärt er zufrieden. „Die bekommen langsam schon bessere Auftritte." Was ihm sehr wichtig ist. Denn: Die Visitenkarte muss stimmen, der erste Eindruck, die Ausstrahlung ist wichtig. „Einer meiner Neffen hat immer bei mir gearbeitet, seit seinem sechzehnten Lebensjahr, dann war er mit der Schule fertig, und ich habe gesagt: ‚Fang mal bei mir an!' Denn er ist kräftig, sportlich und intelligent. ‚Nee', hat er gesagt, ‚ich geh zu Aldi, da habe ich eine besser bezahlte Stelle und immer verlässlich Feierabend.' Meine Töchter wollen nicht hier arbeiten, die studieren. Und meine

Frau hilft morgens, dreimal die Woche. Ich hab ihr beigebracht, wie man Vorspeisen macht."

Mehmet ist umtriebig und neugierig. Es interessiert ihn, was andere denken, wie sie leben, was sie zufrieden macht. Sein Erfolg basiert darauf. Das spricht sich herum. Häufig kommen Leute zu ihm, die ein Restaurant betreiben wollen, um sich Insider-Tipps zu holen. Er redet nicht drum herum. „Kannst du das?", fragt er mit der für das Ruhrgebiet typischen Direktheit. Hart und herzlich. Heißt: Mach dir nichts vor. Prüfe, was du kannst. Und dann tu es!

Auf Werkseinstellung zurücksetzen!

Mehmet ist froh, dass er inzwischen einige bulgarische Mitarbeiterinnen und Mitarbeiter hat. Ohne sie wäre es problematisch geworden, Personal für die Küche zu finden, erklärt er. Mit den Bulgaren kann er sich gut verständigen. „Sie sprechen so ein wunderbares, altes Türkisch!", schwärmt er, und man spürt, dass es ihm Freude macht, das zu hören. Er kann sich auf die Zuwanderer aus Osteuropa verlassen, und sie gehören inzwischen fest in sein Team. Auch rumänische Hilfskräfte hat er eingestellt. Die Sprachprobleme meistern sie mit Händen und Füßen.

Mehmet ist einfach neugierig auf die Menschen, die in Marxloh leben möchten. Schon fängt er an, mir von der Geschichte Rumäniens zu erzählen, über die Römer und die Walachai, die Moldau und Siebenbürgen. Er hatte sich aus Neugier auf einige neue Mitarbeitende ein Buch über die Geschichte Rumäniens gekauft und das hatte ihn so begeistert, dass er ein paar Tage mit seiner Frau hingefahren ist, um sich ein Bild vom Land zu machen, die Luft zu atmen.

„Ein wunderschönes Land, so friedlich", strahlt er. „Wir sind praktisch von Kirchturm zu Kirchturm gefahren." Und das soll nicht sein letzter Besuch dort gewesen sein. Mehmet liebt die Ruhe, die dieses Land auf ihn ausgestrahlt hat. Auch wenn er merkt, dass er ein bisschen traurig wird oder ausgebrannt ist, nimmt er sich eine Auszeit. Dann fährt er in eine Stadt im Ruhrgebiet, wo ihn niemand kennt, setzt sich in ein Café und hört einfach nur, was um ihn herum passiert. Hört in sich hinein. Oder er geht spazieren. „Manchmal muss man sich wie ein Handy auf Werkseinstellung zurücksetzen!", meint er. „Das tut gut, und das zeigt einem, wo die wahren Werte liegen, was man im Leben erreichen möchte."

Ein Lebenstraum

Einige seiner Freunde aus der Türkei sprechen davon, dass sie später zurückgehen möchten an den Ort, an dem sie geboren und aufgewachsen sind. Mehmet auch. „Vielleicht drei Monate", lacht er. „Im ersten Monat ist es wie Urlaub, im zweiten trifft man Freunde, und im dritten fängt man an, sich zu langweilen." Im Ernst. Er hat bei vielen, die zurückgegangen sind, gesehen, dass sie in der früheren Heimat nicht glücklich werden. Ihr Lebenstempo hat sich verändert, ihre Ansprüche sind anders geworden, ihre Freunde sind inzwischen in Deutschland. Und Mehmet weiß, er braucht die Betriebsamkeit der Stadt, das internationale Flair seines Restaurants am Pollmann-Eck, mitten in Marxloh. Von seinem Restaurant aus hat er alles im Blick und gestaltet das Leben mit. Hier sind die Menschen, mit denen er zusammenleben möchte. Es gibt eine intakte Nachbarschaft, man kennt sich vom Sehen, grüßt sich, ist befreundet. Er duzt so manchen Rechtsanwalt und Arzt, er kennt die meisten Kinder der anderen Gewerbetreibenden. Und abends fährt er nach Hause und hat dort sein Familienleben und eine vertraute Nachbarschaft. Auch da eine internationale Mischung.

Mehmet hat große Pläne. Noch gibt es im Innenraum des Restaurants die für Imbisse typischen, eher kühlen Resopaltische, Kühlschränke mit Glastüren, hinter denen Softgetränke in Plastikflaschen stehen und schlichte, mit Kunstleder bezogenen Eckbänke und Stühle mit hohen gepolsterten Rückenlehnen. Ich finde sie schön und bequem, aber das reicht Mehmet nicht mehr. Die Konkurrenz schläft nicht. Es gibt einige attraktive neue Restaurants, eines nur zwei Straßenecken weiter. Da hat der Investor hat keine Kosten gescheut. Es ist groß, gemütlich und sehr schön eingerichtet. Mehmet will mithalten und weiß: Neben der Mundpropaganda über sein gutes Essen zählen die Klicks in den sozialen Medien. Dafür muss man richtig tolle Fotos machen können. Er hat einen Architekten beauftragt, nach seinen Vorstellungen Pläne zu zeichnen. Er möchte sein Restaurant so umbauen, dass die Fotos attraktiv für jeden Post werden. Vor allem junge Leute sollen hier Selfies machen und sie in den sozialen Medien teilen und damit andere herlocken.

Doch auch für die Älteren hat sich Mehmet etwas einfallen lassen. Nachdem ihn die Gebetsräume am Flughafen in Düsseldorf so begeistert haben, wird er im Erdgeschoss zwei Räume fürs Beten einrichten – einen für Männer und einen für Frauen. Und das Hygienekonzept ist so angelegt, dass man in den Toiletten- und Waschräumen nichts mehr berühren muss und sich jeder bequem auch die Füße waschen kann. Mehmet strahlt. Setzt ihn das aber finanziell nicht unter Druck? Muss er jetzt doch die Preise erhöhen, damit er seine Investitionen wieder reinholt? „Jeder hat doch einen Lebenstraum", erklärt er mir, und diese Art von Luxus in seinem Restaurant ist seiner. Das gönnt er sich. Und natürlich soll sich jeder weiterhin leisten können, im „Pera" essen zu gehen.

Pollmann-Eck

Vom „Pera" aus, an dieser Kreuzung der Pulsadern von Marxloh, kann Mehmet das normale Leben beobachten, den Rhythmus, den die Kulturen in den Alltag bringen spüren, auch mal Demonstrationen und Polizeieinsätze. Er schätzt die Freiheit, dass in Deutschland jeder für seine Überzeugung auf die Straße gehen darf, die Chance hat zur Mitbestimmung, die Möglichkeit, seine Meinung zu sagen. Im Rahmen von Recht und Ordnung. Mehmet ist Deutscher. Aus Überzeugung.

„Ich zahle gerne Steuern, weil ich weiß, dann bin ich nützlich!" , sagt Mehmet ganz ohne Ironie. Der Geschäftsmann liebt die deutsche Ordnung und ist bereit, auch die ungeschriebenen Gesetze eines friedlichen Zusammenlebens weiter aktiv mitzugestalten. Er hofft, dass die Regierung in Deutschland es schafft, das System so, wie es ist, auch in Stadtteilen mit vielen Neuzuwanderern aus unterschiedlichsten Kulturen aufrechtzuerhalten. Dass die Behörden die Menschen in den ersten Wochen und Monaten begleiten, dadurch mehr Kontrolle über die Entwicklung haben und generell mehr Verantwortung für das Miteinander zeigen. Wie immer er das unterstützen kann – er ist dabei!

„Gott hat mir geholfen!", davon ist Mehmet fest überzeugt. Und der Gott, an den er glaubt, ist kein Gott, der nur einer Religionsgemeinschaft gehört. Dieser Gott gehört allen.

Linie 903:

Die Gang

Wieder einmal macht die Straßenbahn ihrem Ruf als „Bangladesch-Express"
alle Ehre. Ich bin froh, wenn ab und zu die Türen aufgehen und frische Luft
hereinkommt. Alle sind ruhig. Doch dann kommt „die Gang" herein: drei Jugendliche, die sich lautstark und gefühlt doppelt so breit, wie sie sind, einen
Weg durch den Wagen bahnen. „Können die nicht einfach nur stehen bleiben?", denke ich und bin damit sicher nicht allein. Sie lästern lautstark über
einen ihrer Kumpels, der sich nicht mit ihnen im Park treffen möchte, weil er
zum Fußballtraining will – oder besser muss. Offensichtlich möchte sein Vater
das. Oder doch er?

An der nächsten Haltestelle steigt eine ältere Dame ein. Ja, Dame ist hier
angebracht. Sie wirkt fein mit ihrer zarten Statur, ein wenig zerbrechlich fast
und wie aus dem Ei gepellt. Die Haare liegen akkurat, der leichte Wollmantel
in hellem Beige sieht aus wie frisch aus der Reinigung. Die etwas dunklere
Hose ist farblich perfekt darauf abgestimmt, die braunen Wildlederschuhe
sind sehr gepflegt. In der Hand hält sie eine feine Ledertasche mit einem Bü-
gelclip aus Messing. Mit geschmeidigen Bewegungen sucht sie zielstrebig
Halt an einem der Stangenbügel am Treppenausstieg. Die Bahn fährt an.
Plötzlich wird einer aus der Gang unruhig. Wie ein Energiepaket und sehr
direkt geht er auf einen der hinter ihm sitzenden jüngeren Männer zu und
sagt laut, aber ganz ruhig: „Könnten Sie bitte aufstehen und der Dame Ihren
Platz geben?!" Sofort springt der Mann auf: „Selbstverständlich!" Die Dame
bedankt sich mit sanfter Stimme und freundlichem Blick. Und wie mir
scheint, hat diese unerwartete Geste einen Hauch von ungläubigem Staunen
und Entspannung in die Gesichter der Umstehenden gezaubert.

Kapitel 16:

Mit Wallraff auf einer Schicht

Seit viertel vor fünf stehe ich mit Arno an einer Trinkhalle an der Weseler Straße, der Hauptschlagader von Marxloh, wo die Straßenbahn 903 fährt. Der Kiosk ist jeden Morgen seine erste Anlaufstelle auf dem Weg zur Arbeit. Ein oder zwei Zigaretten und ein Kaffee zum Mitnehmen. Bekannte Gesichter, erste Smalltalks. Heute ist nichts los. Es ist kalt und windig. Wie wohl Karneval wird? Ob die Wagen fahren dürfen? Oder macht der Wind denen, die feiern wollen, mal wieder einen Strich durch die Rechnung? Der Kinderkarnevalszug hat Tradition, doch während der über Duisburgs Grenzen hinaus beliebte Umzug mit über zwanzig Karnevalswagen in den Siebziger- und Achtzigerjahren auch durch Marxloh zog, beschränkt er sich heute fast auf Hamborn und den Altmarkt.

Typisch Trinkhalle

Die Trinkhalle ist eine von vielen in Marxloh. Sie liegt unauffällig einen halben Meter in der gelb verklinkerten Hausfassade nach hinten versetzt, so kann man auch im Regen einige Minuten geschützt stehen. Es sind immer dieselben, die morgens kommen. Kaffee und Zigaretten, Energydrinks und die Zeitung. Die „Bild"-Zeitung liegt zum Mitnehmen gefaltet auf der Theke hinter dem Schiebeglasfenster. Da, wo das Geld rübergereicht wird. Man kauft sie, weil man sie kauft, nicht wegen der in Großbuchstaben reißerisch formulierten Themen. Der Hänger aus Draht für weitere Zeitungen ist leer. Dicht an dicht steht auf mehreren Regalen übereinander direkt hinter der Glasscheibe, was der kleine Laden zu bieten hat. Etwa auf Augenhöhe der Kinder gibt es die für Trinkhallen schon in meiner Kindheit typischen durchsichtigen Plastikdosen mit farbigen Schraubdeckeln, darin Weingummis, bunte Bonbons und Lakritz. Darüber eine Reihe von Spirituosen – Wodka, Rum, Korn. Alle gängigen Marken, alles, was nachgefragt werden könnte. Man will zeigen, dass man bestens sortiert ist! Den ganzen Tag über kommen

254

Kunden. Die einen nehmen schnell noch was mit auf dem Weg zur Arbeit, zur Schule, zum Shoppen, andere vertreiben sich die Wartezeit auf die Straßenbahn, kaufen etwas aus Langeweile, bis sie kommt. Zwanzig Meter weiter ist die Haltestelle.

Der Kaffee ist seit Jahrzehnten ein Filterkaffee aus der Maschine, da gibt es keine Auswahl, die Frage ist nur, ob Milch und Zucker rein soll. Der Becher kommt von der Stange, Plastikrillen, außen braun, am Rand verstärkt. Der Inhalt heiß und gut gegen die Kälte, Trost für die Frühaufsteher-Seele, lieb gewordenes Ritual für einen guten Start in den Tag. Direkt gegenüber auf der anderen Straßenseite gibt es auch eine Trinkhalle, der Laden sieht aber aus wie ein ungenutztes Lager. Von draußen sieht man eine Eistruhe. Tagsüber soll sich ab und zu jemand dorthin verlaufen. Wovon die Betreiber leben, bleibt schleierhaft.

Arno kennt viele, die regelmäßig an seiner Trinkhalle kaufen. Er hat ganz in der Nähe gewohnt, nachdem er sein Häuschen wegen seiner Scheidung verkaufen musste. Ein Freund hatte ein großes Haus mit Grundstück und Garagen und zwei kleinen Hinterhäuschen an der Weseler Straße. Und eines dieser Häuschen hatte er günstig an Arno vermietet. Der konnte dort tun und lassen, was er wollte. Eigentlich. Nur ab und zu kam mal einer rüber von der Rockergruppe, die sich vorne in der Kneipe regelmäßig traf, und hat gefragt, ob Arno die Musik eventuell etwas leiser drehen könnte. Kein Problem. Wir lachen.

Backstage

Denn das ist im Nachhinein umso amüsanter, denn es handelte sich bei dem Rockerclub um Mitglieder der berüchtigten Hells Angels. Nur Insider wussten damals, dass die sich hier treffen. Manchmal musste Arno einfach mal ganz tief abtauchen in die Musik, wie damals, als er Mitarbeiter einer Security-Firma war und backstage bei Gruppen wie ACDC, Rammstein, Die Ärzte, Tina Turner, Bon Jovi und Dire Straits für Sicherheit vor zudringlichen

Fans gesorgt hat. Er mag Musik erst, wenn sie laut ist, liebt Rock – hart und poetisch – und ist fast jedes Jahr in Wacken beim Metal-Festival dabei.

Schweinekolonie

Groß geworden ist Arno in Marxloh. „Damals war hier mehr los als in Düsseldorf in der City!", erinnert er sich stolz. „Da sind sie alle an den Wochenenden gekommen, um zu feiern, es gab jede Menge Discos und Kneipen." Die

Bunker

meisten haben bei Thyssen gearbeitet, in der Siedlung gelebt, zusammen ihre Freizeit verbracht. Wer wissen will, wie die Atmosphäre damals war, bekommt eine Ahnung davon im Film „Das Wunder von Bern" von Sönke Wortmann.

Der Regisseur hat hier 2003 in der ehemaligen Schweinekolonie eine der Kulissen für seinen Film über die Nachkriegszeit gefunden, über das Jahr 1954, in dem Deutschland Fußballweltmeister wurde. Das Viertel bekam den Namen, weil die Kumpel hinter den Häusern damals Schweine hielten. Und ja, lacht Arno, es hat entsprechend von den Futtertrögen und den kleinen offenen Ställen mit dem Schweinemist gestunken, denn die einzelnen Gehege waren nur durch niedrige Mauern voneinander getrennt. Diese Kolonie wurde vor einigen Jahren abgerissen, seither liegt das Feld brach und wird, wenn Ramadan ist, als Zusatzparkplatz für die Merkez-Moschee genutzt. Arno ist direkt nebenan in der Thyssen-Siedlung aufgewachsen. Die existiert heute noch.

Er kann sich gut an die Sechzigerjahre erinnern. Sein Vater war damals Rangiermeister bei Eisenbahn & Häfen, die Mutter Hausfrau, wie die meisten Ehefrauen. „Da, das gelbe Haus!", ruft er und freut sich, dass sein Elternhaus heute zu den Gebäuden im Stadtteil gehört, die wirklich schön renoviert wurden. Lange schon bestimmen Leute mit türkischem Migrationshintergrund das Bild dieser friedlichen, ruhigen Siedlung. Sie pflegen ihre Wohnungen und Häuser. Als Arno hier aufwuchs, sah das anders aus. Die Häuser waren heruntergekommen. Die Toiletten befanden sich außerhalb der Wohnungen im Treppenhaus oder im Hof, Badezimmer gab es nicht. Überall blätterte die Farbe ab, die Treppenstufen waren ausgelatscht. Die Kinder hat das wenig gestört. Sie fanden in der Siedlung um den alten Bunker herum ideale Spielmöglichkeiten.

Fußball

Im Bunker selbst hatte der Milchmann sein Geschäft. Fast täglich kam Arno mit der Aluminiumkanne her, um Milch zu holen. Heute gehört der Bunker einem Filmemacher und Kameramann. Er nutzt ihn als Medienzentrum und vermietet Räume für Hochzeiten und Partys. Den alten Bauernhof mit Gaststätte von früher, „Kaspars Hof", den gibt es schon lange nicht mehr. Arnos Lieblingsbaum allerdings, der steht da noch, und Arno hätte nicht schlecht Lust, mal wieder raufzuklettern und das Lebensgefühl von damals zu spüren – Freiheit und Unbeschwertheit. Man sieht diesen Baum auch auf einem der wenigen Fotos von früher, mit seinem Onkel: Es ist eines der typischen Fotos, wie man sie in den Sechzigerjahren gemacht hat – Onkel Heinz vor seinem Haus und daneben der kleine Arno mit einem Fußballtrikot des MSV Duisburg. Er muss damals circa sechs Jahre alt gewesen sein. Zwölf Jahre lang hat er im Verein Fußball gespielt als Rechtsaußen beim SV Gelb Weiß Hamborn 1930. Die Fußballbegeisterung hatte er von seinem Vater: Der war Torwart bei Union Hamborn, spielte aber auch mal bei Gelb Weiß Hamborn und war Fan des legendären Vereins Hamborn 07. Das sind einfach schöne Erinnerungen: Damals wurde die Bundesliga gegründet. Und es ging darum, welcher Verein offiziell Mitglied werden durfte. Im entscheidenden Spiel am 5. Mai 1963 verlor Hamborn 07 gegen den MSV Duisburg. Der MSV war drin. Arno hat es akzeptiert und ist bis heute Fan! Und ein echter Fan gibt die Hoffnung nie auf.

Von dieser Straße in der Schweinekolonie ist Arnos Familie weggezogen, als er siebzehn war und Thyssen auf der anderen Seite südlich der B 8 neue Siedlungen für seine Arbeiter baute. Die modernen Wohnungen hatten eine Toilette und ein Bad mit Badewanne. „Das war ganz was Besonderes!", erinnert er sich. „Das war für alle damals ein echter Luxus!"

Damals, das war die Zeit, als die ersten Gastarbeiter nach Marxloh kamen: Koreaner. Ausschließlich junge Männer. Sie wurden in einem Wohnheim untergebracht, und die Marxloher und Walsumer Eltern verboten ihren Töchtern, sich mit ihnen einzulassen. Arno erinnert sich noch gut, wie schwer es für seine Cousine war, als sie einen koreanischen Freund mit nach Hause brachte. Die Eltern hatten schlichtweg Angst vor dem Unbekannten. Warum die Beziehung dann auseinanderging, weiß er nicht. Als Kind hat ihn das wenig interessiert.

Die ersten Gastarbeiter

Mitte bis Ende der Sechzigerjahre kamen dann auch die ersten türkischen und italienischen Gastarbeiter. Sie übernahmen die Wohnungen der heruntergekommenen Bergarbeitersiedlungen in der Schweinekolonie und haben sich mit viel Fleiß und gegenseitiger Hilfe die Wohnungen schön gemacht. Bis heute ist dies ein attraktives Wohnviertel.

Als Arno noch zur Schule ging, gab es keinen einzigen türkischstämmigen Schüler in seiner Klasse. Die ersten türkischen Gastarbeiter lernte er in seiner Lehre als Schlosser und Schweißer auf Schacht 2/5 kennen. Mit vierzehn. Damals wurden im Ausland Arbeiter für das Ruhrgebiet angeworben, vor allem in der Türkei und in Marokko. Arno hat erlebt, wie die sogenannten Gastarbeiter im Betrieb „veräppelt, ausgenutzt und ausgelacht" wurden und stellt nüchtern fest: „Sie mussten die Drecksarbeit machen, die kein Deutscher machen wollte." Nicht nur, dass man sie nicht verstand und verstehen wollte –

die Kultur war einfach eine ganz andere. Und einigen Gebräuchen in Deutschland wollten sich die Zuwanderer nicht fraglos anpassen.

Natürlich war es befremdlich, dass sie zum Teil ihren Schlafanzug unter der normalen Straßenkleidung anbehielten und dass viele sich beim Duschen nicht ganz ausgezogen haben. „Aus Glaubensgründen, haben sie damals gesagt", erinnert sich Arno und muss zugeben: „Damals habe ich mich auch noch über sie lustig gemacht." Heute findet er das gar nicht mehr zum Lachen.

Wie sein Vater wollte Arno sein Geld auf der Thyssen-Hütte verdienen. Mit achtzehn arbeitete er erst als Kranführer und ging dann zu den Schlossern. Aber nicht bei Thyssen selbst, sondern bei einem Subunternehmen, weil die mehr bezahlt haben. „Dort hab ich die neuen Mitarbeiter aus dem Ausland zum ersten Mal wirklich näher kennengelernt." Und er hat gemerkt, wie neugierig er eigentlich darauf ist, wie andere leben. Dass das Unbekannte, das Fremde auf jeden Fall auch etwas Faszinierendes für ihn hat.

Günter Wallraff „Ganz unten"

„Damals habe ich oft auf einer Schicht mit dem Wallraff gearbeitet. Wir waren bei unterschiedlichen Subunternehmern, die für Thyssen Sonderarbeiten durchführten. Ich war damals bei SAB, dann gab es noch Remmert, das war eher die Leiharbeiterfirma für die Deutschen, aber Günter Wallraff war bei Adler." Wer bei dieser Verleihfirma arbeitete, war allen Schikanen ausgeliefert. Den konnte der Vorarbeiter jederzeit entlassen, der musste alles mitmachen, sogar den Helm, der Vorschrift war, bei Bedarf an einen Kollegen abtreten, auch, wenn er ihn sich von seinem eigenen Geld gekauft hatte. Das schreibt Günter Wallraff und daran kann Arno sich lebhaft erinnern. „Wir mussten da zum Beispiel Rohrleitungen verlegen, in schmutzige Gruben reinsteigen und Öl rausholen. Drecksarbeit." Günter Wallraff hat in seinem Buch „Ganz unten" drastisch geschildert, wie es unter den Männern zuging: „Es ist die Hölle", schreibt Wallraff an einer Stelle, und die Arbeitsabläufe, die er da schildert, sind einfach schockierend. Diese schwere und dreckige Arbeit hat die Deutschen und die neuen Fremden nicht unbedingt zusammenge-schweißt.

„Natürlich", erklärt Arno, „die Kumpels haben zusammengehalten wie Pech und Schwefel. Aber nicht unbedingt mit den Türken. Die Türken und die Leute, die beim Unternehmer unter Vertrag waren, die mussten die schlimmsten Arbeiten machen." Bei ihm lief es anders. „Ich kam auf der Thyssenhütte in eine Schicht, da gab es fünf Türken und mich. Da blieb mir nichts anderes übrig, als auf sie zuzugehen. Wir haben uns in den Pausen unterhalten, und so sind wir Kollegen geworden." Zwei der Türken waren anfangs gegen den Deutschen, aber als sie merkten, dass Arno sich für die türkische Kultur interessierte, da hat die „Türkenschicht" die „Kartoffel" akzeptiert. „Da war ich voll drin!", schwärmt er, und dieses Teamgefühl hat ihm die Arbeit leichter gemacht. Einer der türkischen Kollegen war ein wunderbarer Geschichtenerzähler. Er hat ihm viel aus dem Koran erzählt, hat ihn auch mal mitgenommen in die Moschee und ihm den Koran geschenkt. Arno lacht. „Es ist wirklich spannend, darin zu lesen. Aber bekehren lasse ich mich nicht!"

Ahmet und der halbe Pokal

Mit der Zeit und wie nebenbei lernte Arno die türkische Sprache verstehen und sprechen. Doch „so richtig kennengelernt habe ich sie erst, als ich Taxifahrer geworden bin". Nach seiner Scheidung hatte er seine Stelle als gelernter Schweißermeister bei der Veba, der Vereinigten Elektrizitäts- und Bergwerks AG, in Gelsenkirchen erst einmal aufgegeben. Er wollte Abstand gewinnen. Wurde Taxifahrer. Und in der Zeit hat er beim gemeinsamen Warten mit den Kollegen am Taxistand ziemlich gut Türkisch gelernt. „Zwölf Jahre lang habe ich das gemacht, fast täglich zehn bis zwölf Stunden, da lernt man ziemlich viel. Der erste in der Warteschlange sitzt im Auto, und die anderen stehen meist zusammen herum und sprechen miteinander." Arno hat viel gefragt. „Ich spreche wahrscheinlich so Türkisch wie die ersten Gastarbeiter hier Deutsch gesprochen haben", vermutet er.

So sind einige Freundschaften entstanden, und die türkischstämmigen Freunde haben ihn zu sich nach Hause eingeladen. „Durch das, was sie von ihrem Land und ihren Sitten erzählt haben, bin ich so richtig neugierig geworden und habe mich immer mehr damit beschäftigt. Ich bin dann sogar nach Istanbul geflogen und habe die Stadt größtenteils zu Fuß für mich entdeckt." Arno liebt das, weil er so den Leuten im Alltag begegnet, da, wo sie leben und arbeiten. Und auf diese Weise lernt er auch die touristischen Highlights im Leben und nicht nur in ihrer Postkartenidylle kennen.

Wie bei all seinen Reisen hat Arno auch in Istanbul erst mal die Fußballstadien besucht: Fenerbahçe, Galatasaray, Besiktas. Seine türkischstämmigen Kollegen waren beeindruckt und sogar ein bisschen neidisch, als er ihnen später davon erzählte. Seine Lieblingsgeschichte geht so: Als er zum Stadion von Fenerbahçe kam, war das Eingangstor eigentlich schon geschlossen, das Fußball-Museum nebenan auch. „Ich habe mir aber gedacht, ich bin jetzt schon so lange gelaufen, da will ich mir das auch unbedingt von innen ansehen." Er sprach die Männer, die dort herumstanden, in einer Mischung aus Türkisch und Deutsch an und erklärte, er sei von Kindheit an Fenerbahçe-Fan – was ein bisschen geflunkert war – und hätte sich seit Jahren auf den Besuch des Stadions gefreut. Kein Wunder, dass sich einer der älteren Männer Zeit für ihn nahm, das Tor aufschloss und ihm alles zeigte. Der Mann sprach sogar ein bisschen Deutsch, und in diesem deutsch-türkischen Mischmasch erfuhr Arno die seltsame Geschichte des halben Pokals, den er zwischen den vielen Trophäen in einer der Vitrinen entdeckt hatte: Irgendwann in den Fünfzigerjahren, noch bevor es im Stadion Flutlicht gab, fand ein Pokalspiel zwischen Fenerbahçe und Galatasaray statt. Es kam zur Verlängerung, doch weil es dunkel wurde und das Licht nicht ausreichte, konnte man das Spiel nicht zu Ende bringen. Der Veranstalter erklärte kurzerhand beide Vereine zu Siegern. Und so sägte man den Pokal durch, und jeder bekam eine Hälfte. Arnos Freunde in Deutschland haben nicht schlecht gestaunt und gelacht: „Du alte Kartoffel, uns hätte er das nicht gezeigt!"

Begeistert erzählt Arno von seinen Streifzügen durch Istanbul, in dieser Atmosphäre der Stadt am Bosporus fühlte er sich unglaublich wohl, und bis heute schwärmt er von den beeindruckenden Bauwerken wie der Sultan-Ahmet-Moschee, dem Galataturm und der gigantischen Bosporus-Brücke.

Arnos Spitzname ist übrigens schon lange „Ahmet" – er sei ja schon mehr Türke als Deutscher, sagen seine Kollegen. Und Arno genießt ihre Gastfreundschaft. „Was mir gefällt, ist, dass die Familien zusammenhalten. Das sieht man bei den Deutschen ja nicht mehr so viel. Was mir aber nicht gefällt, ist, dass die Frauen nicht dabei sind, wenn die Männer zusammen Tee trinken." Er wundert sich über diese aus seiner Sicht lange überkommene traditionelle Rollenverteilung der Geschlechter, dass selbst die jungen Kollegen, die Arno auf seiner Schicht anlernt, zu Hause nie Fenster putzen, Wäsche waschen oder andere Hausarbeiten machen würden. Nicht mal im Notfall. Er ist überrascht und auch enttäuscht, dass die jungen Männer sich, auch wenn sie in Deutschland geboren und aufgewachsen sind, nicht anders verhalten. Aber – und das weiß Arno auch – dazu braucht es einen starken Kampf der Frauen. Und der Kampf um die Arbeitsteilung ohne traditionelle Rollenzuschreibungen ist auch in der deutschen Gesellschaft noch lange nicht zu Ende gekämpft.

Seit 2000 arbeitete Arno wieder in seinem erlernten Beruf als Spezialist bei der amerikanischen Firma Alpha Metal. Die Firma für Lötmittel und Zubehör hatten Hallen bei Grillo in Marxloh angemietet und schrieben schnell schwarze Zahlen. Als der amerikanische Mutterkonzern nach drei Jahren alle deutschen Filialen schloss, hat die Nachfolgefirma Felder in Oberhausen Arno gleich die Verantwortung für eine ganze Produktionshalle gegeben.

Weltoffen

Für Arno zählt der Mensch. Der Freund, mit dem man offen reden kann, der Kumpel. Und er hat viele. Männer und Frauen. Die Namensliste in seinem Handy ist beeindruckend. Seine Freunde heißen Siegfried, Bunjamin, Patricia, Alma, Denna, Bilay, Aura, Marcena, Lezek, Ersan, Brian, Erol, Mehmet, Asahi, Metin, Nessi, Mustafa, Salim, Mike und Bärbel, um nur einen kleinen Eindruck zu geben. Sie kommen aus der Türkei, Bulgarien, Rumänien, Syrien,

Bosnien, Griechenland, Italien, Polen, Uruguay, Albanien, Marokko, Kongo, Kenia, Venezuela, Tansania und Deutschland.

An einem Samstagnachmittag will Arno mir zeigen, was ihn in Marxloh seit einiger Zeit bewegt. Und ratlos macht. Wir fahren mit dem Auto durch Arnos Marxloh und gehen ein kleines Stück zu Fuß. Arno ist vorsichtig. Er will nichts und niemanden provozieren. „Bitte hol nicht dein Handy raus zum Fotografieren, das kommt hier nicht gut!", mahnt er. Die Sonne scheint, alles wirkt ruhig, doch die Situation ist angespannt, auch wenn wir niemanden sehen. Arno weiß aus Erfahrung, dass der äußerlichen Ruhe nicht zu trauen ist. Könnte sein, dass wir beobachtet werden. Er hat erlebt, dass Journalisten handgreiflich von einer Männergruppe am Drehen gehindert wurden.

Mitten in Marxloh, zweihundert Meter vom Zentrum am Pollmann-Eck entfernt, hat Arno lange gewohnt. Er hatte das schwarze zweistöckige Bergmannshäuschen von 1900 mit ganz viel Eigenarbeit renoviert, die Kohleheizung durch eine Fernwärmeheizung ersetzt, ein neues großes Bad eingebaut – „den Luxus des kleinen Mannes", wie er sagt – und wie viele in seiner Nachbarschaft auch wunderbar eingerichtet. Aus den alten Bergmannshäusern haben die neuen Besitzer – viele davon mit türkischem Migrationshintergrund – attraktive Wohnungen gemacht.

Etwa zeitgleich renovierten Baugenossenschaften die circa dreihundert Meter entfernt gelegenen vierstöckigen Siedlungshäuser der Sechzigerjahre, mit Blick auf den schönen alten Schwelgernpark mit dem alten Baumbestand vor der eindrucksvollen von Stahlrohren und hohen Schornsteinen geprägten Industriekulisse von thyssenkrupp Steel Europe AG mit dem größten Hochofens Europas „Schwelgern 1". Das ist eine tolle Filmkulisse und für jeden, der im Kohlenpott lebt, eine wirklich attraktive Skyline!

Geselligkeit oder Lärm?

Arno erinnert sich noch gut, wie er die Veränderung in Marxloh erlebt hat, als Rumänien und Bulgarien am 1. Januar 2007 Mitglieder der Europäischen Union wurden. „Anfang Januar standen bei mir auf der Straße plötzlich zwanzig, dreißig Autos, die da vorher nicht standen. Ich musste zur Arbeit, geh so den Bürgersteig entlang und frag mich, wat is dat denn? Da standen überall Schuhe vor den Autos. Ich hatte keine Ahnung, was los ist. Ich wusste nicht, dass das Rumänen und Bulgaren sind. Und nachts standen sie dann auf der Straße vor meinem Schlafzimmer, dreißig, fünfunddreißig Leute, haben Musik gemacht mit Gitarre und Akkordeon, gesungen, Alkohol getrunken. Ich denk, wat geht denn hier ab?! Am Wochenende wär ich vielleicht hingegangen und hätte mal zugehört, aber in der Woche wollte ich schlafen. Ich musste ja um vier Uhr wieder aufstehen. Da hab ich um Mitternacht die Polizei angerufen, und als die kam, waren alle weg. Im kleinen Park hinter der Straße verschwunden." So ging das zweimal. Arno war sauer.

Nach wenigen Tagen zogen die Männer in die umliegenden Häuser. Die Besitzer hatten ihnen Wohnungen angeboten und ließen sich die Miete matratzenweise Tag für Tag bezahlen. Selbst Häuser, die seit Jahren leer standen, in denen es weder Strom noch Wasser gab, wurden plötzlich zu sprudelnden Einnahmequellen. Viele kauften schnell noch Schrottimmobilien. Cash, hörte man. Viele dieser Geschäfte blieben undurchsichtig, Besitzverhältnisse unklar. Schweizer Konsortien, Libanesen um die Ecke – alles Gerüchte. Beliebte Crime-Storys. Journalisten versuchten aufzuklären und stießen auf Mauern des Schweigens.

Bergmannshäuser

Damals vermieteten die Immobilienfirmen ihre neu sanierten Wohnblöcke an große Zuwanderergruppen aus Osteuropa und bekamen die Miete vom Sozialamt. Arno war neugierig. Wie würden sich die Zuwanderer integrieren, Arbeit finden, Deutschkurse besuchen? Wie groß wäre das Interesse an der neuen Umgebung? Wie wären die Kinder drauf, wie schnell würden sie wohl Deutsch lernen? Er bekam wenig davon mit. Aber wenn das Wetter schön war, dann verlegten die Neuzuwanderer – viele waren Sinti und Roma – ihr Alltagsleben aus den Wohnungen, die wegen der viel zu vielen Bewohner aus allen Nähten platzten, gerne auf die Straße. Da standen dann plötzlich Couchgarnituren und Sessel, Tische, Stühle, da wurde gegrillt und gegessen, getrunken und Musik gemacht, mit Akkordeon und Gitarre oder Kassettenrekorder, es wurde gesungen, getanzt und gelacht. Bis tief in die Nacht. Egal, ob am Wochenende oder auch mal während der Woche.

Wenn Arno davon erzählt, lacht er über die Freiheit, die sich die Menschen genommen haben. Er selbst liebt diese Lebensfreude, das gemeinsame Feiern mit Freunden, lebt gern auf dem Campingplatz und ist am liebsten unkonventionell mit dem Boot oder zu Fuß unterwegs, und macht sein Ding. Doch in Kontakt zu kommen mit den Neuzuwanderern, hat er nach diesen ersten nervigen Erfahrungen nie so richtig versucht. Und wenn man an der Gruppe Feiernder vorbeilief, dann wirkte diese Gesellschaft aus Familien und Freunden einfach wie ein Bollwerk.

Arno stand damals beruflich doppelt unter Druck. Neben seinem Job besuchte er die Abendschule. Er wollte Fachschweißer werden. Die wurden in Amerika gesucht und bekamen hohe Löhne. Das wäre ein Traum gewesen: auszuwandern, viel Geld zu verdienen und die Freiheit im Land der unbegrenzten Möglichkeiten zu erkunden. Kultfilme wie „Easy Rider" mit der Route 66 und dem Lebensgefühl der Bikerszene der späten Sechzigerjahre, das hatte sein Bild von Amerika in seiner Jugend geprägt. Er hätte gern etwas davon entdeckt. Und war auf dem besten Weg dahin. Privater Stress kam ihm in die Quere. Da half auch gutes Zureden von Freunden nicht. Er hatte nicht mal mehr Lust, seine Abschlussprüfung zu machen.

Marxloh wurde ungemütlich. Es gab viele Polizeieinsätze, Raubüberfälle, Schlägereien, Messerstechereien. Hinter einigen Häusern begann sich der Müll zu türmen, alte Kühlschränke, Wäscheständer, Kinderwagen, Teppiche und so weiter. Die neuen Bewohner hatten den Sperrmüll von den Straßen aus den umliegenden Stadtvierteln geholt, um die Teile zu reparieren oder auf Wertstoffe auszuschlachten, die sie dann auf dem Schrottplatz verkaufen konnten. Viele lebten in großer Armut, sie mussten viel Geld an die abgeben, die sie nach Marxloh gebracht und ihnen eine Wohnung und Papiere besorgt hatten. Die Geschäfte waren und sind undurchsichtig.

Bankraub

Der Rest, den man nicht veräußern konnte, blieb liegen. Manchmal wurde auch der Hausmüll dazugeworfen. Die Armut und bei manchen vielleicht auch die Tatsache, dass sie nie in Häusern gewohnt hatten, brachte einige Menschen dazu, alles, was man zu Geld machen konnte, aus ihren Wohnungen herauszureißen: Heizkörper, Fenster, Türrahmen, Kupferkabel, Rohre, Waschbecken, Spiegel – alles, wofür man auf dem Schrottplatz und auf dem Flohmarkt in der Einkaufszone Bargeld bekommen konnte.

Die Wohnungsbaugesellschaften schienen das nicht zu bemerken. In Marxloh war davon nichts zu hören oder zu sehen, dass sich jemand darum gekümmert oder versucht hätte, das Plündern zu stoppen. Hausmeister schien es nicht zu geben. Dass vom Dach der Pauluskirche nach und nach das Kupfer gestohlen wurde, wurde erst bemerkt, als das letzte Blech weg war. Trauriges Ende: Vor ein paar Jahren wurde die Kirche abgerissen. Arno kann es nicht begreifen. „Irgendwann", erzählt er, „war leider auch die schöne blaue Holzbank weg, die ein älteres Ehepaar sich auf den Rasen vor sein Haus gestellt hatte. Die beiden stellten ein Schild auf: „Bankraub". Doch nicht alles ist mit Humor leichter zu ertragen.

Arno will mir das Viertel zeigen. Unsere gemeinsame Freundin Bärbel kommt mit. Meine alte Schulfreundin und Nachbarin aus der Grundschule, seine erste große Liebe. Wir parken in der Nähe der B 8 und gehen zu Fuß in

Richtung Schwelgernpark. Dann stehen wir vor einer der langen Häuserzeilen, von denen Arno gesprochen hat. Viele Wohnungen waren für unbewohnbar erklärt worden, Türen und Fenster sind mit Brettern vernagelt. Arno wird unruhig.

„Lass bitte dein Handy in der Tasche.

Hier wohnen noch einige Leute, und die mögen das gar nicht!"

Wir gehen schnell, und ich versuche zu erkennen, was da herumliegt. Ein wenig fotografiere ich heimlich doch, „blind", damit ich es mir später zu Hause genauer anschauen kann, und merke sofort: Auch wenn es auf den ersten Blick nicht so wirkt: hier wohnen noch Menschen in den Häusern. Eine Frau taucht auf einem Balkon auf, ein Mann beobachtet uns hinter einem Fenster. Auf meinem Handyfoto sehe ich später: Da wirkt im schönsten Sonnenschein der große Berg Elektroschrott schlichtweg harmlos. Dass es stinkt und die Ratten hier ein Paradies finden, kann ich mit meinen Schnappschüssen nicht festhalten.

Arno ist erleichtert, als ich es wegpacke. Ihm ist nicht wohl bei der Sache. Er würde gern andere Geschichten erzählen, aber seine Erfahrungen haben ihn vorsichtig gemacht. Ich spüre seine Unruhe und frage nach, schließlich rückt er raus mit der Geschichte: Er selbst wurde einst Opfer eines Überfalls. Auf dem Weg von seinem wenige Minuten entfernten Schrebergarten zu seiner Wohnung bedrohte ein Jugendlicher ihn mit einer Pistole. Wollte Geld und Handy. Dass es keine echte Waffe war, stellte sich erst heraus, als die Polizei kam. Im Moment des Überfalls hatte Arno jedenfalls Angst. Und dieses leicht mulmige Gefühl stellt sich in diesen Straßen für ihn immer wieder ein. Vom Überfall erzählt er selten, aber Arno meidet die Straße und fährt, wenn er seine alten Freunde im Schrebergarten besucht, so gut wie nur noch mit dem Auto.

Das Thema trieb ihn um, und so hat Arno mit Integrationsbeauftragten gesprochen. Hat erzählt, wie gut er nach und nach mit seinen türkischstämmigen Kollegen klargekommen ist, und gefragt, warum es hier so schwer zu sein scheint, ein gutes Neben- oder vielleicht sogar Miteinander zu finden. Die Antwort war eher ein Achselzucken.

„Über die Musik? Gemeinsame Kulturfeste – das wäre doch vielleicht ein Weg?"

Ja, es gibt sie. Viele Initiativen tun etwas.

Internationaler Tag der Roma

Tatsächlich war ich selbst da am Internationalen Tag der Roma, am 8. April 2022. Da gab es viele Aktionen, Diskussionen und Konzerte in Duisburg. Ich besuchte eine der offiziellen Podiumsdiskussionen der Parteien vor den Wahlen in der Pauluskirche in Duisburg-Hochfeld, zu der das ARIC, das Anti-Rassismus-Informations-Centrum eingeladen hatte: „Internationaler Tag der Roma. Mit Blick auf Rassismus und Diskriminierung gegen Rom:nja". Eindrucksvoll moderiert von Neso Salijević, einem gefeierten Streetdancer und Trainer, der mit seinem Bruder Dino den TKM, den Tanz-Kunst-Musik Kulturverein gegründet hat. Er lud für den Abend zum Kulturfest in das Katholische Gesundheits- und Sozialzentrum Petershof nach Marxloh ein, an den Ort, den ich noch als Pfarrkirche St. Peter kenne. Mitreißend war das wunderbare Programm der Streetdance-Gruppe, mit Roma-Musik aus Rumänien gesungen und gespielt vom „Allerwelt-Ensemble" aus Duisburg, das 2016 in einer Flüchtlingsunterkunft in Duisburg-Rhein-hausen gegründet worden war, mit berühmten Musikern wie der Band „Sasho Makedoneca" und der „Balkan Roma Band" mit traditioneller bulgarischer und rumänischer Musik der Roma und dem Schauspieler, Regisseur und Theaterleiter Sami Osman, der schon mal für die SPD und den Integrationsrat kandidiert hatte. Gekommen waren außer den Verwandten und Freunden der Mitwirkenden etwa dreißig Besucher, die nicht zur Community gehörten. Sieht aus wie eine verpasste Gelegenheit. Schade. Denn dieser Abend hatte ein Riesenpotenzial, Begeisterung zu entfachen für die Kultur der Roma, über alle Sprach- und sonstigen Barrieren hinweg.

Dort lernte ich Zhivko Slavev kennen, der das Programm wunderbar moderiert hat. Der Roma aus Rumänien hat nicht nur in Duisburg Fuß gefasst, er hilft Zuwanderern beim Ankommen, bei allem, was ihnen ein Leben in Freiheit und Verantwortung ermöglicht. Er kennt die Sorgen und Ängste, die eigene Identität zu verlieren und er kennt die Hoffnungen und Träume, mit denen die Menschen gekommen sind.

Sein Vater hat vor Jahren seine Familie gefragt, ob sie in Rumänien bleiben oder in ein anderes Land gehen wollten. Und sie haben sich für das andere Land entschieden.

Sie haben diese Entscheidung nie bereut. Zhivko ist fleißig und hat sehr schnell Deutsch gelernt. Das ist der Schlüssel zu seinem jetzigen Leben, sagt er. Er hat wunderbare Bilder für seine Arbeit. Eines lautet „Wenn Du mit Salz würzt, musst Du Dich nicht wundern, dass es nicht süß schmeckt."

Zurück zu Arno. Man hört, dass die Stadt viele Sozialarbeiter beschäftigt. Aber was sie tun, bleibt den Bewohnern im Viertel leider unklar. Als die AfD gegründet wurde, dachte er, die Partei würde für Ordnung sorgen und sich um ein gutes Zusammenleben aller kümmern. Das hätte in seinen Augen bedeutet, der Arbeit der Schlepperbanden Riegel vorzuschieben, sozialen Betrug zu unterbinden und den Zuwanderern Arbeitsmöglichkeiten ohne falsche Abhängigkeiten von selbst ernannten Arbeitsvermittlern zu ermöglichen. Aber da hatte er wohl etwas falsch verstanden. In ihrer Haltung, die geprägt ist von Ablehnung, Ausgrenzung und Abschiebung, sieht er keine Lösung. Er möchte eine Willkommenskultur mit Toleranz und Freiheit und Demokratie für alle.

Schrottimmobilien geräumt

Wie sich Marxloh damals entwickelte, darüber wurde viel geredet und berichtet. Jedenfalls über die eine Seite. Die nämlich, die Unterhaltungspotenzial und Spannung bietet und unsere Aufmerksamkeit sofort fesselt – wie in Dantes „Göttlicher Komödie" der Teil über die Hölle. Gewalt, Überfälle, Skandale. Die Erfolgsgeschichten der Kinder und Geschichten vom Leben der

Erwachsenen, die morgens um fünf mit dem Bus in Fabriken fahren und nachmittags wieder zurückgebracht werden und sich dann um ihre Kinder kümmern, darüber spricht oder berichtet so gut wie niemand. Will keiner lesen, weil Alltagsstress jeder selbst hat.

Tatsache ist: In manchen Straßen wohnten irgendwann nur noch Zuwanderer. Viele ältere Leute mussten ihre Wohnungen verlassen, ihre Mietverträge wurden nicht verlängert. Stattdessen wurden - häufig über Unterhändler - Mietverträge gemacht, über die man gutes und sicheres Geld vom Sozialamt bekam. Doch die Stadt sah nicht länger zu. Im Mai 2019 hieß es: „41 Schrotthäuser geräumt." Ein Coup, Schleppern und skrupellosen Geschäftemachern das lukrative Geschäftsmodell der Vermietung von unbewohnbaren Häusern zu zerstören. Der Anfang war gemacht. Doch das Image des Stadtteils blieb nach außen weiter am Boden. Das hatte viele Konsequenzen. Eine war der Preisverfall der Immobilien. Auch Arno bekam – als er sein Haus aus familiären Gründen verkaufen musste – nur noch die Hälfte des ursprünglich offiziell ermittelten Wertes.

Als wir so weiterreden, schaltet sich Arnos gute Freundin, meine alte Schulfreundin Bärbel, mit ins Gespräch.

„Weißt du noch, als wir noch gemeinsam in die Grundschule gingen, da, auf der Kurfürstenstraße in Walsum, da wohnten doch auch – damals sagte man noch ..." „Zigeuner", sage ich und verwende das Wort ganz bewusst, weil es damals einfach der normale Sprachgebrauch war.

Sie schaut mich fragend an.

„Ja, die kenn ich auch", lacht Arno. „Damals hatte einer meiner Großonkel dort einen Schrottplatz. Und ich kenne sie alle. Ich war da oft als Kind."

„Wer war denn dein Großonkel?", fragt Bärbel ganz überrascht von dem, was Arno erzählt.

Da holt Arno plötzlich weit aus und kramt seine verdrängten Erinnerungen hervor: „Mein Opa mütterlicherseits, der war ja ein ‚Zigeunerbaron', so haben sie es mir immer erzählt. Ich soll also angeblich von ‚Zigeunern' abstammen."

Stille. Wow. Wir sind beeindruckt. Wir warten. Auch Arno sagt „Zigeuner" nur deshalb, weil man ihm das damals so gesagt hat. Seine Mutter und ihre

Schwestern hatten sehr dunkle Haut, daran erinnert er sich gut. Sie kamen aus einer Familie mit dreizehn Kindern.

„Die Oma kam aus der Steiermark. Und der Opa kam aus Südtirol, er sah aus wie ein Schwarzer."

Wir können uns das sehr gut vorstellen. Plötzlich fangen meine Freundin und ich an, uns an all das Positive, was wir mit Sinti und Roma verbinden, zu erinnern: den Freiheitsdrang, die Lebensfreude und vor allem die fantastisch virtuose, mitreißende Musik. Wir können uns da richtig hineinsteigern, stellen aber fest, dass wir im Grunde wenig wissen und uns an den Bildern orientieren, die wir uns in unserer Fantasiewelt seit der Kindheit gebildet haben.

„Auf der Arbeit haben sie mir oft gesagt, wo keiner drankommt, da kommst du dran. Du bist wie ein ,Zigeuner', weil du so gut organisieren kannst. Passt doch!", schmunzelt Arno.

Er ist ein bisschen stolz. Waren seine Vorfahren nun Sinti oder Roma? Wo kamen sie her? Leider sind die Tanten, die er fragen könnte, tot, und so differenziert hat man mit ihm früher nicht darüber gesprochen. Er wird sich erkundigen, nach jemandem suchen, der ihm das noch erzählen könnte. Wir freuen uns, das ist doch noch mal richtig spannend!

„Hier werden ja diese Unterschiede im Alltag gar nicht gemacht", bedauert Arno.

„Alle werden in einen Topf gesteckt. Sehr schade! Man müsste doch mehr erfahren. Aber wie?"

Plötzlich nimmt das Gespräch eine faszinierende Wende: Jemand wie Arno, der das Verständnis für die Mentalität hat, nicht mit Gesetzen und Regelwerken auf die Menschen zugeht, sondern neugierig und zugewandt, wäre ein idealer Streetworker. Und könne vermitteln zwischen den alten und den neuen Bewohnern. Er kann zwar die Sprache nicht, muss aber keine Kulturbarriere überwinden, besitzt Empathie und Toleranz. Er versteht sich nicht als Gutmensch oder staatliche Autorität und setzt natürlich auch keine hierarchischen Verhältnisse zwischen den Bevölkerungsgruppen aus den Ursprungsländern in Deutschland fort, wie man es manchmal bei Dolmetschern beobachten kann. Aber das ist ein weites Feld.

Die Gegenwart in Marxloh und vor allem auch der Blick von außen auf Marxloh sind leider immer noch stark geprägt von vielen immer wieder neu erzählten Geschichten über Kriminalität, die zum Teil schon alt sind, aber von Mal zu Mal dramatischer erzählt werden, weil sie sonst auch langweilig werden würden. Aber sie halten die unsichtbaren Mauern weiterhin aufrecht.

Und so lässt letztlich das stumme Nicken der Zuhörenden bei solchen Erzählungen den fruchtbaren Boden für Ablehnung stetig wachsen.

Da kann man nur hoffen, dass die Menschen sich durch die Arbeit der „Kümmerer" und der Leute aus den Communitys selbst viele gute neue Geschichten unter die Leute bringen.

Kontraste gehören dazu

Bei meiner Recherche über das Leben der Sinti und Roma bin ich im Internet auf eine packende und informative Dokumentation des MDR über Jenny Rasche aus Stapelburg im Harz, Sachsen-Anhalt, gestoßen. Unter dem Titel „Jenny und die Roma-Kinder. Ein Slum mitten in Europa" zeigt die ARD das Porträt der Sozialarbeiterin in Deutschland, die vor zehn Jahren nach einem Urlaub nach Rumänien ausgewandert ist, um dort Roma zu unterstützen, Anschluss an die rumänische Gesellschaft zu finden und den Kindern eine Schulausbildung zu ermöglichen.

Und ich für meinen Teil schaue nach diesem Film anders hin. Es bleibt der brennende Wunsch, mehr zu erfahren, mehr aus der Community selbst. Was sind die Träume, die Lebensvorstellungen, die Hoffnungen derer, die nach Marxloh gekommen sind, um dort zu leben?

Wir beginnen zu träumen: Die Menschen müssten sich gegenseitig ihre Geschichten erzählen, mehr von ihrem Lebensgefühl mitteilen, mehr von ihren Träumen und Lebensvorstellungen. Damit man sie teilen kann. Oder wenigstens akzeptieren, dass sie anders sind, auch wenn man sie nicht verstehen kann. Aber das ist bei etwa siebentausend Neuzuwanderern von insgesamt ungefähr zweiundzwanzigtausend Marxloher Einwohnern nicht einfach. Die Schulen finden viele Wege. Erreichen über die Kinder auch die Eltern in ihrem Alltag. Aber das braucht Zeit und Geduld.

Im Grunde müsste man viel mit den Anwohnern vor Ort zusammen machen, mit denen, die eine Haltung haben wie Arno, die sich nicht aufspielen müssen, sondern anpacken können und Humor besitzen. Sie könnten das Lebensgefühl des Ruhrgebietes einbringen, das seit den besten Zeiten des Bergbaus das Leben der Menschen in Marxloh so lebenswert macht, und das heißt „Mensch bleiben". Wie das aussehen könnte? Miteinander feiern, gelassen den Alltag leben. Respektvoll, einfach mal freundlich.

Kapitel 17:

Treffpunkt für alle

Irgendwas ist anders. Eigentlich hat man täglich damit gerechnet, dass die Fenster dieses im Erdgeschoss hell verklinkerten Eckhauses im pulsierenden Zentrum von Marxloh in der Dahlstraße – einem der Orte, an den die Polizei bei einem Einsatz stets mit mindestens zwei Wagen kommt – mit Brettern vernagelt werden. Die Fassade ist heruntergekommen, dreckig, aber irgendetwas irritiert mich und zieht meine Blicke auf sich: Es ist der Schaukasten mit einem Hotelprospekt und einer dreiseitigen Speisekarte. Ich gehe näher heran und lese staunend: „Alle 16 Doppelzimmer und 9 Einzelzimmer sind so ausgestattet, dass Sie sich wohlfühlen." Ich reibe mir die Augen. „Wir heißen Sie herzlich willkommen im Hotel & Restaurant Montan. Gutbürgerliche Küche, mit Freunden und Bekannten nach Herzenslust plaudern, ein gepflegtes Bier trinken. Nennen Sie uns Ihre Wünsche."

Plötzlich steht jemand neben mir und reicht mir seine Visitenkarte. Abdullah Sarikaya. „Das Restaurant ist wieder geöffnet?", frage ich.

„Ja, kommen Sie doch mal vorbei!" Er lacht. „Ich lade Sie gern auf ein Getränk ein!"

Am nächsten Abend bin ich wieder dort. Abdullah Sarikaya zeigt gerade einem Kunden die Räumlichkeiten. Es ist der Chef eines mittelständischen Betriebes, der sich das Hotel ansehen möchte, weil er regelmäßig Zimmer für seine Montagearbeiter in Duisburg sucht. „Ja, die Fassade", meint Abdullah Sarikaya, „die ist ein Problem! Manche Hotelgäste stehen davor und möchten das Haus einfach nicht betreten. Noch nicht mal klingeln. Wer weiß, wie viele wieder gegangen sind, ohne dass wir es gemerkt haben", sagt er nachdenklich, aber gleich ergänzt er stolz und optimistisch: „Aber ist man erst mal drin, dann fühlt man sich gleich wohl!"

Skeptisch folge ich ihm in die Gaststube. Potz Blitz! Das rustikale Restaurant mit langer Theke strahlt im Glanz der Sechzigerjahre. Holz bestimmt den Raum. Schlichte helle Tische, schlichte helle Stühle, alles picobello sauber. Ja, so war es früher in den Kneipen, wo man sich abends mit Freunden traf, zum

Stammtisch ging oder einfach mal ein Feierabendbier trank. Doch auch hier ist irgendetwas anders – richtig, es „fehlt" dieser eklige kalte Zigarettenrauch von früher. Ich setze mich an die Theke. Ob hier mein Vater mal gesessen hat? Bestimmt! Ab und zu hat er den Kontakt zu den Mitarbeitern außerhalb des Betriebes gesucht, und ab und zu hat man nach einer Beerdigung hier noch Erinnerungen ausgetauscht. Als Onkel Heinz gestorben war, haben wir hier Kaffee getrunken. Offiziell. Tatsächlich hatte man damals dieses Lokal gewählt, weil Onkel Heinz gern mal einen getrunken hat: ein „Gedeck" – Schnaps und Bier. Das schafft Nähe über den Tod hinaus.

Der Charme von früher – auf Hochglanz poliert

„Firma Thewes meldet sich", tönt es lautstark durch den Raum und reißt mich aus meinen Gedanken ins Hier und Jetzt. Der bullige junge Mann mit den Sicherheitsschuhen hängt sich mit seinen Ellenbogen auf den Tresen. Ich sehe, er fühlt sich sofort wohl, die Atmosphäre gefällt ihm, hier kann er gut ein paar Tage zu Hause sein. Von hinten kommt ein Mitarbeiter des Hotels und begrüßt ihn freundlich. „Da vorne ist unser Hotelempfang!" Er deutet auf das unscheinbare Kontor mit dem Charme von früher.

Durch ein Holzfenster kann man einen Blick in ein kleines Büro werfen: ein Schreibtisch mit Computer, ein Bord mit Schlüsseln, ein paar Aktenordner, ein Quittungsblock, mehr braucht man hier offensichtlich nicht. Während der Hotelier mit dem Gast nach oben geht, um die Zimmer anzusehen, steckt die Köchin ihren Kopf in den Gastraum. Sie will nachsehen, ob sie wohl gleich etwas zu tun haben wird und vielleicht schon etwas vorbereiten kann. Noch sieht es nicht so aus. Zwei bulgarische Musiker kommen, sie waren heute Morgen schon mal hier. Sie warten, bis der Chef zurückkommt, mit ihm können sie sich auf Türkisch verständigen und sehen eine Chance, ein bisschen um den Preis zu feilschen. Es geht um den Saal, den sie für eine private Feier mieten wollen. In der Verhandlung setzen sie auf Emotionen: Sie wollen endlich wieder Musik machen und mit Freunden zusammen sein. Das Jammern hilft ein bisschen, doch sie müssen noch das Einverständnis der Familie einholen, denn zum Freundschaftspreis geht es dann doch nicht.

Abdullah Sarikaya ist zufrieden, wendet sich aber vorsichtig fragend an die Köchin: „Könnte sein, dass es am Wochenende etwas zu tun gibt!"

„Sollen wir Essen anbieten? Strammer Max oder Jägerschnitzel?"

Nein, dieses Mal wären ihre Arbeitskraft und ihr strenger Blick gefragt, sie soll eventuell helfen, den Saal nach der Feier wieder auf Vordermann zu bringen.

Jahrzehnte hatte die gelernte Köchin eine eigene Gaststätte, kann sehr gut organisieren und legt allergrößten Wert auf Ordnung und Sauberkeit. Und ausgerechnet am Sonntag soll sie früher kommen. Sie schaut ihren Chef ruhig an.

„Dann gehmwa einfach ma Gas!",

meint sie trocken. Schöner kann man „Geht in Ordnung, Chef" im Kohlenpott nicht sagen, wobei ich der kleinen, schmalen Person diesen energischen Tonfall auf den ersten Blick gar nicht zugetraut hätte.

Wie alle im Team möchte sie, dass der Laden läuft. „Ihr Abdullah Sarikaya" hat der neue Pächter seine Einladung an die Gäste im Schaukasten unterschrieben, „und das ganze Team". Auch Abdullah Sarikaya ist ein Teamplayer. In unserem Gespräch erzählt er mehr von der Arbeit, die die anderen leisten als von seiner eigenen.

Er ist kein Hotelier, hat aber seit einigen Jahren als Nachbar hier so manchen Aushilfsjob bekommen und miterlebt, was im „Montan" läuft und was nicht. Die Bilanz: Nur Geld rausholen funktioniert in diesem Hotel mit Restaurant und Veranstaltungssaal nicht. Beim alten Pächter war er einige Jahre Mädchen für alles: reparieren, renovieren, bedienen, Müll wegbringen. Eine gute Zeit, sagt er. Er hat viel gelernt und konnte sich nützlich machen. Über den alten Pächter möchte er nicht sprechen.

Als der Besitzer des Hauses Ende 2019 einen neuen Pächter suchte, hat er sich beworben. Die Konkurrenz war groß und kam aus einer anderen Ecke, als er vermutet hatte. Der eine wollte hier ein türkisches Café einrichten, ein anderer wollte eine Spielhalle eröffnen. Der kam schon mit seiner Crew und ließ alles ausmessen, um auszurechnen, wie viele Automaten er aufstellen könnte. Abdullah Sarikaya war geschockt über diese Dreistigkeit und gleichzeitig mit seiner Bewerbung als Pächter leicht verunsichert, denn beide hätten sofort stattliche Mieten gezahlt!

Das Erbe des Kohlenpotts

Aber der Besitzer hatte andere Pläne, und Abdullah Sarikayas Konzept schien in seine Langzeitplanung zu passen. Aber was das im Endeffekt wirklich bedeutete, konnte der engagierte Pachtanwärter damals nicht ahnen. Er war getrieben von seiner Liebe zum Kohlenpott und den Kumpels, die das Hotel-Restaurant mit Veranstaltungssaal geprägt hatten. Er wollte alles schön machen, das Flair von früher wiederherstellen, das Haus wieder – wie zu seinen besten Zeiten – zum Treffpunkt für Vereine machen. Es sollte wie damals ein Haus werden mit einem Stammtisch, an dem Politik gemacht wird, mit Karnevalsfeiern, die das Publikum aus ganz Duisburg herlocken, mit runden Geburtstagen und dem Männergesangsverein von Thyssen. Sein Plan war, alles auf Hochglanz zu polieren und attraktiv für alle zu machen.

Abdullah Sarikaya bekam den Zuschlag. Er konnte mit seinen konkreten Vorstellungen punkten, wie er Hotel und Restaurant wieder zum Laufen bringen wollte. Und mit seinem überdurchschnittlichen Einsatz. Die Geschichte des Hauses war ihm wichtig.

Das „Montan" hat in Marxloh eine lange Geschichte. 1902 wurde es unter dem Namen „Alte Natrop" eröffnet und 1909 um einen Saal erweitert. „Weinstube" steht noch auf einer der Türen. Dahinter befindet sich ein kleiner Saal für bis zu vierzig Personen. Inzwischen dient er morgens als Frühstücksraum für das Hotel und kann für private Feiern gemietet werden. Hier konnte ich zum Beispiel meine Interviews mit den Frauen der Marokkanischen Fraueninitiative, kurz MFI, ganz entspannt und konzentriert führen.

Es ist ein ruhiger und durch das viele Holz, die hohen Decken und die dunklen bunten Glasfenster sehr angenehmer Raum – jede der Frauen fühlte sich wohl. In mehreren Vitrinen hängen, sorgfältig dekoriert, auf Hochglanz polierte wunderschöne bunte Karnevalsorden. Sie erzählen von den Hochzei-

Restaurant im Hotel Montan

ten des Karnevals, als hier noch wöchentlich Sitzungen stattfanden und der Kinderkarnevalszug in Marxloh am Sonntag vor Rosenmontag jedes Jahr überregional Besucher anzog. Ganz vorbei ist diese Tradition noch nicht! Zweimal in der Woche treffen sich im „Montan" der Karnevalsverein KG Rot-Weiß Hamborn-Marxloh 1958 e.V. und der KG Marxloher Jecken 1970 e.V.

„Auch der treue Rest des Thyssenchores", so Abdullah Sarikaya, „hat hier bis zu seinem endgültigen Aus seine Proben abgehalten, und für einige kleinere Vereine ist das „Montan" die einzige Möglichkeit, zu überleben." Er möchte, dass hier immer etwas los ist. Und dann öffnet er mir, wie ein Zauberkünstler, der auf den Höhepunkt seiner Show zusteuert, mit einem

Lächeln die große Flügeltür zum Festsaal. Der Raum mit seiner hohen Decke wirkt überraschend groß. Hundertachtzig Personen kommen hier locker unter. Die Tische sind auf Hochglanz poliert, die Holzstühle einfach und hell, die halbrunden hellbraunen Holzbänke mit ihren schmalen Holzleistenrippen sind sorgfältig geschliffen und matt lackiert. Mithilfe einer Lichtanlage lässt sich der Raum in diverse Stimmungen tauchen. Und die Bühne – so scheint es – wartet nur darauf, dass sich der rote Samtvorhang öffnet.

Auf Veränderungen reagieren

Der Hochofen – Abdullah Sarikaya

Die Veranstaltungsräume tragen den Charme der besseren Tage, als der Bergbau und die Stahlwirtschaft im Ruhrgebiet florierten. Damals trank man abends gern ein Bier zusammen, mietete für besondere Familienfeiern einen Saal, traf sich regelmäßig im Verein und machte am Stammtisch Politik. Abdullah Sarikaya hofft, dass neben den neuen Gästen, die der Hotelbetrieb bringt, auch die alten Marxloher wieder häufiger kommen. Schön wäre, wenn sie ihm Fotos mitbrächten, die an die Zeit erinnern, als die Industrie das Ruhrgebiet reich gemacht hat. In diesen Räumen soll man noch mal einen Blick auf die Erfolgsgeschichten von ThyssenKrupp Steel Europe AG und der Grillo-Werke AG werfen können und sehen, wer in dieser Region des Ruhrgebietes am Ende des zwanzigsten Jahrhunderts Arbeitern und ihren Familien aus aller Welt ein solides Einkommen sicherte.

Die Einrichtung des Saales ist schlicht und so neutral, dass man sich alle möglichen Veranstaltungen vorstellen kann, von der Karnevalsfete bis zur Theateraufführung, Lesungen, Erzählabende, vom Obdachlosencafé bis zum Bürgerdialog mit der Bundeskanzlerin. Ihr Besuch in Marxloh machte das „Montan" 2015 über Duisburgs Grenzen hinaus bekannt. Abdullah Sarikaya lacht, wenn er an den Aufwand denkt. Bevor sie kam, hatte man mit großen Trucks Material herangefahren und vierzehn Tage lang im Saal alles aufgebaut und eingerichtet, um die Technik für die vielen Medienvertreter zum Laufen zu bringen.

Der legendäre Besuch von Angela Merkel

Die Marxloher freuten sich, als sie hörten, Frau Merkel würde sich mitten hinein trauen in das Gebiet, das als „No-go-Area" Schlagzeilen gemacht hatte. Alles um ihren Besuch herum bietet bis heute Stoff für zahlreiche Anekdoten, die zur jüngeren Geschichte des „Montan" dazugehören. Zum Beispiel die von den Neuzuwanderern aus Osteuropa. Für den Merkel-Besuchstag hatte man ihnen lange vorher kostenlose Fahrten in einen Vergnügungspark geschenkt.

Frühmorgens standen die Busse in Marxloh bereit, um sie abzuholen, und erst am Abend wurden sie wieder zurückgebracht. Frau Merkel landete mit dem Hubschrauber im Schwelgernpark, als sie schon weg waren und wurde die dreihundert Meter zum „Montan" mit der gepanzerten Limousine gefahren. Sie hat rein gar nichts von der Hauptstraße mit der romantischen Hochzeitsmeile gesehen, die sich eigens für sie in Schale geworfen hatte. Nicht nur die Stadtreinigung war noch einmal gründlich mit dem Besen durch die Straßen gefahren, jeder einzelne Geschäftsinhaber hatte seinen Laden und das Drumherum für die hier beliebte Politikerin auf Hochglanz poliert und schick in Szene gesetzt. Wäre sie nur ein kurzes Stück zu Fuß gegangen, hätte Frau Merkel Marxloher sehen können, die stolz darauf sind, dass sie den Stadtteil zu einer blühenden Geschäftsmeile gemacht und ihn in den 90er Jahren vor dem sicheren Verfall bewahrt haben.

Immerhin kamen beim Treffen mit der Kanzlerin auch einige Marxloher zu Wort, und der Stadtteil war doch einmal einen Moment lang mit einer positiven Schlagzeile im Fokus der medialen Aufmerksamkeit. Und das, obwohl das Thema war, wie man am besten Recht, Ordnung und Sauberkeit im

Stadtteil wiederherstellen und Schleusern von Armutsflüchtlingen das Handwerk legen könnte.

Was die MitbürgerInnen mit türkischem Migrationshintergrund aber am meisten schockiert habe, erzählt Abdulla Sarikaya, sei die Tatsache, dass kaum ein Deutscher gekommen war, um Frau Merkel am Weg winkend zu begrüßen. „Wäre Erdogan gekommen … die Straßen wären überfüllt gewesen!" Doch „Deeskalation" war offensichtlich das Stichwort dieses Besuches, dem man irgendwie einen eher privaten Charakter verpassen wollte. Nach Art der Kanzlerin: zuhören, sich informieren, um später politisch die richtigen Weichen für die Zukunft zu stellen. Es ging ihr nicht darum, sich als Gutmensch zu inszenieren – was ihr auch in der Presse durchweg als positiv angerechnet wurde. Vielleicht war der Frust rund um den Besuch von Angela Merkel in Marxloh auch eine Frage der Kommunikation im Stadtteil. „Wenn so viel Schweigen ist, ist das nicht gut!", wird die Kanzlerin zitiert.

Das Motto „Reden hilft"

prägt auch die Haltung von Abdullah Sarikaya. Er hatte in Marxloh noch nie Stress mit Nachbarn. Müll, der um das Hotel herum auf die Straße geworfen wird, Flaschen, Papier, leere Tüten von Chips und Nüssen entsorgt er regelmäßig mehrmals am Tag. Erwischt er die meist Jugendlichen dabei, wie sie etwas achtlos fallen lassen, spricht er sie an. „Sie sind lernfähig", meint er. Sein Tonfall ist ruhig, aber sein Körper spricht eine eigene Sprache: Man sieht ihm an, dass er mal aktiv Bodybuilding betrieben hat und gut trainiert ist – ein Sportler durch und durch. Jahrelang unternahm er ausgedehnte Langstreckenläufe, bis sein geliebter Hund, der ihn täglich begleitete, starb. Fußballer wäre er gern geworden, oder Maler, aber da stellte sich sein Vater quer.

Dass Abdullah Sarikaya so offen auf Jugendliche zugeht, hat sicher auch damit zu tun, wie er selbst aufgewachsen ist. Dass er so manchen Traum aufgeben musste, hat ihn hellhörig gemacht für die Wünsche und Bedürfnisse der Jüngeren.

Geändert hat der Besuch von Frau Merkel an der Berichterstattung der Medien über Marxloh wenig. Als kürzlich einige der Hotelgäste morgens übel gelaunt zum Frühstück kamen, fragte er sie, ob ihnen etwas nicht gefallen habe: „Ist irgendetwas nicht in Ordnung?" Die Antwort kam maulig: „Nix los hier in Marxloh!", schimpfte der eine und der andere beschwerte sich: „Wir dachten, wir könnten hier nachts Randale erleben, Schlägereien, Polizeieinsätze, Krankenwagen. Nix war. Alles ganz ruhig, nicht mal laute Musik!" Die „No-go-Area-Erlebnistour" hatte nicht erfüllt, was man vermeintlich mit dem „Hotel Montan" im Hotspot der Szene gebucht hatte.

Abdullah Sarikaya hat keine rosarote Brille auf. Aber er wünscht sich, dass man die Situation in Marxloh klar und differenziert betrachtet. Vor allem vonseiten der Politik und der Presse. Es gibt Konfliktpotenzial. Aber die Marxloher haben über viele Jahre Lösungen für ein gutes Miteinander gefunden. Es ist eine Frage der Perspektive. Niemand hier will Stress. Aber wenn man nicht miteinander redet und aufeinander zugeht, eskalieren Kleinigkeiten schon mal zu Gruppenterror.

Bitte das Potenzial nutzen

Abdullah meint, Politik und Sozialstaat sollten mehr auf die Stärken der Bewohner von Marxloh setzen, das Potenzial nutzen, das die Menschen mitbringen, die in Marxloh leben. Hier gibt es sehr erfolgreiche Geschäftsleute und viele junge Leute voller Energie, die man ansprechen kann, die man einbeziehen und mitverantwortlich machen kann. Jeder einzelne Mensch, der sich öffnet, ist einer, der das Sprechen und Denken über eine kulturelle Gruppe verändert und Vorurteile auflöst. Man sollte sich genau ansehen, was funktioniert und wie – und dann mit allen gemeinsam die Zukunft gestalten. Abdullah Sarikaya hat in seinem Bereich die Erfahrung gemacht, dass das im Alltag eigentlich recht gut klappt.

Der Hotelier wohnt seit vielen Jahren direkt gegenüber dem „Montan" und fühlt sich sehr wohl. „Wenn wir abends hinter dem Haus zusammensitzen, dann kommt schon mal jemand mit einem Tablett mit Essen und sagt: ‚Probier mal, das ist bei uns eine Spezialität.' Und dann erzählen sie von ihren Traditionen, und beim nächsten Mal machen wir etwas und lassen die anderen probieren. Neulich haben wir mal zusammengezählt und sind auf siebenundzwanzig Nationen gekommen, die hier in Marxloh zusammenleben", erzählt Abdullah Sarikaya stolz.

„Hier wohnen Bosnier neben Türken und Indern und Marokkanern und Albanern und Syrern. Sie leben nicht in verschiedenen Vierteln voneinander getrennt, sondern Tür an Tür, als Nachbarn."

Pollmann-Eck und Straßenbahn Linie 903

Genau dafür wurden diese Wohnsiedlungen und Reihen von kleinen Zechenhäuschen mit Garten einmal von den großen Industriebetrieben angelegt und gebaut. Die Arbeiter sollten mit ihren Familien in der Nähe ihrer Arbeitsstelle leben und auch ihre Freizeit gemeinsam verbringen können. Von so einem Häuschen hatte Abdullah Sarikaya immer geträumt. Vor dreißig Jahren hat er sich eines in Marxloh gekauft – Baujahr um 1900 – und hat es für sich und seine Familie eigenhändig umgebaut. Denn gelernt hat Abdullah Sarikaya Maurer für Hochöfen.

Seinen gut bezahlten Arbeitsplatz bei der thyssenkrupp Steel Europe AG hat er nie aufgegeben, denn er ist Spezialmaurer für Hochöfen.

„Ich habe Maurer gelernt für feuerfeste Mauern. Die gibt es bei Stoßöfen, Tief- und Hochöfen, und ich gehöre da zum Spezialistenteam! Wenn nichts zu reparieren ist, machen wir normale Maurerarbeiten, aber wir werden auch von Betrieben außerhalb, von Duisburg, Dortmund, Hüttenheim oder Bochum, angefordert. Wir sind einfach eine mobile Reparaturabteilung." Abdullah Sarikaya sagt das mit großem Stolz. Er liebt das Gefühl, wenn die Bautruppe gemeinsam etwas fertiggestellt hat, und ist glücklich in seinem Beruf. Auch wenn das ursprünglich nicht sein Traumberuf war.

Denn am liebsten wäre Abdullah Sarikaya Maler geworden. Er hatte davon geträumt, Karosserien von Autos mit Bildern zu gestalten. Noch heute malt er gern, am liebsten in Schwarz-Weiß, aber nach Vorlage: „Mir selbst in meinem Kopf etwas ausdenken, nein, das ist nicht mein Ding." Aber Tattoos von Freunden abzumalen oder Porträts zu gestalten, das ist sein Ding.

Geplatzte Jugendträume

Schon in der Grundschule hatte man sein Talent erkannt. „Damals waren wir in türkischen Klassen zusammen und hatten türkische Lehrer, und wenn wir in der Schule ein Fest gefeiert haben wie das türkische Kinderfest, dann kam die Klassenlehrerin und hat mich gefragt, ob ich nicht ein paar Bilder malen könne, um die Räume und Flure schön zu dekorieren. Wir haben mit der Schule in einigen Wettbewerben auch wirklich gut abgeschnitten, weil meine Bilder allen gut gefallen haben."

Die Lehrer haben ihm empfohlen, eine weiterführende Kunstschule in Krefeld zu besuchen. Doch der Vater sagte irgendetwas von zu hohen Kosten, was Abdullah Sarikaya bis heute nicht nachvollziehen kann. Mehr als die Fahrtkosten können das ja nicht gewesen sein, und dafür hätte man vermutlich sogar ein Sonderticket bekommen können. Um den begabten Schüler zu unterstützen, hatten seine Lehrer schon die Antragspapiere für die entsprechende Schule ausgefüllt, aber sein Vater verweigerte die Unterschrift. Sein Sohn sollte – wie er selbst – Maurer werden. Der Schmerz darüber, dass sein Vater seine Wünsche ignorierte, sitzt tief.

Und noch eine Geschichte aus seiner Zeit als Jugendlicher in Duisburg-Meiderich möchte Abdullah Sarikaya erzählen. Nicht um Mitleid zu erwecken wegen seiner verlorenen Träume. Sondern um mir eine Ahnung davon zu geben, dass seine Generation, die Kinder der ersten türkischen Migranten der Sechzigerjahre, die Freiheit zu schätzen wissen, die man in Deutschland hat: die Freiheit, eine gute Schulbildung zu bekommen, die Freiheit, sein Leben selbst in die Hand zu nehmen, in einer demokratisch regierten Gesellschaft seines Glückes Schmied zu sein. Und er will, dass alle wissen, dass sich schon vieles verändert hat. Dass es manchmal einfach eine Generation oder zwei braucht, bis man die andere soziale Ordnung verstanden hat und teilweise übernehmen kann. Jedenfalls ist es bei ihm so, und er kennt viele, die genauso denken.

Keine Chance?

Als kleiner Junge spielte Abdullah Sarikaya gern Fußball, zunächst mit den Jungs auf der Straße, dann im Verein. Er war gut, und das fiel den Trainern auf. Doch immer, wenn ein größerer Verein ihn zu einem Probespiel einlud, nahm sein Trainer jemand anderen mit. Man sagte ihm, er sei zwar gut, aber so, wie er aussehe, mit seinen abgetragenen Schuhen und den schäbigen Klamotten, könne er einfach nicht mitfahren. Der Junge bettelte, der Vater möge ihm wenigstens neue Schuhe kaufen – vergebens. Doch er gab nicht auf. Er wollte seinem Vater unbedingt zeigen, wie viel ihm das Fußballspielen bedeutete. Und tatsächlich konnte er ihn überreden, zu einem Spiel mitzukommen. Das hat den Jungen damals so angefeuert, so sehr motiviert, dass es ihm sogar gelang, ein Tor zu schießen! Der Vater hat es nicht einmal kommentiert.

Abdullah Sarikaya war zwei Jahre alt, als die Eltern aus der Türkei nach Deutschland auswanderten. Er hat die Zeit als freundlich in Erinnerung. In Duisburg-Meiderich fühlte er sich von Anfang an wohl, ging gerne zur Schule, war da, wenn jemand Hilfe brauchte, hat Fußball gespielt und sich wie andere Jungen aus der Klasse irgendwann verliebt.

Er brachte die Freundin mit nach Hause. Doch der Vater hatte eigene Pläne. Er befürchtete, sein Sohn sei nicht türkisch genug. Zum sechzehnten Geburtstag schenkte er ihm tausend Mark für eine Reise in die Türkei. Abdullah war überrascht. Würde er jetzt vielleicht doch noch ernst genommen mit seinen Träumen? Der Schock war groß, als die wahren Beweggründe ans Licht kamen: Der Vater wollte sich mit diesem Geld quasi sein Einverständnis „erkaufen", sein Einverständnis in eine Hochzeit, die er mit einem alten Freund aus der Türkei längst besiegelt hatte. Während dieser Reise in die Türkei würde Abdullah also seine zukünftige Ehefrau treffen.

Wenige Wochen später haben die Väter in Deutschland die Papiere unterschrieben, dass sie die Verantwortung für diese Ehe der beiden Sechzehnjährigen übernahmen.

Das türkische Mädchen war von dem Deal genau so überrascht wie Abdullah. Er wusste als Jugendlicher nicht, wie er sich hätte wehren können. Er hatte versucht, so zu leben wie seine deutschen Freunde, wollte sich nicht gedankenlos allen ungeschriebenen türkischen Gesetzen unterordnen, weil er ja in Deutschland lebte. Aber die Abhängigkeit von der Familie und der türkischen Community war einfach zu stark. Mit seinen sechzehn Jahren sah er keine Möglichkeit, aus der Nummer herauszukommen. Es zählte das Gesetz des Vaters.

Dass die Ehe bis heute hält, war ein großes Stück Arbeit. Von beiden Seiten. Das Paar lebt noch zusammen und hat zwei Kinder. Was Abdullah Sarikaya sich selbst im Hinblick auf die Erziehung vorgenommen hat: keinen Druck auf seine Kinder auszuüben. Er hat sie nach ihren Wünschen und Träumen gefragt, hat sie eingeladen, die Freiheit der Entscheidung in der Berufsausbildung und der persönlichen Lebensführung in Deutschland zu nutzen. Er hat sie unterstützt, wo immer es ging. Und dass sie ihre Partner selbst aussuchen durften, das wäre nach dieser Vorgeschichte gar nicht anders denkbar gewesen. Herzenssache.

Vor ein paar Jahren wollte Abdullah Sarikaya sein kleines Zechenhäuschen verkaufen. Die Kinder waren aus dem Haus, die Wohnung schien zu groß. Er hätte sich sogar auf einen Preis eingelassen, der unter dem Kaufwert lag. Doch drei potenziellen Käufern wurde ihr Kredit nicht bewilligt. „Es gibt drei Kreditbewertungspunkte", erklärt Abdullah Sarikaya, „grün, gelb und rot. Und in Marxloh, da stand die Ampel ganz auf Rot!" Für Immobilien in Marxloh gibt es keinen Kredit! Also behielt er das Häuschen, und heute ist er froh darüber. Zum einen liegt das Haus direkt gegenüber dem „Montan", und dann sind inzwischen auch seine ersten Enkel da, nun kann er den Platz wieder gut gebrauchen. Und Marxloh, das weiß er heute mehr denn je, ist einfach sein Zuhause.

Hotelier mit Leidenschaft

Soeben hat jemand auf dem Buchungsportal des Hotels eine positive Kritik veröffentlicht. Er liest sie vor und freut sich mit dem gesamten Team. Unter der Überschrift „Sehr nett und sehr sauber" heißt es da: „Das Hotel sieht von außen nicht so aus, als hätte es gute Zimmer. Die Zimmer sind sehr sauber. Das Bad wurde erneuert. Das Personal ist super freundlich. Wenn man dort Abendessen haben will, gibt es Hausmannskost im Hotel, nicht zu teuer. Ein Parkplatz ist hinter dem Haus und geschützt."

Schnapsfässchen aus den 50er Jahren

Abdullah Sarikaya würde sich wünschen, dass jemand schreibt, dass das Essen auf Wunsch so zubereitet wird, wie man es am liebsten hat – dafür garantiert Luzie. Die gute Seele. Die treibende Kraft. Ruhepol und Wirbelwind. Das Konzept mit dem Veranstaltungssaal war ehrgeizig, pragmatisch und überzeugend: Abdullah wollte an alle vermieten, die irgendwie zum Stadtteil dazu gehören, die das Miteinander und tolerante Nebeneinander verschiedenster Kulturen auf engstem Raum bereichern. Wenn jemand eine gute Idee hätte, Leben in die Räume zu bringen, die zu Marxloh passt, hätte er bei ihm offene Türen gefunden. Vielleicht wäre man bei Veranstaltungen den Weg dann sogar gemeinsam gegangen. Ein regelmäßiges Frühstück für Obdachlose konnte Abdullah sich vorstellen, Feste für Kinder. Er setzte auf Teamgeist. Das Projekt sollte sich für ihn und sein Team finanziell lohnen, aber nicht um jeden Preis

Es ist anders gekommen. Der Besitzer hat nicht an ihn verkauft. Man kann sich vorstellen, wie sich das nach all seinem unermüdlichen Einsatz anfühlt. Der neue Besitzer kann das heute nur ahnen. Und was hat Abdullah Sarikaya gemacht? Er hat den Neuen geholfen. Hat seine Erfahrungen und Kontakte weitergegeben, hat ihnen erzählt, was dem Betrieb an diesem Standort Erfolg gebracht hat. Hat von seinem Konzept erzählt, das er ausgearbeitet hatte.

Radikaler Neuanfang

Doch der Bruch mit der Tradition des Hauses war hart. Und nicht mal durch die neuen Besitzer herbeigeführt. Eines Tages, als ich wiederkomme und die herrlich verrückten Karnevalsorden noch mal fotografieren möchte, sehe ich, was passiert ist: Die mit grünem Samt ausgeschlagenen Glasvitrinen sind leer, der alte Besitzer hat sie ausgeräumt und die Fotos vom Karneval gleich mit abgenommen. Vorbei. Für die Tradition ein Aus, aber für die neuen Besitzer vielleicht auch eine Erleichterung – so können sie sich unbelastet ein ganz neues Konzept überlegen. Sie sind kreativ: Das Restaurant möchten sie optisch so lassen, mit diesem Nostalgieeffekt, den es bei vielen Besuchern auslöst, aus dem Frühstücksraum werden sie eine Lounge zum Chillen machen, und den Saal bauen sie komplett um. Den alten Charme, der mein Herz einen

Moment höherschlagen ließ, konnten sie gar nicht so wahrnehmen. Sie haben andere Bilder von früher, und der Saal muss jetzt und in der Zukunft seine Funktionen erfüllen. Für alle kulturellen Gruppen, für alle Anlässe – und in diesem Stadtviertel vor allem natürlich für Hochzeiten und Geburtstagsfeiern. Die großen weißen Marmorplatten, die aus der Türkei kommen, machen die Besitzer stolz. Die sanitären Anlagen werden auf den neuesten Stand gebracht, dazu noch eine gute neue Lichtanlage und eine kleine Bühne – mehr braucht man nicht.

Abdullah Sarikayas Abschied als Hotelier des Montan

Die Hotelzimmer werden nach und nach renoviert, der alte Teppichboden rausgerissen und durch Laminat ersetzt. Häufig fragt noch jemand nach Abdullah Sarikaya. Doch der hat sich zurückgezogen und kommt nur noch ab und zu vorbei. Neulich hat er mich durch die Hinterhöfe in Marxloh geführt und mir sechs Moscheen gezeigt. Er hilft, wenn sie etwas umbauen oder renovieren, aber anwerben lässt er sich von den Gemeinden nicht.

Im „Montan" ist Luzie, die Köchin und Frau für alle Fälle, geblieben. Niemand macht die Bratkartoffeln so wie sie. Ich brauche nur mit den Fingern eine Zahl in die Küche zu zeigen, dann bekomme ich sie mit ein oder zwei Spiegeleiern. Und selbstverständlich gibt es dazu einen frischen Salat mit ihrer selbst gemachten Spezialsoße. Das ist mein Soul-Food, mein Heimatgefühl.

Täglich verändert sich das Bild - auch außen

Marxlohs Attraktivität liegt in der Vielfalt

Unterschiedliche Gäste sind da. Hier wird sehr direkt miteinander geredet – aber man kann auch seine Ruhe haben. Die Montagearbeiter lieben die

Hausmannskost. Das Bier ist edel und frisch gezapft. Kommt aus Duisburg-Beeck und ist in der Region Kult: Köpi. Das neue Team ist herzlich, direkt, hilfsbereit. Und neugierig. Auf alle Nationen, auf Bräuche, auf Überzeugungen, auf Geschichte und Geschichten. Man beobachtet die Wünsche der Gäste sehr genau und wird das Angebot erweitern. Denn das Restaurant soll ein lebendiger Treffpunkt des Stadtviertels und seiner Gäste werden, an dem alle gern zusammenkommen.

Man probiert aus, was geht. Ab und zu haben sie an eine Pfingstgemeinde vermietet, an internationale Workshops zum Thema Integration, an Hochzeiten aller Nationen und Geburtstagsfeiern. Sie erleben, dass der Raum in sehr unterschiedlichem Zustand hinterlassen wird: Nach einer Hochzeit, die den Saal in eine weiße Traumwelt verzaubert hat, blieb nicht ein Stück der Deko liegen. Nach einem feuchtfröhlichen Kindergeburtstag blieb ein großer Sack Müll im Raum verteilt liegen, und der Toilettendeckel war kaputt. Aber sie rechnen das nicht auf die Konten der Kulturen, sie begegnen jedem offen und mit Vertrauen. „Wenn die Eltern das vielleicht noch nicht begreifen, wie hier die Regeln sind, dann werden es später doch die Kinder wissen, die ja hier zur Schule gehen." Die Hoffnung bleibt. Und die Freude am Zusammenleben.

Gute Traditionen bleiben, neue kommen hinzu

Kapitel 18:

Harter Mann am Hochofen

Als ich höre, dass der Vater einer der möglichen KäuferInnen für mein Elternhaus ein echter Stahlkocher ist, bin ich neugierig. Sie zeigt mir ein Foto: wow! Man sieht einen Mann mit Helm vor einem glühend gelb-rot-orange leuchtenden Feuerofen, dessen Schein intensiver ist als bei einem feuerspeienden Vulkan.

Einen der harten Männer des Ruhrgebietes zu treffen, war schon lange mein Wunsch, und ich möchte unbedingt etwas über seine Arbeit erfahren. Kein Problem, heißt es, er käme vorbei.

Tags darauf klingelt es an der Tür. Ich bin überrascht. Da steht kein Hüne von Mann, der wie Goliath auf sein Gegenüber herunterschaut. Naci Heme ist eher klein, durchtrainiert und – neugierig.

„Schöner Rasen, müsste mal wieder gemäht werden. Und die alten Rosensträucher, herrlich, die duften und blühen das ganze Jahr über!"

Wir kommen schnell ins Gespräch, finden sofort eine Wellenlänge, auf der wir miteinander reden können. Er ist genau so professionell darin, Kontakte zu knüpfen, wie ich.

Stahlkocher üben einen der härtesten Berufe des Ruhrgebietes aus. Jeder im Kohlenpott bewundert diese Männer, die sich der gewaltigen Hitze des kochenden Stahls und den großen Gefahren der flüssigen Materie aussetzen. Bei diesem Prozess kann es durchaus vorkommen, dass der flüssige Stahl spritzt, und nicht immer verläuft er beim Abfließen in geordneten Bahnen. Mit ihrem Mut und ihrer Muskelkraft und Konzentration sichern diese Männer seit Jahrzehnten den Wohlstand in Deutschland entscheidend mit. Sie gehören zu den Helden der Arbeit.

Die Magie der unbändigen Energie des Feuers liegt über dem Foto, das seine Tochter mir gezeigt hatte, und als er mir gegenübersitzt, spüre ich, dass diese Arbeit mehr verlangt als Muskelkraft. Das Gespräch verläuft ungemein lebendig. Er nimmt mich in Gedanken mit in die geheime Kammer seines Arbeitsplatzes.

Naci Heme reagiert schnell, hat eine gute Deckung und kontert gezielt. Und sitzt nicht still – er dribbelt die ganze Zeit. Wie der Torwart vor dem Elfmeter? Später erfahre ich, warum ich diesen Eindruck habe und woher das kommt!

Jetzt möchte ich erst einmal wissen, wie der Beruf des Stahlkochers heute wirklich aussieht. Weil nur wenige diesen Bereich der Stahlherstellung wirklich kennen, ranken sich viele Legenden um diese Arbeit: von Riesen mit schweren Mänteln, die mit großen Holzstäben mit Eisenkellen wie Alchemisten Stahl, das härteste Material der Welt, zum Fließen bringen können.

Hatten die jungen Männer, die den Beruf gewählt haben, starke Vorbilder, vielleicht solche Helden, wie sie Arnold Schwarzenegger in seinen Filmen gespielt hat? Wie und warum wird man Stahlkocher?

„Man kriegt eine Schüppe in die Hand, und los geht's. Das ist bis heute so", lacht Naci.

Alles Weitere lernt man von den anderen Stahlkochern! Zusammenhalt ist wichtig. Vertrauen. Die Männer auf der Arbeit, das ist seine zweite Familie. „Meine Frau sagt immer, du gehst mit einem Lächeln zur Arbeit", erzählt er, „und das stimmt bis heute. Meine Arbeit macht mir immer noch Spaß, auch wenn es mir manchmal schwerfällt, aufzustehen, wenn die ganz Familie so gemütlich beim Fernsehen zusammensitzt und ich zur Nachtschicht muss."

Damit ich mir den Arbeitsplatz besser vorstellen kann, macht Naci mir eine Zeichnung vom ovalförmigen Ofen, der schichtenweise feuerfest ausgekleidet ist und mit Eisenerz, Koks, Quarzsand, Kalk und weiteren Zusatzstoffen befüllt wird. Bei etwa zweitausend Grad löst sich das Erz durch die Zufuhr vorgewärmter Luft aus dem Gestein, wird flüssig und sinkt nach unten. Dann muss man den Verschluss im unteren Teil des neunzig Meter hohen Hochofens öffnen, das heißt im Fachjargon „den Ofen anstechen", damit das Roheisen herausfließt und in Pfannen- bzw. Torpedowaggons abtransportiert werden kann, damit der flüssige Stahl herausfließen kann.

Damit man mal eine Vorstellung von den Dimensionen bekommt, ein paar Zahlen:

Sollen zwölftausend Tonnen Roheisen produziert werden, braucht man neunzehntausend Tonnen Eisenerz und viertausend Tonnen Koks.

Früher hat Naci direkt vor dem Ofen gestanden. Das Gesicht hinter einem Visier, ansonsten nur durch hohe Stiefel und einen dicken Mantel aus Asbest geschützt.

„Da hat man schnell gestunken wie verrückt", meint er lachend.

„Als ich angefangen habe, hat man viel mit Körperkraft gemacht. Heute schafft man viel mit Maschinen."

Der Hochofen in Marxloh ist der höchste in Europa, der Hochofen in Hamborn, an dem er arbeitet, ist einer der modernsten. Da steht der Schmelzer hinter einer Glasscheibe und löst den entscheidenden Stich, der den flüssigen Stahl aus dem Ofen herausfließen lässt, per Knopfdruck aus.

„Nur beim Stechen ist man im Schutzraum, sonst ist man vor Ort."

Das heißt, die Schüppe bleibt ein wichtiges Arbeitsgerät.

„Da muss ich gucken, dass alles schön reibungslos in die Pfanne läuft. Und dann trifft die heiße Schlacke auf Wasser und wird beim Zusammenprall zu Sand."

Stahlkocher Foto: thyssenkrupp Steel Europa AG

Was diese Arbeit am Hochofen auch heute noch so schwer macht, ist vor allem die Hitze. Und: Gefährlich ist es, weil der flüssige Stahl schon mal hochspritzt. Genaueres will Naci davon nicht erzählen. Nur so viel: Man muss sehr wachsam sein beim Arbeiten und darf sich keine Angst durch irgendwelche Katastrophenfantasien machen.

Naci muss Proben vom Stahl nehmen und die Qualität überprüfen. So kann man zum Beispiel am Anteil von Silizium sehen, wie gut die Qualität ist.

„Das zeigt, ob man daraus einen Trabi oder einen Panzer machen kann", erklärt Naci. „Aber damit haben wir dann nichts mehr zu tun. Wir stellen Roheisen her. Und wir versuchen dabei, die Qualität zu halten. Deswegen heißen wir ja Thyssenkrupp. Made in Germany!"

Dass Naci Stahlkocher geworden ist, war Zufall. Eigentlich wollte er Metzger werden wie sein Vater. Mit siebzehn fragte er in einem Betrieb in Duisburg an, ob sie Lehrlinge nehmen würden, doch man lehnte ab.

„Das ist nichts für dich! Wir arbeiten hier auch mit Schweinen, und das ist für dich als junger Türke ein Problem. Wir können dich nicht einstellen."

Stimmt. Was also tun? Die Hütte bot Lehrgänge an für Jungwerker, das hieß: auf der Hütte arbeiten und zweimal in der Woche zur Berufsschule gehen. Für zweihundert D-Mark.

Zwei Jahre sollte die Ausbildung zum Hüttenarbeiter dauern. Sein Freund schmiss hin und fand einen Job für achthundert Mark im Monat. Viermal so viel! Wie hatte der das nur gemacht? Der Freund gab ihm den Tipp, zum Chef zu gehen und zu sagen, er hätte eine Freundin, weshalb sein Vater ihn rausgeschmissen hätte, und nun würde das Geld nicht reichen für eine Wohnung und den Lebensunterhalt ...

Der Chef durchschaute die Geschichte, wollte ihm aber trotzdem helfen.

„Pass auf, Junge, du bist noch keine achtzehn, darfst also keine Wechselschicht machen. Ich schicke dich erst mal zu einem Betrieb, da kannst du nur Frühschicht machen."

Gesagt, getan. Naci wurde Hilfsarbeiter im Platzbetrieb am Hochofen in Ruhrort. Musste dort Sachen wegräumen, fegen, einfache Hilfsarbeiten verrichten, alles in Ordnung halten. Als er achtzehn wurde, fragten sie ihn, ob er nicht Schmelzer werden wolle, sie bräuchten dringend Leute im Herzen des Hochofens. Er sagte zu. Das war 1986.

„Seitdem schmelze ich Roheisen!", sagt er, und in seiner Stimme schwingt ein bisschen Stolz mit.

Ich will von ihm wissen, wie man das lernt, was man mitbringen muss.

„Da war nicht viel zu lernen!", lacht er. „Man bekam eine Schüppe in die Hand, und los ging's. Es hieß, man sollte nur gut aufpassen."

Dass er geschickt mit den schweren Geräten umgehen konnte, viel Kraft besaß und Ausdauer, das war schnell klar. Aber woher kam das?

Naci ist Boxer – seit seinem neunten Lebensjahr.

Er erinnert sich noch gut, wie alles angefangen hat. Aus reiner Neugier hatte er einen Freund zum Boxtraining begleitet und gleich mittrainiert. Als er dann mit nass geschwitzten Sachen nach Hause kam, schimpfte die Mutter.

„Als hätte ich mit fünf Kindern nicht schon so genug Wäsche zu waschen! Wie hast du dich denn so nass gemacht?"

„‚Das ist alles Schweiß, Mama!' So hat das angefangen."

Tatsächlich nahm Naci bald an Wettkämpfen teil. Verlor den ersten Kampf gegen einen jungen Mann aus dem Polizeisportverband Duisburg und traf genau ihn als Gegner wieder bei der Bezirksmeisterschaft. Da packte ihn der Ehrgeiz so richtig. Und diesen Kampf hat er gewonnen.

„So sind wir Freunde geworden", freut sich Naci, „und ich habe heute immer noch Kontakt mit dem jungen Mann von damals."

Seinem Boxtrainer ist er bis heute dankbar. Er hat ihn stark gefördert. Hat ihn sogar von Marxloh abgeholt und ist mit ihm nach Hamborn gefahren, um dort mit ihm zu trainieren. Er brachte Naci in die Niederrhein-Auswahl, wo er den Verein bei der Westdeutschen Meisterschaft vertreten sollte.

„Der Trainer hat gesagt: ‚Jetzt, mein Junge, holst du die deutsche Meisterschaft, dann sind wir alle stolz auf dich!'"

Und dann kam die Riesenenttäuschung! Die Mitteilung, dass er nicht zum Wettkampf zugelassen wird. Der Grund: Damals hatte er noch keinen deutschen Pass.

„Da war für mich Ende!"

Heute ist Naci selbst Boxtrainer.

Er hat den Trainerschein gemacht, weil das Boxen seine heimliche Liebe ist und engagiert sich in einem Projekt mit sozial benachteiligten Jugendlichen.

„Boxen ist geil!", erklärt er und wählt bewusst die Jugendsprache.

Heute will ihn auch seine Ehefrau nicht mehr davon abhalten, die, als sie jung verheiratet waren, ganz froh war, dass Naci den semiprofessionellen Boxsport aufgab. Sie hatte ihn sogar vor die Alternative gestellt – Boxen oder sie.

Seine vier inzwischen erwachsenen Töchter sind stolz auf ihn und begeistern sich ebenfalls für den Boxsport. Vor allem für das Training. Naci freut sich.

„Am Ende des Trainings", erzählt er, „frage ich immer alle: Warum kommt ihr zum Boxen? Dann sagen sie, wegen der Fitness, wegen der Konzentration, wegen der Muskeln. Dann sage ich: Ihr kommt, weil Boxen Spaß macht!"

Sein Herz schlägt für Thyssen

Jeden Sommer fährt Naci zu seinen Verwandten in die Türkei und macht dort Urlaub, aber er lebt gern in Deutschland und ist stolz auf seine Firma.

„Ich finde es gut, irgendetwas herzustellen, das man später sehen kann. Autos, Flugzeuge, Fahrstühle – manchmal denke ich, vielleicht ist das unser Stahl, der da verbaut wurde. Vielleicht habe ich einen Beitrag dazu geleistet und gute Qualität geliefert. Das gibt mir die Freude, weiterzumachen. Das gefällt mir an meinem Beruf", schwärmt er.

„Als sie den ersten Hochofen, an dem ich gearbeitet habe, nach China verkauft haben, da war ich sehr traurig. Schraube für Schraube haben sie abgebaut und alles ganz genau in einem Buch notiert, um dort dann alles eins zu eins wieder aufzubauen. Damals, 1992, kam ich an den Hochofen nach Hamborn, und seitdem bin ich dort. Zwischendurch hieß es mal, hier würde alles dichtgemacht und wir würden alle nach Schwelgern kommen. Aber das ist nicht passiert. Unser Chef hat dafür gesorgt und die Kosten so niedrig gehalten, dass wir die Arbeitsplätze behalten konnten", erinnert er sich.

„Ja, dieser Mann hat es geschafft! Er hieß Dr. Kühn. Den Namen werde ich nie vergessen. Er wusste von jedem Mitarbeiter den Namen – mit Familiennamen! – und hat jeden einzeln mit seinem Namen begrüßt. Das war früher überhaupt anders als heute", meint er.

„Früher haben sich die Chefs verantwortlich gefühlt für ihre Mitarbeiter. Und umgekehrt ging man als Arbeiter mit seinen Problemen zuerst zum Chef. Hatte zum Beispiel einer geklaut, wollte man ihn nicht einfach entlassen. Man hat versucht, ihm zu helfen. Hat gefragt, warum er dem Chef nichts von seinen Sorgen gesagt hätte, damit man eine Lösung für ihn finden kann, und warum er jetzt so was gemacht hat. Daran kann man erkennen, dass das ein Familienbetrieb war", erzählt er fast ein bisschen wehmütig.

„Man wollte jedem helfen. Ob das jetzt der alte Chef war oder auch einer von der IG Metall. Sie haben die Menschen persönlich unterstützt. Das macht einen Familienbetrieb aus. Heute gibt es Seelsorger auf der Hütte, aber das ist nicht dasselbe."

Und die neuen Chefs?

„Die alten Chefs sind in dem Werk groß geworden, die sind ja auch mit Thyssen aufgewachsen, die haben ganz andere Werte gesetzt, die Betriebe ganz anders geführt. Heute kommen die Chefs aus der Schule, sind studierte Leute.

Hut ab, ja, aber für so einen zählt Erfolg! Die Firma muss Gewinn bringen, und manche Werte gehen dabei leider, leider verloren."

Naci glaubt an die Zukunft der Firma und würde sich wünschen, dass sie sich ihre besondere Verantwortung gegenüber den Mitarbeitern bewahrt.

„Ich hoffe für die Zukunft der jungen Leute, dass die Firma nicht nur die Rendite sieht, sondern die Erfolge im eigenen Land, nämlich dass man hier investiert und auch von den jungen Leuten etwas zurückbekommt. Wenn sie nichts geben, können sie auch nichts bekommen."

Naci ist das ein großes Anliegen für die Zukunft unserer Gesellschaft.

„Brauchen wir mehr als zehn Gebote heute? Brauchen wir so viele Gesetze?", fragt er.

Seine Antwort: „Man muss der neuen Generation wieder die alten Werte zeigen: den anderen zu lieben, ihn zu respektieren – das sind die Werte, zu denen wir zurückmüssen! Die alten Menschen nicht zu beklauen. Ich möchte nicht wissen, wie viele alte Menschen von ihren Notgroschen leben, die stolz sind, nicht zum Amt zu rennen. Die jeden Groschen umdrehen, um irgendwie über die Runden zu kommen."

Und die Firma, die soll auch in Zukunft erfolgreich dastehen

„Ich hoffe, dass die Firma Thyssenkrupp noch lange, lange Zeit bleibt! Für die jungen Generationen. Dass die auch – wie ich – irgendwann sagen können: Ich bin jetzt vierzig Jahre dabei." In Wechselschicht. Zwei Tage Früh-, zwei Mittag-, zwei Nachtschicht und vier Tage frei. Das ist besser zu verkraften für den Körper als die wochenweisen Wechsel früher.

Foto: thyssenkrupp Steel Europe AG, Stahlstandort Duisburg

Die Merkez-Moschee

Eine Uhr in Nacis Küche zeigt die Sonnenauf- und untergangszeiten an. Nicht nur im Ramadan bestimmt ihr Lauf den Puls des Familienlebens mit. Als zu Beginn der Zweitausenderjahre, 2004 bis 2008, die Moschee in Marxloh gebaut wurde, hat Naci sich sehr gefreut.

„Vorher hatten die Muslime ihre Gebetsräume immer in irgendwelchen Hinterhöfen. Da weiß man nie, was dort gesprochen wird."

Seit 2008 gibt es diesen wunderschönen Gebetsraum mit einem Minarett. Er gibt dem religiösen Leben einen würdevollen Glanz und unterstreicht optisch den wahren Wert des Glaubens für den Menschen. Dieser Prachtbau in Marxloh trägt mit dazu bei, dass Naci sich in Deutschland wohlfühlt.

„Da muss man die Politik in Deutschland loben, dass so was zugelassen wird!", sagt er anerkennend. Allerdings würde er sich von den Moscheebetreibern wünschen, dass es ein lebendiges Zentrum der Begegnung wird, in dem viele Freizeitaktivitäten stattfinden, von dem sich nicht nur Muslime angesprochen fühlen.

Eine seiner Töchter besucht regelmäßig die Koranschule der Moschee und lernt dort, den Koran im Original auf Arabisch zu lesen und zu übersetzen. „Wir wurden von unseren Eltern auch in die Gebetshäuser geschickt", erklärt Naci. Damals hatte der Imam nur die Grundregeln auf Türkisch erklärt.

„Man ist damals als Kind hingegangen, um die fünf Säulen des Islam zu verstehen, und dann musste man einige wichtige Suren auswendig lernen. Aber der Koran ist ja auf Arabisch geschrieben, und in den Zeiten hat man uns den Sinn nicht beigebracht. „Heute lernt man das gleich mit Bedeutung. Das ist gut. Ich muss ja wissen, was ich da lese!"

Naci ist überzeugt: „Jeder sollte seine Religion leben, mit Respekt vor den anderen. Ich sage immer, als Nationalität sollte im Pass stehen: Mensch. Herkunft: Erdling. Denn eine menschliche Rasse", sagt Naci, „gibt es gar nicht. Wir sind ja keine Tiere, keine Hunde, und von menschlichen Rassen kann man deshalb gar nicht sprechen. Was steht in unserer Verfassung? Alle Menschen sind gleich und haben die gleichen Rechte. Mehr braucht man nicht."

Merkez Moschee

Linie 903:

Castingshow

Wieder mal fahre ich abends mit der 903 von Duisburg Hauptbahnhof zurück nach Walsum und treffe auf Menschen, die ich mir gut auf einer Theaterbühne vorstellen kann! Am Tiefeneinstieg hat es sich eine ältere Frau mit einem Rollator bequem gemacht. Ihre wilden blonden Haare geben ihr etwas Eigensinniges, sie trägt Flower-Power-Jeans, Wildlederstiefel mit Fransen und viele Ketten und handgeflochtene Armbänder. Ibiza-Look würde ich sagen. Daneben steht ein bulliger Typ Mitte dreißig in Lederklamotten, den riesigen Kopf schmücken zu beiden Seiten große Flesh-Tunnel-Ohrringe, er trägt eine schwere silberne Gliederkette im Rocker-Style und hält eine Bierdose in der Hand. Er braucht viel Platz. Eine Frau mit Kopftuch schiebt ihren Buggy schwungvoll in die Ecke beim Tiefeneinstieg, der Junge darin schläft weiter, seine ältere, etwa dreijährige Schwester setzt sich selbstbewusst auf einen freien Platz. Die bunten Glitzerblumen und Schmetterlinge in ihrem Gesicht lassen darauf schließen, dass sie von einem Kinderfest kommt. Sehr, sehr stolz trägt sie ihre weißen Schuhe mit den blinkenden Lichtern, ihre pinkfarbenen Leggings mit den Glitzersteinchen und ihr rotes T-Shirt mit einem silbernen Herz aus Wendepailletten. Jede und jeder für sich füllt selbstbewusst seinen Raum aus, der den Körper wie eine unsichtbare Hülle umgibt.

An der nächsten Haltestelle steigt ein älterer Mann mit einem Rollator ein. Unwirsch und laut fordert er Platz. Kein Sympathieträger. Seine Kleidung riecht leicht muffelig. Mit unvermutet sanfter Stimme spricht ihn der Rockertyp an, hilft ihm freundlich, sich auf einen Platz in der Ecke zu setzen, rückt den Rollator geschickt zurecht und fragt, wo der Mann aussteigen möchte. Das Pärchen mit afrikanischen Wurzeln hat inzwischen freundlichen Blickkontakt zum Glitzermädchen aufgenommen. Ein alter Mann mit Gebetskette murmelt vor sich hin. Ganz selbstverständlich kommt der nicht besonders sportlich wirkende Mann mit dem Fahrrad mit mir ins Gespräch. Er will an der Endhaltestelle in Dinslaken aussteigen und wird dann noch zwanzig Minuten mit dem Fahrrad unterwegs sein. Mit ein paar Freunden aus der

Schulzeit hat er sich im Landschaftspark Nord die größte Sandburg der Welt angeschaut. Das zeitlich befristete Kunstwerk soll ins Guinnessbuch der Rekorde. War ein guter Anlass, sich mal wieder zu treffen.

In diesem Wagen der Straßenbahn sind außerdem zwei Frauen mittleren Alters, eifrig ins Gespräch vertieft. Ihre weiten bunten und bodenlangen Röcke und die goldenen Haarspangen lassen eine Herkunft aus Bulgarien oder Rumänien vermuten. Dahinter sitzen drei gestylte Teenager, in Schwarz-Weiß gekleidet, mit Turnschuhen und Imitaten von Markenhandtaschen, zwei von ihnen tragen lange schicke Kopftücher mit Paillettenkranz, die dritte trägt ganz selbstverständlich ihre schwarzen langen Haare offen.

Es würde Spaß machen, Wetten abzuschließen, wo die Mitfahrenden jeweils aussteigen. Die jungen Männer, die am Übergang zwischen zwei Wagen im Faltenbalg der Straßenbahn stehen, diesem ziehharmonikaartigen Gummischlauch, werden vermutlich bei den Spielhallen an der Haltestelle Wolfstraße aussteigen. Und bei den vier älteren Damen in deutschem Beamten-Schick, die heute frisch beim Friseur waren und vermutlich eine Theatervorstellung in Duisburg-Mitte besucht haben, würde ich darauf setzen, dass sie bis Dinslaken weiterfahren und dort zu Hause sind.

Leben und leben lassen, das funktioniert in der Straßenbahn der Linie 903 von Duisburg-Mitte nach Dinslaken bestens.

Kapitel 19:

Image und Wirklichkeit

„Natürlich, ich würde mich als Vater auch fragen, ob ich meine Tochter guten Gewissens allein an der Haltestelle Pollmann aus der Straßenbahn aussteigen und die zweihundert Meter zur Schule gehen lassen kann." Sein Blick sagt: Sie und ich wissen, dass es nicht gefährlicher ist als anderswo, aber wer hier noch nie zu Fuß unterwegs war und Marxloh nur vom Hörensagen kennt, ist sich da vielleicht nicht so sicher.

Holger Rinn hat sich freiwillig am Elly-Heuss-Knapp-Gymnasium beworben. Der gebürtige Essener suchte nach einer attraktiven Veränderung, nachdem er lange an einer Gesamtschule gearbeitet hatte, in einem traditionell deutsch geprägten, bürgerlichen Milieu, von außen betrachtet in einer Region mit wenig Schulproblemen. Aber es ist dort wie überall. Auch hier zählt jeder Tag, jeder einzelne Schüler, jede einzelne Schülerin. Heute kann er nur noch über sich selbst lachen, wenn er sich daran erinnert, wie er gebrüllt hat, als er einen Schüler vor sich hatte, der mit einer Waffe in die Schule gekommen war. Er hat ihn so angeschrien, dass im Nebenzimmer ein Schüler der fünften Klasse, der im Gespräch mit der Sozialarbeiterin über das friedliche Miteinander an der Schule belehrt wurde, ängstlich zusammenzuckte.

Natürlich ist das Tragen von Waffen kein Kavaliersdelikt und muss hart bestraft werden, aber gleich so zu brüllen, das hätte absolut nicht sein müssen. Es lässt eher Zweifel aufkommen an der Autorität des Lehrers und gibt dem Verstoß gegen das Verbot nicht wirklich Nachdruck.

„Das würde ich heute so nicht mehr machen", stellt Holger Rinn fest und schmunzelt. „Das könnte ich auch gar nicht mehr!"

Die Schule in Marxloh hat ihn verändert. Hier hat Holger Rinn gelernt, andere Register zu ziehen, um Grenzen aufzuzeigen und Konflikte zu lösen. In solchen Gesprächen zählt vor allem die innere menschliche Stärke. Die alte Oberstudienrat-Autorität allein aus der Position heraus, die er selbst in seinen Schulzeiten noch kennengelernt hatte und die vom Hörensagen immer noch an einigen Schulen existieren soll, führt in eine Sackgasse.

Schon gleich am Anfang hat ihn die Freundlichkeit des Lehrerkollegiums hellhörig gemacht für andere Töne, und diese offene Freundlichkeit der SchülerInnen, die kannte er so nicht.

„Wie man hier getragen wird von Kolleginnen und Kollegen, von Schülerinnen und Schülern, das ist etwas ganz Besonderes! Diese Direktheit, die Herzlichkeit, die passt zu keinem Klischee über Marxloh! Und noch etwas", ergänzt der Schulleiter, „wo wir schon beim Thema Marxloh und Image sind: Gewalt ist niemals unser Problem gewesen!"

Was ihn nach Marxloh gelockt hat?

Die bunte Vielfalt des Stadtviertels! „Es hat mich einfach fasziniert, mitten im Ruhrgebiet auf einmal etwas ganz anderes zu erleben, dieses andere Leben zu sehen, diese andere Kultur. An einem Gymnasium mit den Schülerinnen und Schülern zu arbeiten, die hier leben, das hat mich gereizt." Und mit einem zufriedenen Lächeln fasst er zusammen: „Marxloh war und ist eine süße Herausforderung!"

Den entscheidenden Anstoß für seine Bewerbung gab ihm dann das Gespräch mit dem damaligen Schulleiter des Elly-Heuss-Knapp-Gymnasiums, Lutz Peller. Der brannte für seine Schule wie noch kein anderer Schulleiter, mit dem Holger Rinn an anderen Schulen gesprochen hatte. Und so fing er als Abteilungsleiter für die Mittelstufe 2009 in Marxloh an. Welche Führungsstrategie auch immer er sich damals vorgenommen hatte, um sich im Lehrerkollegium Autorität zu verschaffen – nichts davon kam zum Zuge. Schon die ersten Wochen haben ihn verändert. Hier blies ihm kein eiskalter Wind entgegen, da gab es keine Kämpfe um Autorität und Fachkompetenzen. Ganz im Gegenteil: man begegnete ihm mit Neugier. Neugier auf seine Ideen und Angebote, und es war klar: Im Mittelpunkt aller Gespräche und Maßnahmen stehen die SchülerInnen. Zeit und Energie rieben sich nicht in Buhlereien um Sympathien oder hierarchisches Kompetenzgerangel auf – er konnte und musste zeigen, was er draufhatte. Man erwartete besondere Ideen für ein gutes Lernklima und kompetente Unterstützung bei den anstehenden Aufgaben. Und das gab ihm Rückenwind.

Aber die Praxis – die ersten Unterrichtsstunden – schockierte ihn dann doch. Da wurde ihm der Wechsel so richtig bewusst: „Es gab in der Klasse nur zwei Schüler mit deutschem Hintergrund. Ich kam mir vor, als wäre ich im Vorderen Orient!", lacht er und ergänzt: „Aber schon nach sechs Wochen hatte ich das Gefühl, wir sind an der deutschen Schule in Istanbul."

Ein Platz an der Sonne

Vom Hotel Montan zum „Elly" – wie das Gymnasium hier von allen genannt wird, ist es ein kurzer Weg. Ich bin ein bisschen zu früh dran für unser ausführliches Gespräch über den Schulalltag. Habe noch zehn Minuten und setze mich auf eine der Bänke auf dem Schulhof in die Sonne. Schaue auf den Spielplatz ins Grüne, im Hintergrund liegt die Sporthalle. Eine Frau kommt vorbei, lacht mich schon von Weitem an, grüßt freundlich. Eine Lehrerin wird umringt von mehreren SchülerInnen. Ich kann nicht hören, was sie sprechen. „Na dann, bis nachher!", ruft eine der Schülerinnen ihr nach, als sie auseinandergehen. Jeder Erwachsene, der in meiner kleinen Auszeit an mir vorbeikommt, grüßt. Es herrscht eine Ruhe, dass mich richtig über diesen Tag freue. Entspanne. Ach ja, das hätte ich fast vergessen zu erwähnen: Mit mir sind etwa 250 SchülerInnen auf dem Schulhof. Der Schulgong ertönt. Die Pause ist zu Ende. Ich suche das Zimmer des Schulleiters und schaue auf die Wegweiser im Flur, einige Schüler haben es beobachtet und bringen mich gleich hin.

„Diese Freundlichkeit", wird Holger Rinn mir später sagen, „ist an dieser Schule einfach da, da ist eine Grundharmonie. Diese Freundlichkeit kann man nicht machen."

Das Wort „Problem" nutzt Holger Rinn nur sehr selten. Lieber spricht er von Herausforderungen und von Inhalten. Seine Erfolgsmethode ist, die anstehenden Aufgaben konkret auf die Alltagssituationen herunterzubrechen: Was ist wie und wo zu tun. Nur eine Sache bleibt dauerhaft brisant:

„Vorrangiges Problem bleibt die Sprachbildung, die über Erfolg und Misserfolg der Schulkarriere massiv entscheidet!"

Selbst in Familien mit türkischem Migrationshintergrund, die in der vierten Generation in Deutschland leben, wird heute zu Hause fast ausschließlich türkisch gesprochen, im Fernseher laufen türkische Programme für die Kleinsten. Ein Gefühl für die deutsche Sprache kann so nicht wachsen, auch, weil man im Alltag wenig mit Deutschen zu tun hat. Geschäfte, Ärzte, Restaurants – nirgendwo muss man deutsch sprechen.

Elly-Heuss-Knapp-Gymnasium

Sprachförderung wird großgeschrieben am Elly, aber die naturwissenschaftlichen Fächer – MINT, also Mathematik, Informatik, Naturwissenschaft und Technik – sind ein Schwerpunkt. Denn da können auch Kinder punkten, die sprachlich nicht hundert Prozent sicher sind.

Die musische Bildung wie die sprachliche und soziale Kompetenz werden zusätzlich über viele Kooperationsangebote mit attraktiven Projekten vermittelt. Dazu gehören die Workshops des Klavier-Festivals Ruhr, an deren Ende Aufführungen in der Gebläsehalle des ehemaligen Hüttenwerkes im Landschaftspark Nord stehen – Tanz und Musik, in Szene gesetzt in fantasievollen in einem Kunstprojekt gestalteten Bühnenbildern.

Mir fällt das Gespräch mit dem Schulleiter unserer Tochter in Berlin ein, als wir sie als Neuankömmlinge an der Schule nebenan angemeldet haben, in der die Mehrheit der Kinder aus arabisch- und türkischstämmigen Familien kamen. Ich hatte dem Rektor damals gesagt, wir würden unsere Tochter gern, auch gegen den Rat unserer Nachbarn die uns die etwas entferntere Schule für ein deutsches Mädchen empfohlen, auf seiner Schule anmelden. Sollten wir aber erleben, dass an seiner Schule männliches

Macho-Gehabe dominiert und Mädchen nicht gleichberechtigt wären, dann würden wir unsere Tochter dort schnell wieder abmelden

Holger Rinn weiß sofort, wovon ich spreche. Ja, in Familien mit türkischem Hintergrund werden die Jungen oft wie kleine Prinzen erzogen – und so benehmen sie sich dann auch gern, vor allem in der Grundschule –, aber manche würden es auch an seiner Schule noch versuchen, wenn sie in der fünften Klasse ankommen. Doch das legt sich bald, weil sie dieses Verhalten einfach ins Leere laufen lassen. Interessanterweise kommt das bei einigen noch mal wieder, beim Übergang in die Oberstufe, vielleicht ist das eine Art verzögerte Pubertät, und da gibt es dann schon mal Gesprächsbedarf, denn auffällige und unsoziale Verhaltensweisen werden sofort angesprochen.

Dann werden gemeinsam und auf Augenhöhe die Ursachen des Verhaltens und die Auswirkungen herausgearbeitet und die Sachlage klargestellt. Das gibt SchülerInnen die Möglichkeit, die eigene Haltung und die Folgen ihres Handelns zu überdenken und gemeinsam erste Schritte zur Änderung des Verhaltens entwickelt.

Holger Rinn hat gelernt, in Gesprächen mit den Eltern, insbesondere mit Vätern, die aufgebracht und wütend sind, eine sachliche Ebene zu finden. Ruhig zu bleiben, besonnen. Ob er einen Kurs bei Shaolin-Mönchen gemacht habe oder ein besonders zielführendes Buch für mehr Gelassenheit in der Kommunikation empfehlen könne, frage ich ihn.

„Nein, das ist learning by doing", lacht er, „aber Gespräche mit Fachleuten über die psychologische Entwicklung des Menschen und das Erkennen von emotionalen Auslösern für das Verhalten können da schon helfen."

Seine langjährige berufliche Erfahrung hat ihm gezeigt, dass „Emotionalität an der richtigen Stelle gut, an der falschen Stelle aber sehr zerstörend sein kann. Da muss man sich im Griff haben und auf das gemeinsame Ziel besinnen. Wir wollen ja alle das Richtige und das Gute für die Kinder". Das ist der gemeinsame Nenner, über den er in den Gesprächen mit den Eltern und SchülerInnen einen Lösungsweg sucht.

Noch einmal komme ich zurück auf die Erfahrungen unserer Tochter in der Berliner Schule mit Kindern aus unterschiedlichsten Kulturen. Wir waren später sehr froh, dass sie in dieser Vielfalt der Kulturen aufgewachsen ist und dabei einiges über andere Wertesysteme und Einstellungen gelernt hat. Das war zur Zeit des Irak-Krieges Anfang der Zweitausenderjahre, als an der Schule mit den Kindern mit vorwiegend deutschen Wurzeln Friedenstauben gemalt wurden, während unsere Tochter direkt mit den Auswirkungen des Krieges konfrontiert war. Täglich kamen MitschülerInnen in die Schule, die von nahen Verwandten berichteten, die gestorben waren. Oma und Opa, Tanten und Onkel. Wofür? Warum Krieg? Wo liegt überhaupt der Irak? Und wie gut, dass diese Mitschülerinnen und Mitschüler in Berlin leben!

Gemeinsam Erfahrungen machen

Ich frage mich also: Übertragen sich die Konflikte der Welt in Marxloh auf den Schulalltag? Pro oder kontra Erdogan? Werden hier unter den SchülerInnen mit Worten Kämpfe ausgetragen, die in den Ursprungsländern zu gewaltsamen Handlungen führen? Müssen die Lehrenden jederzeit die politische Weltlage kennen und diese Konflikte aufarbeiten? „Ja, es gibt diese Gespräche, und wenn Meinungen aufeinanderprallen, wenn es zu Konflikten kommt, werden sie im Unterricht aufgearbeitet. Aber das kommt seltener vor, als man denkt", sagt Holger Rinn. „Unsere Strategie ist, dass die Schülerinnen und Schüler vieles zusammen tun: zusammen arbeiten, zusammen Spaß haben, viele Projekte gemeinsam meistern. Und dass sie gemeinsam stolz darauf sind. Dann sagen sie später in Situationen, in denen pauschalisiert wird und ganze Bevölkerungsgruppen ausgegrenzt oder negativ abgestempelt werden: ‚Das haben wir aber ganz anders erlebt.' Sie können den Vorurteilen konkrete persönliche Erfahrungen entgegensetzen."

Und da sind wir wieder beim Grundcharakter des Elly, beim Pulsschlag: „Es gibt so ein paar Grundsätze in der Schule", erklärt Holger Rinn, „und dazu gehört ‚Alle sind gleich viel wert!'". Das gilt für die Lehrkräfte und die SchülerInnen, für alle Mitarbeitenden, die SchulhausmeisterInnen, den Bäcker, den Koch und die pädagogischen Hilfskräfte, für alle, die im Sekretariat arbeiten, und natürlich für den Schulleiter.

Jeder ist gleich wichtig

So, wie Holger Rinn das Team aufzählt, spürt man ein starkes Interesse an den verschiedenen Gewerken und große Anerkennung der Leistung der einzelnen Mitarbeitenden. Er bewundert, mit welchem handwerklichen Geschick und mit welcher Leidenschaft sie ihre Arbeit machen. „Ja", sagt er, „ich wäre auch gern Handwerker geworden, Bäcker, Metzger oder Koch. Oder Pfarrer." Aber dann hat er beim Zivildienst in einer Schule für Kinder mit geistigem Förderbedarf gespürt, wie sehr ihm das Arbeiten mit Kindern liegt. Wie erfüllend das für ihn ist, wenn er sie auf ihrem Weg begleitet und ihnen Mut macht, weiterzugehen. Holger Rinn unterrichtet Religion, Geschichte und Mathematik, hat jedoch als Schulleiter mittlerweile überwiegend andere Aufgaben. Aber er bleibt dran.

Wer ihn erlebt, wenn er Aufführungen von Musik und Tanz beim Klavier-Festival Ruhr ansagt und sich bei allen bedankt, der erlebt einen Schulleiter, der wie ein großer Bruder wirkt und mit seiner Begeisterungsfähigkeit alle

Einladende Graffitis am Elly-Heuss-Knapp-Gymnasium

310

anstecken kann. Jemanden, der eine natürliche Autorität ausstrahlt, dabei aber immer auch zeigt, dass er großes Vertrauen in die Talente der SchülerInnen hat, in das Team des Klavier-Festivals Ruhr, in alle, die den Prozess begleitet haben. Und dass er neugierig auf das Ergebnis ist, gern etwas lernt und sich richtig mit allen freuen kann, wenn etwas gut gelingt.

Awards

Auf meine Nachfrage nach dem Elly-Award der Schule kommt er richtig ins Schwärmen. Einmal im Jahr werden die Awards für besondere Leistungen vergeben, für Integration, für Frieden, für Charity und vieles mehr. Die Verleihung in der Walter-Schädlich-Halle ist jedes Mal ein großes Fest für die Schule und macht alle stolz.

„Die Arbeit an den Marxloher Schulen hat Modellcharakter", hatte mir der CEO der Klöckner & Co SE, Gisbert Rühl, im Interview in Marxloh gesagt, als er ein Fest am Elly-Heuss-Knapp-Gymnasium besuchte. Natürlich macht Holger Rinn so ein Gütesiegel stolz, aber er würde sich freuen, wenn mehr über die erfolgreiche pädagogische Arbeit nach außen dringen würde. Das Elly ist Talentschule in Nordrhein-Westfalen. Das bedeutet, hier kann einiges ausprobiert werden. Inzwischen gibt es sehr gute Erfahrungen mit intensiver Sprachförderung, einem gezielten Umgang mit digitalen Medien, optimale Tools zur Präsentation von Lernergebnissen, einen Computer-Führerschein, Wettbewerbe und offene Angebote in den Pausen. Und von all dem könnte man berichten und sich austauschen, damit auch andere von diesen Erfahrungen profitieren.

Und noch etwas ist so, wie es hier praktiziert wird, nicht unbedingt üblich an Schulen in Deutschland. Für Holger Rinn jedoch selbstverständlich:

Vorsicht!

„Schule funktioniert im Team, und das klappt nur, wenn alle dafür offen und bereit sind!"–, was das bedeutet und wie das funktioniert, auch das könnte man an andere Lehrende und an Studierende weitergeben. Holger Rinn und sein Team stehen dafür, dass der Beruf des Lehrers gerade in der Vielfalt unterschiedlichster Kulturen besondere Möglichkeiten bietet und man hier als Lehrender wirklich die entscheidenden Weichen für die Zukunft stellt, wie sie in Deutschland früher oder später überall gefragt sein werden.

Eines möchte der Schulleiter gern an die Gesellschaft weitergeben: „Wenn wir diese Generation verlieren, haben wir als Gesellschaft verloren! Deshalb ist die Arbeit hier so wichtig. Wenn Eltern kommen, die kaum Deutsch können und sich bei uns bedanken, dass ihre Kinder einen Abschluss gemacht haben, dann haben wir unser gesellschaftliches Ziel erreicht."

Aber: Das ergibt sich nicht von allein. Das muss man wollen, und dafür muss man den Blick von Politik und Gesellschaft schärfen. Tatsache ist: „Ausbildung kostet Geld", erklärt Holger Rinn ruhig. Auch wenn er verschiedene Stiftungen und Firmen gewonnen habe, die das Elly ganz konkret unterstützen - mit Förderprogrammen, mit Manpower, mit finanziellen Mitteln – sei das kein Freibrief für die Gesellschaft!

„Sobald jemand als Beobachter an der Seite steht und sagt, ‚Wir drücken euch ganz fest die Daumen, dass das klappt. Ihr macht das schon!'", hat die Gesellschaft versagt. „Man muss investieren in Schule. In Sprachförderung, kleinere Klassen, mehr Lehrerinnen und Lehrer, genügend Schulraum. Und alle mitnehmen."

Der Schulleiter geht jeden Tag gern ins Elly. „Diese Freundlichkeit hier ist ein Phänomen. Und es ist schön, dass sie über all die Jahre hinweg einfach da war und ist. Das ist etwas, was mir ganz wichtig ist: dass Menschen unterschiedlichster Kulturen freundlich miteinander umgehen, dass Kinder das in ihrem Leben erfahren können. Das prägt sie. Und dann gehen sie mit dieser Haltung aus der Schule raus und leben das weiter. Und wenn sie später irgendwo Abgrenzung erfahren, dann werden sie sagen: ‚Moment mal, das hab ich doch anders gelebt.'"

Kapitel 20:
Geschlossene Gesellschaft?

Geradezu idyllisch wirkt der alte Schulhof an der Sandstraße, wenn die SchülerInnen mit dem üblichen Lärm das Schulgebäude betreten haben und der Unterricht beginnt. Dann kann man die Ruhe unter den alten Bäumen genießen. Und das scheint die junge Frau zu tun, die hier ganz allein auf dem weitläufigen, von Mauern umgebenen Hof steht. Neben ihr ein Tisch mit Flyern. Sie wartet gefühlt ein paar Minuten, da kommt mit kleinen Schritten langsam, aber zielstrebig eine etwas ältere Frau auf sie zu. Und plötzlich, im Moment des Aufeinandertreffens brennt die Luft. Die Besucherin spricht laut, gestikuliert aufgewühlt, verzweifelt.

Ich stehe etwas abseits, werde aber gleich miteinbezogen. Die beiden haben Bulgarisch miteinander gesprochen, jetzt soll die junge Frau mir alles übersetzen. Das Bedürfnis, sich mitzuteilen, Hilfe und Verständnis zu finden, ist groß, ihren Hilfeschrei soll jeder hören. Emilia, so heißt die Ratsuchende, ist verzweifelt. Das Problem: Ihr Sohn Angel möchte nicht zur Schule gehen. Jeden Morgen zu Hause das gleiche Theater: Er weint und verweigert das Essen. Wenn er dann doch seiner Mutter zuliebe etwas isst, muss er sich übergeben.

Emilia ist zu Malina gekommen, weil sie Hilfe sucht, ohne dass sie und ihr Sohn von einer Behörde als „Fall" erfasst werden. Sie braucht einfach einen Menschen, der konkret Rat geben kann und erst einmal zuhört. Möglichst jemanden aus der Schule. Und um solche Sprachbarrieren zu überwinden, steht Malina hier auf dem Schulhof und bietet ihre Unterstützung an, unter anderem als Vermittlerin zwischen Eltern und Lehrenden.

Malina ist in Bulgarien aufgewachsen und lebt seit einigen Jahren in Deutschland. Sie spricht fast perfekt Deutsch und ist einfach ein Sonnenschein – empathisch, aber keine Jasagerin. Und sie handelt. Emilia empfiehlt sie ein Gespräch mit der Klassenlehrerin, und da man sie in der Schule kennt und die kurzen Wege schätzt, ruft sie die Klassen-lehrerin an, ob sie einen Moment Zeit hätte. Die Lehrerin sagt sofort zu. Es kommt wie gerufen, denn Angel ist eines ihrer Sorgenkinder, und sie wäre froh, wenn es ihm bald besser ginge und er in der Klasse ankommen würde. Für ein paar Minuten kann sie in den Hof kommen.

Sie rät der Mutter, mit dem Kind erst einmal zum Arzt zu gehen, um medizinische Ursachen für die Übelkeit abzuklären. Doch beim Arzt seien sie schon gewesen, erklärt Emilia, mit dem Ergebnis, dass dem Jungen nichts fehlt.

Was mir sofort angenehm auffällt: Die Lehrerin spricht die Mutter direkt auf Deutsch an, Malina übersetzt. Der Tonfall ist sachlich, ruhig, aber bestimmt.

„Sie sollten Ihrem Sohn nicht die Schultasche tragen", mahnt sie, „Sie dürfen ihn nicht mehr wie ein Baby behandeln. Er geht jetzt in die Schule und Sie müssen lernen, ihn loszulassen!"

Der Sechsjährige hat nie einen Kindergarten besucht. Für die Mutter ist er ihr Ein und Alles. Sie hätte gerne mehr Kinder bekommen, aber es hat nicht geklappt. Nun konzentrieren sich all ihre Gefühle und Hoffnungen auf ihren Sohn: Er soll einen guten Beruf erlernen, heiraten und viele Kinder bekommen, die sie dann als Großmutter betreuen möchte. Wovon sie für sich träumt?

„Vom Paradies!" sagt sie.

Sie möchte ein Leben führen, das Gott gefällt, und hofft, den Lohn dafür im Jenseits zu bekommen.

Gespräche wie diese führt Malina täglich. Jeden Morgen steht sie im Auftrag der evangelischen Kirche für die Initiative „Eltern für Eltern" auf dem Schulhof an ihrem kleinen Tisch mit Flyern für Sprachkurse und Elterncafés, Kommunikations- und Hilfsangebote und hört zu.

Malina kennt die Situation sehr gut, fremd in einem Land zu sein, und das nicht erst, seitdem sie in Marxloh angekommen ist. Sie ist in Bulgarien geboren und von dort mit ihrer Familie nach Spanien gegangen. Im Prinzip ist sie heute noch traurig darüber, dass ihre Eltern die Heimat verlassen haben. Denn sie haben es wegen ihrer Töchter getan. Sie wollten, dass ihre Kinder eine gute Schulausbildung bekommen, wollten vor allem genügend Geld haben, um ihnen einen Computer zu kaufen. Der schien den Eltern der Tür-öffner schlechthin für eine Karriere zu sein.

Dieser blöde Computer

In Spanien, das hatten ihnen Freunde erzählt, da könnten sie gut Geld verdienen, die Schulen seien hervorragend und der Weg in eine erfolgreiche Zukunft sicher. Das war die Hoffnung. Malina ist bis heute nicht besonders gut auf Computer zu sprechen – auch wenn sie selbstverständlich damit arbeitet. Spanien wurde also das Land ihrer Träume, die Familie zog dorthin um und fühlte sich wohl. Ein paar Jahre.

Doch mit zunehmender Arbeitslosigkeit in Spanien gab es immer weniger Jobs für Zuwanderer. Die mangelhaften Sprachkenntnisse der Eltern erwiesen sich plötzlich als Handicap. Es wurde immer schwieriger, Geld zu verdienen. Da riet ihnen die Großmutter, nach Duisburg zu kommen. Dort gäbe es genügend Arbeit und Wohnungen, dazu eine sehr gute Schulbildung für alle. Die Aussichten waren verlockend, das Risiko gering. Viel schlechter als in Spanien würde es ihnen dort auch nicht gehen. Und immerhin lebte in Duisburg ein Teil der Familie.

Gesagt, getan! Malina wäre gern in Spanien geblieben und hätte dort weiter als Einzelhandelskauffrau gearbeitet und in diesem Bereich weitergebildet. Aber sie war zu jung. Die Eltern wollten die damals Achtzehnjährige nicht allein in Spanien zurücklassen. Leider war das Ankommen in Duisburg nicht wie erhofft von einem wunderbaren Zauber und von Leichtigkeit begleitet.

Ihre bulgarische Familie empfing sie mit offenen Armen, dort waren sie willkommen und konnten direkt bei der Großmutter einziehen, die sich mit ihrer Schwester und deren Ehemann eine Wohnung teilte. Und Malina kann sich gut daran erinnern wie sie vorübergehend zu siebt auf sechzig Quadratmetern in einem Haus an der Weseler Straße gelebt haben, das zwei Jahre später für unbewohnbar erklärt wurde. Die uralte Heizung wurde allerhöchstens noch lauwarm, und Strom hatte der Vermieter, der im Parterre ein türkisches Restaurant betrieb, mit einem Kabel über den Balkon in die fünfte Etage unterm Dach gelegt. Am Anfang gab es nur ein paar Matratzen und keine Möbel, die Wände im Bad waren voller Schimmel, und durch die Fenster zog der Wind. Als jemand beim Renovieren nebenan Möbel aus dem Fenster warf, gingen sie hin und holten sich einige der Stühle und Tische von der Straße. Als die Nachbarn das sahen, wollten sie für die Möbel Geld von ihnen.

Tradition oder Geschäftemacherei

Und doch waren sie gespannt auf die neue Umgebung. Sahen auch die Schönheiten: den Park und die Schrebergärten in der Nähe, die Geschäfte vor der Tür. Der Vater fand schnell Arbeit. Gelegenheitsjobs. Malina musste zu Hause bleiben. Ohne Deutschkenntnisse nutzte ihr die Ausbildung zur Einzelhandelskauffrau erst einmal nichts. Die Eltern hatten Angst, dass das hübsche zierliche Mädchen in falsche Kreise geraten und zur Prostitution gezwungen werden könnte. Wie das ablief, ahnten sie, wenn sie das Eckhaus gegenüber beobachteten, ein stark renovierungsbedürftiges Haus mit einer heruntergekommenen Bar, in der abends reger Betrieb herrschte.

Malina möchte darüber nicht reden. Da ist noch viel Aufklärung nötig. Für viele Männer ist die Prostitution nichts weiter als ein lukratives Geschäft, und sie ist froh, dass ihr Vater da anders denkt. Auch dass die Mädchen der Familie möglichst schnell verheiratet werden, wie das viele Roma noch als Zeichen der Wahrung ihrer kulturellen Tradition betrachten, war sein Wunsch zum Glück nie. Malinas Eltern wollten, dass ihre Kinder eine gute Schulausbildung bekommen und gut auf eigenen Beinen stehen können. Was fast schiefgegangen wäre. Denn Malina war schüchtern und wusste nicht so recht, was sie machen sollte. Und: Sie hatte sich verliebt!

Der zwei Jahre ältere Freund war als Sohn türkischer Zuwanderer in Marxloh geboren, sprach Türkisch und Deutsch. Die beiden zogen zusammen. Das typische Programm wäre jetzt gewesen, zu heiraten und Kinder zu bekommen. Die Frau bleibt zu Hause, der Mann verdient das Geld. Doch das wäre dem Freund zu wenig gewesen. Er riet Malina, zum Arbeitsamt zu gehen, und dort auf jeden Fall erst einmal einen Deutschkursus zu beantragen, dann könnte sie später nach einer guten Arbeit suchen.

„Du kannst dich dann viel besser entwickeln!", erklärte er ihr.

Bis heute ist sie ihm dankbar für diesen starken Impuls.

Während ihr ein Deutschkursus genehmigt wurde und sie sich über berufliche Möglichkeiten informierte, ging ihre jüngere Schwester in Marxloh zur Schule.

„Das war unser großes Glück",

strahlt Malina. „Denn beim Gesundheitscheck hat der Arzt herausgefunden, dass sie eine schlimme Krankheit hat, und sie konnte erfolgreich behandelt werden. Wären wir nicht hergekommen, hätte das vermutlich niemand rechtzeitig festgestellt. Wir sind sehr dankbar dafür."

Direkt nach ihrem Hauptschulabschluss machte ihre Schwester in Marxloh eine Ausbildung zur Erzieherin. Die Anerkennung ihrer Chefin machte es ihr leicht und sie war beliebt bei Kindern und Eltern. In diesem Weltkindergarten an der Mühle, in dem jedes Kind ungeachtet seiner Herkunft gefördert wird, war sie genau richtig. Sie konnte die Leitsprüche voll unterschreiben. Einer lautet: „Das Fremde ist nicht mehr so fremd, wenn man in ihm das Eigene erkennen kann."

Wunsch- und Traumstein

Umso mehr war Malina schockiert, als ihre Schwester ihr erzählte, sie sei schwanger, würde heiraten und mit ihrem Mann nach Bulgarien zurückgehen. Sie wollten einfach, dass ihr Kind in Bulgarien aufwächst. Ihr Mann hatte dort als Landwirt und Traktorfahrer eine entsprechende Arbeitsstelle gefunden, und so sind sie Hals über Kopf aber voller Hoffnungen in die alte Heimat zurückgezogen.

Nun war die Stelle ihrer Schwester im Kindergarten unbesetzt, und man fragte Malina, die schon oft dort zu Besuch gewesen war und bei Festen ausgeholfen hatte, ob sie hier nicht eine Ausbildung zur Integrationsassisten-tin machen wolle. Malina nahm das Angebot gerne an.

Nach dem Deutschkursus entwickelte sich ihr beruflicher Weg ausgespro-chen positiv: Sie arbeitete zunächst, finanziert vom Deutschen Roten Kreuz, in der Kindertagesstätte – an der Schnittstelle von Familie und Kindergarten beziehungsweise Schule. Da viele der Eltern dort selbst nie eine Schule be-sucht und gar keine Vorstellung vom deutschen Schul- und Ausbildungssys-tem hatten, nahm sie in Bastel- und Spielstunden mit den Kindern ganz ne-benbei auch die Eltern quasi „an die Hand". „Viele Eltern geben ihren Kindern Handys und lassen sie damit allein. Ich zeige ihnen, wie sie die Kin-der anders beschäftigen können. Wir spielen zusammen Spiele, die den Kin-dern Spaß machen und dabei auch ihre Konzentration und das soziale Mitei-nander fördern."

Warum Lesen lernen?

In den Gesprächen mit den Eltern ging es um die Möglichkeiten von Schule und Berufsausbildung, um Hygiene und Regeln des Zusammenlebens in Deutschland. Malina weiß, wie man sich sperrt, wenn der Tonfall solcher Ge-spräche zu belehrend wird und die Gesprächsführung einseitig verläuft. Wenn die Haltung nicht stimmt. Allzu oft hat sie das selbst erlebt. Vor allem bei Behörden. „Dann sperrt man sich gegen die Informationen und blockt ab!" Wer sie als Integrationsassistentin in Informationsgesprächen erlebt, spürt echtes Interesse an den Zuwanderern und daran, gemeinsam einen machba-ren Lösungsweg zu finden, eine gute Basis für ein Leben in Würde. Sie möchte ihrem Gegenüber und der Gesellschaft dienen.

Zu ihren Aufgaben beim Kommunalen Integrationszentrum gehört es auch, die Familien aufzusuchen, die schulpflichtige Kinder haben, die noch nicht in der Schule angemeldet wurden. Sie hilft ihnen, Termine einzuhalten und Papiere auszufüllen, und gibt die Namen derjenigen an die Behörden weiter, die nicht an der angegebenen Adresse wohnen. Wie nebenbei bietet sie Zuwanderern Hilfe zur Selbsthilfe und berät sie, wie sie Deutschkurse und eine Arbeitsstelle finden können.

Oft erzählt sie einfach nur vom Leben in Duisburg-Marxloh, von all den Möglichkeiten, den Freiheiten, die sie am Leben in diesem freien Land mit der demokratischen Regierung so zu schätzen gelernt hat.

Und sie spricht gern über die positiven Erlebnisse, die Toleranz, die sie selbst in ihren Begegnungen in Deutschland erlebt.

Malinas Berufsleben hat sich erfolgreich entwickelt: Sie hat u.a. einen Vertrag als Übersetzerin bei der Stadt Duisburg, ist Sprachmittlerin und Mediatorin beim Kommunalen Integrationszentrum. „Ich war, als ich in Marxloh ankam, in einer sehr schwierigen Situation. Ich habe viel gebetet, und ich glaube, diese Arbeit jetzt ist ein Geschenk Gottes. Natürlich habe ich sehr viel dafür getan – ich will das ja auch!"

Außer ihrer Muttersprache Bulgarisch spricht Malina noch Spanisch, Türkisch und Deutsch, und sie versteht Mazedonisch. Ich bin beeindruckt, aber sie spielt das lachend herunter.

„Das sind doch nur andere Buchstaben, aber im Prinzip die gleiche Sprache wie Bulgarisch." Auch Serbisch kann sie – so „eine Art bulgarischer Dialekt", erklärt sie mir.

Privat war es lange schwieriger. Ein Happy End in der Beziehung mit ihrem Freund, der sie so unterstützt hatte, gab es leider nicht:

Als er arbeitslos wurde, waren die beiden aus finanziellen Gründen erst einmal in sein ehemaliges Kinderzimmer in die relativ kleine Wohnung seiner Eltern eingezogen. Malina musste seinen Eltern nun monatlich dreihundert Euro Mietzuschuss bezahlen, was mir von außen betrachtet hinsichtlich der Lage und Größe der Wohnung ziemlich hoch erscheint. Schlimmer aber: Bei jeder Familienfeier entschuldigte sich seine Mutter bei ihren Verwandten, dass Malina aus Bulgarien kommt, versicherte ihnen dann aber, dass sie keinesfalls eine „Zigeunerin" sei. Das tat weh. Denn Malina ist stolz auf ihre Herkunft als Roma. Doch damals hatte sie noch keinen Mut zu widersprechen.

Sie fühlte sich auch in gewisser Weise auf den Freund und seine Familie an-gewiesen und wollte dem Ansehen der Familie nicht schaden.

Bis heute ist sie diesem Freund jedoch dankbar, dass er sie auf den richtigen beruflichen Weg gebracht hat, und als er die Verlobung löste, war sie irgend-wie erleichtert. Nun ist sie stolz, dass sie ihren Weg allein weitergegangen ist.

Kleidung als Schutz und Identifikation

Von ihrem Äußeren her kann man Malina keiner kulturellen Herkunft zu-ordnen. Sie zeigt ihre kulturelle Prägung nicht durch ihre Kleidung, wie viele Frauen, die das Bild von Marxloh in den letzten zehn Jahren bunter gemacht haben. So tragen einige der Frauen aus osteuropäischen Ländern gern weite, dunkelbunte bodenlange Röcke, Schultertücher mit Glitzersteinchen und Pailletten und kurze Söckchen in Schuhen mit Plüschbesatz.

Ich muss lachen, wenn Leute in Marxloh sich aufregen, dass Bulgarinnen und Rumäninnen „in Pantoffeln auf die Straße gehen". Sie sollten mal am Samstag auf dem Ku'damm in Berlin shoppen gehen, da würden sie solche „Pantoffeln" als letzten Schrei reicher Russinnen sehen – zugegeben, in einer etwas anderen Preisklasse, aber optisch nicht unähnlich.

Malinas Kleidung ist unauffällig. Sie trägt eine schwarze Bluse zur schwar-zen Hose und einen knielangen dunklen Mantel aus leicht glänzender Baum-wolle. Das gibt ihr eine sportliche Note. Das dezente Make-up unterstreicht ihre jugendliche Ausstrahlung. Und die feine Halskette mit den kleinen Per-len ist eine Erinnerung an ihre Zeit in Spanien.

Ich würde gern mehr über ihr Leben in Marxloh wissen, sehen, wie sie hier lebt, und verstehen, warum sie sich hier wohlfühlt. Kein Problem. Malina lädt mich ein, sie zu Hause zu besuchen. Sie gibt mir eine Adresse an einer Straße, zu der die Polizei bei Einsätzen angeblich nur mit mehreren Polizeiwagen fährt.

Wir verabreden uns für Samstagmittag, zwölf Uhr. Ich bin neugierig, habe keine Angst, bin aber wachsam. Die Wohnung befindet sich in einem für das Ruhrgebiet typischen Fünfzigerjahre-Mietshaus mit zwei Wohnungen auf jeder der sechs Etagen. Im Gegensatz zu einigen Häusern auf der anderen Straßenseite sehe ich hier keine verkanteten, halb heruntergelassenen Rollläden, und die beiden gepflegten 5er BMWs vor der Haustür verstärken für mich irgendwie den seriösen Eindruck dieser Adresse. Und so stelle ich erst einmal erleichtert fest, dass das keines der zahlreichen Häuser im Viertel ist, die das Ordnungsamt lieber heute als morgen räumen und abreißen lassen würde.

Eine Wohnung in der sog. „No-go-Aera"

Ich drücke auf die Klingel, kurz darauf summt es, die Tür geht auf. Im Treppenhaus mit den typischen graumelierten Marmorstufen und dem Eisengeländer mit schwarzen Plastikhandläufen, stehen auf jedem Stockwerk überquellende Schuhregale, Flaschenständer und Plastikeimer mit Schrubbern und Putzlappen. An der Wohnungstür der fünften Etage wartet Malina auf mich. Mit ihrer Mutter.

Auch vor ihrer Tür steht ein kleines Schuhregal – ja, es wäre schön, wenn ich die Wohnung auf Socken betreten würde. Während ich meine Schuhe ausziehe, versuche ich, mir einen ersten Eindruck von der Wohnung zu verschaffen. Der fensterlose Flur wirkt durch die Tapete mit dem großen tiefroten Blumenmuster sehr dunkel. Alles scheint sehr aufgeräumt. Mein Blick fällt auf die offene Tür am Ende des Flures, wo sich eine helle Landhausküche befindet.

Mutter und Tochter bitten mich ins Wohnzimmer. Durch das riesige Balkonfenster wirkt der eher kleine Raum gar nicht eng und einladend hell. Der XL-Fernseher läuft. Eine geräumige Fernsehcouch und ein hellblau-bunt gemusterter Seidenteppich sorgen schon allein farblich für ein harmonisches Wohlfühlambiente. Bis ich kam, hat Malina eine Soap angeschaut. Jetzt hat sie den Ton ausgeschaltet. Sie laden mich ein, am schwarzen Esstisch auf weißen Polsterstühlen mit hohen Lehnen und einer Polstereckbank aus weißem Lack Platz zu nehmen. Auf einem Serviertablett aus Glas bieten die Frauen mir Kuchen und Kekse an, aus der Küche bringen sie auf einem romantischen

Holztablett mit Rosenmuster frisch gekochten Kaffee. Sie selbst trinken keine Milch dazu, aber ja, haben sie auch, sie bringen mir ein Glas Milchpulver und einen orientalisch verzierten silbernen Löffel dazu.

In dieser Wohnung leben Malinas Eltern. Malina selbst wohnt vorübergehend in Duisburg-Hamborn. Doch ich wollte ja gern ja einen Eindruck vom Leben der Roma in Marxloh bekommen, und den möchten sie mir gern geben.

Erst einmal bewundere ich die elegante Einrichtung. Alles wurde im Versandhaus bestellt, erzählen sie mir, da gibt es Möbel, die sie sich leisten können, und weil man in Raten zahlen kann, ist das für sie auch gut machbar. Die Wohnung ist einfach schick und sehr gepflegt.

Mir fällt ein, was mir einer der privaten Vermieter in Marxloh gesagt hatte: „Bei den Bulgaren kannst du vom Boden essen", und tatsächlich, es ist blitzsauber, es gibt nicht mal Ecken mit Krimskrams, keinen Kitsch auf der Fensterbank, und so wirkt der Raum erstaunlich luftig und groß.

Wunsch- und Traumstein

„Ja, ich stehe morgens auf und putze erst einmal", erklärt mir Malinas Mutter Irina, „das gehört bei uns einfach dazu."

„Das ist wie ein Hobby", kommentiert Malina, sieht den fragenden oder vielleicht auch rügenden Blick ihrer Mutter und korrigiert ganz schnell: „Oder besser wie ein Gesetz!"

Sie lacht. Sie haben gehört, dass viele in Deutschland ihre Wohnung nur einmal in der Woche putzen. „Das ist zu wenig!", ergänzt Irina energisch. Auch sie ist dezent gekleidet, alles in Schwarz, T-Shirt und Hose, hat ihre Haare zu einem schlichten Zopf zusammengebunden, trägt keinen Schmuck. Übers Handy informiert sie ihre Mutter, dass ich da bin.

Malinas Großmutter ist ein Jahr jünger als ich. Sie wohnt eine Etage tiefer und ist anfangs etwas zurückhaltend. Eine starke Frau, das spüre ich gleich. Sie besitzt die Aura der älteren Frauen, wie ich sie manchmal auf Urlaubsreisen in kleineren Dörfern auf Sardinien oder in Portugal getroffen habe. Stark, lebenserfahren, selbstbewusst. Ihr schwarz-weiß gestreiftes T-Shirt mit dem Rosenmuster kommt nicht aus dem Billig-Sortiment eines Discounters, die

Hose ist gerade geschnitten und keine der typischen eng anliegenden Leggings, die jede Körperrundung hautnah abbildet, wie man sie auch in Marxloh häufig auf den Straßen sieht. Auch Neli – so stellt sie sich vor – trägt außer Ohrringen keinen Schmuck. Sie schaut mir direkt ins Gesicht, und nach den ersten Sätzen über das Wetter, über meine Herkunft aus Walsum, meine Mutter, die vor Kurzem gestorben ist und noch bis zu ihrem achtzigsten Lebensjahr aushilfsweise die Orgel in der Kirche gespielt hat, weicht die zurückhaltende Skepsis ihrer Neugier, ihre Gesichtszüge werden weicher. Bald führen wir ein offenes, vertrauensvolles Gespräch. Malina übersetzt.

Ein Leben ohne finanzielle Sorgen!?

Als Neli vor elf Jahren kam, hatte sie alle Hoffnung auf Arbeit in Bulgarien verloren. Neli liebt ihre Heimat, aber sie konnte nach ihrer Scheidung dort ihren Lebensunterhalt nicht mehr finanzieren, geschweige denn die Hypotheken für das Haus abbezahlen. Einer ihrer Neffen bot Hilfe an. Er gehörte zu den ersten Bulgaren, die in Deutschland Arbeit suchten, nachdem Bulgarien und Rumänien 2007 in die EU aufgenommen worden waren. Er ging nach Dortmund, weil er dort Leute kannte, fragte sich durch, wo man ihn für den Anfang unterstützen könnte, und bekam schließlich vom Sozialamt eine Wohnung in Duisburg-Marxloh. Tatsächlich fand er auch bald einen Job, und so ging es ihm schnell besser als in Bulgarien.

Es war dieser Neffe, der Irina zugeredet hatte, sie solle doch nach Marxloh kommen. Er versprach ihr ein Leben ohne finanzielle Sorgen, und sie glaubte seinen Erzählungen nur zu gern – das war der Anstoß, der sie in Bewegung setzte. Und so kam sie, in der Hoffnung, in Marxloh schnell und problemlos Arbeit zu finden. Irina hatte ihr Leben lang gearbeitet, erzählt sie voller Stolz. War viele Jahre in Bulgarien als Näherin in einer Fabrik angestellt gewesen und hatte dort unter anderem Trikots für Fußballclubs wie Manchester United und Trainingsjacken für Nike genäht.

Damals verdienten sie und ihr Mann genug Geld, um ein Haus zu bauen und sich zuzutrauen, die Raten abbezahlen und die Familie gut versorgen zu können.

Doch dann wurde sie arbeitslos, ihr Mann ließ sich scheiden. Ihre Hoffnung war, in Deutschland mit Fleiß gutes Geld zu verdienen, um in Bulgarien aus den Schulden rauszukommen und „ein besseres Leben" führen zu können.

„Aber was würde das denn konkret bedeuten, ‚ein besseres Leben'?", frage ich nach.

Malina wird nachdenklich: „Wenn du morgens aufstehst und weißt, dass du zur Arbeit gehen kannst, und weißt, dass am Abend etwas zu essen auf dem Tisch steht und deine Kinder satt werden, und wenn du weißt, dass du am Ende des Monats deine Rate für die Schulden abbezahlen kannst - das ist ein besseres Leben!" Sie schaut mich an und ergänzt nach einer kurzen Pause: „Ich weiß, Geld ist nicht alles, auch die Gesundheit ist wichtig, aber wenn wir kein Geld haben, wie können wir dann gesund leben?"

Neli kam mit sehr großen Erwartungen nach Marxloh, doch so, wie sie sich das Leben nach den Erzählungen ihres Neffen am Telefon ausgemalt hatte, war es nicht. Sie war enttäuscht, sagt sie. Doch aufzugeben und nach Bulgarien zurückzukehren, war keine Option. Die Hoffnung auf Wohlstand hat ihr letztlich Kraft gegeben. Sie krempelte die Ärmel hoch und suchte Arbeit. Die Behördenwege waren mühsam und dauerten länger, als sie gedacht hatte. Ohne deutsche Sprachkenntnisse spürte sie zum ersten Mal eine völlige Abhängigkeit von einem fremden System, aber schlimmer noch war dieses Ausgeliefertsein gegenüber Menschen, die ihre Sprache sprachen, die sich in diesem System auskannten und die die Tatsache, dass sie auf Unterstützung angewiesen war, schamlos ausnutzten. Sie verlangten Geld für jede kleine Gefälligkeit, sie ließen sie für wenige Euro für sich arbeiten.

Nelis Muttersprache ist Romanes, aber sie spricht auch fließend Bulgarisch und kann sich dadurch gut mit Menschen verständigen, die Türkisch sprechen. Sie kann lesen und schreiben, war bis zu einem gewissen Maß bereit zu lernen, auch sich auf Neues einzulassen, aber die Ungewissheit über ihre Zukunft machte ihr zu schaffen. Raubte ihr Energie. Zweifel begannen an ihr zu nagen. War es richtig gewesen, die Heimat zu verlassen? Niemand konnte ihr

324

das beantworten. Und überall musste sie stark und entschlossen auftreten. Nicht jammern. Was ihr wirklich tagtäglich half, war ihr Gottvertrauen. Neli hat eine Reihe von Zitaten aus der Bibel griffbereit in ihrem Handy. Sie zeigt mir ihre kleine Sammlung von kunstvoll verzierten Tafeln mit Gebeten und Bildern. Glaubenssätze wie

„Wer im Haus des Allmächtigen lebt, steht unter seinem Schutz!" geben ihr in ihrem Alltag ganz konkret Hoffnung.

Über Monate war Neli sich nicht zu schade, für zwei Euro die Stunde Treppenhäuser zu putzen und arbeitete in einem Supermarkt weit unter Mindestlohn. Als sie eine Arbeitserlaubnis bekam, wurde es besser. Da fand sie eine Stelle als Zimmermädchen im Hotel. Sie hat sich ins Zeug gelegt und hält die Stelle über Jahre.

Irgendwann tauchte ein neuer Mann an ihrer Seite auf, erzählt mir Malina später. Er fand Arbeit bei zwei Bulgaren, die ihm als Arbeitsvermittler regelmäßig Tages- oder Wochenjobs beschafften in Duisburg oder auch mal in der weiteren Umgebung. Die beiden kassierten dann jeweils kräftig mit. So ließen sie ihn zum Beispiel als Reinigungskraft bei Mercedes in Düsseldorf arbeiten. Offiziell hatten seine Vermittler den Arbeitsvertrag unterschrieben. Sie bekamen den realen Lohn mit entsprechenden Versicherungen und Sozialabgaben, und ließen andere die Arbeit für sich machen. Am Ende des Tages zahlten sie ihnen ihr Honorar – kaum mehr als drei Euro die Stunde – in bar aus. Und manchmal zahlten sie auch nichts und vertrösteten ihre Arbeiter auf das Ende der Woche. Aber darauf, dass sie das Geld dann wirklich bekamen, konnten sie sich nicht verlassen.

In Marxloh boomt der Arbeiter-Straßenstrich. Viele Arbeitssuchende sind froh, wenn sie einen Tagesjob bekommen. Die Straßenecke, an der sie morgens zwischen halb fünf und sechs Uhr stehen, kennt jeder. Unauffällig zwischen einem Restaurant mit Bäckerei, das fast rund um die Uhr geöffnet ist, und einem Kiosk, wo schon frühmorgens die Kaffeemaschine nicht stillsteht. Das Ritual für die Arbeitssuchenden ist immer das gleiche: Schwarze SUVs und weiße große Lieferwagen mit blickdicht getönten Scheiben halten an, eine Autotür geht auf, der Fahrer bietet eine Arbeit an, nennt einen Preis, und in der Regel steigen einige Männer ein und fahren mit. Dann werden sie zu

Baustellen gebracht, wo sie weit unter Mindestlohn und wie man hört auch oft ohne Papiere arbeiten: Schutt beseitigen, Wohnungen ausräumen und entrümpeln, bei Umzügen helfen.

„Da verdienen sie wenigstens ein paar Euro!", höre ich von einigen der Auftraggeber.

Geld verdienen!

Malinas Mutter Irina kam 2012 mit ihrem Mann und den beiden Töchtern aus Spanien nach Marxloh. Das heißt, von Spanien aus sind sie nicht direkt nach Marxloh zu ihren Verwandten gezogen, sondern haben erst noch einmal einen Versuch unternommen, in ihrer Heimat Bulgarien Fuß zu fassen. Doch die Situation war aussichtslos, nach kurzer Zeit gaben sie resigniert auf. Es war ihnen dort einfach unmöglich, ihren Lebensunterhalt zu verdienen. Sie selbst erklären es sich auch damit, dass sie für Bulgaren als Roma zu identifizieren sind und deshalb immer die die letzten auf der Warteliste waren. Ihren Traum, in Bulgarien irgendwo auf einem Markt Gemüse und Obst zu verkaufen, haben sie schnell begraben. Es gibt schon zu viele, die versuchen, auf diese Weise ihren Lebensunterhalt zu verdienen. Und vom Staat gibt es dafür seit einigen Jahren keine Anschubfinanzierungen mehr.

In Marxloh fanden beide schnell Arbeit. Der Vater Gelegenheitsjobs bei Freunden, die Mutter Irina bekam eine Stelle in einem Hotel und ist dort glücklich. Ihre Arbeit wird respektiert, mit ihrer Chefin versteht sie sich gut.

Doch dass eine ihrer Töchter jetzt zurückgegangen ist nach Bulgarien, hat in der Familie einiges in Bewegung gebracht und das Nachdenken über ihre Heimat wieder neu angestoßen. Irina ist hin- und hergerissen. In Bulgarien könnte sie ihrer Tochter und ihrer Enkelin nah sein. Aber sie würde vermutlich keine Arbeit finden. Die wirtschaftliche Situation in Bulgarien hat sich seit ihrem letzten Versuch, dort wieder Fuß zu fassen, nicht geändert. In Marxloh könnte sie noch ein paar Jahre arbeiten und Geld verdienen. Was tun?

Die Großmutter, Neli, möchte auf jeden Fall noch Geld in Deutschland verdienen, etwas ansparen, um ihr Leben in Bulgarien für die Zukunft abzusichern.

Irina hat sich noch nicht entschieden. Den Stadtteil Duisburg-Marxloh mögen die beiden gern, aber richtig zu Hause sind sie dort bis heute nicht. Malina nennt auch den Grund dafür: Mutter und Großmutter haben nie ernsthaft versucht, Deutsch zu lernen.

„Es gibt sehr viele Bulgaren, die sich wie Gäste benehmen", erklärt sie, „Gäste, die sich an einen gedeckten Tisch setzen. Sie trinken Kaffee und essen Kuchen, und dann gehen sie wieder. Aber sie wollen nichts wissen über die Menschen, die sie eingeladen haben, und sie gehen, ohne auf die Idee zu kommen, den Tisch mit abzuräumen. Und dabei haben sie nicht einmal ein schlechtes Gewissen."

Malina macht keinen Hehl daraus, dass sie diese Einstellung nicht in Ordnung findet. Wenn sie mitbekommt, dass dieses Verhalten kriminelle Züge annimmt und sich jemand Sozialleistungen erschleicht, versucht sie im Rahmen ihrer Möglichkeiten, etwas dagegen zu tun. „Viele Roma sind gläubig", erklärt sie mir, „aber das heißt für sie nicht, dass sie nichts Unrechtes tun. Viele tun einfach, was sie möchten, und beten dann am Sonntag in der Kirche, Gott möge ihnen vergeben. Und an diese Vergebung glauben sie!"

Das erlebt Malina auch in ihrer Baptistengemeinde. Und wenn sie darüber spricht, lernt man eine andere Malina kennen: keine schüchterne Beobachterin, sondern eine starke, selbstbewusste, kämpferische junge Frau, die Verantwortung übernimmt und nichts unversucht lässt für ein faires Miteinander.

Malinas Familie hat sich taufen lassen in der Baptistengemeinde in Marxloh, alle zusammen – Vater, Mutter und die beiden Töchter. In einem feierlichen Gottesdienst mit Erwachsenentaufe wurden sie mit dreißig anderen Personen in die Gemeinde aufgenommen. Danach gingen sie noch gemeinsam zum Essen. „Es war ein wunderschöner Tag", schwärmt Malina. Für sie war ihre Taufe ein bedeutungsvoller Akt des Glaubens. Die Verbundenheit mit Gott, dieses Vertrauen in eine höhere Macht stärkt ihr Gefühl von

Sicherheit im Leben. Jeden Tag. Eines aber möchte sie nicht: sich fest an eine Gemeinde binden, erklärt sie mir entschieden. Warum?

„Es gibt zu viele Prediger", sagt sie, „die ihre eigene Wahrheit für verbindlich halten."

Und in eine solche Abhängigkeit möchte sie sich auf keinen Fall ziehen lassen. Das sagt sie sehr energisch, und erst viel später sollte ich begreifen, wovon sie da eigentlich gesprochen hat. Ich konnte mir das zunächst gar nicht konkret vorstellen. Doch als ich eines Tages Gottesdienste einer Pfingstgemeinde in Marxloh miterlebte, konnte ich diese massiven Belehrungen in einem relativ kleinen Raum in betörender Lautstärke über eine große Verstärkeranlage miterleben. Es gab wunderbare Sänger, die ohrenbetäubend laut über die Anlage zu Playbacks aus dem Handy gesungen haben, und rhetorisch sehr geschulte Prediger, die mit immer gleichen, immer intensiver und lauter werdenden Glaubens- und Leitsätzen die Bibel auf ihre Weise erklärten und Beispiele aus dem Alltag gaben, wie man sich nicht zu verhalten habe. Voller Demut und Hingabe hat die Gemeinde darauf reagiert, und wenn ich später einige der Menschen auf der Straße wiedererkannte, konnte ich feststellen, wie sich mein Blick auf die Zuwanderer verändert hatte. Unwohl wurde mir in diesem Gottesdienst letztlich, weil einige der Anwesenden von älteren Gemeindemitgliedern genötigt wurden, sich in einem Ritual segnen zu lassen.

Zurück in die Wohnung in Marxloh. Malinas Großmutter Neli spricht noch Romanes, die eigene Sprache der Roma, die nur mündlich überliefert wird. Ihre beiden Töchter können sie noch verstehen, aber ihre Enkel – also auch Malina – haben diese Sprache schon nicht mehr gelernt. Warum nicht? Malina weiß es nicht.

„Wer Romanes spricht", erklärt sie „sagt das in Marxloh nicht öffentlich."

Alle haben Angst, den Stempel „Zigeuner" zu bekommen. Offiziell spricht man Türkisch, denn das Bulgarisch aus der Heimat klingt ein bisschen wie Türkisch aus alten Zeiten.

Diese sprachliche Verbindung zwischen Bulgarisch und Türkisch hat zur Folge, dass Bulgaren in Marxloh eher Arbeit finden als Rumänen, weil ein großer Teil der Arbeitgeber in Marxloh einen türkischen Migrationshinter-

328

grund hat. Ganz selbstverständlich ist das Zusammenleben aber noch nicht, seufzt Malina. Sie würde noch viel zu häufig beobachten, dass Mütter auf dem Spielplatz ihren Kindern verbieten, mit den bulgarischen und den rumänischen Kindern zu spielen.

„Warum?", fragt Malina. „Das sind Kinder. Das gemeinsame Spielen und Lernen in Schulen und Kindergärten ist sehr wichtig. Vieles kann sich verändern, wenn sich einzelne Menschen kennenlernen und Freundschaften entstehen."

Respektvolles Miteinander

Malina würde sich wünschen, dass in der Schule Kinderlieder aus den unterschiedlichsten Ländern gesungen werden.

„Wenn ich in eine Klasse gehe und frage ‚Wer von euch spricht Bulgarisch?', dann schauen einige Kinder angestrengt nach unten. Sie sagen es nicht. Ich warte ein bisschen, und meist ist es dann so, dass irgendwann eines der Kinder ruft: ‚Wir sprechen kein Bulgarisch, wir sprechen Türkisch!'"

„Nein!", flüstert Malina beschwörend, „Nein! Wir kommen aus Bulgarien und wir müssen unsere Kultur zeigen. Doch die Eltern sagen ihren Kindern: ‚Wenn jemand fragt, sag, du bist Türke, dann wirst du akzeptiert.'"

Malina will Kindern und Eltern den Rücken stärken. „Sag, dass du Bulgare bist, sag, dass du ein Roma, eine Romni bist. Du kannst stolz darauf sein. Es gibt so viele SchauspielerInnen und MusikerInnen und SchriftstellerInnen, die Roma und Romni sind. Ich wünsche mir" – und das ist ihr Traum –, „dass die Menschen eines Tages nach ihrem Charakter beurteilt werden und nicht nach ihrer Volkszugehörigkeit."

Häufiger musste sie erfahren, wie verletzend es sein kann, wenn man sich als Romni zu erkennen gibt. In ihrem Statement bei einer Internetaktion zur „Woche gegen Rassismus" schreibt sie, wie im Deutschkursus alle gelacht haben, als der Lehrer sie gefragt hat, warum alle Roma so viele Kinder haben und immer in Rudeln einkaufen gehen. Das tat weh. Weder möchte sie gezwungen werden, sich von den Gewohnheiten anderer Roma zu distanzieren, noch möchte sie sich für etwas rechtfertigen, das sie selbst gar nicht für erstrebenswert hält. Sie nahm also hin, dass alle gelacht haben, und natürlich hat sie es als Auslachen erlebt.

Auch mit der Polizei hat sie schon mal schlechte Erfahrungen gemacht. Bei einem Autounfall. Sie hatte einen leichten Zusammenstoß mit einem anderen Auto auf einer Kreuzung, es entstand nur ein Blechschaden. Die Polizistin ließ sich den Vorgang von der deutschen Autofahrerin schildern, sah sich dann Malinas Papiere an, und als Malina den Hergang aus ihrer Sicht schildern wollte, sagte sie: „Nicht nötig, ich weiß ja schon alles!"

Das kränkt. Nachhaltig. Und dennoch, trotz alledem: Die Freude am Zusammenleben in Marxloh in Freiheit, mit der Möglichkeit, Geld zu verdienen überwiegt.

Gelegentlich wird Malina vom Ordnungsamt angerufen, um die Arbeit vor Ort zu unterstützen, Missverständnisse aufzuklären, Regeln zu erklären und Streit zu schlichten.

„Rumänen und Bulgaren kommen in der Regel nicht als einzelne Familie nach Marxloh, sondern gleich mit Onkeln und Tanten, Cousins und Cousinen, die wiederum große Familien haben", erklärt sie mir. „Sie lieben es einfach, alle zusammenzusitzen, gemeinsam zu grillen, zu essen, Geschichten zu erzählen, Musik zu machen, zu lachen und zu tanzen. Dann machen sie es sich auf dem Bürgersteig oder auf der Wiese vor dem Haus gemütlich und sind bis tief in die Nacht hinein zusammen.

Bewohner, die andere Lebensgewohnheiten haben, empfinden das nicht selten als Lärm- und Geruchsbelästigung. Und wenn die Feiern bis in die Nachtstunden anhalten, wird das Ordnungsamt oder die Polizei gerufen und soll sie beenden. Das gelingt gut, in der Regel sind die Familien schnell einsichtig und gehen in ihre Wohnungen. Aber das nächste Familientreffen wird kommen. Und da sind die Regeln der öffentlichen Ordnung schon wieder vergessen. Viele, die sich belästigt fühlen, ziehen weg und so wandelt sich mit der Zeit das Gesicht des Stadtteils.

Malina erklärt mir ihre Haltung. Sie bleibt in Konfliktgesprächen sachlich und ruhig, benennt die Fakten ohne emotional geladenen Unterton und Schuldzuweisungen. Sie klärt auf. Mein Eindruck ist, genau diese innere

Ausgeglichenheit und Ruhe sind ihre ganz große Stärke. Sie reagiert nicht wütend, aggressiv und genervt oder von oben herab.

Eine willkommene Bereicherung ihres Lebens in Marxloh möchte sie mir unbedingt noch zeigen: die bulgarischen Länden: Supermärkte, Bäckereien, Metzgereien.

Segenssprüche

Für viele Zuwanderer sind sie ein Segen, weil sie jedes Mal mit dem Schritt über die Schwelle das Gefühl haben, sie betreten ein Stück Heimat. In den Kühltheken entdecke ich jede Menge Würste und Schinken, tiefgekühlten Börek mit unterschiedlichsten Gemüsefüllungen. Es gibt die aus der Heimat bekannten Waschmittel, die Schnäpse und Tees. Einiges ist mir vertraut, wie das Design von Dr. Oetker, oder Maggi, aber hier gibt es sie mit einem Aufdruck in bulgarischer Sprache und den entsprechenden landestypischen Geschmacksrichtungen und Vorlieben.

In einigen der bulgarischen Läden hängen über dem Eingang kleine Wimpel mit Segenssprüchen. Man erklärt mir, dass sie den Supermärkten göttlichen Schutz geben sollen. Ich bin ein bisschen skeptisch. Ob diese Wimpel noch auf reale „Schutzgeister" hinweisen, wissen wohl nur Insider. Den Spruch auf dem Wimpel in dem großen Lebensmittelladen, in dem Malina sehr gerne einkauft, kann sie selbst nicht übersetzen. Er steht dort auf Arabisch. Die bulgarischen Ladenbetreiber sind Muslime. Freunde erklären mir später, dass auf der kunstvoll verzierten Tafel, die ich fotografiert habe, eine berühmte Sure aus dem Koran steht, „al-Falaq", eine der sogenannten „Zufluchts-Suren" mit der Bitte um Schutz vor dem Bösen und vor Neidern.

Und wie sieht für Malina ihr Weg in die Zukunft aus? Den heute noch vielfach üblichen Brauch, dass Frauen sehr jung heiraten und Kinder bekommen, dabei die Ehe von den Eltern arrangiert wird und die Mädchen quasi an die Familie des Mannes „verkauft" werden, gibt es in ihrer Familie nicht, und sie selbst hätte das nie akzeptiert, sagt sie. Sie möchte darauf hinarbeiten, dass auch andere Roma diese begehrte zusätzliche Einnahmequelle durch eine große Mitgift nicht weiter in ihren Familien durchsetzen. „Dieser Handel kommt aus einer anderen Zeit und setzt alle stark unter Druck. Wir Roma selbst müssen diese Tradition den veränderten Lebensbedingungen anpassen."

Malina wirkt sehr überzeugend, wenn sie so etwas sagt. Sie möchte für einen anderen Weg begeistern. Und wird nicht müde, das Thema immer wieder anzusprechen. Es ist berührend, wenn sie erzählt, wie überwältigend das Gefühl war, als sie ihr erstes selbst verdientes Geld auf dem Konto hatte. Dieses Gefühl wünscht sie jeder und jedem: Geld zu verdienen, ohne sich kleinmachen und unter Wert verkaufen zu müssen. Sie persönlich möchte noch besser Deutsch sprechen und gern viel erfahren über andere Kulturen und viel erzählen über ihre Ursprungskultur. Und einfach nur als Mensch Menschen begegnen.

Segenssure

Linie 903:

Leben und leben lassen

Die Faszination der Industriekultur beeindruckt alle, die jetzt die alten Hallen besuchen. So hat auch die Gebläsehalle des ehemaligen Hüttenwerkes im Landschaftspark Duisburg-Nord in Duisburg-Meiderich heute die SchülerInnen verzaubert, als sie hier zum ersten Mal ihre Tanzperformance zu „Sacre du Printemps" von Igor Strawinsky auf der Bühne geprobt haben. Die Jugendlichen sind wie elektrisiert, weil sie das Stück nun ganz anders wahrnehmen. Vorher haben sie viele einzelne Teile geprobt in kleineren Gruppen, mit dem Bühnenbild fügt sich nun alles auf einer richtigen Bühne zu einem Stück zusammen. Jetzt merken sie, dass es ganz persönlich auf sie selbst ankommt. Wenn sie die Schritte anders machen als die anderen, den falschen Weg nehmen, nicht aufmerksam zuhören, zu früh aufstehen oder sich drehen, während die anderen schon stehen, dann fällt das auf der Bühne – anders als vorher in der Sporthalle – einfach auf.

Das Schönste sind die Momente, in denen sie sich harmonisch in der Gruppe bewegen. Dann spüren sie, von welchen Kräften sie getragen werden und dass ihnen das selbst ganz viel Energie gibt. Es macht mir Freude, wenn ich sehe, wie einige dabei über sich hinauswachsen: Das schüchterne Mädchen, das sonst kaum mit jemandem redet, spricht mit starkem Ausdruck durch ihre Bewegungen. Der Junge, der oft auf dem Stuhl mehr hängt als sitzt, zeigt großen Spaß an den Sprüngen und dem Herumwirbeln mit anderen Tänzern und viel Gefühl.

Mit diesen Eindrücken steige ich in die Straßenbahn Linie 903. Sie ist um diese frühe Nachmittagszeit ziemlich leer. In meinem Wagen gibt es außer mir noch einen Mann mit einem Fahrrad und drei ältere Damen. Ihre übergroßen Einkaufstüten lassen auf eine erfolgreiche Shopping-Tour durch die Duisburger Innenstadt schließen. An der Haltestelle „Hamborn Feuerwache" steigen drei Männer mit orange-weiß gestreifter Arbeitskleidung und derben Arbeitsschuhen ein, alle um die fünfzig, alle leicht verschwitzt. Ihr Arbeitstag ist offensichtlich zu Ende. Sie reden nicht viel, aber soweit ich verstehe, wollen sie noch ein Bier zusammen trinken, bevor sie nach Hause gehen, und so beschließen sie, an der Haltestelle „Walsum Rathaus" auszusteigen.

Sie stellen sich bestimmt an die Trinkhalle am ehemaligen Marktplatz, spekuliere ich. Dort gibt es noch einen dieser Kioske mit Bierausschank, die zum Bild des Ruhrgebiets dazugehörten, als der Kohlenpott noch von Kumpels geprägt war. Damals haben viele auf dem Weg nach Hause „den Dreck heruntergespült" und sich erst mal eine Pause gegönnt, bevor sie dann in das Familienleben eingetaucht sind.

Eine Haltestelle weiter an der Rhein-Ruhr-Halle steigt ein junger Mann ein: leicht dunkler Teint, schlank, enge schwarze Jeans, schneeweißes T-Shirt, weiße Sportschuhe. Darüber hängt locker eine in riesigen groben Maschen gehäkelte schwarze ärmellose Weste. Sie reicht ihm bis zu den Knien und wirkt wie ein Kleid. Er setzt sich elegant zu den drei Arbeitern in die Vierersitzgruppe. Niemand sagt etwas. Niemand starrt ihn an. Ich sitze gegenüber auf der anderen Seite des Ganges. Einer der drei nimmt Blickkontakt zu mir auf. Ein Blick zwischen Amüsement und Bewunderung.

Zwei Haltestellen weiter an der Wolfstraße steigt der sportliche junge Mann – vielleicht ein Tänzer? – wieder aus. Die drei Arbeiter schauen zu mir herüber. Ich sage: „Schick!"

„Jou, kann man machen."

„Leben und leben lassen."

„Fehlte nur das Handtäschchen!"

Wir lächeln stillvergnügt. Walsum, Schwan. Ich steige aus. „Tschüss, schönen Tag noch."

„Jou."

Straßenbahnhaltestelle

Kapitel 21:

Trennung im Herzen

„Es gibt eine Trennung im Herzen, die momentan unüberwindbar scheint:

Wenn man sich integriert, wird man zum Deutschen, und wenn man Ausländer bleibt, dann ist man nicht integriert."

Der Schulleiter der Regenbogenschule Haris Kondza weiß, wovon er spricht. Er ist nicht nur Leiter einer Grundschule mit vierhundert Kindern und sechzig MitarbeiterInnen aus dreißig Nationen, er hat lange selbst mit dem Konflikt gelebt, zwischen zwei Kulturen zu stehen, und ist bis heute dabei, seinen Weg zu justieren.

Seine Eltern kamen aus Bosnien und haben sich in Deutschland kennengelernt. Er selbst ist Deutscher, spricht die Sprache perfekt, und abgesehen von dem Namen und dem leicht rollenden „R", aus dem man auch auf eine Herkunft aus Bayern schließen könnte, bemerkt man nichts, was auf einen Migrationshintergrund hindeuten würde. Auch für seine Freunde war er einer von hier, denn sie waren „extrem verwundert", als er seinen Kindern bosnische Namen gab.

„Sie hätten nicht gedacht, dass ich noch so viel bosnisches Blut in mir habe. Aber meine Frau hat das mitgemacht!"

Und dafür sei er ihr sehr dankbar, erklärt er. Haris Kondza ist Deutscher, und „sein Migrantentum ist stark verblasst", so formuliert er selbst, und tatsächlich hatte er kurz darüber nachgedacht, seinen Kindern Namen zu geben, die in Deutschland geläufig sind. Möglicherweise oder vermutlich sogar hätten sie es dann später leichter bei allen Ausleseverfahren, die auf sie zukommen würden, vom Kindergarten bis zur Bewerbung auf eine Stelle oder bei der Suche nach einer Wohnung. Aber in dieser so persönlichen Entscheidung setzte sich einfach mal sein Herz gegen die vernunftgesteuerten Argumente durch.

Haris Kondza wollte und will seine bosnischen Wurzeln ganz bewusst pflegen.

„Meine Muttersprache ist natürlich Bosnisch", sagt er und ergänzt resigniert: „Ich spreche meine Muttersprache schlechter als Deutsch, weil das keine Alltagssprache mehr für mich ist. Ich muss feststellen, dass mein Wortschatz sehr arm geworden ist!"

Da schwingt die Trauer über den Krieg und die Unruhen in Bosnien und im ehemaligen Jugoslawien Anfang der Neunzigerjahre mit, die einen zwanglosen regelmäßigen Austausch schwergemacht haben. Als dann irgendwann die Großeltern verstarben, die „ein großer Anker waren im Herkunftsland", da gab es kaum noch Anlässe, Bosnisch zu sprechen.

Mit seinen Kindern zu Hause spricht Haris Kondza Bosnisch, seine Frau Deutsch. So werden sie von Anfang an lernen, in zwei Kulturen zu denken, und erfahren, welche Bedeutung Sprache mit ihren Bildern und Redewendungen für die Kommunikation miteinander hat. Ein Riesenthema – nicht nur in Marxloh.

Auf meine Frage, warum er Lehrer geworden sei, gibt der engagierte Schulleiter eine verblüffende Antwort:

„Mein Bauingenieurwesen-Studium hat nicht funktioniert, das ist vielleicht ein Grund, und ich habe bereits während meines ersten Studiums angefangen, mit Kindern in Asylbewerberheimen zu arbeiten. Da gab es einmal in der Woche die ‚Tagesgruppe', dort habe ich erste Erfahrungen gemacht mit der Betreuung von Kindern. Und hab dabei auch gemerkt, dass es genau das ist, was ich wirklich gerne mache."

Seine Schüchternheit war plötzlich kein Problem mehr.

„Lehrer zu werden, war nicht mein Lebensplan", sagt er, „ich bin da nach und nach so reingerutscht. Und hab es nie bereut!"

Im Referendariat hatte er manchmal noch das Gefühl, „O Gott, das bin gar nicht ich!" Denn Haris Kondza war als Kind und Jugendlicher eher introvertiert und still. Und nun stand er plötzlich vor einer Klasse und musste etwas sagen, Prozesse in Gang bringen und begleiten. Es fühlt sich für ihn an, als müsse er sich in einer ihm fremden Parallelwelt zurechtfinden. Doch nach und nach hat er im Referendariat in der Grundschule gemeinsam mit den Kindern entdeckt, dass ihm das Vermitteln liegt. Er hat es quasi von den Kindern gelernt.

Als er fertig war mit seiner Ausbildung, gab es keine Stellen für neue Lehrer. Er fand Gelegenheitsjobs und erinnert sich noch gut an den Moment, als er auf Montage bei einer großen Bekleidungskette in Frankreich beim Einrichten eines Ladenlokals auf der Leiter stand und einen Anruf aus der Schulbehörde in Wesel bekam:

„Wollen Sie nächste Woche eine Klasse in Hünxe übernehmen?"

Er wollte. Anfangs war da wieder diese leichte Unsicherheit, aber auch diesmal machten ihm die Kinder den Einstieg leicht, er war schnell angekommen.

Im Flow

Seither weiß er, ist der Anfang erst einmal gemacht, geht es wie von selbst. „Stehe ich vor der Klasse und bin in diesem Rahmen von Schule, dann komme ich ganz schnell in einen Flow – das ist auch bei den Elternabenden so."

Erstaunlich, wie offen der Schulleiter diese vermeintliche Schwäche anspricht. Er kann sie in Stärke verwandeln. Auf mich wirkt er sehr natürlich, geerdet, humorvoll, offen.

Das macht bei genauerem Hinsehen Eindruck. Damals in Hünxe blieben die Eltern anfangs reserviert und skeptisch. Vielleicht war er zu unsicher aufgetreten, weil die Klientel ihn ein bisschen einschüchterte: Es gab Millionärskinder in der Klasse, außerdem Söhne und Töchter von Grundschullehrerinnen. Nach dem Jahr als Montagearbeiter auf der Baustelle hatte er irgendwie das Gefühl, er sei nicht mehr so vertraut und souverän in der Rolle als Lehrer.

Die Rückmeldung der Eltern blieb nicht aus. Ein Vater erzählte ihm später, wie er sich tatsächlich wegen des jungen, unerfahrenen Klassenlehrers, den keiner kannte, Sorgen um seine Tochter gemacht hatte. Und erzählte erleichtert: „Nach zwei Wochen habe ich Sie gesehen, Herr Kondza, wie Sie – zwei Kinder am Arm, vier Rucksäcke und zwei Tornister auf dem Rücken – über den Schulhof rennen und versuchen, den Bus noch zu bekommen. Da dachte ich mir, ja, das ist Engagement, das ist das Richtige, der kann so falsch nicht sein!"

Haris Kondza lacht, als er das erzählt. Es sind schöne Erinnerungen und zeigt seine Haltung: „Ich glaube einfach, dass ich bereit bin, manchmal mehr zu machen, als in der Lehrerbeschreibung drinsteht."

Was ihn dahin geführt hat, wo er heute steht, das war ganz wesentlich sein Migrationshintergrund. Dass er so erfolgreich werden konnte, schreibt er größtenteils dem Rückhalt in der Familie zu.

„Meine Mutter hat echt viel gemacht", blickt er anerkennend zurück. „Wenn Leute wie ich so weit kommen, da müssen sie jemanden haben, der sie auf dem Weg unterstützt und begleitet. Und das war meine Mutter."

Sie hatte in Sarajevo Germanistik studiert. Zu seinem Vater hat Haris Kondza weniger Kontakt. Er war eher verschlossen, möglicherweise wegen seiner schwierigen Vergangenheit: Sein Vater war im zweiten Weltkrieg von Nationalsozialisten erstochen worden, seine Mutter stand früh mit den drei Kindern allein da und starb kurz nach dem Tod ihres Mannes. Und so wuchs Haris Kondzas Vater im Heim auf. Er wurde Förster und hat später im Ruhrgebiet als Schweißer gearbeitet.

Haris Kondza ist in Bockum Hövel geboren, er ist Deutscher. Aber er stellt fest: „Wir Ausländer sind eine Geschichte für uns. Das ist manchmal im Gespräch mit Deutschen schwer zu vermitteln. Natürlich habe ich es leichter als andere Migranten. Wenn man mich von der anderen Straßenseite aus sieht oder auch hört, merkt man es vielleicht nicht. Aber es gibt Geschichten im Brauchtum, die für mich einfach kein Thema sind. Zum Beispiel habe ich nie Weihnachten gefeiert, ein Leben lang. Jetzt habe ich eine Frau, die in Ostdeutschland geboren und aufgewachsen ist. Sie sagt von sich, sie sei Atheistin. Die Familie sagt, sie feiern kein Weihnachten, aber am 24.12. feiern sie ein Fest", erklärt er lachend, „das sehr stark an das Brauchtum des Weihnachtsfestes erinnert. Wenn ich es beschreiben müsste, wäre das meine beste Vorlage."

Und er fährt fort: „Das Gleiche gilt für das Fest mit den Eiern. Wir haben dieses Brauchtum einfach gar nicht. Meine Mutter war überzeugte Pionierin, hat unter Tito irgendwelche Straßenbahnschienen verlegt. Weihnachten oder Ostern oder muslimische Feste, das war bei uns einfach nie ein Thema. Vorher, im ehemaligen Jugoslawien, waren viele einfach ‚Brüder'. Jetzt sind da

ganz starke Gräben zwischen Katholiken, Orthodoxen und Muslimen. Gräben, die es vorher so nicht gab."

Ein Schulleiter „von uns"

Seit 2003 leitet Haris Kondza die Regenbogenschule in Marxloh. Eigentlich
wollte er dem Klischee nicht nachgeben, dass Lehrer aus Zuwandererfamilien
an einer Schule unterrichten, an der die meisten Kinder einen Migrationshintergrund haben. Ausschlaggebend war dann doch, dass er das Gefühl hatte,
hier könne er am meisten bewirken.

„Man fühlt sich immer als Ausländer. Und wenn das Gegenüber ebenfalls
einen Migrationshintergrund hat, dann tut man sich bei manchen Gesprächen
einfach leichter. Man fühlt sich besser verstanden. Ob das den Tatsachen entspricht, das steht auf einem anderen Blatt."

Offensichtlich vermittelt der Schulleiter seinen Gesprächspartnern das Gefühl, er sei ein „Ausländer", der es geschafft hat, in Deutschland anzukommen und sein Leben erfolgreich, also nach seinen Vorstellungen, zu gestalten.
Dieser Blick von außen auf die deutschen Verhältnisse schafft das Gefühl, mit
den Eltern seiner SchülerInnen auf Augenhöhe zu sprechen.

**„Tatsächlich spüre ich häufig, dass ich Eltern hier helfen kann, weil sie mir
gegenüber offen sind."**

So versteht er zum Beispiel, wenn Eltern zwei Tage vor Ferienbeginn los-
fahren möchten. „Meine Mutter hatte so eine Sehnsucht nach Bosnien, sie
wäre gern jedes Jahr acht oder zehn Wochen dort geblieben, nicht nur sechs-
einhalb. Die Eltern merken, dass ich Verständnis dafür habe, auch wenn ich
es trotzdem nicht erlauben kann. Und von solchen Beispielen gibt es ganz
viele. Deshalb habe ich gedacht, dass ich möglicherweise der richtige Mann
an dieser Stelle bin."

Von Hünxe wechselte Haris Kondza an eine Schule in Alt-Hamborn, kurze
Zeit später bot man ihm dann die Stelle als Schulleiter der Regenbogenschule
in Marxloh. Er hat es nie bereut, aber „ein bisschen blauäugig war ich

damals schon, denn die Herausforderungen, die auf mich zukamen, die waren mir nicht so bewusst".

Die größte Herausforderung? „Der Wandel. Wir sind eine Schule, die in einem unglaublichen Wandel begriffen ist."

Mehr als zwanzig Kolleginnen und Kollegen hat er neu eingestellt, über einhundertachtzig SchülerInnen zusätzlich aufgenommen. Die Schule ist heute doppelt so groß wie 2003, als er dort anfing.

„Meistens übernimmt man als Schulleiter etwas vom Vorgänger und macht nur Dinge anders, weil man meint, man hätte bessere Ideen als der Vorgänger. Bei mir ist alles neu! Es gibt fast nichts, was so ist wie vor meiner Zeit."

Den typischen Arbeitsalltag eines Schulleiters, wie er ihn sich vorgestellt hatte, den gibt es für ihn nicht. „Unterricht entwickeln und wenn nötig Ansprechpartner sein, das reicht hier nicht."

Regenbogenschule

Man muss sich einen Ruck geben

Haris Kondza muss den Eltern seiner SchülerInnen immer wieder grundlegend erklären, wie das Schulsystem funktioniert, er muss den traditionell ausgebildeten Lehrern erklären, wie sich der Stadtteil verändert und welche Folgen das ganz konkret für den Unterricht haben muss. Das bedeutet für alle Lehrenden konkret im Unterricht, dass sie sich nicht wie gewohnt an einer „angenommenen Mitte" der Kinder orientieren können. „Es ist für einige Lehrer schwer, das zu akzeptieren. Manchmal gibt es regelrecht Unmut darüber, dass man Dinge nicht so umsetzen kann, wie man es gelernt hat und gern machen möchte".

Aber dies ist der einzig sinnvolle Weg, denn die Kinder kommen einfach mit anderen Voraussetzungen als früher. Viele sind „entwicklungsverzögert", so lautet der pädagogische Fachausdruck dafür. Haris Kondza erklärt, wie das konkret aussieht:

„Im Lehrplan geht man davon aus, dass die Kinder in einem bestimmten Alter bestimmte Dinge schon können. Auf viele unserer Kinder trifft das aber nicht zu. Sie wissen zum Beispiel nicht, welches Ende eines Stiftes schreibt und welches nicht. Und mit einer möglichen Aufgabe am Anfang des ersten Schuljahres wie ‚Kannst du deinen Namen schreiben oder dich selbst zeichnen?' sind die meisten völlig überfordert. Da merken wir dann, wie viele Stufen wir zurückgehen müssen."

Aber Haris Kondza lässt diese Defizite der Kinder so nicht im Raum stehen, denn er kennt auch die Eingangsvoraussetzungen genau: „Toll ist natürlich, dass die Kinder viel lernen können!"

In der Regenbogenschule sitzen Kinder, die ihren Namen schon schreiben können, und Kinder, die noch gar nichts können, nebeneinander. Das ist vor allem eine Herausforderung, denn Kinder lernen erst einmal nicht voneinander.

„Es ist nicht so, dass das Kind, das noch nichts kann, beim Nachbarn guckt und das ganz schnell lernt. Gott sei Dank ist es aber auch nicht so, dass das Kind, das schon etwas kann, beim Nachbarn sieht: ‚Oh, der kann ja noch gar nichts, dann mach ich jetzt auch nichts.' Die entwickeln sich beide. Doch um für beide anregende Lernwege zu schaffen, die da anfangen, wo jedes einzelne Kind steht, braucht man viel Geduld, Zeit und auch Erfahrung. Man muss gut ausgebildet sein und sich ständig fortbilden und wirklich individuell auf die Kinder eingehen. Da muss man kein Lehrer sein, um zu erkennen, dass das sehr viel Zeit in der Vorbereitung erfordert."

„Man darf den Widerstand nicht unterschätzen!"

Sagt Haris Kondza und er meint den Widerstand der Erwachsenen. „Was seit Jahrzehnten in der Fachliteratur so gesehen wird, dass nämlich Heterogenität in der Klasse ein Gewinn sein kann, das sehen Eltern oft ganz anders. Das gilt teilweise auch für Lehrer und Lehrerinnen. Ein Problem bei uns ist, dass die Heterogenität ohne die Spitze stattfindet. Wenn wir Eltern sagen, ihr Kind rennt langsamer als die anderen, dann gucken sie und sehen, aha, mein Kind rennt langsamer. Lernt ein Kind langsamer und wir benennen das auch so – ‚Ihr Kind ist ein langsamer Lerner‘ –, haben viele Eltern und überhaupt viele Menschen ein Problem damit, das zu verstehen und zu akzeptieren. Das muss man sich ja bei den eigenen Kindern auch irgendwann eingestehen. Wenn man Kinder bekommt, denkt man immer, die können alles. Und irgendwann kommt dann der Moment, in dem man bemerkt, dass das eigene Kind irgendetwas eben doch nicht so gut kann.“

Jeder Satz von Haris Kondza lässt darauf schließen, dass er bei der Planung von Unterricht immer den einzelnen Menschen im Blick hat.

„Jedes Kind lernt unglaublich viel, und wenn man es im Vergleich zu Erwachsenen sieht, auch sehr schnell. Die Herausforderung ist, dass sie alle so unterschiedliche Ansätze haben. Viele Kinder kommen ohne die Voraussetzungen, die wir in Deutschland als Bildung anerkennen.“

Haris Kondza spricht damit einen häufig gar nicht beachteten zentralen Aspekt der schulischen Bildung in Deutschland und der Integration an. Er bringt ein Beispiel: Menschen, die aus einer Kultur kommen, die keine Schriftsprache besitzt, sind natürlich auch stolz auf ihre Kultur und möchten, dass man sie achtet! Sie stellen selten infrage, dass ihre Kinder in Deutschland Lesen, Schreiben und Rechnen lernen, aber die Wertschätzung ihrer Herkunftskultur, wo bleibt die? Genau da liegt eine der Herausforderungen für die, denen Menschen in der Ausbildung anvertraut werden, eine Herausforderung für unsere Gesellschaft, und gleichermaßen eine Chance für unsere Kultur und unsere Bildungsziele, erklärt Haris Kondza sehr deutlich:

„Will man den Menschen wirklich auf Augenhöhe begegnen, muss man sich mit den Kulturen und Werten der Herkunftsländer beschäftigen.

Solange man die Haltung einnimmt ‚Wieso, die sind doch zu uns gekommen, sollen sie froh sein, dass wir in Deutschland dieses hohe Bildungsniveau erreicht haben und es diesen Wertekanon gibt!‘ – kann da Integration stattfinden?“ Ein großes Thema, das in die Mitte der Diskussionen um Bildungsinhalte gehört!

Natürlich ist Haris Kondza stolz darauf, dass an seiner Regenbogenschule in Marxloh bei vielen Kindern die Lerndefizite des Einstiegs bis zum dritten Schuljahr ausgeglichen sind – eine Folge konsequenten Beobachtens und Handelns der Lehrerinnen und Lehrer. Wenn das trotzdem nicht gelingt, gibt es die Möglichkeit, die Grundschule ein Jahr länger zu besuchen. Wünschen würde Haris Kondza sich jedoch, dass die weiterführenden Schulen die Kinder nach der vierten Klasse übernehmen und Unterrichtssituationen und -strukturen schaffen, die den Lernprozess aus der Grundschule quasi reibungslos fortsetzen. Das würde die kontinuierliche Lernbiografie der Kinder fördern. Im BildungsFairBunt arbeiten fünf Schulen in Marxloh seit 2020 gemeinsam daran.

Alles locker?

Im Kollegium von Haris Kondza gibt es viele Lehrerinnen und Lehrer, die der Schule vom Kultusministerium zugewiesen wurden. Der Mangel an ausgebildeten GrundschullehrerInnen macht ihm Sorgen, aber Probleme mit einem zu starken Lehrerwechsel, weil sich viele möglichst schnell versetzen lassen wollen, hat er nicht. Das wundert mich nicht, denn man kann sich bei ihm gut vorstellen, dass seine joviale Art den ein oder anderen begeistert und motiviert, weiter an der Schule zu arbeiten und sein Teamgeist alle mitzieht.

Haris Kondza lacht. „Man denkt vielleicht, wenn man mich kennenlernt, dass ich alles sehr locker nehme, aber auch bei mir müssen die Bilder gerade hängen! Wenn es rechts einen Zentimeter tiefer ist, ist es für mich nicht okay! Ich kann bei vielen Sachen Fünfe gerade sein lassen, aber ich erwarte bei vielen Dingen auch, dass sie so gemacht werden, wie es sein soll. Ich bin offen für Kompromisse und Absprachen, aber an die sollte man sich dann auch halten."

Nach einem verzweifelten Kampf mit dem Rücken an der Wand klingt das alles für mich nicht. Ich habe eher den Eindruck, es klingt nach einem Weg mit vielen kleinen guten Schritten. Haris Kondza nutzt die Offenheit der

Lehrpläne. Das gibt ihm die Chance, sich an aktuellen Studien zur Entwicklung von Kindern zu orientieren.

„Es macht keinen Sinn, Kinder, die in Deutsch und Mathe schlecht sind, in Deutsch und Mathe zu fördern. Das ist ein Herumdoktern an Symptomen und nicht an der Basis des Problems. Leider haben viele Kinder der heutigen Generation – nicht nur in unserem Einzugsgebiet – Defizite im Bereich der basalen Fähigkeiten. Verantwortlich sind vor allem eine ungesunde Mediennutzung, aber auch die Ernährung. Und natürlich ändert sich durch Migration und Flucht so viel, dass die Fäden der Entwicklung im Werden und Wachsen des Gehirns verloren gehen.“

Haris Kondza macht es anschaulich:

„Man muss sich das vorstellen wie den Aufbau eines Straßennetzes oder das Fundament eines Hauses. Wenn da Teile fehlen, also unverschuldet Lücken entstanden sind, dann müssen die geschlossen werden.

Die werden nicht geschlossen durch Maßnahmen im ersten und zweiten Geschoss, die werden geschlossen durch Maßnahmen, die das Fundament stärken. So können zum Beispiel durch eine Kreuzbewegung, bei der der linke Arm und das rechte Bein bewegt werden, neue Bindungen im Gehirn entstehen. Rückwärtsgehen ist eine gute Möglichkeit, verschiedene Bereiche des Körpers anzusprechen. Auch bei Musik ist das der Fall, beim Sport, Schwimmen, Zeichnen, bei Kunst generell. Das Betrachten von Bildern, das Anhören von Gedichten, Literatur und Lyrik im weiteren Sinne finde ich da genauso wichtig. Das machen viele Eltern, denen Bildung wichtig ist, mit ihren Kindern zu Hause. Aber wenn wir wollen, dass Kinder sich so entwickeln, wie das im deutschen Bildungssystem vorgesehen ist, muss Schule einen großen Teil der Bildungspartnerschaft übernehmen. Eine Alternative dazu wäre natürlich, wir passen uns dem Bildungsgedanken der anderen Länder an. Die haben ja auch eine Vorstellung von Bildung. Momentan ist es aber so, dass da zwei Parallelwelten existieren. Und wir bestehen als Schule auf unserem Weg. Bildung, wie sie mitgebracht wird, wird derzeit so nicht wahrgenommen und an der Schule nicht akzeptiert.“

Der Schulleiter formuliert die Sachlage so deutlich und hart, wie sie ist: „Wir zwingen die Kinder, in einer Parallelgesellschaft zu leben! Sie sollen möglichst schnell unsere Strukturen übernehmen, und da sind wir auch gut drin. Aber wir nehmen die Eltern nicht mit. Das hatten wir vor dreißig Jahren mit türkischen, italienischen oder polnischen Migranten auch. Nachhaltig aber ist das nicht. Unter Umständen muss sich der Bildungsaspekt ändern und die ganze Gesellschaft sich für verschiedene Strömungen öffnen, die einfach da sind."

Kann man das als Chance sehen, oder wertet man das gleich als Affront gegen gute und bewährte Säulen und Leistungen unserer Gesellschaft? Allein an dieser Frage zeigt sich, dass wir gerne schwarz-weiß malen.

Gibt es nur ein Entweder - oder?

Industriestandort Duisburg

Vielleicht gibt es einen Weg zwischen den Extremen. Einen Weg, unsere manchmal zu starre, und in einigen Aspekten sicherlich überholte Ordnung durch neue Impulse lebendiger, menschenfreundlicher und bunter zu

346

gestalten. Das wäre eine gengenseitige Bereicherung, und durch das Kennenlernen und Nachdenken über die Werte eine sinnvolle Aktualisierung des Bildungssystems.

Kinder haben Potenziale, und diese Potenziale sollen gefördert werden. Das heißt nicht, dass alle Abitur machen sollen, sondern dass sie je nach Talent und Begabung „eine tolle Ausbildung bekommen".

Aber die Visionen für die Entwicklung der Marxloher Schulen gehen noch weiter. Es geht darum, die Profile der Schulen zu schärfen. Das bedeutet konkret, die Schulen sollen sich so spezialisieren, dass man sagen kann: „Wir sind in Marxloh in der Lage, musische, sportliche oder künstlerische Fähigkeiten besonders zu fördern. Oder die Digitalisierung. Das soll so weit gehen, dass wir in Marxloh attraktiv werden für die Stadtteile drum herum! Dass die zum Beispiel sagen: Wenn ich ein sportlich begabtes Kind habe, schicke ich es auf diese Schule, denn die hat Kooperationen mit den Sportvereinen, mit der weiterführenden Schule mit Sportschwerpunkt und so weiter. Solche Sachen wünschen wir uns. Wegkommen von diesem Defizitären hin zum Besonderen: Was können wir besonders gut?!"

Linie 903:

Shoppingtour

„Nein, zuerst gehen wir meine Schuhe kaufen! An dem Geschäft steigen wir ja direkt aus."

Der Junge versucht mit lauter Stimme, sich gegen die Pläne seiner beiden Schwestern durchzusetzen. Er dürfte der Mittlere sein, etwa elf Jahre alt, seine Schwestern acht und dreizehn. Eine sympathische Familie auf dem Weg in die Innenstadt von Duisburg, ins Forum und in die Sonnenallee. „Fast wie früher", denke ich. Die Mutter versucht, die Kinderwünsche unter einen Hut zu bringen und eine strategisch günstige Einkaufsroute zu finden, der Vater lässt die Gespräche wie die Häuser an sich vorbeirauschen, sagt nichts. Plötzlich setzt er sich aufrechter hin. „Oh, so nah sieht man den Hochofen!"

Offensichtlich sind sie diese Strecke noch nicht mit der Straßenbahn gefahren. Wie ich heraushöre, fahren sie sonst mit dem Auto. „Schaut mal, das ist der höchste Hochofen in Europa. Schwelgern 1 – ‚Der schwarze Riese'."

Elternthemen, mögen die Kinder wie bei der Besichtigung einer Sehenswürdigkeit im Urlaub denken. Gelangweilt gehen ihre Blicke nach rechts. Sie sind ja eigentlich auf Shoppingtour.

„Was?!?" Der Junge springt auf. „Krass!"

Dunkelgraue Türme und Treppen aus Stahl, kunstvoll geschwungene Rohre und Schornsteine sind zum Greifen nah.

„Der Turm ist zweihundertfünfzig Meter hoch, glaube ich!", ergänzt der Vater.

„Und auf dem Stahlwerk hast du früher gearbeitet?", fragt seine Frau.

„Nein, ich war auf dem Stahlwerk in Hamborn, aber dieses hier sieht genauso aus."

Es ist lange her, und man spürt den begeisterten Sprung des Vaters in die Zeit, als er am Hochofen gearbeitet hat. Und jetzt möchte auf einmal die ganze Familie mehr davon hören! „Eine sehr harte Arbeit!" sinniert er und es ist nicht ganz klar, ob er das mehr zu sich selbst sagt, um sich noch einmal daran zu erinnern, warum er aufgehört hat, oder ob er es seinen Kindern erklären möchte.

Was da gemacht wird? Er bringt es auf eine kurze Formel:

„Da wird Eisenerz gekocht, dadurch wird das Eisen flüssig. Unten wird heiße Luft in den Ofen geblasen. So sammelt sich das flüssige Roheisen, aus dem Stahl entsteht, und aus diesem Stahl werden dann später zum Beispiel Autos gemacht."

„Wie heiß ist das? Was hast du da gemacht?"

Die Kinder hängen an seinen Lippen. Sie wollen alles wissen. Was er angehabt hat, ob das gefährlich war, wie viele Leute da gearbeitet haben und warum er aufgehört hat. Ich habe den Eindruck, er würde jetzt am liebsten aussteigen und mit seiner Familie auf Entdeckungstour gehen. Heute traut er sich offensichtlich nicht, die Shopping-Pläne zu durchkreuzen. Gleich werden sie mit der Straßenbahn am Landschaftspark Nord vorbeifahren, wo man eine stillgelegte Hütte begehen und sich von ehemaligen Arbeitern alles zeigen lassen kann. Ich bin überzeugt, wenn er dann den Vorschlag macht, den Landschaftspark zu besuchen und die Hochöfen und Kokereien in Marxloh aus der Nähe anzusehen, werden alle begeistert zustimmen.

Kapitel 22:

Bitte alle auf die Bühne!

Lautes Gehupe an der Weseler-, Ecke Bertramstraße. Ein Mädchen winkt aus dem Fenster eines Autos, das an der Ampel wartet. Die Scheibe fährt herunter.

„Hallo, Fabian, kennt du mich noch?! Ich war doch in der 4a bei dem Tanzprojekt dabei!"

Fabian lacht. Natürlich, das war das Projekt mit den Hochzeitsmusiken in Strawinskys „Les Noces". Russische Tanzmusik zu Bauernhochzeiten – alle haben sie sofort geliebt. Denn Hochzeiten werden gern und oft in Marxloh gefeiert. Das sind beliebte Familienfeste. Und zu diesen mitreißenden Rhythmen mit einem fantastischen Bühnenbild zu tanzen, das hat richtig Spaß gemacht. Dafür gab es dann auch sehr viel Applaus.

Fabian Müller, mit dem ich unterwegs bin, um über seine Arbeit an Marxloher Schulen zu reden, ist hier bekannt wie ein bunter Hund. Und beliebt. Immer wieder grüßen Kinder, winken und lachen ihm zu. Die Kinder und viele Eltern kennen ihn aus den Aufführungen beim Klavier-Festival Ruhr im Landschaftspark Duisburg-Nord, in der Gebläsehalle eines ehemaligen Hüttenwerkes von Duisburg-Meiderich, das heute als „Industrie-Dom mit Konzerthallen-Akustik" BesucherInnen lockt. Zwölf Meter tief und zwölf Meter breit ist die Bühne des Theatersaals, bis zu fünfhundert BesucherInnen finden hier Platz.

Wenn die Kinder tanzen und Musik machen, spielt Fabian Müller – häufig zusammen mit Lorenzo Soulès – auf dem Klavier, wenn's sein muss auch mal Orchesterwerke. Fabian ist ein Profi. Er veröffentlicht CDs und spielt auf großen Konzertbühnen. Die klassische Musik ist sein Metier, sie erfüllt ihn. Aber die Proben und Aufführungen bei den Education-Projekten des Klavier-Festivals Ruhr in Marxloh haben für ihn einen ganz besonderen Stellenwert. Da erlebt er die Musik anders. Hautnah. Und hört anders. Alles, was er in der Musik spürt und durch sein Spiel entfacht, überträgt sich unmittelbar auf die Jugendlichen. Man kann sagen, er sieht das Feuer, das in ihm lodert, im Tanz.

Er erlebt und gestaltet die Geschichten, die in der Musik erzählt werden, mit ihren starken Gefühlsregungen gemeinsam mit Kindern und Jugendlichen. Ihre Energie fordert ihn heraus und stachelt ihn an, sie schenkt ihm neue Perspektiven auf die Musik, die ihm doch so vertraut ist. Die verschiedenen Kulturen, die hier zusammenkommen, erweitern seinen Blick. Sie machen seine Wahrnehmung reicher, aufregender, schillernder. Er entdeckt neue Farben, und diese Farben gewinnen beim Spiel an Intensität, sie werden greller oder sanfter und bekommen mehr Zwischentöne. Bei diesen Proben und Aufführungen löst sich über das gemeinsame Hören der Abstand zwischen ihm und den Mitwirkenden auf – er ist mit dem Flügel mittendrin, und nicht selten sitzen SchülerInnen neben ihm auf der Klavierbank und hören ihm zu.

Da ist dann die Musik der Puls seines Lebens.

Fabian bestätigt meine Wahrnehmung. Ja, er liebt es, ganz in Rhythmus und Klang mit den Tanzenden zu verschmelzen. Mittlerweile sind wir im beliebten türkischen Restaurant Ali Baba angekommen, das in diesem Jahr stolz den Slogan „Ali Baba und die 40 Jahre" führt. Der Pianist ist entspannt – und hungrig. Wir holen uns etwas vom warmen Buffet. Mit seiner großen Auswahl an warmen Gerichten und Bäckertheke und Backofen gleich nebendran, ist dieses Restaurant rund um die Uhr ein beliebter Treffpunkt. So wie es aussieht, finden hier alle Nationen zu jeder Zeit etwas nach dem eigenen Geschmack – Halal-zertifiziert, vegetarisch, salzig, süß, warm oder kalt. Ein Treffpunkt für alle. Rund um die Uhr. Und natürlich gibt es auch Döner. Kalb oder Hühnchen.

Schon manches Mal, wenn ich von draußen gesehen habe, dass der Bäcker gerade frischen Blätterteig zubereitet, habe ich mich mit Tee und süßem Teilchen hingesetzt und ihm zugeschaut. Wenn der Teig beim Ausrollen und Ziehen größer und größer wird, ohne zu reißen, ist das einfach spannend und echte Handwerkskunst. Und weil der Backofen dahinter im Dauerbetrieb ist, duftet es dabei wunderbar nach frischem Brot.

Der Pianist schwärmt von seiner Arbeit mit dem Education-Team. „Zunächst habe ich gar nicht gemerkt, dass in den Marxloher Schulen etwas anders sein soll als anderswo", erklärt er mir. Er kommt aus Düsseldorf und hat in Bonn studiert. Doch von der ersten Sekunde an hat er hier gespürt, dass der Funke der Musik direkt auf die Kinder überspringt. Alle sind sehr lebendig, sehr aktiv. Wie er selbst.

Wir haben Delal zu unserem Gespräch eingeladen. Sie war Solotänzerin im Tanzprojekt um Strawinskys „Sacre du Printemps" mit der chinesisch-deutschen Choreografin Yasha Wang. Delal ist in Marxloh aufgewachsen. Und nachdem wir uns erst einmal ausgiebig an die großartige Aufführung des „Sacre" erinnert haben, bringt Fabian das Gespräch auf eine persönliche Ebene. Wie oft sie schon in ihrer Heimat im Irak war, möchte er von ihr wissen.

„Ein Mal, 2009."

„Dann bin ich ja mit meinen vielen Italienbesuchen mehr Italiener als du Irakerin!", lacht er. „Nein, im Ernst: Wie fühlst du dich?"

„Wir sind ja Kurden", erklärt Delal, „und so fühlen wir uns. Wir haben kein richtiges eigenes Land, aber eine eigene Sprache und eine starke Kultur."

„Und was hat dir bei dem Besuch bei deinen Verwandten im Irak am besten gefallen?"

„Das Essen! Herrlich! Köstlich!"

Ob Delal in Marxloh Mobbing oder Gruppenhass ausgesetzt war, als sie mit Kindern groß geworden ist, deren Eltern aus den verschiedensten Regionen der Welt gekommen waren? „Nicht wirklich", antwortet sie. „Die Probleme, die ältere Generationen in ihren Ursprungsländern irgendwann miteinander hatten, sind nicht meine." Natürlich, es gibt immer Leute, die versuchen zu zündeln, aber das verpufft.

„Langweilig unproblematisch hier alles", kommentiert Fabian schmunzelnd ihre Schilderungen. Natürlich liest er die Zeitung und kennt das schlechte Image in Deutschland. Aber der Profimusiker sucht sowieso immer seinen eigenen Blick auf die Dinge. Für ihn ist es selbstverständlich, sich in andere Gedanken- und Lebenswelten hineinzufühlen. Das ist – abgesehen von den technischen Fähigkeiten – das Wichtigste für ihn als Musiker. Er baut emotionale Brücken wenn es sein muss über Jahrhunderte und alle kulturellen Unterschiede hinweg. Und wie gut er sich in diese verschiedenen Welten hineinversetzen kann und letztlich die Sprache der menschlichen Seele spricht, das hört man in seinen Aufnahmen und Konzerten. Wir essen noch etwas türkisches Gebäck, irgendetwas mit Kokos – sehr lecker! Und dazu genießen wir das Zusammensein und spüren: Durch die Musik haben wir eine tiefe Verbindung miteinander. Ohne viel zu sprechen. Und freuen uns auf unsere nächste Begegnung, vielleicht ja im Konzert.

Von Bedeutung für die Seele

Fabian Müller ist nur einer von vielen Profis, die seit 2007 vom Klavier-Festival Ruhr an Schulen in Marxloh vermittelt werden. Festivalleiter Franz Xaver Ohnesorg wollte etwas zurückgeben an das Ruhrgebiet, in dem er Jahr für Jahr so erfolgreich ein internationales Klavier-Festival feiert. Aber Konzerte nach dem Motto „Mozart für alle" oder kostenlose Konzerte mit Klaviermusik, um damit vielleicht neue KonzertbesucherInnen zu gewinnen – das wäre ihm für die Kinder zu wenig gewesen. Es reichte ihm nicht, die viel beschriebenen Hemmschwellen zur Klassik zu überwinden und Wege in den Konzertsaal zu öffnen, in dem die Kinder dann still sitzen und zuhören. Er wollte die Arbeit der Schulen unterstützen und erreichen, dass alle erfahren, dass auch sie die klassische Musik etwas angeht. Dass sie ihnen Spaß machen und ihr Selbstbewusstsein stärken kann.

„Wenn Sie so ein Festival im Ruhrgebiet machen dürfen, dann haben Sie meines Erachtens auch die Verpflichtung, Musik zu den Menschen zu bringen, die den Weg zu dieser Musik oder zu uns nicht allein finden", erklärt er zum Beispiel bei einem Projekttag für Bildung vor LehreranwärterInnen 2019 in Marxloh.

„Man muss wissen: Klassische Musik kann mehr als das, was Sie auf dem Podium mit Musik erleben. Musik hat viel mit unserem Unterbewusstsein und mit unserer geistigen Verfassung zu tun. Wenn man verstanden hat, was August Everding einmal sagte, ‚Kultur ist ein Lebensmittel!', und wenn man verstanden hat, dass man dieses Lebensmittel elementar braucht, dass es für unser Innenleben, für unsere Seele von großer Bedeutung ist, dann müssen Sie sich darum kümmern, dass Sie eben auch an die Menschen rankommen, bei denen es sich nicht von selbst einstellt, bei denen nicht die Eltern dafür sorgen, bei denen es auch in den Schulen schwierig ist. Und deshalb sind wir in Marxloh!"

Klavier-Festival Ruhr Education Projekt

Der internationale Manager holte sich für sein Education-Programm einen Charismatiker in Sachen Musikvermittlung ins Boot: den britischen Flötisten Richard McNicol. Schon vor Jahren hatte er staunend in der Berliner Philharmonie erlebt, wie der Musiker es schaffte, mit Kindern aktiv und konzentriert zu musizieren und Begeisterung auszulösen. Und weil Franz Xaver Ohnesorg mit der Education-Arbeit des Festivals mehr wollte als gehobene Kinderbetreuung für Festivalbesucher oder Belohnungsprogramme für begabte MusikschülerInnen, stellte er einen Musikwissenschaftler ein, mit außergewöhnlichen Ideen und Lust an der Kommunikation: Tobias Bleek. Der sollte Festival und Schulen in eine sinnvolle Zusammenarbeit führen. Und als
354

besonderen Anreiz gab der Intendant für die anschließenden Aufführungen die Bühne im Festival frei.

Hunderte von Kindern in Marxloh mit strahlenden Gesichtern und einer Blume in der Hand haben seither den Applaus auf der Bühne genossen, den ihnen ihre Freunde, Eltern, Geschwister und Lehrer für ihre Auftritte beim Klavier-Festival Ruhr gespendet haben. Und das war echter Applaus! Vielen im Publikum stand das Staunen über das Niveau und das Engagement ins Gesicht geschrieben.

Jede und jeder eine KünstlerIn

Für die Mitwirkenden ist der Auftritt auf der Bühne ein Ausnahmezustand: Da ist das schüchterne Mädchen mit Kopftuch, das sich nicht traut, mir ein Interview zu geben, auf der Bühne beim Tanz aber das Publikum durch seine starke körperliche Ausdruckskraft fasziniert. Da ist der Junge, der vermutlich nie zu einem Tanzworkshop gegangen wäre, der hier seinen Körper so in Bewegung bringt, dass alle seine Energie und Freude mit ihm fühlen. Da sind Kinder mit speziellem Förderbedarf in ihrer geistigen Entwicklung, die fantastische TänzerInnen sind, und Kinder, denen es nicht gelingt, Kontakte zu knüpfen, weil sie sich noch schwertun, deutsch zu sprechen, die mit ihren Trommelkünsten im Nu ein Fanpublikum gewinnen. Das Klavier-Festival Ruhr ermöglicht Aufführungen und Proben, in denen das soziale Miteinander eine ganz besondere Qualität bekommt. Wie aber können die Aufführungen diese Stärke und eine derartige Profiqualität entwickeln?

Im Gespräch mit Tobias Bleek wird schnell klar, warum Franz Xaver Ohnesorg ihn eingestellt hat. Nicht nur, weil er ein unaufdringlicher, uneitler Pädagoge und Musiker ist. Es ist seine Einstellung zur klassischen Musik und ihrer Bedeutung für die Gesellschaft, die überzeugt. Er kennt ihre systemrelevanten Stärken.

„Es wäre falsch", sagt Tobias Bleek, „Musik nur als pädagogisches Mittel zum Zweck zu sehen." Musik ist Kunst und als solche einzigartig. „Sie besitzt eine eigene Aura, hat das Unaussprechliche, das HörerInnen berühren und verwandeln kann. Klassische Musik ist ein riesiges, reiches Feld. Und da gibt es für jeden und jede, je nach sozialem Kontext und Lebenslage, wahrscheinlich etwas, das sie oder ihn ansprechen kann." Die Herausforderung ist, die geeigneten Titel aus dem riesigen Fundus der klassischen Musik zu finden.

Tobias Bleek verlässt in seinen Konzepten die Komfortzone der immer gleichen sogenannten „Hits der Klassik" und sucht nach KomponistInnen und Titeln, die im Leben der SchülerInnen eine Rolle spielen könnten. Klassische Musik ist systemrelevant, aber das bedeutet nicht, dass sie ein traditionelles Bildungsgut ist, das man zu lernen hat. Musik ist Kunst, und dieser künstlerische Anspruch ist es, der zählt. So wählt Tobias Bleek zum Beispiel Musik des ungarischen Komponisten Béla Bartók aus, der Volksmusik in seine Konzertmusik miteinbezogen hat. Diese Musik ist besonders Kindern mit osteuropäischem Migrationshintergrund von ihren Großeltern vertraut, erzählen sie mir stolz, sie haben keine Probleme, die oft vertrackten Rhythmen zu singen und nachzuspielen. Im Gegenteil. Und die Themen der Musik, also Vorstellungen von Prinzen und bösen Zauberern gibt es in jeder Kultur, und so öffnet zum Beispiel auch Igor Strawinskys „Feuervogel" mit seinem Zaubergarten bei allen ideale Fantasieräume. Musik von Beethoven, Bach, Gubaidulina, Ligeti, Crumb, Berio oder Boulez – alles ist möglich, man muss nur wissen, was genau und wie. Die Praxis zeigt: In diesen Projekten haben die Kinder nie das Gefühl, sie sollen etwas lernen, was sie gar nichts angeht und was nichts mit ihrem Leben zu tun hat. Im Gegenteil: Sie kennen diese Gefühle und Situationen, die die Musik erzählt, sehr gut. Und gestalten und erzählen diese Musik mit viel Fantasie.

Und warum können das die LehrerInnen nicht selbst, mögen einige sich fragen. Ganz einfach: ProfimusikerInnen, -tänzerInnen und -künstlerInnen nehmen die Kinder in den Proben quasi mit in ihren Profibereich. Die Kinder fühlen sich ernst genommen. Und herausgefordert. Ein kleines Beispiel: Erica

Musik, Tanz und Theater

Pico, die einige Jahre in der „Sacre"-Produktion der Choreographin und Tänzerin Pina Bausch mitgetanzt hat, einer Kultfigur der Tanzszene, und Bianca
Pulungan, beide ausgebildet an der Essener Folkwang Universität, studieren
mit zwei Schulklassen Tanzschritte zur Musik ein. Manche Kinder begreifen
die Schrittfolge sofort, andere verstehen im ersten Moment gar nicht, was es
bedeutet, einen Schritt nach rechts oder einen Schritt nach links zu gehen. Lachend wird dann sortiert, in welche Richtung es wann geht. „Nicht lachen!",
rief eine Lehrerin mahnend, die als Aufsicht bei der Probe dabeigeblieben
war.

„Doch, bitte auch mal lachen!", sagen die beiden Tänzerinnen, „denn gerade wenn die Kinder mit Freude dabei sind, können sie viel lernen."

Chinesisch-deutsche Methode

Auch wenn die Choreografin und Tänzerin Yasha Wang probt, läuft das
professionell ab: Laut und klar erklärt sie die Schritte und Schrittfolgen, und
alle machen mit. Wieder und wieder. Jeder und jede hat ein eigenes Lerntempo. Gerade auch bei neuen Bewegungsabläufen ist es eine Frage der
Übung und die fehlt vielen einfach. Doch Yasha Wang wiederholt quasi „er-
barmungslos". Die Kinder begreifen, dass das die Art ist, wie sie selbst als
Tänzerin lernt und lassen sich voll darauf ein. So entsteht eine Atmosphäre
von Tanzstudio. Und das genießen sie! Wenn sich dann in so eine Trainings-
einheit eine Lehrerin einmischt und ruft: „Delal, nur zweimal klatschen!",
dann wirkt diese „Fehlermeldung" wie eine Mahnung und stört einfach mal
den Prozess, abgesehen davon, dass Delal in dem Moment nicht weiß, auf
wen sie hören soll. Denn die Lehrerin weist sie auf einen in dieser Phase des
Übens völlig unwichtigen Fehler hin, statt, wie die Tanztrainerin, auf die
Grundform zu achten und erst Mal das Sicherheitsnetz zu stärken. Wie es
dann jede und jeder macht – das weiß man aus dem Yoga oder den eigenen
Gymnastikübungen in einer Gruppe – das ist dann doch sehr individuell. Und
natürlich war in der Aufführung alles „richtig". Yasha Wang weiß, wie sie
den Lernprozess im Tanz steuert. Und der Erfolg misst sich nicht an einem

„richtig" oder „falsch" wie in Mathematik oder Deutsch. Sie ermöglicht den Kindern, ein Gefühl für die eigenen körperlichen Ausdrucksmöglichkeiten zu bekommen. Und die Kinder lieben sie dafür!

Szenenwechsel. Es ist eine echte Freude, wenn man bei Tanzproben von Petra Jebavy zusehen darf. Sie begrüßt die Kinder gern direkt mit Musik und lässt sie spontan darauf reagieren. Die Tänzerin und Choreografin schöpft aus einem riesigen Fundus an Musikstücken aus aller Welt, dazu gehören italienische Barockmusik, Musik der Romantik, afrikanische, südamerikanische, indische oder spanische Musik, Rock, Pop, Klassik, Folk. Die Kinder improvisieren oder tanzen nach Schrittfolgen, die sie schon im Unterricht kennengelernt haben. Die Grundlage sind in der Regel ihre eigenen natürlichen Bewegungsmuster, die dann weiterentwickelt werden. Man sieht förmlich, wie die Freude am Tanzen wächst und die Körper die Energie der Musik aufsaugen.

Kinder im Ausnahmezustand

Kurz vor den Aufführungen beim Klavier-Festival Ruhr werden die KünstlerInnen und MusikerInnen in der Regel von PädagogInnen des Education-Programmes des Klavier-Festivals begleitet. Sie sorgen für den professionellen Rahmen, und sie werden nicht müde, darauf hinzuweisen, dass die Profis nicht zu viel theoretisch erklären, sondern „ins Tun kommen". So war es auch beim Projekt „Twice upon" von Luciano Berio. Einem „Theater ohne Worte", das deutsche und französische Kinder zusammen mit ProfimusikerInnen aufgeführt haben. Den Profis konnte die Dirigentin die Stellen, die noch nicht richtig waren, in der Partitur zeigen, doch für die SchülerInnen war es besser, ganz konkret anzusprechen, was noch nicht in Ordnung war und diese Stelle dann sofort noch einmal zu spielen.

Die deutsche Erstaufführung von „Twice upon" gab es in der Philharmonie in Essen. Es war ein unglaublicher Moment, als die Türen zum Saal aufgingen und die Kinder die Bühne zum ersten Mal betraten: Sie waren sprachlos und gerührt, als sie begriffen, dass sie in einem richtigen großen Konzertsaal auftreten durften. Und natürlich haben sie alles gegeben! Und so, wie das Stück von Luciano Berio in den Gesamtablauf des Abendprogrammes eingeplant war, mit Einzelperformances aller Profis, die am Programm beteiligt waren, war das eine ganz besondere, eine künstlerische Erfahrung für die Mitwirkenden, ein Highlight, an das sie noch lange denken werden! Auch den riesigen Applaus des Publikums werden die Kinder nicht vergessen. Eltern, LehrerInnen und Festivalpublikum waren begeistert. Hinzu kommt ein kleiner nicht zu unterschätzender Nebeneffekt all dieser Präsentationen: Die Lehrerinnen und Lehrer sehen „ihre" Kinder in diesen Aufführungen beim Klavier-Festival Ruhr einmal von einer ganz anderen Seite, und oft sind sie erstaunt, welche Talente sich da zeigen! So gestand eine Lehrerin bei „Twice upon" stolz und glücklich, dass sie sogar „ein Tränchen verdrückt hatte".

Glanzlichter

„Ein großes Glück für die Arbeit in Marxloh", sagt Tobias Bleek, „war die Begegnung mit dem Musiklehrer und jetzigen SchulleiterKlaus Hagge." In ihm fand er einen Partner, der gelernt hatte, aus der kulturellen Vielfalt der SchülerInnen geschickt das Energiepotenzial herauszuholen. Und Klaus Hagge ist selbst ein exzellenter Musiker und Pädagoge. Er ist in all seinen Jahren als Lehrer neugierig genug geblieben, Ideen anderer kennenzulernen, vor allem, wenn es darum geht, seine SchülerInnen außergewöhnlich zu fördern. Sein eigenes Konzept ist so stark, dass er keine Angst davor hat, ein Impuls von außen könne seine Ziele aushebeln. Im Gegenteil: Er weiß sehr genau, welche Unterstützung sinnvoll ist, um die Glanzlichter in seinem Unterricht zu verstärken. Denn gerade im Musikunterricht sieht er einen wichtigen Baustein für die persönliche Lebensgestaltung. Nicht nur, weil Kinder und Jugendliche vielleicht Lust bekommen, ein Instrument zu lernen, allein schon, weil sie an diesem Bereich des Musiklebens Spaß finden und ihnen auch der Weg in den Konzertsaal nicht fremd bleibt. Mit Klaus Hagge und einer seiner Schulklassen konnten Tobias Bleek und Richard McNicol die ersten Schulprojekte beim Klavier-Festival Ruhr 2008 durchführen. Heute nehmen jedes Jahr mehr als vierhundert Kinder am Education-Programm des Klavier-Festivals teil.

Armutssafari

Dabei entwickelt Tobias Bleek alle Programme gemeinsam mit den Schulen vor Ort. Die Gespräche mit denen, die den Schulalltag gestalten, sind ein zentraler Schlüssel zum sinnvollen Extra-Angebot des Klavier-Festivals Ruhr. Mir fällt in dem Zusammenhang Antoine de Saint-Exupéry ein, der in seinem Buch „Die Stadt in der Wüste" empfiehlt: „Wenn du ein Schiff bauen willst, dann trommle nicht Männer zusammen, um Holz zu beschaffen, Aufgaben zu vergeben und die Arbeit einzuteilen, sondern lehre die Männer die Sehnsucht nach dem weiten, endlosen Meer."

Auf die Situation an den Schulen in Marxloh übertragen, heißt das: Die Vision, dass ihre SchülerInnen hier eine ganz besondere künstlerische Erfahrung machen können, kann die LehrerInnen vor Ort zu engagierten Mitstreitern machen. Und ohne diese Beteiligung geht es nicht.

Das Ziel der Investitionen in den Schulen in Marxloh formuliert das Klavier-Festival Ruhr so: „Durch langfristige Angebote, die im Schulalltag fest verankert sind, werden Kinder und Jugendliche bei der Entwicklung ihrer künstlerischen Fähigkeiten, ihrer Persönlichkeit und ihrer sozialen Kompetenzen gefördert."

Der große Erfolg von Tobias Bleek – und das bedeutet letztlich der Education- Projekte des Festivals – hat auch damit zu tun, dass er seine Rolle in Marxloh kritisch reflektiert. So weist er mich auf den Bestseller des schottischen Rappers Darren McGarvey hin „Armutssafari". Der Musiker hat irgendwann als Jugendlicher ernüchtert festgestellt, dass die Leute, die sich um ihn und seine Freunde in seinem heruntergekommenen sozialen Milieu gekümmert haben, das taten, weil sie ihr Geld damit verdienten. Natürlich, soziales Engagement ist eine Aufgabe der Gesellschaft. Aber die eigentliche Frage ist: Wie ist der Blick dieser SozialarbeiterInnen, sprich: der Gesellschaft auf die sozial Schwachen? Ist das ein sachkundiger kühler Blick von oben auf die da unten?

„Ich bin über die damalige Schulamtsleiterin Brigitta Kleffken nach Duisburg-Marxloh gekommen", erinnert sich Tobias Bleek. „Marxloh hat mir nichts gesagt. Ich habe nur verstanden, dass es ein sehr armer Stadtteil ist, mit vielen Kindern mit Migrationshintergrund, damals meist türkischstämmig."

Das hat ihn herausgefordert, denn Tobias Bleek ist nicht nur Musikwissenschaftler und Musiker, er hat sich seit der Schulzeit in Projekten engagiert, bei denen es um Mitbestimmung von SchülerInnen beziehungsweise Studierenden ging, auch auf europäischer Ebene.

In den letzten fünfzehn Jahren in Marxloh hat er gelernt, wie das Festival die Arbeit in den Schulen wirklich sinnvoll unterstützen und ergänzen kann.

„Man braucht eine – ich möchte nicht sagen ‚Vision', das ist zu abgehoben und unkonkret, ich sage besser: eine Perspektive, eine Richtung, in die es gehen könnte." Und die Strategie lautet:

„Es ist wichtig, auf das zu reagieren, was im Kleinen passiert, und zu sehen, wo es Chancen gibt, das weiterzuentwickeln. So funktioniert dieses Projekt."

Es gibt keinen Masterplan, den man akribisch umsetzt. „Bei uns gibt es ein Konzept, aber das wird nicht auf die Wirklichkeit aufgedrückt. Man fängt mit bestimmten Ideen und Haltungen ganz klein an und beginnt dann zu suchen: Wo gibt es Personen, die mitmachen, und wo sind institutionelle Spielräume oder wo kann man sie schaffen, um jeweils den nächsten Schritt zu gehen?"

Das Education-Programm besitzt Leuchtkraft. Und diese Ausstrahlung hat als tragende Säule über viele Jahre der faszinierende Flötist Richard McNicol hineingebracht.

Charismatiker Richard McNicol

Er gehört zu den Personen, deren Alter sich nicht schätzen lässt. Der Musiker hat etwas Jungenhaftes, Schelmisches, das selbst den oft ermüdenden Übungsphasen mit ständigen Wiederholungen etwas Unterhaltsames gibt.

Die Kinder sehen den Briten als väterlichen Freund, sie fliegen geradezu auf ihn. Wie er sie anschaut, freundlich, direkt und mit einer angenehmen Ruhe, das hat eine magische Wirkung. Außerdem ist er ein sehr guter Zuhörer. Selbst wenn die Zeit der Proben bis zur Aufführung vor Publikum knapp wird und ein Ergebnis noch nicht einmal annähernd vorführbar scheint, bleibt er gelassen. Die Erfahrung sagt ihm: Das kriegen wir hin!

Was ich an ihm ganz besonders bewundere, ist seine Engelsgeduld. Und so spreche ich ihn darauf an. Es klingt ganz einfach:

„Wenn ich sehe, die Kinder können das nicht, dann muss ich eine Lösung finden. Und wenn die Kinder es dann schaffen, dann ist das auch für mich ganz toll!"

Der Musiker fordert Konzentration, gegenseitige Wertschätzung und gute musikalische Ergebnisse. Und er bekommt sie. Aber wie?

Er lacht: „Ein befreundeter Lehrer hat mal zu mir gesagt: ,Wenn du vor einer Klasse stehst, dann wird sie zu einem Orchester. Das ist kein Unterricht, das ist ein gemeinsames Musizieren.'" Ein Kompliment, das ihn sehr glücklich gemacht hat.

In der Schule für Kinder mit besonderem geistigen Förderbedarf arbeitet Richard McNicol seit vielen Jahren regelmäßig. So konnte sich ein besonderes Vertrauen zu einem autistischen Jungen aufbauen, der Musik liebt. Er hat einen sehr begrenzten Wortschatz, kann sich kaum konzentrieren, aber er hat fantastische musikalische Ideen. „Da lasse ich es mir doch nicht entgehen mitzuspielen", lacht der Flötist.

Ein Freund!

Dreizehn Jahre war er Mitglied des London Philharmonic Orchestra. Doch er musste feststellen: Selbst in solchen sehr guten Orchestern wird das Musizieren allzu oft zur Routine. Ganz anders bei Kindern: Ihnen macht das Musizieren immer Freude, und das wirkt dann einfach ansteckend. Wenn Richard McNicol das so sagt, ist er sich sehr bewusst darüber, dass er nicht wie die meisten Lehrer eine Fünftagewoche mit sechs Unterrichtsstunden täglich hat. Umso mehr kann er jede einzelne Probe genießen. Aber ein bisschen von dieser Haltung, meint er, könnte jede und jeder Lehrende auch für den Alltag entwickeln.

„Mein eigenes Gefühl ist, dass ich ein Freund bin. Ich sage immer, ich bin klug, ich bin der Klügste. Und das ist wahr. Ich bin Berufsmusiker, ich spiele sehr gut Flöte. Aber ich singe nicht so gut. Es kann sein, dass ein Kind besser singen kann als ich." Sein verschmitztes Lächeln spricht Bände.

Stärken erkennen und fördern, das ist entscheidend für Richard McNicol. So arbeitet er. Dabei ist ihm der Prozess selbst das Wichtigste: das, was der oder die Einzelne im Moment entwickelt. Dass es möglich ist, das Gelernte zum Schluss vor Publikum zu zeigen, mag für die SchülerInnen eine starke Motivation sein – für Richard McNicol ist jeder Moment des gemeinsamen Musizierens, jede Probe für sich wichtig. Dann erzählen alle mit Instrumenten mit viel Fantasie gemeinsam Geschichten aus ihrem Alltag, lassen Zauberwelten entstehen oder ahmen Tiere und Naturgeräusche nach. Und manchmal ist ein Werk aus dem Bereich der klassischen Musik die Grundlage dafür.

Ich bin beeindruckt, mit wie viel Freude und Konzentration die Kinder bei Richard McNicol dabei sind. Klar, sie machen auch mal Quatsch, was nicht ausbleibt, wenn jede und jeder ein Instrument in der Hand hält. Der autistische Junge zum Beispiel spürt die Anerkennung des Flötisten und schlägt ihm zur Begrüßung gern sanft mit dem Schlägel auf den Arm. Und was tut Richard McNicol? Er verwandelt auch das in eine Übung und weil er dieses persönliche Begrüßungsritual nicht verhindern kann, baut er es in das Stück gleich mit ein.

Der Musiker scheint immer im Flow, sein „WLAN" ist auf die Kinder gerichtet. Alles ist so vorbereitet, dass es funktionieren kann. Beim Bartók-Projekt hat der Musiker nach der sogenannten „Response-Methode" Melodien des ungarischen Komponisten auf fünf Töne reduziert und mit diesen fünf Tönen entwickelt er dann mit allen zusammen ein wunderbares Musikstück. Er bereitet das Stück so vor, dass er weiß: „Das kann jedes Kind lernen, wenn es sich anstrengt."

Und sich anzustrengen, das gehört bei ihm ganz selbstverständlich dazu. Das Ziel jeder einzelnen Musikprobe ist, dass am Ende jedes Kind mehr kann als vorher – und dass das Kind das auch weiß!

Richard McNicol lobt viel. Und während ich ihn beobachte, fällt mir ein Gespräch mit Yehudi Menuhin ein. Der charismatische Geiger und Menschenfreund erzählte mir einmal, das Wichtigste sei, Kinder auf ihrem Weg zu bestärken. Er selbst habe Kinder, die ihm auf der Geige vorspielen mussten (meist, weil die Eltern sie für besonders begabt hielten), nie kritisiert. Selbst wenn sie nicht gut gespielt haben, hätte er sie gelobt und ermutigt weiterzumachen.

„Ich bin immer begeistert davon, was die Kinder erfinden", sagt Richard McNicol. „Und dann sage ich ‚weiter, weiter, weiter', so entwickeln sie Selbstbewusstsein und es entstehen die schönsten Sachen!"

Sein Blick sagt: Aber Vorsicht! „Es muss konzentriert und es muss musikalisch gut sein. Sonst hat es keinen Wert!" Er traut den Kindern viel zu. Und fordert viel. Einfühlsam, ermutigend.

„Und wenn man sagt, ‚Das ist gut!' und ‚Könnte das vielleicht noch besser gehen?', dann geht das immer!"

Seine Methoden machen mich wirklich neugierig. Ich möchte wissen, was oder wer hat dieses Feuer in ihm entzündet? Wo kommt das her? Und ich staune nicht schlecht: Richard McNicol war zunächst Grundschullehrer. Schon während dieses Studiums fiel ihm ein Buch von John Paynter in die Hände, „Sound and Silence". „Und hier", sagt er, „habe ich die entscheidenden Hinweise für meinen Weg gefunden."

Dieser Londoner Komponist und Musikerzieher John Paynter war überzeugt: „Jedes Kind kann komponieren!" Da liegt der Vergleich zum Künstler Josef Beuys nahe: „Jeder Mensch ist ein Künstler." Und das große Talent von Richard McNicol ist: Er kann die Kinder dazu bringen, ihre künstlerischen Talente zu entdecken und weiterzuent-wickeln.

Dabei spürt man von der ersten bis zur letzten Sekunde: Bei Richard McNicol dürfen die Kinder zuallererst einmal Kinder sein. Die Bühne ist ihr

Spielraum, im wahrsten Sinne des Wortes. Und der Musiker genießt es und lässt sich davon inspirieren.

Bühne als Spiel-Raum

Am Gesichtsausdruck und an der Körperhaltung sieht man bei den Aufführungen deutlich: Jedes Kind wirkt wie verwandelt: durch die Blicke der Zuschauenden und die Magie der Bühne.

Die Musik selbst gefällt auf den ersten Blick nicht allen Eltern. Viele hätten gern, dass man mit den Kindern Choreografien aus der Popmusik, wie man sie in Videoclips sieht, einstudiert und aufführt. Aber genau darum geht es nicht: Es geht hier nicht um das Imitieren von Stars, es geht darum, die eigenen kreativen Fähigkeiten zu entdecken und für einen Moment genau mit diesen eigenen Talenten selbst ein Star zu sein. Und das Kulturleben mit zu gestalten. Und das hat im Ruhrgebiet Tradition.

Seit 2008 ist das Klavier-Festival Ruhr in Marxloh aktiv, seit 2011 unterstützt die Klöckner & Co SE das Engagement, 2015 ist die Stiftung Mercator mit eingestiegen. Und bereits die Gründung des Klavier-Festivals Ruhr geht auf ein soziales Engagement zurück. Anfang der Achtzigerjahre sahen Leute, die selbst vom Ruhrgebiet geprägt waren und dort in leitenden Positionen arbeiteten, wie der Bankier Alfred Herrhausen oder Bischof Franz Hengsbach, mit Sorge, dass sich eine Krise anbahnte. Die drastische Reduktion der Kohleförderung und der Stahlgewinnung bedrohte viele BewohnerInnen in ihrer Existenz. Die Stimmung des reichen Industriestandortes kippte. Jeder kannte jemanden, der von Arbeitslosigkeit betroffen oder bedroht war, und das führte spürbar zu immer größer werdenden Zukunftsängsten. Eine depressive Stimmung lag in der Luft.

Leitende Manager aus der Industrie, Politiker und Seelsorger fürchteten, dass dieses Gefühl, vom Staat allein gelassen zu werden, von der Gesellschaft abgehängt zu werden, in Aggression umschlagen und zu Massenprotesten und gewalttätigen Ausschreitungen führen könnte. Einige dieser Persönlichkeiten mit Geld und Einfluss mochten da nicht tatenlos zusehen. Sie suchten aktiv nach neuen Wirtschaftszweigen, arbeiteten daran, das Lebensgefühl in der Region zu verbessern, und gründeten mit viel Engagement den Initiativkreis Ruhr. Nach dem Motto „Jetzt erst recht!" sollte ein starkes kulturelles Angebot die überlebensnotwendigen Veränderungen im Ruhrgebiet begleiten. Das Schlagwort „Kultur durch Wandel, Wandel durch Kultur" machte die Runde.

Begeistert zitiert Franz Xaver Ohnesorg in seinen Vorträgen gern den Gründer des erfolgreichen Folkwang Museums, Karl Ernst Osthaus. Der hatte als junger Mann ein Millionenvermögen geerbt und steckte zwei Drittel des Geldes in die Kunst: Sein Ziel war, die Kunstschätze – Bilder, Skulpturen und mehr – der Gesellschaft zugänglich zu machen. Allen. Und so gründete er 1902 das Folkwang Museum in Hagen, zwanzig Jahre später, 1922, wurde es nach Essen verlegt. Franz Xaver Ohnesorg teilt die Haltung des Visionärs: **„Unsere Bürger, auch die der Industriestädte, haben ein Recht darauf, am künstlerischen Leben unserer Nation teilzunehmen."**

Aus dem Initiativkreis Ruhr ging schließlich auch das Klavier-Festival Ruhr hervor, das Franz Xaver Ohnesorg auf die internationale Landkarte der bedeutendsten Klassik-Festivals gesetzt hat. Dieses Festival-Juwel verströmt Jahr für Jahr großen Glanz im Ruhrgebiet. Und genau dieser Erfolg bei einem eher gut situierten Teil der Bevölkerung, das betont Franz Xaver Ohnesorg immer wieder, dieser Erfolg ist der Grund, warum man sich in Marxloh engagiert.

Der Schock sitzt tief und bewegt!

Der eigentliche Impuls aber, warum Franz Xaver Ohnesorg sich derart leidenschaftlich für ein nachhaltiges Education-Programm einsetzt, ist ein persönliches Erlebnis, das ihn schockiert hat. Seither sagt der erfahrene Drahtzieher im Musikbusiness, der in seiner internationalen Laufbahn die Philharmonie in Köln ebenso gemanagt hat wie die Carnegie Hall in New York und die Berliner Philharmoniker: „Ein bisschen Education geht nicht!".

Der Moment, der ihn fassungslos machte, hat sich so tief in sein Herz einge-
brannt, dass er bis heute noch sehr emotional davon spricht:

Man hatte ihn zum Abschlusskonzert eines Schulprojektes mit Jugendlichen eingeladen. Beeindruckt von der unglaublichen Leistung stand er zufällig daneben, als drei Schüler, noch ganz erfüllt von „ihrem" Riesenapplaus,
auf ihren Projektleiter zugingen. „Und jetzt", fragten sie aufgeregt, „wie geht
es jetzt weiter?"

Die Aufführung war Teil eines Forschungsprojektes gewesen, in dem es
um die Frage ging, ob und wie aktives Musizieren Jugendliche mit ADHS von
ihrer Medikamentenabhängigkeit befreien kann. Das Ergebnis war beeindruckend: Tatsächlich konnten die SchülerInnen im Verlauf des Projektes nach
und nach auf ihre tägliche Dosis Ritalin verzichten. Durch Musik und Bewegung hatten sie eine Möglichkeit gefunden, ihren Überdruck abzubauen und
ein körperliches Gleichgewicht zu finden. Bis sie schließlich ganz ohne beru-
higende Medikamente auskamen.

„Und was machen wir dann morgen?", wollten sie wissen.

„Morgen ", antwortete der Projektleiter, „ja, morgen müsst ihr wieder ganz
normal in die Schule gehen."

„Und wieder die Medikamente nehmen?"

„Ja, klar."

„Und wann machen wir weiter?"

Und dann sagte der Projektleiter den Satz, der Franz Xaver Ohnesorg wie
ein Messerstich ins Herz traf: „Ja, vielleicht, wenn wir noch mal Geld bekommen, im nächsten Jahr wieder."

Die entsetzten Gesichter der drei Jungen hat Franz Xaver Ohnesorg heute
noch vor Augen. Ihr innerer Aufschrei stand ihnen ins Gesicht geschrieben.
Und damals schwor sich der Intendant: „Das darf mir nie passieren!"

Schulprojekte, auf jeden Fall! Aber sinnvoll und vor allen Dingen nachhaltig müssen sie sein. Und so habe er die Ideen für ein Education-Angebot des
Klavier-Festivals Ruhr am Anfang wie eine zarte Pflanze betrachtet, erzählt
er. Und bringt seine Erkenntnis noch einmal auf den Punkt: „Ich denke, das
Schlimmste was passieren kann, ist, dass Sie schönste Episoden schaffen, und
dann endet das ganz plötzlich. In dem Moment sausen diese Kinder ganz hart

auf den Boden zurück – dorthin, wo sie vorher auch schon waren. Nur, dass es dann eigentlich noch schlimmer ist, denn sie haben ja etwas sehr Schönes erlebt und würden sich wünschen, dass es weitergeht. Schafft man es nicht, dass es weitergeht, dann ist es besser, man fängt gar nicht erst an! Diese Lektion habe ich aus den Gesichtern der drei Jungen gelernt."

Klavier-Festival Ruhr Education-Projekt Gebläsehalle Landschaftspark Duisburg-Nord

Und das motiviert auch die Mitarbeitenden des Education-Programmes beim Klavier-Festival Ruhr ganz besonders. Vom ersten Moment an hat sie diese spezielle Energie in den Schulen in Marxloh gepackt. Seit Jahren arbeitet das Team mit daran, dass junge LehrerInnen erkennen, welche Chancen dort in der kulturellen Vielfalt liegen. Regelmäßig lädt Tobias Bleek Studierende und LehramtsanwärterInnen aus Hochschulseminaren gezielt nach Marxloh ein, damit sie begeisterte Lehrende treffen und die Neugier und Lust der Kinder und Jugendlichen am Lernen und Experimentieren selbst ganz direkt erfahren und die Begeisterung überspringt. Er weiß: „Diese kulturelle Vielfalt und die Energie der SchülerInnen, die hier leben, ihre Neugier und ihr Wissensdurst sind etwas ganz Besonderes!"

Linie 903:

Die Zukunft kann kommen

Meine Schulfreundin aus Walsum, Regina Balthaus-Küper (die Sie im ersten Kapitel kennenlernen konnten), fährt genau so gerne mit der Straßenbahn wie ich. Denn dabei bekommt man einfach mal das Gefühl, wirklich in die Gesellschaft einzutauchen, in der man lebt.

Wir wollen zum Duisburger Hafen, der nach einigen wirtschaftlichen Aufs und Abs wieder der größte Binnenhafen Europas ist. Seit einigen Jahren entwickelt sich dort eine ganz neue Szene mit attraktiven Restaurants und Cocktailbars. Und wir haben gehört, am Hafenbecken in Duisburg-Mitte kann man sehr schön sitzen. Dort investiert China, und die Stadt setzt sich in Szene. Ich weiß von Künstlern, die ihr Loft dort aufgeben mussten, weil die Mieten enorm gestiegen waren. Aber sie haben so lange gekämpft, bis sie mit Unterstützung der Stadt und einiger Sponsoren wieder zurück in ihre alten Räume konnten. Es hat geklappt. Letztlich sind es ja genau solche Künstlerlofts, die einem Stadtviertel Flair geben und dafür sorgen, dass sich die Verwaltungsviertel der Wirtschaft auch am Wochenende nicht in schicke, aber tote Glasstädte verwandeln.

Regina ist in Dinslaken in die Straßenbahn eingestiegen, die jetzt am Schwan hält. Nun sind wir gespannt, was freitagabends so los ist. Wir haben uns noch nicht hingesetzt, da wird sie aus dem hinteren Teil der Straßenbahn gerufen: „Hallo, hallo!" Eine Gruppe junger Männer winkt aufgeregt. Teenager, die beim Reden heftig gestikulieren, sportliche Typen – kurz: eine der Jugendgangs, wie sie das Straßenbild von Marxloh prägen.

„Da muss ich mal hin", lächelt sie entschuldigend.

Ich bin nicht die Einzige, die das Zusammentreffen mit Interesse beobachtet. Was die wohl miteinander verbindet? Ich kann es mir denken, doch den hier mitfahrenden älteren Männern und Frauen steht ihre Verwunderung ins Gesicht geschrieben. Einige drehen sich um, um alles zu beobachten.

Die Jugendlichen reden aufgeregt durcheinander. Regina lacht. Fragt. Staunt. Ich bin zu weit weg, um etwas zu verstehen, aber es macht den

Eindruck, dass sich hier Menschen begegnen, die sich einfach freuen, dass sie sich mal wieder sehen.

Drei Haltestellen weiter steigt die Gang aus. Regina kommt zurück zu mir. Emotional aufgewühlt.

„Das waren ehemalige Schüler von mir", erklärt sie. „Die haben mir ganz begeistert von ihren schönen Erinnerungen an ihre Zeit in der Grundschule erzählt!"

Sie strahlt. Was die Jugendlichen im Einzelnen gesagt haben, erfahre ich nicht. Aber ich sehe: So eine Begegnung ist für eine Schulleiterin ein Moment, in dem sie ihre Arbeit liebt. Eine unerwartete Bestätigung. Regina hat das gute Gefühl, dass sie damals eine schwierige Grundkonstellation für alle Seiten gut gelöst hat.

Die Jugendlichen waren Roma, die als Kinder ohne Sprachkenntnisse in ihre Schule gekommen waren. Inzwischen besuchen sie die Berufsschule. Und gerade eben haben sie sich bei ihr noch einmal dafür bedankt, dass sie sie ernst genommen hat. Dass sie ihnen so einen guten Start ins Leben in Deutschland ermöglicht hat. Sie sagen, sie sind in Marxloh in der deutschen Gesellschaft angekommen. Und Regina hat ihren Anteil daran.

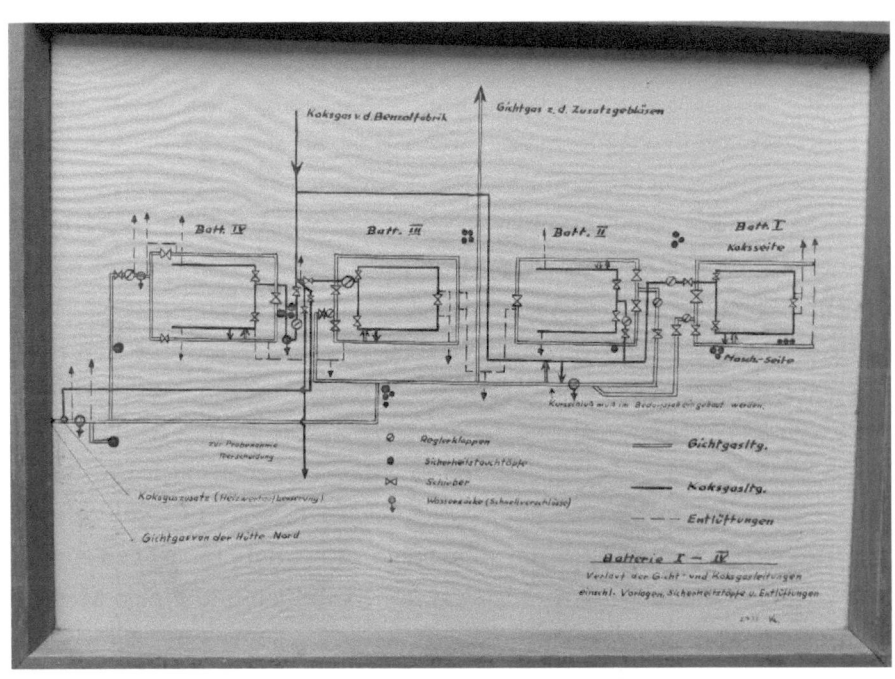

Batterien der Kokerei   Zeichnung W. Zander

Kapitel 23:

Lehrer verteilen Lebenschancen

„Yasha, können wir noch mal Yoga machen?" Die Proben sind vorbei, die Parallelklassen kommen schon in die Aula der Herbert Grillo-Gesamtschule, denn heute werden sich die fünften Klassen gegenseitig die Tänze vorführen, die sie in der Projektwoche einstudiert haben. Es ist laut und unruhig, alle legen ihre Jacken ab, suchen sich ihre Sitzplätze im Saal. Die Klasse, die noch auf der Bühne ist, hat gerade ihre Probe hinter sich. Die Kinder sind aufgeregt, sie haben die Schrittfolgen etliche Male wiederholt., aber werden sie sich auch ohne die Anweisungen der Choreografin Yasha Wang genau an die Abfolge der Figuren und Bewegungen erinnern? Wann sollen sie sich im Sitzen drehen, wann aufstehen und sich ihre Tücher zuwerfen, wann posen?

Yasha Wang beginnt mit ruhiger Stimme das Ritual, das die SchülerInnen in diesen fünf Probetagen offensichtlich besonders schätzen gelernt haben. „Sucht euch einen guten Platz, schließt die Augen, kommt zur Ruhe, atmet, lächelt." Und die SchülerInnen sind dabei. „Was für eine Farbe siehst du? Atme ruhig, fühle, wie die Sonne auf deinen Körper scheint. Denke an einen Berg oder an das Meer oder an dein Bett, an einen Ort, an dem du dich wohlfühlst, an dem du ganz bei dir bist." Im Saal tobt das Leben, noch zehn Minuten bis zur Aufführung, aber in diesem Kreis der Kinder, die jetzt noch mal ganz für sich sein wollen, ist die Stille zum Greifen nah. Es sieht so aus, als würden sie in dieser Stille wirklich zur Ruhe kommen und diesen Moment genießen.

Später bei der Aufführung wird man erleben, dass Yasha Wang einen Moment von gemeinsamer Stille sogar in ihr Tanzstück eingebaut hat. Dann stehen die Kinder auf der Bühne im Kreis, haben die Arme miteinander verschränkt und hören gemeinsam Musik. Sanfte Töne, Klaviermusik. In ihrer Choreografie setzt Yasha Wang auf Kontrast. Das nächste Stück, „Veronika, der Lenz ist da!" im Foxtrott-Rhythmus, hat Aufforderungscharakter. Man sieht, wie die Kinder bei diesen Rhythmen sofort in Bewegung geraten.

Mitgerissen vom Rhythmus hüpfen sie mit den eingeübten Schrittfolgen über die Bühne.

Schulfamilie und Krise

Schulleiter Thomas Zander ist beeindruckt. Vor allem die gefühlt langen Zwischenspiele mit sanfter Musik und dem Innehalten der SchülerInnen haben ihn begeistert. Er bedankt sich bei den Tanztrainerinnen, dass die SchülerInnen auch solche Momente erfahren konnten. Temperamentvoll kennen sie sich ja gegenseitig gut, kräftemessend, aber so in sich versunken, jeder und jede ganz bei sich, als ganze Klasse gemeinsam in der Stille, diese Erfahrung ist für die Fünftklässler neu und für ihr Miteinander eine riesengroße Bereicherung. Dass diese Projektwoche ein Erfolg war, zeigt sich für den Schulleiter auch darin, dass die SchülerInnen am Ende den Tänzerinnen Yasha Wang und Nina Ridderbecks minutenlang applaudiert und die meisten sich dann einzeln bei ihnen bedankt haben.

Graffiti unter der Grillo-Brücke

Solche Erfahrungen geben dem Schulleiter neue Hoffnung in einem Alltag, der nicht so ohne ist. Gerade führt er einen zähen Kampf gegen kriminelle Banden. Die gibt es nicht unter seinen SchülerInnen, die kommen in den Pausen und nach Schulschluss auf den offenen Campus.

„Wir haben fast jeden zweiten Tag die Polizei hier", Thomas Zander seufzt. „Ich hab die ‚schulische Krise' ausgerufen." Dabei hat er eigentlich allen Grund, glücklich zu sein über die Entwicklung seiner Schule: Mit dem Neubau, der in ein bis zwei Jahren fertig sein soll, geht es gut voran, und mit einigen Lerncontainern ist Bewegung in die Schullandschaft gekommen. Thomas Zander – dessen Namensgleichheit mit mir immer wieder Anlass zum Schmunzeln gibt, die aber auf keinerlei verwandtschaftliche Verhältnisse zurückzuführen ist – spricht gern von seinem „Lerndorf" und den vielen Aktivitäten, die die Schule mit ihrem Netz von Beziehungen in die Gesellschaft, in den Stadtteil und in die Familien trägt, doch die Situation, die er jetzt zu bewältigen hat, ist noch nicht gelöst: Einige junge Männer, die mit der Schule nichts zu tun haben, hängen in den Unterrichtspausen auf dem Campus rum und stiften unentwegt Unruhe. Sie sind nicht nur laut und suchen Kontakte. Sie versuchen, einzelne Kinder und Jugendliche für ihre kriminellen Machenschaften zu vereinnahmen, und schrecken auch vor Tätlichkeiten nicht zurück. Es geht um Erpressung, illegales Glücksspiel, Drogenhandel und sogar Zwangsprostitution. Der Müll, den sie hinterlassen, und der Vandalismus am Gebäude sind noch die kleineren Probleme.

Herbert Grillo-Gesamtschule

Zielgerichtet und ruhig erlebe ich den knapp zwei Meter großen, schlanken Mann, der seit 2003 an der Herbert Grillo-Gesamtschule arbeitet – seit 2014 als Schulleiter. Und wenn es nicht um diese kriminelle Bedrohung geht, zeigt er eine gute Portion Humor. Die Kinder kommen aus vierunddreißig Nationen, die Gesamtschule ist eine Pflichtschule, da muss man einiges auffangen, was an Vorurteilen aufeinanderprallt.

Der Name der Schule geht darauf zurück, dass sie von der Firma Grillo unterstützt wird, einem Familienunternehmen mit internationaler Reichweite, das den Wohlstand des Ruhrgebietes mitbegründet hat. Grundlage des Erfolges sind bis heute die Elemente Zink und Schwefel.

Und auch für unsere Familie war das Unternehmen nicht unwichtig: Mein Opa hat hier als Anstreicher gearbeitet und war stolz darauf. Noch lange habe ich bei jeder Straßenbahnfahrt die Schilder an der dunklen Backsteinmauer des Firmenhauptsitzes gesucht mit der Aufschrift „Fahrräder abstellen verboten!" und „Plakate anbringen verboten!". Die hatte mein Opa gemalt. Wenn ich sie sah, hüpfte ich vor Freude.

Schon beim ersten Gespräch mit Thomas Zander bin ich gleich mittendrin im Schulalltag. „Gestern gab es eine Teilkonferenz", erzählt er, „so heißt das im Fachjargon, wenn darüber entschieden wird, wie der Verbleib von SchülerInnen auf der Schule geregelt wird. Es ging um zwei Schülerinnen, die sich dermaßen geprügelt hatten, dass ein Krankenwagen kommen musste. Die beiden hatten sich über die Möglichkeiten von Schulabschlüssen

Graffiti unter der Grillo-Brücke

unterhalten. Ein Wort gab das andere, es wurden die üblichen Schimpf- und Reizwörter benutzt, eine der beiden hatte angeblich die Mutter der anderen beleidigt, und schon war eine handfeste Prügelei im Gang. So etwas muss Konsequenzen haben und auch mit all denen aufgearbeitet werden, die passiv beteiligt waren.

Mir scheint das noch recht harmlos gegenüber dem, was man sich außerhalb von Marxloh so erzählt, über eine vermeintlich dauerhaft angespannte Stimmung im Stadtteil wie auf einem Pulverfass.

„Gibt es denn Bandenkriege – kämpfen hier auch Gangs verschiedener Nationen gegeneinander?", frage ich.

„Das hätten manche Eltern und Schülerinnen und Schüler gern", erklärt mir der Schulleiter ruhig, „so nach dem Motto ‚Die Libanesen haben uns provoziert!'." Aber diese Art von nationalen Zuweisungen lässt die Schule nicht zu. „Wir fragen ganz konkret nach den Ursachen und fordern auf: ‚Erzähl, wer hat dich provoziert und wie', und letztendlich brechen wir das Gespräch immer wieder runter auf den konkreten Konflikt."

Es ist üblich geworden, dass Gruppen bestimmter Nationalitäten für Konflikte verantwortlich gemacht werden: „Die Rumänen haben den Müll auf die Straße geworfen, die Bulgaren haben die ganze Nacht auf der Straße durchgefeiert mit lauter Musik und Tanz!"

Graffiti unter der Grillo-Brücke

Dabei sollte man natürlich genau die Mitbewohner ansprechen, die das getan haben, und nicht die Nationalität ins Spiel bringen. „Das ist anstrengend", weiß der Schulleiter, „aber es bringt keine Lösung, wenn man die Konflikte über ethnische Zuweisungen zu lösen versucht! Unsere Schülerinnen und Schüler wissen, dass die Lehrkräfte grundsätzlich für sie da sind und sich für sie einsetzen." Das kommt überzeugend und darauf ist Thomas Zander stolz. Sein Blick auf die Entwicklungen unserer Gesellschaft und das Lernen an sich verharmlost nichts, rückt jedoch das Bild zurecht: „Probleme im System Schule gibt es nicht nur in Marxloh. Wichtig ist, dass wir aktiv damit umgehen." Die Rolle von Schule ist ihm sehr bewusst:

„Lehrende sind die, die Macht haben. Sie verteilen Lebenschancen."
Und so sachlich, wie der Schulleiter das feststellt, so sehr sind sich
die Lehrenden an der Herbert Grillo-Gesamtschule in Marxloh Tag
für Tag ihrer Verantwortung bewusst.

Thomas Zander steht nicht mit dem Rücken an der Wand und reagiert – er plant und handelt mit seinem Team. Das lernt man nicht unbedingt im Studium. Wo aber hat er diese Haltung entwickelt? Er hatte sich als Schüler und Student in der Entwicklungshilfe engagiert. Wenn er sich daran erinnert, sieht er sich noch heute in Kairo aus dem Flugzeug steigen und die staubig trockene Luft einatmen – dieses Bild löst bei ihm insgesamt starke Gefühle für seine erste intensive Begegnung mit einer ihm fremden Kultur aus. Damals hat er, unterstützt von der Hilfsorganisation Misereor, mit einer Gruppe Jugendlicher ein Sozialzentrum mit medizinischer Versorgung und Kindergarten am Stadtrand von Kairo mit aufgebaut, vor Ort wurde das Projekt von der Caritas gefördert. Über die gesundheitliche Unterstützung der Mütter mit ihren Babys und Kindern wollte man die Familien erreichen und Hilfe zur Selbsthilfe anschieben.

Später, bei einem Projekt auf dem Land, half Thomas Zander, eine Schule auszubauen. Damals war er damit konfrontiert, dass er als weißer Deutscher immer auch das Bild des Reichen verkörperte, und musste konkret darauf reagieren, wenn zum Beispiel Scharen von Kindern hinter ihm und den anderen Deutschen herliefen und um Bakschisch bettelten. Er hat auch erlebt – und es ist ihm noch heute irgendwie unangenehm –, wie Einheimische sich auf der Suche nach finanzieller Unterstützung verhielten. Da gab es alles – vom unterwürfigen Anbiedern bis zum kritischen Widerstand gegen absolut jede Idee, die von ihm und seinem Team kam. Sie wurde von manchen von vornherein als übergriffig und unverhältnismäßige Bevormundung gewertet. Für Thomas Zander bedeutete das: Die persönliche Haltung und eine sachliche Verantwortung gegenüber dem Projekt müssen klar durchdacht sein, auf festem Boden stehen und gleichzeitig absolut flexibel bleiben gegenüber unvorhersehbaren Kommentaren und behördlichen Auflagen. Das waren Drahtseilakte! Noch heute hängt an der Zimmertür des Schulleiters eine Zeichnung, die einen Seiltänzer zeigt. Darunter steht der Satz: „Das Ziel fest im Blick und kleine Schritte führen zum Erfolg".

Seine Erfahrungen, als Fremder in einer anderen Kultur zu arbeiten, haben Thomas Zander besonders aufmerksam für den Umgang der Menschen miteinander gemacht. Augenhöhe ist ein wesentlicher Aspekt.

Mal die Position des Gegenübers einnehmen

Es ginge manchmal schneller und wäre weniger nervenaufreibend, aus der Schulleiterposition Anweisungen zu geben. Thomas Zander entscheidet sich, wenn es irgendwie geht, für den nachhaltigeren Weg, und den, der ihm als Person auch viel näher ist: Er reagiert von Mensch zu Mensch. Als Schulleiter übernimmt er Verantwortung, im Team. Immer wieder tritt er im Gespräch einen Schritt zurück und betont, dass alles in Gruppen erarbeitet wird. Gemeinsam arbeiten sie die Ziele heraus, er stärkt die Teams und nutzt die Talente der Einzelnen.

Eines der permanenten Themen ist die Elternarbeit. Wie erreicht man Eltern, die nicht deutsch sprechen und selbst nie zur Schule gegangen sind, die nicht lesen und nicht schreiben können, die zum Teil auch Angst haben um ihre Kinder, Angst, dass ihre Kinder etwas lernen, das ihnen selbst fremd ist, und sie ihnen dadurch selbst fremd werden?

Sami Osman ist Schauspieler und Theaterpädagoge und arbeitet im Kommunalen Integrationszentrum der Stadt Duisburg. Er kommt regelmäßig an die Schule, um mit SchülerInnen, Lehrenden und Eltern die Situation zu besprechen. Er spricht Romanes und Rumänisch und kennt die Ängste und Vorurteile der neu Angekommenen. Seine theaterpädagogische Arbeit gibt ihm eine natürliche Autorität und hohe Sensibilität für das Menschliche. Er hat eine besondere Art, Situationen zu verwandeln. Blickwinkel zu verändern. Schwächen zu benennen und Stärken zu fördern.

Denn eines ist sicher:

Solange den Eltern ihre Verantwortung nicht bewusst ist, wird sich wenig ändern. Auch sie müssten sich dem Spagat zwischen der eigenen Kultur und der Kultur des Landes, in dem sie leben, stellen.

Die Gründe, Einladungen der Schule nicht wahrzunehmen und Gespräche mit LehrerInnen zu vermeiden, sind so vielfältig, wie es Eltern gibt. Darauf muss Schule sich einlassen. Und die Situation möglichst aufbrechen.

Quereinsteiger arbeiten mit

Thomas Zander orientiert sich ganz grundsätzlich am Ziel von Schule in unserer Gesellschaft: Jugendlichen zu einem soliden Abschluss zu verhelfen, ihnen den Weg ins Arbeitsleben oder ins Studium zu öffnen. Und damit dies keine bloße Theorie bleibt, in der die Jugendlichen gar keine Verbindung zu ihrem Leben sehen, holt er sich die Arbeitswelt in die Schule. „Externe Kooperationspartner" heißt das in der Sprache der Verwaltung, und das bedeutet zum Beispiel, dass ein ehemaliger Metzgermeister im Bereich Berufsorientierung unterrichtet. Die Erfahrung zeigt: Was dieser Mann der Praxis sagt, hat ein ganz anderes Gewicht für SchülerInnen als viel gutes Zureden von Lehrern. Plötzlich werden konkrete Fragen der Mathematik, Biologie, Hygiene, Chemie oder Betriebswirtschaft sinnvoll im eigenen Leben und wollen gelöst werden. Wenn man so will, bringt dieser Metzgermeister ganz konkret die Motivation, in den unterschiedlichen Fächern das erforderliche Fachwissen lernen zu wollen.

Fühler in die Gesellschaft ausstrecken

Die Herbert Grillo-Gesamtschule bietet so einige Möglichkeiten, praktische Erfahrungen zu machen. Im sogenannten echten Leben. Nicht in der Schule für die Schule. Ein Schuljahr lang hat eine Arbeitsgemeinschaft aus vierundzwanzig SchülerInnen jeden Samstag beim Technischen Hilfswerk in

Duisburg mitgearbeitet. Dort haben sie nicht nur gelernt, dass sie etwas zum Gemeinwohl beitragen können. Sie haben auch gelernt, was es bedeutet, Verantwortung zu übernehmen. Und viele Menschen kennengelernt, denen sie sonst nicht begegnet wären. Menschen, die im Idealfall vielleicht sogar Vorbild sein oder werden könnten. Besonders stolz kann die Herbert Grillo-Gesamtschule in diesem Fall darauf sein, dass das Projekt vom Bundesministerium des Innern für Bau und Heimat mit dem Förderpreis „Helfende Hand" für ehrenamtliches Engagement im Bevölkerungsschutz ausgezeichnet wurde. Dafür wurde das Team für ein Wochenende nach Berlin eingeladen und dort unter anderem von der Duisburger Bundestagsabgeordneten Bärbel Bas empfangen.

Ein attraktiver außerschulischer Partner der Herbert Grillo-Gesamtschule sind auch die Wirtschaftsbetriebe Duisburg, die in Marxloh inzwischen auch sonntags den Müll entsorgen und den Stadtteil sauber halten. Sie stellen die unterschiedlichsten Berufszweige vor und richten so ganz nebenbei die Aufmerksamkeit auf das soziale Miteinander in Deutschland. Wo immer es geht, suchen Thomas Zander und sein Lehrerteam die Erfahrungen aus dem richtigen Leben, damit das Thema in der Schule als gesetzt gilt und aufgearbeitet werden kann, Relevanz für die SchülerInnen bekommt. So gibt es regelmäßig Projekte mit dem „Haus im Hof", einer staatlich anerkannten Beratungsstelle für Schwangere in der Trägerschaft des Vereins „Frauenwürde Duisburg e.V.", um den Bereich der Sexualerziehung und seine Bedeutung aus der Tabuzone zu holen.

„BeWiesen" war ein Projekt, bei dem die Didaktische Leiterin der Herbert Grillo-Gesamtschule, Gabi Klar, ins Schwärmen gerät.

Als im AK DU 11 die Problematik der verwohnten Häuser und Schrottimmobilien heiß diskutiert wurde, hat sie einfach mal mutig von einem Traum erzählt. Einem Traum, den sie schon sehr lange hatte. Entwickelt hat sie ihn als Schulleiterin der Gemeinschaftshauptschule an der Bruchstraße in Mülheim-Eppinghofen. Sie hatte die Schule vor dem Aus gerettet und sie zur „Partnerschule des Handwerks" gemacht, bevor sie dann doch nach vier Jahren 2016 endgültig geschlossen wurde.

Einblicke in die Arbeitswelt

Der Traum war, gemeinsam mit SchülerInnen eine Wohnung zu renovieren. Das Konzept hatte sie an der alten Schule bereits ausgearbeitet. Gabi Klar muss das im Arbeitskreis in Marxloh so engagiert und visionär vorgetragen haben, dass einige der Mitarbeitenden des Arbeitskreises danach engagierte MitstreiterInnen wurden. Sie mobilisierten unerwartete Kräfte und brachten Dinge zum Laufen, die man vorher nicht für möglich gehalten hatte. Bestimmt hatte es auch damit zu tun, dass die berühmte Chemie zwischen den Verantwortlichen einfach stimmte. Unter den MitstreiterInnen waren Lena Richter von der Werkkiste und Karen Dietrich, die Stadtteilmanagerin für Marxloh bei der EG DU, der Entwicklungsgesellschaft Duisburg mbH. Außerdem stiegen das Amt für Soziales und Wohnen mit Michaela Dirkes und die
GEBAG (Gemeinnützige Baugesellschaft AG) mit Dennis Ifkovitz, die GfB (Gemeinnützige Gesellschaft für Beschäftigungsförderung) sowie die AWO und „Tausche Bildung für Wohnen" mit ein.

Das alles waren nicht einfach Institutionen, sondern dahinter standen immer Menschen mit Ideen und Möglichkeiten – sie wollten die Dinge ins Laufen bringen.

Wie Gabi Klar so vor mir sitzt, macht sie den Eindruck einer Frau, die anpacken kann – Hürden sind dazu da, genommen zu werden, und wenn scheinbar nichts hilft, dann hilft erst mal Humor. Die erfahrene Pädagogin hat zwar gerade die theoretisch komplexe Qualitätsanalyse für die Schule abgegeben, eine Art TÜV für Schulen, anhand derer das Ministerium die Arbeit der Schule beurteilt und eventuell Korrekturen oder Hilfestellungen anbietet, aber: Das Machen ist ihr Ding, da schlägt ihr Herz höher. Wir kommen im Gespräch sehr schnell darauf, dass sie nicht nur die Schule und die Universität von innen kennt. „Ich finde das immer gewinnbringend, wenn man nicht nur durch die Lehrerbrille guckt, sondern auch mal andere Lebenswirklichkeiten oder Ansichten oder Perspektiven gespiegelt kriegt."

Sie selbst hat sich mit dreizehn Jahren erste Ferienjobs gesucht, hat bei Krupp Schrauben sortiert und gelötet, parallel zum Studium im Krankenhaus gearbeitet, bei einem Autoverleiher gejobbt und dabei auch die Arbeitswelt der Automechaniker intensiv kennengelernt. Das hat sie beeindruckt. Das ist ihr Kapital. „Davon zehre ich heute noch!", weiß sie, denn das sind Einblicke in die Arbeitswelt, die man nicht mal so im Vorbeigehen bei einer zweistündigen Besichtigung bekommt. Und die sind wichtig, um Jugendlichen Perspektiven zu zeigen. Überzeugend zu wirken.

SchülerInnen lesen wieder Zeitung

Für den Bereich der Digitalisierung der Schule konnte man einen Flüchtling aus Syrien gewinnen. Er hat in seiner Heimat als Ingenieur und IT-Spezialist gearbeitet und kümmert sich um alles, was an der Schule hinsichtlich der Digitalisierung erforderlich ist. „Es reicht nicht", sagt Thomas Zander, „Schule digital auszustatten. Jede Schule ist ein eigenes kleines oder auch größeres Unternehmen, und deshalb brauchen wir gerade in diesem Bereich professionelle IT-Administratoren – also ganz konkrete Manpower. Da reicht es nicht, sich auf den guten Willen einiger LehrerInnen zu verlassen."

Man zählt gerne auch auf Seiteneinsteiger. So konnte Thomas Zander für den Kunstunterricht Alfred Dade gewinnen, einen Künstler, der an der Kunsthochschule Düsseldorf bei Markus Lüpertz studiert hat.

Dass er neben vielen anderen Projekten die Mauer unter der Grillo-Brücke in Marxloh mit Street-Art gestaltet hat, macht nicht nur die stolz, die an diesem Kunstwerk mitgearbeitet haben. Das ist ein ganz besonderer – jugendlicher – Blick auf Marxloh.

Ein anderer Quereinsteiger ist ein Schauspieler. Er trainiert im Bereich „Berufsorientierung" unter anderem den überzeugenden Auftritt von SchülerInnen bei Bewerbungsgesprächen und unterstützt sie in der Außendarstellung ihrer Persönlichkeit. Das stärkt das Selbstbewusstsein und vermittelt so ganz nebenbei auch Techniken im Bereich der Konfliktbewältigung.

Lernen sie auch wirklich genug?

Damit das Schulleben für die SchülerInnen keine künstliche Welt wird, lassen sich die Lehrkräfte an der Grillo-Gesamtschule einiges einfallen. So gibt es in den Einstiegsklassen der fünften Jahrgangsstufe einmal in der Woche einen Projekttag. Man hatte festgestellt, dass der Schulstoff der fünften Klassen für viele Kinder zu schwierig war. Sie haben durch ihre besonderen Lebensumstände oftmals keinen Kindergarten und nie regelmäßig eine Schule besucht, können zum Beispiel nicht richtig mit einer Schere umgehen und haben Schwierigkeiten, sich über einen längeren Zeitraum zu konzentrieren. Entsprechend steht in diesem Projektunterricht das eigenständige Erarbeiten eines Themas auf dem Programm. Dabei begleiten und unterstützen sie dann die jeweiligen Lehrkräfte ganz individuell, das heißt: Die Unterschiede im Lernverhalten waren noch so groß, das

s man beschlossen hat, dass aufzufangen, indem man ihnen vielfältige Arbeitsmethoden anbietet. Die SchülerInnen erschließen sich ein Thema auf unterschiedlichsten Wegen – einige gestalten mit Ton, andere malen Bilder oder entwickeln Schautafeln oder legen kleine Biotope im Schulgarten an.

Was diese Projekttage so wertvoll macht ist die Tatsache, dass das Lerntempo und die Medien hier ganz individuell gewählt werden können. So können alle wenigstens an einem Tag in der Woche individuell die eigenen Stärken einsetzen, nach eigenem Tempo arbeiten und begreifen und fehlende Fertigkeiten intensiv üben. Die Herausforderung, solche Konzepte zu fördern, ist umso größer, als die Herbert Grillo-Gesamtschule eine Integrationsschule ist. „Lernen sie denn an so einem Tag ohne richtigen Fächerunterricht auch wirklich genug?", lauten einige Befürchtungen von außen. Doch Thomas Zander denkt längerfristig:

„Wir vertrauen darauf, dass die SchülerInnen so aus der fünften Jahrgangsstufe herausgehen, dass sich das später rentiert", erklärt er. Und dieses Vertrauen ist natürlich überhaupt eine wesentliche Grundlage der Arbeit. Was er nicht sagt, was aber jeder ahnt, der sich das einmal konkret vorstellt: Wenn man so arbeitet, erfordert das eine extrem zeitintensive Vorbereitung, und das setzt ein ungeheuer großes Engagement der Lehrkräfte voraus. Ich höre mich um und was sie mir erzählen, ist, dass sie das gern tun! Denn so belohnt sie der Lernfortschritt der Kinder.

Talente fördern

„Jedes Kind braucht Vertrauen", sagt Thomas Zander, „das ist ja auch immer eine der wichtigsten Erziehungsleitlinien von Eltern: dass sie darauf vertrauen, dass ihr Kind das schon in seinem Sinne richtig macht." Und dass Thomas Zander hier die Eltern zum Vergleich heranzieht, lässt darauf schließen, wie sehr er die Beziehung zwischen SchülerInnen und LehrerInnen als etwas Persönliches, Menschliches betrachtet. Und tatsächlich spricht er auch gerne von der „Schulfamilie".

Thomas Zander ist ausgebildet als Lehrer für Deutsch, Kunst und Religion, aber als Schulleiter braucht er ein besonderes Talent: er muss Ideen entwickeln. LehrerInnen, die an seine Schule kommen, bietet er ein solides Lernsystem mit großen Freiräumen. Und alle sind aufgefordert, diese Freiräume mit ihren Talenten zu füllen. Darauf weist der Schulleiter sie schon gleich beim Einstellungsgespräch hin. Der Maßstab für Erfolg ist an dieser Schule nicht, dass die Lehrenden am Ende des Schuljahres ihren Lehrstoff „geschafft" haben. Es geht darum, dass die SchülerInnen weitergekommen sind und dazugelernt haben – in ihrem eigenen Tempo, aber natürlich mit einem gewissen Ehrgeiz! Diese Flexibilität bieten die Lehrpläne. Man muss sie nur richtig lesen lernen und herauslesen, wo die eigentlichen Ziele liegen, an denen man sich orientieren soll. Das Profil dieser Schulfamilie prägen mutige KollegInnen, die sich ganz wesentlich auch als Talentscouts verstehen.

Überhaupt ist Talent ein Riesenthema. Ein Schlüssel. Thomas Zander erläutert: „Wir versuchen, mit den Schülerinnen und Schülern ihre Talente zu entdecken und zu fördern. Dadurch entwickeln sie Selbstbewusstsein. Und im Idealfall sagen sie sich, „Okay, ich tanze gern und kann das gut. Mathe muss halt sein – na ja, das schaffe ich dann auch noch".

Zur Vorbereitung eines Elternsprechtages haben LehrerInnen gemeinsam mit den Eltern „Stärken-Plakate" der Kinder und Jugendlichen entwickelt. Eine sehr erfolgreiche Idee, die Eltern waren regelrecht begeistert.

„Natürlich kommt so etwas im Alltag oft zu kurz", räumt Thomas Zander ein, „und wenn ich jetzt vor meinem Lehrerkollegium stünde, kämen sicherlich einige und würden fragen, wie sie das auch noch unterbringen sollen. Aber wenn etwas erfolgreich ist, muss es einfach auch möglich sein, das zu tun." Der Tonfall seiner Stimme lässt keinen Zweifel daran aufkommen, dass er es schafft, das Kollegium anzuspornen.

Ab und zu denkt er dann an seine Erfahrungen zurück, die er als Student in Ägypten gemacht hat.

„Wir jammern auf hohem Niveau", erklärt er. „In dieser Schule im Aufbau wurde damals eine Tafel an die Wand gemalt und mit Dachlatten abgesteckt. Hier kostet heute eine Schultafel zum Ausklappen mit Magneten mehrere tau

Marxloh-Graffiti der Herbert Grillo-Gesamtschule

send Euro. Dasselbe gilt für eine Bilderleiste – eine Dachlatte an der Wand erfüllt auch ihren Zweck. Man muss sich immer auch mal wieder fragen, wo der Mehrwert eigentlich liegt. Und das ist durchaus heilsam." Schülernah und sinnvoll soll es sein.

Wann immer es die Zeit erlaubt, geht er mittags in die Mensa. Natürlich ist er der Schulleiter, das weiß hier jeder, aber in der Mensa wird er ein bisschen privater, spricht mit den SchülerInnen über das Essen, das Wetter und freut sich, wenn sie ihn ansprechen. Wie neulich zum Beispiel, als sie ihn fragten: „Wer ist denn der strenge Mann auf dem Bild hier?" und zeigten auf das Ölgemälde neben ihrem Tisch.

„Das ist Herr Grillo. Von ihm hat unsere Schule ihren Namen. Vieles, was wir hier tun, wird mit seinem Geld unterstützt."

Und die Kinder strahlen, wenn sie ihren Schulleiter so nah erleben und so unkompliziert mit ihm ins Gespräch kommen.

Ein vegetarisches Mittagessen in Bio-Qualität

Auch die LehrerInnen gehen hier zum Essen. Für die SchülerInnen der fünften Klassen und ihre KlassenlehrerInnen ist die Mahlzeit in der Mensa Pflicht. Man will, dass die vierunddreißig Nationen sich näher kennenlernen. Und das geht natürlich besonders gut, wenn man nicht unter Lernstress steht und dazu noch etwas tut, was man gerne tut: Essen. Dieses gemeinsame Mittagessen einzuführen, war gar nicht so einfach. Die leichteste Hürde war noch die Finanzierung, das Gewinnen von Sponsoren. Das Schwierigste war, alle Kinder an einen Tisch zu bekommen, denn alle Nationen haben unterschiedliche Essgewohnheiten und unterschiedliche kulturelle Regeln. Die einen essen kein Schweinefleisch, die anderen nur Halal-zertifiziertes Fleisch und so weiter.

Man holte sich Rat am Elly-Heuss-Knapp-Gymnasium bei Holger Rinn, der schon vor längerer Zeit einen eigenen Koch eingestellt hatte. Die Lösung für die Herbert Grillo-Gesamtschule war: Ein vegetarisches Essen in Bio-Qualität.

Der Koch erinnert sich schmunzelnd daran, wie er sich hier beworben hat und erst einmal die Jury überzeugen musste. Er sollte sein vegetarisches Lieblingsessen zubereiten. Er kochte Thai-Curry, Linsenragout, Nudeln in drei Farben, asiatisches Rührei, Bratlinge, Asia-Pfanne und Reis. Im anschließenden Gespräch mit der Jury bekannte er dann: „Ja, ich weiß. Thema verfehlt, setzen, Sechs! Ich sollte ja nur ein Gericht kochen." Aber sein trockener Humor kam an und vor allem auch das Essen. Pascal Kißel bekam den Zuschlag. Er ist erfinderisch und beobachtet das Essverhalten der Kinder, um herauszufinden, was sie wirklich gern mögen. Sein kritischster Kunde ist er selbst, erklärt er mir, er probiert viel, bis er wirklich überzeugt ist. Dabei kommt ihm vor allem seine Lehre zugute, die er vor vielen Jahren im Interconti in Düsseldorf gemacht hat: Während viele Köche nur noch lernen, vorgeschnittenes Gemüse und Fleisch zuzubereiten, musste er damals erst einmal wochenlang Gemüse schnippeln. Heute freut er sich, dass er das Handwerk und die Tricks kennt und gibt sie auch gern an die SchülerInnen weiter, die in verschiedenen Arbeitsgruppen und Projekten in der Küche mitarbeiten. Das bedeutet für ihn zwar mehr Stress, aber er macht es gern und ist bestens vorbereitet: Als Caterer hat er bei internationalen Autorennen einzelne Firmenteams betreut und als Springer verschiedene Restaurants geleitet. All das kann er jetzt gut gebrauchen, denn zweihundertvierzig bis dreihundert Kinder essen hier täglich.

Dabei erleben sich die Kinder untereinander und die Lehrenden noch einmal ganz anders als im Unterricht – familiär, wie zu Hause. Und diese gemeinsamen guten Erfahrungen miteinander, so die Hoffnung, setzen sich dann auch auf der Straße fort.

Als ich nach einigen Tagen an der Schule durch den Stadtteil gehe, grüßen mich überall freundlich Kinder, winken mir zu, sprechen mich an. Sie hatten mich in der Schule gesehen. Auch in der Mensa. Und diese Reaktionen geben mir ein richtig gutes Gefühl!

Linie 901:

Ein Nostalgietrip

„Papa, ich möchte mal das Tausendfensterhaus sehen!" An diesen Wunsch erinnere ich mich gern, wenn ich mal mit der Straßenbahn Linie 901 von Duisburg Hauptbahnhof bis Marxloh Pollmann fahre. Damals war ich sechs Jahre alt und noch nicht in der Schule. Aber tausend Fenster? Das war für mich unvorstellbar! Sollte da in Duisburg ein Wolkenkratzer stehen? Mein Vater hat den Wunsch erst mal nicht so ernst genommen. Für ihn war das ein Haus, in dem man lästige Behördengänge erledigen musste – eine Zeit lang war dort das Finanzamt untergebracht.

Aber meine Neugierde war damals schon ein starker Motor, und so habe ich nicht lockergelassen. Als ich dann endlich davorstand, konnte ich nicht glauben, dass es das war. Ich war enttäuscht. Ja, es waren viele Fenster in einer Reihe, aber das Haus hatte nur vier Etagen. Konnten das denn wirklich tausend Fenster sein? Ich begann zu zählen, ließ meinen Vater rechnen und zweifelte. Und so spektakulär, wie ich mir das vorgestellt hatte, war die Fassade in meinen Augen auch nicht, sie war aus Backsteinen gebaut, die Fenster auf traditionelle Weise eingesetzt, das fand ich altmodisch. Heute kann dem Backsteinexpressionismus sogar etwas abgewinnen. Aber ich bin auch irgendwie froh, dass man mir schon als Kind nicht alles verkaufen konnte. Tatsächlich hat das Haus nur fünfhundertundzehn Fenster.

Die Fahrt mit der Straßenbahn 901 löst bei mir nostalgische Gefühle aus. Man fährt durch Ruhrort und den Hafen, sieht Straßenschilder, die den Weg zum „duisport", zur „Mercatorinsel" oder zur „Schrottinsel" weisen. Das Schild zum „Museum der Deutschen Binnenschifffahrt" erinnert mich an den ewigen Streit, ob nun Duisburg oder Rotterdam der größte Binnenhafen Europas ist, und wir Kinder freuten uns, wenn Duisburg vorne lag. Die Hafenanlagen in Duisburg gelten inzwischen – wenn man Walsum und Huckingen mit dazu rechnet - als größter Binnenhafen der Welt. Wieso kommt da selbst jetzt noch ein bisschen Stolz in mir auf?

Nicht nur diese Weite der Hafenbecken an der Mündung der Ruhr in den Rhein ist eindrucksvoll. Man bekommt bei der Straßenbahnfahrt eine Ahnung davon, wie groß das „Thyssenkrupp Steel Euope AG"-Gelände ist, das sich bis zum Hochofen in Marxloh zieht. Das Gebäude der alten Hauptverwaltung ist eindrucksvoll, die dunklen Farben und die besondere Architektur, umgeben von langen rostroten Stahlrohren, Schornsteinen und hohen Türmen aus roten Backsteinen und Stahl, lassen mein Herz höherschlagen. Das ist mein Zuhause, das sind die Bilder meiner Kindheit, die mir zeigen, was meine Sprache und mein Denken geprägt hat.

Foto: thyssenkrupp Steel Europe AG

Als ich noch im Grundschulalter war und ein Boulevardblatt titelte „Blei macht Kohlenpott-Kinder dumm!", da begann ich darüber nachzudenken, was wohl oben aus den Schornsteinen rauskommt. Mein Vater meinte damals: „Schlimm ist nicht das, was man sieht, sondern das, was man nicht sieht!" Sätze, die meine Neugier anstachelten. Da begann das Umdenken. Und das war und ist nicht so leicht, weil diese Industrie den Wohlstand brachte, von dem alle leben konnten. So sehr der Wandel der Energiegewinnung nötig ist – man muss ihn auch emotional nachvollziehen. „Besucherzentrum" steht auf einem der Gebäude und ich beschließe, nun endlich mal eine Werksbesichtigung zu buchen.

Schimanski hat hier gedreht

Die Linie 901 fährt durch die engen Straßen von Ruhrort, und so kann man fast die Kneipenluft riechen, wenn man am „Ruhrorter Hof" oder am „Hotel Freihafen" vorbeifährt. Natürlich geht dabei die Fantasie mit mir durch. Und Schimanski taucht wieder auf, auch wenn er seine „Tatorte" nicht unbedingt hier, sondern zum größten Teil weiter unten im Hafen gedreht hat. Das war damals für uns „No-go", wir durften da nicht mal tagsüber hin, um uns die Drehplätze anzuschauen. „Zu gefährlich!", so die einhellige Meinung unserer Eltern. Dort waren zu viele Binnenschiffer rund um die Uhr unterwegs und offen für kurze Abenteuer. Arno (den Sie in einem anderen Kapitel treffen können) erinnert sich gerne an heiße Nächte in „Tante Olga" mit Livemusik und Animiermädchen. Er meint, diese Kultbar kannte damals jeder Matrose zwischen Basel und Rotterdam. Und auch Schimanski und Tanner waren wohl oft dort.

Von Ruhrort aus geht es nach Marxloh, vorbei an der Brauerei in Beeck, deren warmen Hopfenduft ich genossen habe, wenn ich meine Großeltern besuchte, die circa zweihundert Meter entfernt wohnten, oder wenn wir einmal im Jahr zur Beecker Kirmes gingen, einem der attraktiven Vergnügungshighlights meiner Jugend. Und dieses Bier, das König Pilsener, das schmeckt bis heute nach Ruhrgebiet und MSV, nach geselligen Frühschoppen und gemütlichen Kneipenabenden.

Das große Gebäude auf der rechten Seite, wenn man nach Marxloh hineinfährt, nannte man jahrelang das „Bullenkloster", ein Männerwohnheim, lukrativ für die Vermieter. Heute, so erzählt man mir, gehört es einer frommen islamischen Glaubensgemeinschaft, Sufisten.

Nach dieser Straßenbahnfahrt mit Blick auf die Großindustrie sehe ich die Häuser in der Kaiser-Wilhelm-Straße, unmittelbar vor der Pollmann-Kreuzung mit der Weseler Straße, auf der die 903 fährt, noch mal anders. Meine Blicke lassen sich jetzt nicht von den Geschäfte im Erdgeschoss anziehen, sondern wandern an den Fassaden hoch. Ich entdecke kunstvolle Giebel, Figuren, Stuckverzierungen und Erker an den Häusern aus der Wende vom 19. zum 20. Jahrhundert. Höhepunkt ist das Türmchen am Pollmann-Haus mit der Jahreszahl 1901. Kein Wunder, dass die Werbegemeinschaft mal auf die Idee kam, die Kreuzung in einem Umkreis von hundert Metern nach dem Vorbild nobler Einkaufspassagen überdachen zu lassen und damit zu einem speziellen Shopping-Paradies zu machen. Der Plan war, die zu sehr von der Luft angegriffenen Häuserfronten ganz zu verkleiden und eine schlichte Platte draufzusetzen, was man an einigen Gebäuden schon sehen kann. Andere überlegen, ihre Fassaden restaurieren zu lassen. Das Träumen haben die Gewerbetreibenden nicht verlernt! Sie schmieden ständig Pläne, den Stadtteil lebenswert zu machen und einladend.

Ich beschließe, mich häufiger mal auf die Architektur zu konzentrieren. Und bestimmt treffe ich irgendwann einmal jemanden, der oder die durch ihre fachkundigen Beschreibungen meinen Blick für die Details schärft. Mir ist das lieber, als mir bei Marxloh-Führungen sagen zu lassen: „Dort wohnen die Libanesen und da die Rumänen und da treffen sich die Bulgaren." Den Blick für jeden einzelnen Menschen, für alles Individuelle und die Schönheit der Details, den möchte ich mir bewahren und gern weiter trainieren.

Eine Haltestelle vor Pollmann steige ich aus. An einem kleinen Platz, der bei schönem Wetter zum Treffpunkt wird. Da gibt es eine große Bühne. Nachmittags spielen hier viele Kinder, treffen sich Familien, abends sieht man nur noch Männer. Auch heute geht es wieder laut und hitzig zu, aber das ist das Temperament, das weiß ich jetzt schon. Angst macht mir das nicht, besonders weil ich viele von ihnen mal im Gottesdienst einer Pfingstgemeinde gesehen habe.

Nach dieser Fahrt mit der Straßenbahn beschäftigt mich vor allem die Zukunft des Industriestandortes. Ich möchte mehr erfahren über den Wandel und darüber, was geplant ist.

Kapitel 24:
Von "No-go" zu „To-go"

Glitzernde bunte Kieselsteine markieren die Umrisse einer Bühne auf dem Asphalt des Schulhofes der Gemeinschaftsgrundschule Sandstraße. Die SchülerInnen feiern den Abschluss des Schuljahres. Schulleiter und Musiklehrer Klaus Hagge hat die Musikanlage aufgebaut und ein Klavier nach draußen bringen lassen.

Mit ansteckender Begeisterung entwickelt er aus dem Gelernten des letzten Schuljahres ein abwechslungsreiches Show-Programm, bei dem die SchülerInnen die Stars sind. Er selbst greift zum Mikrofon und moderiert – ganz Showmaster – die einzelnen Stücke an: „Erinnert ihr euch noch?" – und los geht's mit einer Klasse. Die Kinder gehen mit großem Spaß darauf ein – es gibt immer einige, die sich sofort erinnern und die anderen ganz schnell mitziehen. Die Schulklassen tanzen und singen zu Bartók, Bach und Beethoven. Und: Sie sind dabei vollkommen im Flow. Angefeuert werden sie von den Blicken der anderen Klassen. Nur ein paar Erwachsene sind da, neben den MusiklehrerInnen auch eine freie Projektleiterin im Bereich Kunst, eine gelernte Bühnenbildnerin, die mit den Kindern die „Traumsteine" gestaltet hat, die den grauen Schulhof in eine schillernde Bühne verzaubern. Außerdem sind einige Leute vom Klavier-Festival Ruhr gekommen, die den Schulalltag das ganze Jahr über begleiten und im Rahmen des Festivals regelmäßig Schulaufführungen organisieren. Heute haben sie einen Pianisten mitgebracht, der die Kinder am Klavier begleitet, und zur Feier des Tages werden auch Kekse und Getränke gesponsert.

Zwischen Klavier und Stereoanlage steht unauffällig ein großer, jungenhaft wirkender Herr mit einer Begleiterin. Dass er einer der großen Industriemanager des Ruhrgebietes ist, zeitweise CEO der Klöckner & Co SE war und die Firma mit mutigen Start-ups erfolgreich in die Zukunft fährt, spielt hier keine Rolle. Der Mann, dessen Stimme beim Weltwirtschaftsforum in Davos ebenso gefragt ist wie in Gesprächen mit dem Bundespräsidenten und führenden Kräften aus Wirtschaft und Gesellschaft, ist hier, um Einblicke in die

Möglichkeiten von morgen zu bekommen, denn er möchte die Weichen in eine friedliche und demokratische Zukunft der Gesellschaft mitgestalten.

„Ich glaube, die Privatwirtschaft muss sich generell auch in gesellschaftliche Themen einmischen", erklärt Gisbert Rühl. „Man kann das nicht alles der Politik oder irgendwelchen Hintergrundgesprächen überlassen, zumal man als Privatwirtschaft hier und da gegebenenfalls andere Möglichkeiten hat. Wir haben ja auch eine Verantwortung." Was der erfolgreiche Drahtzieher meint, sind natürlich die finanziellen Mittel, die die Wirtschaft hat. Was er sucht, sind gute Ideen, zündende Impulse, positive Energie.

„Aber muss man sich als Vorstandsvorsitzender nicht primär um sein Unternehmen kümmern?", frage ich mal ganz naiv.

„Natürlich, das ist richtig, und das tue ich auch. Aber man darf nicht vergessen, dass wir uns in einem bestimmten gesellschaftlichen Umfeld bewegen. Ein Unternehmen ist ja kein abgeschlossener Kosmos. Und deshalb müssen wir uns um dieses Umfeld auch kümmern. Hier muss sich die Privatwirtschaft eigenständig einbringen, gerade in einer Stadt wie Duisburg, in der es auch problematische Bereiche gibt. Als Unternehmen muss man da sehr genau überlegen, was man tun kann."

Der digitale Stahlmann

Gisbert Rühl bewegt sich auf dem internationalen Parkett so sicher wie auf dem Schulhof. Der „digitale Stahlmann", wie ihn das Online-Magazin des Stifterverbandes für die Deutsche Wissenschaft einmal genannt hat, will direkt an der Basis erfahren, wie sich die Gesellschaft entwickelt. Dazu fährt er nicht einfach mal kurz mit seinem Chauffeur durch Marxloh und macht ein paar Fotos – oder lässt ein paar Fotos machen –, um damit seine soziale Kompetenz oder das Interesse der Firma zu demonstrieren. Er will persönlich sehen und spüren, welches Potenzial in der Gesellschaft vorhanden ist, will ein Gefühl dafür entwickeln, woran die Kinder Spaß haben, wo ihre Stärken liegen, wie man mit ihnen arbeiten kann – und vielleicht sogar für sich selbst einen kleinen Kick holen aus ihrem ganz speziellen Blick auf das Leben.

Über seine Freundschaft zum Leiter des Klavier-Festivals Ruhr, Franz Xaver Ohnesorg, engagierte sich Gisbert Rühl mit der Firma Klöckner zunächst als Sponsor des internationalen Festivals mit Klassikkünstlern auf Weltniveau. „Wir haben zum Beispiel ein Konzert in Duisburg gesponsert und konnten dazu natürlich auch Gäste unseres Hauses einladen. Damals gab es dann die Überlegung, wie wir uns zusätzlich einbringen könnten. Und gemeinsam mit Franz Xaver Ohnesorg haben wir uns schließlich entschieden, dass wir unsere Kapazitäten in den Schulen von Marxloh einsetzen wollen. Das geht natürlich nur, wenn jemand wie Professor Ohnesorg dahintersteht, der sich – und das ist meiner Meinung nach ganz wichtig an dieser Stelle – eben nicht nur dafür einsetzt, fantastische und weltweit bekannte Künstler für das Klavier-Festival selbst zu gewinnen, sondern der sich insbesondere für dieses Education-Projekt starkmacht und das Ganze mit hohem persönlichem Engagement vorantreibt. Das möchte ich ganz klar sagen: Wäre das nur so eine Art Sponsorship, würden wir es nicht machen!" Was den internationalen Manager begeistert, ist vor allem der wachsende Teamgeist. „Es gibt hier in den Schulen von Marxloh ein unglaublich großes Engagement – und das über alle Ebenen hinweg."

In den mehr als zehn Jahren, in denen das Klavier-Festival im Stadtteil aktiv ist, hat Gisbert Rühl ganz persönliche gute Beziehungen zu den Schulen aufgebaut. Und da nimmt er sich eben auch mal Zeit für einen Besuch beim Abschlussfest des Schuljahres der Gemeinschaftsgrundschule Sandstraße – ohne Presse, ohne Fotos für die sozialen Medien, ohne Imagepflege für die Firma oder für sich. Er möchte miterleben, wie die Stimmung ist, was wie getan wird. Spricht mit Lehrerinnen und Lehrern, mit Musikerinnen und Musikern, die mit den Schulklassen gearbeitet haben, und mit denen, die diese Prozesse in den Schulen bis zur Aufführung geplant und begleitet haben. Er möchte erfahren, wie die Arbeit vor Ort aussah, wie weit man nachjustieren musste, welche Impulse sofort aufgegriffen wurden und welche Überraschungen man erlebt hat. Kurz: Ihn interessiert, wo die Stärken der jungen Generation liegen und welche Formen des Miteinanders und des Arbeitens bei ihnen besonders gut ankommen. Immer wieder mal trifft man Gisbert Rühl bei verschiedenen Anlässen in Marxloh. Weil er zum Beispiel in seiner

Firma die Mittel dafür freigesetzt hat, dass die Schulküche an der Grundschule Henriettenstraße renoviert wurde, organisierte man zum Dank ein kleines Konzert, gestaltet von SchülerInnen, zu dem die Schule dann auch einige Pressevertreter eingeladen hatte.

Sponsoring als Chance

Als er für einen Vortrag über die wirtschaftliche Zukunft Deutschlands unerwartet ein Honorar bekam, überlegte er, wofür er es einsetzen könnte. Seine Mitarbeiterin erinnerte sich, dass der Flügel des Elly-Heuss-Knapp-Gymnasiums sehr heiser klang und man dort überlegte, ihn restaurieren zu lassen. Und so schlug sie vor, dass er das Geld dafür zur Verfügung stellt.

„Unser wertvollstes Instrument wurde wieder auf Hochglanz gebracht!", schwärmte Schulleiter Holger Rinn schließlich begeistert bei der Begrüßungsfeier für den restaurierten Flügel in der Aula des Elly-Heuss-Knapp-Gymnasiums. „Gesegnet sei der Gott, der den Frühling und die Musik erschuf!" Dieses Zitat von Richard Wagner stellte er der Feierstunde voran. Alle hatten sich ins Zeug gelegt, SchülerInnen hatten mit dem Musiklehrer Christian Streich und dem Lehrer, der das ganze Projekt vorangetrieben hat, Christian Feuchner, rund um das Instrument und seinen Restaurator ein mitreißendes Programm auf hohem Niveau erarbeitet.

Der damalige Bezirksbürgermeister Uwe Heider war gekommen, der Leiter des Klavier-Festivals Ruhr, Franz Xaver Ohnesorg, und der Landtagsabgeordnete Frank Börner. Aber dieser Vormittag gehörte vor allem den SchülerInnen und allen, die das Leben der Schule Tag für Tag gestalten.

„Kulturelle Bildung ist Teil unserer Schule", erklärte Holger Rinn, und so sei man besonders erfreut, dass man aus Marxloh mal nicht nur „über Elend und Not berichten" könne, sondern auch über Kultur. Der Schulleiter bedankte sich vor allem bei den Sponsoren, die diese Restaurierung mit 20.000 Euro ermöglicht hatten, unter anderem bei Herrn Ohnesorg und bei Herrn Rühl, der zum damaligen Zeitpunkt CEO der Klöckner & Co SE war.

In seiner kurzen, jovial-freundschaftlichen Dankes-rede erzählte Gisbert Rühl zu-nächst die Story dahinter. Man konnte spüren, dass er auch deshalb Freude an die-sem Engagement für den Flü-gel hatte, weil den drei Mana-gern – vor allem über ihre freundschaftliche Verbunden-heit – dieser gemeinschaftli-che Coup gelungen war. Und dass seine Mitarbeiterin im

Wunsch- und Traumstein

Herzstück der Klöckner & Co SE, Frau Krispin, im richtigen Moment den rich-tigen Impuls gegeben hatte. Besonders wichtig war es ihm, im Engagement für SchülerInnen auf langfristige Projekte zu setzen. Und er griff damit auch das Bayreuth-Projekt der Schule auf, das Schulleiter Holger Rinn in seiner An-sprache bereits erwähnt hatte.

Die Begeisterung der SchülerInnen über die erneute Teilnahme der Schule an „Wagner für Kinder" in Bayreuth war nicht zu überhören, und so erzählte Gisbert Rühl eine Anekdote: Ein Journalist in Bayreuth hatte im Jahr zuvor die SchülerInnen aus Duisburg gefragt, ob sie denn wüssten, worum es im „Ring des Nibelungen" von Richard Wagner eigentlich gehe, und er war sichtlich beeindruckt, wie sie ihm in fünf Minuten eine Zusammenfassung der Handlung geben konnten. Verschmitzt ergänzte Gisbert Rühl, dass man das wohl von SchülerInnen aus dem Kohlenpott so nicht erwartet hätte. Und da-bei konnte man deutlich heraushören, wie stolz er darauf ist, dass solche Vor-urteile langsam, aber sicher abgebaut werden.

Langfristig sei das Engagement der Firma für Marxloher Schulen, und langfristig würde ja nun auch der Flügel wieder das Musikleben der Schule bereichern, das fügte er noch hinzu und war auch schon wieder verschwun-den, mitten im Publikum, um dann auch den Flügel in Aktion zu erleben. Sich unauffällig unters Volk zu mischen, gehört offensichtlich zu seinen beliebten

Methoden, verschiedene Lebenswirklichkeiten zu erkunden. In diesem Fall wollte er erfahren, was die Jugendlichen anspornt, wie sie ihre Feiern gestalten und miteinander umgehen. Denn genau dieses Wissen macht Gisbert Rühl stark in seiner Verantwortung als Topmanager, genau dieses Gespür ist wichtig für sein Handeln bei der Planung der Zukunft – auf allen Ebenen. Dass er dabei nahbar bleibt und die Jugendlichen ihn gerne ansprechen, macht ihn umso glaubhafter.

Weltwirtschaftsforum

Wie weit mag seine Begeisterung gehen? „Sprechen Sie von Ihrem Engagement in Marxloh auch beim Weltwirtschaftsforum in Davos?", frage ich ihn. Er schmunzelt und klärt mich auf: „Beim Weltwirtschaftsgipfel geht es von der Institution und vom Veranstalter Klaus Schwab her weniger darum, Manager zusammenzubringen, damit sie tolle Geschäfte machen können. Es geht vor allem darum, zu überlegen und daran zu arbeiten, wie man die Welt verbessern kann. Natürlich geschieht das dort auf einer etwas höheren Ebene. Letztendlich ist aber eben notwendig, dass auf allen Ebenen gearbeitet wird. Und dazu gehört auch ein Projekt wie unseres in Marxloh hier. Vor allem, wenn es erfolgreich ist! Dann hat es ja auch Vorzeigecharakter!"

Gisbert Rühl ist ein Macher. Egal, ob in der Firma oder als Leiter des Stifterverbandes, der in Bildung, Wissenschaft und Innovation investiert – er fördert Wege, Zukunft nachhaltig und sinnvoll mitzugestalten. Und eben das findet er in Marxloh: ein Modell für die Zukunft. „Im Grunde genommen ist es doch so: Will man wirklich etwas verändern, muss man bei den Kindern anfangen. Sonst ist es irgendwann zu spät. Denn Integration wird mit fortschreitendem Alter immer schwieriger. Daher kommt unser Ansatz: Wir wussten, dass wir uns erst mal um die Kinder kümmern müssen. Natürlich spielen da die Themen Bildung, Musik und Kunst eine große Rolle." Und so wird Gisbert Rühl nicht müde, innovative und zukunftstragende Projekte zu fördern.

Natürlich ist es wichtig, dass die Aufführungen begeistern und überzeugen, aber was ihn am meisten interessiert und was er wissen möchte, das ist der Weg dahin: Wie werden diese außergewöhnlichen Ergebnisse, die über das Normalmaß hinausgehen, erreicht? Wie stark profitieren derart positive Resultate von der kulturellen Vielfalt in den Marxloher Schulen? Wie lassen sich die individuellen Begabungen zur Stärkung eines gemeinsamen Wertesystems zusammenführen? Wo liegen die Stärken dieser aufgrund politischer Konflikte der jüngeren oder älteren Vergangenheit manchmal hochexplosiv geladenen Mischung?

Sucht man im Internet nach der Firma Klöckner, so lernt man dort bei der Präsentation ausgesprochen begeisterungsfähige Mitarbeiter und Mitarbeiterinnen kennen, zum Beispiel den syrischen Mitarbeiter Rami Rihawi. Gisbert Rühl kennt ihn persönlich: „Wir fördern ja einige Initiativen. Zum Beispiel eine Schule, bei der Flüchtlingen das Programmieren beigebracht wird – die ReDI School of Digital Integration. An sie haben wir praktisch ein Drittel unserer Räumlichkeiten in Berlin abgetreten. Und Rami war der Erste, den wir von der Schule übernommen haben. Mittlerweile ist er in einer wichtigen Position unserer Digitaleinheit in Berlin. Dort haben wir neunzig Mitarbeiter aus sechzehn Nationen – es ist extrem multikulturell." Diese Initiative hat die Firma Klöckner inzwischen auch nach Marxloh gebracht. In fünf Schulen werden derzeit Programmierkurse angeboten.

Die ganze Gesellschaft im Blick

Schon Gisbert Rühl hatte damals begeistert festgestellt, wie weitreichend das Engagement in den Schulen ist. Es beeinflusst in Marxloh nicht nur die Persönlichkeitsentwicklung der SchülerInnen, es entwickelt eine Strahlkraft bis hinein in die unterschiedlichsten gesellschaftlichen Gruppierungen. Sie erreicht über die Kinder auch die Zuwanderer, die so gut wie ausschließlich in ihren vertrauten Communitys leben. Man sieht sie in größeren Gruppen beim Einkaufen und auf bestimmten Plätzen, aber bei Veranstaltungen scheinen sie sich oft nicht eingeladen zu fühlen. Dass der Einsatz selbst hier greift, hat

Gisbert Rühl begeistert: „Ich weiß noch, wie wir damals an der Sandstraße die ersten Schulaufführungen gemacht haben. Am Anfang kamen erst mal überhaupt keine Eltern. Die Kinder waren so enttäuscht! Und jetzt? Müssen wir zwei große Aufführungen im Landschaftspark Nord organisieren, um den Andrang überhaupt bewältigen zu können. Man kann es geradezu spüren, wie die Begeisterung auf die Familien übertragen wird. Generell war die Anteilnahme der Eltern am schulischen Leben damals noch sehr reduziert, glaube ich. Aber wie ich das jetzt erlebe – natürlich auch immer aufgrund des großen Engagements der Lehrerinnen und Lehrer und der Schulleitung –, hat sich da schon einiges gewandelt!"

Education-Projekt Klavier-Festival Ruhr

Zu den Erlebnissen, die Gisbert Rühl persönlich ganz besonders beeindrucken, gehören die Workshops mit Richard McNicol vor den Aufführungen beim Klavier-Festival Ruhr. Besonders freut ihn, dass die Duisburger Waldschule mit Kindern mit begrenzten Lernfähigkeiten dabei ist. „Wie sich die Kinder der Schulen aus Marxloh um sie kümmern – das ist natürlich ein tolles Erlebnis. Diese Workshops mit Richard McNicol, einem begnadeten Musiker, sind wirklich einmalig. Man könnte stundenlang zusehen – und es ist immer toll."

Gisbert Rühl weiß aus eigener Erfahrung, dass manchmal schon ein kleiner Funke reicht, um große Leidenschaften zu entfachen.

Ihm selbst ging es in Studienzeiten mit der Musik von Richard Wagner so. Nachdem er den Soundtrack zu Francis Ford Coppolas „Apokalypse Now" im Plattenladen gesucht hatte, ohne überhaupt eine Idee zu haben, was es war, drückte ihm der Verkäufer ein „Best of Walküre"-Album in die Hand. „Und ich erinnere mich, als wär es gestern gewesen", sagt Gisbert Rühl lächelnd: „Ich brauchte ein Hemd – was als Student sehr selten vorkam –, um auf irgendeine Veranstaltung zu gehen. Also habe ich am Freitagnachmittag gebügelt und dabei diese CD gehört. Walkürenritt und so, alles super. Dann kam ‚Wotans Abschied und Feuerzauber' am Ende der Walküre – und ich war einfach hin und weg. Seitdem liebe ich Wagner!" Keine Frage, dass er mit besonderer Freude auch ein Bayreuth-Projekt für die Schulen unterstützt hat. Langfristig, versteht sich.

Leidenschaftlich kommt Gisbert Rühl in unserem Gespräch nach der Feier für den restaurierten Flügel auf den Grund seines Engagements in Marxloh zurück: „Gerade Kindern kann man ja Vertrauen schenken. Man darf sie nicht unterschätzen. Das ist der eigentliche Punkt. Wenn man sieht, was Kinder dann leisten können … Man muss sich nur einmal überlegen, was wir gerade hier in der Aula gesehen haben, was hier an diesen Schulen stattfindet! Diese Aufführungen zeigen, dass Musik Grenzen überwindet. Dass die Kinder ein unglaubliches Potenzial haben. Und ja, auch ein großes Engagement. Ein Blick in die Gesichter der Kinder genügt, wenn sie solche Aufführungen durchführen! Und deswegen glaube ich, es ist richtig, genau da anzusetzen."

Zukunftsmodell

Gisbert Rühl ist so empathisch und begeisterungsfähig, dass er gerne von den Projekten erzählt und für mehr Engagement wirbt, auch im Gespräch mit dem Bundespräsidenten: „Er war ja bereits in Marxloh. Und ich habe ihn gebeten, wiederzukommen – was hier passiert, hat Vorzeigecharakter! Und wenn sich der Bundespräsident der Sache noch mal annehmen würde, hätte das natürlich auch eine ganz andere Wirkung nach außen!"

Es ist einfach ein guter Weg, bei den Kindern anzusetzen. „Bei Kindern – man sieht es ja auf der Bühne – haben die kulturellen Prägungen und politischen Verstrickungen der Länder in der Vergangenheit keine Mauern gebaut, die nicht zu überwinden gewesen wären. Würde man es tatsächlich schaffen, die Kinder in gemeinsamen Projekten zusammenzubringen, sie gemeinsam zu fördern, sie ihren weiteren Weg gemeinsam mitgestalten zu lassen – und das auch aufgrund der Beispielhaftigkeit der Schulen von Marxloh –, dann glaube ich fest daran, dass die Aussichten und die Erfolgschancen hinterher sehr groß sind. Wir werden hier hinsichtlich des Themas Integration in einem durchaus schwierigen Umfeld etwas Beispielhaftes schaffen."

Dafür spricht auch das überdurchschnittliche Engagement von LehrerInnen und BewohnerInnen im Stadtteil selbst, erklärt Gisbert Rühl voller Respekt.

„Man wird noch sehen, dass dieser Stadtteil – und das ist ja eigentlich ein bisschen auch die Zielsetzung dahinter – zum Vorzeige-Stadtteil wird. Also auch insgesamt für Deutschland. Wir hatten es mal so formuliert:
‚Von der No-go- zur Go-go-Area!'

Die Chancen dafür stehen nicht schlecht, weil wir dieses Programm mittlerweile in allen Schulen in Marxloh fahren. Sie beteiligen sich sehr gern an dem musischen Programm des Klavier-Festivals."

2005 wurde Gisbert Rühl als Mitglied in den Klöckner & Co Konzernvorstand einberufen – zunächst als Finanzvorstand und von 2009 bis 2021 als Vorstandsvorsitzender. Im Mai 2021 übernahm Guido Kerkhoff die Position planmäßig von Gisbert Rühl und entwickelt die Zukunftsstrategie der Klöckner & Co 2025 unter dem Leitgedanken „Leveraging Strengths", also „Stärken nutzen". Klöckner & Co sponsert weiter das Education-Projekt des Klavier-Festivals Ruhr in den Schulen.

Gisbert Rühl hat mit Freunden ein eigenes Unternehmen gegründet, GFJ, ein SPAC-Unternehmen für Börsengänge, und begleitet Start-ups. Über die Jahre beobachtete er in Marxloh eine Entwicklung, die ihn begeistert: „Inzwischen sind die Schulen durch das Programm untereinander viel vernetzter, als es vor diesen Engagements der Stiftungen und des Klavier-Festivals der Fall war. Sie treffen sich untereinander, um auch einen Ausgleich zwischen den Schulen zu schaffen, und haben damit natürlich auch bei den Behörden ein ganz anderes Standing."

Gisbert Rühl ist überzeugt: „Dieses Engagement ist nachhaltig! Marxloh kann zu einem Erfolgsmodell werden. Hier wird deutlich sichtbar vorgelebt und aufgezeigt, wie man mit solchen zunächst problematischen Stadtteilen umgeht."

Kapitel 25:

Ein Haus wie im Märchen

In der letzten Woche sind vierundsechzig Jahre meines Lebens im Zeitraffer an mir vorbeigezogen. Ich habe jedes Buch noch Mal in der Hand gehabt. Ich räume mein Elternhaus aus. Meine Mutter ist gestorben, wir drei Geschwister haben beschlossen, das Haus zu verkaufen. Mein Bruder ist kurz darauf verstorben, ganz plötzlich, meine Schwester kann sich nicht freimachen. Ich sitze da und sortiere. Was kann man weitergeben, was will ich mitnehmen, was muss weg?

Ich finde die alten Englischbücher, die mir als Schülerin das Gefühl gegeben haben, ich könnte bald in der ganzen Welt Freunde finden. Das Lateinbuch, das ich an die Wand geknallt habe, weil meine Mutter mich mit einer in meinen Augen völlig sinnlosen Übung quälte: Ich musste meine deutschen Übersetzungen ins Lateinische zurückübersetzen, und sie hat im Buch den Text auf jeden Buchstaben kontrolliert, ohne zu verstehen, dass die Rückübersetzung im Lateinischen so nicht wirklich funktionieren kann. Doch ich war ein schüchternes braves Mädchen, und dass ich emotional so ausbrechen konnte, hatte man nicht vermutet. Doch für mich war in jenem Moment das Fass übergelaufen.

Mein Wutausbruch hat damals alle in der Familie belustigt. Ich habe die Geschichte oft gehört, jeder erzählte sie auf seine Art. Früher fand ich das entsetzlich, später erlebte ich das eher als spannend und sogar amüsant, weil ich erfuhr, wie sie mich sehen und gesehen haben.

Ich bin meiner Mutter schon lange dankbar, dass sie den Unterricht ihrer Kinder zu Hause nach Kräften unterstützt hat, gerade auch, weil sie dem Willen ihrer Eltern entsprechend nicht Lehrerin werden durfte. Die höhere Handelsschule musste damals für ein Mädchen reichen, und so landete sie im Großraumbüro auf der Hütte in Oberhausen, wurde dann kriegsbedingt überredet, als Angestellte ins Pfarrbüro ihrer katholischen Heimatgemeinde zu wechseln, um dort, quasi nebenbei, die Orgel der Pfarrkirche zu spielen, da der Organist zum Kriegsdienst verpflichtet war.

All die Jahre hat sie das Orgelspielen nie richtig gelernt, hat aber viele Jahre – bis zu ihrem achtzigsten Lebensjahr – die fest angestellten Organisten vertreten. Ihre Art, den Gesang zu begleiten, war bei der Gemeinde äußerst beliebt, und ihre feierliche Gestaltung jedes einzelnen Gottesdienstes kam gut an.

Demenz

Das Orgelspielen in der Gemeinde wurde ihre Rettung. Es gab ihrem Leben einen Sinn, denn eigentlich war mit dem Tod meines Vaters auch ihr Lebensplan zu Ende – und das, obwohl sie erst einundsechzig Jahre alt war. „In Indien werden die Frauen mitverbrannt, wenn der Mann stirbt", das war ihr Lieblingskommentar, wenn wir drei erwachsenen Kinder ihr Mut zum Leben machen wollten. Dass das Publikum applaudierte, als sie den feierlichen Gottesdienst beim Bischofsbesuch zum fünfundsiebzigsten Jubiläum der Pfarrei gestaltete, war selbst während der späteren Demenz immer noch ein Highlight ihrer Erinnerungen.

Sie hörte auf, als sie aufgrund ihrer Demenz nicht mehr wusste, ob der Gottesdienst vorbei war noch oder noch nicht angefangen hatte. Sie blieb auf der Orgelbank sitzen, und man musste sie von der Empore herunterholen. Doch fast bis zu ihrem Lebensende spielte sie täglich eine Stunde Klavier. Zur Freude der wechselnden Betreuerinnen legte sie das Buch mit den Kirchenliedern und auch die Sonaten von Beethoven und Mozart in die Schublade und spielte stattdessen Lieder wie „Muss i denn zum Städele hinaus" und „Santa Lucia", Volkslieder, Schlager und Tanzmusik, die sie als Teenager bei Jugendtreffen am Klavier begleitet hatte. Einige ihrer Betreuerinnen sangen gerne mit.

Mein Vater war 1989 gestorben. Doch durch die Fotos blieb er ziemlich präsent im Elternhaus und an den Orten, an dem wir oft zusammen waren. So sitzt er in Gedanken manchmal in der Kirche neben mir oder kommentiert meine Gedanken, wenn ich am Familiengrab stehe. Ich spreche mit ihm darüber, wie der BVB gespielt hat und ich denke, er teilt mit mir Freud und Leid.

Bei meinem Besuch im nun leeren, renovierungsbedürftigen Elternhaus habe ich ihm meine Sorgen anvertraut und ihn beinahe vorwurfsvoll gefragt, wie ich das denn schaffen soll, ohne Makler einen guten Käufer für das Haus zu finden. Einen, der das Haus nicht zum Schein kauft und dann gleich abreißen lässt, weil es viel mehr Gewinn bringt, ein neues, großes Mehrfamilienhaus dort zu errichten und zu vermieten. Ich wollte unbedingt verhindern, dass das Haus, das dem Leben meiner Eltern den Rahmen gab, den sie sich erträumt hatten für ihre Familie mit drei Kindern, mit Garten, Garage, Schuppen und Keller, so einfach sang- und klanglos verschwindet. Dieses Haus sollte eine schöne Zukunft haben. Das habe ich mir gewünscht. Und dafür wollte ich kämpfen.

Tannen aus dem Schwarzwald

Hilfe!

„Gesprochen" – oder vielleicht mehr vor mich hingeschimpft – habe ich mit meinem Vater am Freitagabend. Samstagmorgens um zehn Uhr klingelt es an der Tür. Ein junger Mann steht vor mir. „Ich bin Ihr Nachbar. Ihr Baum ist in der Nacht auf mein Grundstück gefallen."

Wir kommen ins Gespräch – und einen Tag später steht ein junges Ehepaar bei mir im Garten: „Wir würden gerne mal das Haus anschauen."

Es ist der Cousin des Nachbarn mit seiner Ehefrau. Die beiden suchen schon seit drei Jahren nach einem geeigneten Objekt. Sie sind sympathisch und haben sich offensichtlich auf den ersten Blick in das Haus verliebt.

„Wenn Sie jetzt sagen, Sie verkaufen es an uns", erklären sie mir am Ende eines schnellen Rundgangs, „dann sagen wir auf der Stelle Ja!"

Die beiden strahlen. Sie sind freundlich, ruhig, zurückhaltend. Er ist in Herne geboren, sie in Walsum, ihr Vater ist Stahlkocher, beide Eltern waren als Gastarbeiter nach Deutschland gekommen. Mein Herz schlägt höher. Ja, das hätte mein Vater sich gewünscht: Käufer, deren Eltern bei uns mit ihrer Familie eine Heimat gefunden haben.

Seit 1957

Ich bitte sie, ob sie am nächsten Tag noch mal wiederkommen könnten. Ich kenne den Zustand des Hauses sehr gut und weiß, wie viel Arbeit man reinstecken muss, um es aus seinem in die Jahre gekommenen Zustand wieder attraktiv zu machen. „Renovierungsstau" ist der Fachausdruck dafür. Meine Mutter wollte nichts verändern, zunächst aus Stolz, denn sie hatte das Haus mit meinem Vater und dem Patenonkel, der Maurer war, entworfen und viel am Bau mitgeholfen. Gemeinsam hatten sie alles nach neuesten Ideen geplant, die moderne Einbauküche, das grasgrüne Badezimmer, die praktischen fest eingebauten Wandschränke. Später dann wollte sie erst aus Sparsamkeit – schließlich gingen drei Kinder zur Schule beziehungsweise studierten – nichts mehr verändern, nach dem Tod meines Vaters aus Angst, mit jeder Veränderung könne ein Stück Erinnerung verloren gehen.

Es war 1957, als sie nach meiner Geburt im Krankenhaus mit mir direkt in das Haus einzogen. Sie hatte mit meinem Vater alles für mich vorbereitet. Und für meinen Bruder, gerade fünf Jahre alt. Später erzählte er immer voller Freude die Geschichte, wie er mit seiner Kinderschubkarre die Bretter hochgelaufen ist und ganz stolz war, dass er auch Steine nach oben gebracht hatte.

Die Pointe kann man sich denken: Mein Vater und die Maurer waren not amused, als sie ihn da oben balancieren sahen.

Vierundsechzig Jahre lang war dieses Haus der Ort, an dem ich mich erden und entfalten konnte. Ganz wichtig war der große Garten, der in den Garten meines Patenonkels überging und aus dem später dann – vor vierzig Jahren – drei Grundstücke gemacht wurden. Im Haus selbst spielte das Klavier eine zentrale Rolle und nicht zuletzt der Küchentisch, an dem die Hausaufgaben gemacht wurden.

Mein Bruder hatte ein eigenes kleines Zimmer mit Arbeitstisch und Bücherschrank. Er war begabt, ein Musterschüler und hochmotiviert. Ich teilte mir ein Schlafzimmer mit meiner Schwester. Dort Hausaufgaben zu machen oder sich in dem Zimmer oben aufzuhalten, war für uns nicht vorgesehen. Unser Leben fand unter der Aufsicht unserer Mutter im Esszimmer statt. Sie saß daneben oder arbeitete in der angrenzenden kleinen Küche, zu der die Tür immer offenstand. Mit wenigen Widerständen ging das bei mir meistens gut, aber in der Pubertät schwand meine Motivation, meinem Bruder, dem alles leichtfiel und den einfach alles interessierte, nachzueifern. Ich wollte ins Kino, auf die Kirmes, wollte einfach mit Freundinnen unterwegs sein und endlich mal den ersten Freund. Alles verboten. Meine kleine tägliche Flucht war der Weg in die Kirche. Dort stand die Orgel, auf der ich als schüchternes Mädchen laut sein und mal heimlich das „Tutti-Register" drücken konnte. Wie sehr ich es genossen habe, so einen Lärm machen zu dürfen!

Mein Klavierlehrer, der Organist der Gemeinde, brachte mich dazu, den Kirchenchor bei feierlichen Gottesdiensten zu begleiten. Das war das Größte und Schönste. Da saß ich nicht mehr allein am Klavier, sondern war mittendrin in einer Menge von leidenschaftlichen SängerInnen. Es spielte keine Rolle, dass ich schüchtern war. Die Musik verlangte bestimmte Register, und die mussten gezogen werden. Ich wurde in wundersame Gefühlsräume getragen. Manche Chöre wie „Würdig ist das Lamm" aus dem Oratorium „Der Messias" von Georg Friedrich Händel kann ich heute noch mit allen Sinnen auch körperlich nachfühlen.

Kein Wunder also, dass ich zunächst Musik und Theologie studiert habe – auf Lehramt: Ich wollte meine Leidenschaften ausleben, Trost und Hoffnung vermitteln und mit allen teilen. Das ist mir bis heute gelungen, auch wenn ich nicht Lehrerin geblieben bin. Und ich bin allen dankbar, die diese Weichenstellung zu meinem heutigen Leben als Journalistin, Autorin und Rhetorik-Coach beeinflusst haben.

Das Elternhaus zu verkaufen, fiel mir schwer.

Erst jetzt wurde mir richtig bewusst, dass einem – anders als mit einer Eigentumswohnung – mit so einem Haus ein Stück unserer Erde gehört, theoretisch bis zum Erdmittelpunkt. Wow, was für eine Vorstellung!

Der Himmel spricht mit

Die Hoffnung ist, dass dieses Haus, der Traum meiner Eltern und unser Zuhause, einer neuen Familie eine wunderbare Lebensgrundlage gibt. Physisch und psychisch. Und genau das erhoffen sich die jungen Leute, die es gekauft haben. Das gibt mir ein gutes Gefühl. Es fühlt sich deutlich besser an, als wenn ich an jemanden verkauft hätte, der mehr bezahlen wollte, mir aber von seinen Plänen erzählte, das Haus abreißen zu lassen und ein neues zu bauen. Bislang erweist sich die Entscheidung für das junge Ehepaar als Käufer als wirklich gut. Auch wenn ich als Freiberuflerin für meinen Ruhestand jeden Cent gebrauchen kann.

Ihre Eltern kommentierten den Kauf mit: „Viel Arbeit, aber schön!" Und seine Eltern meinten beim ersten Besuch, als sie das Haus mit dem spitzen Giebel, dem Balkon und der großen Terrasse hinter den hohen Tannen gesehen haben: „Ein Haus wie im Märchen." Ja, das ist es. Die Aussage versetzt mir einen Stich, zeigt mir aber gleichzeitig: „Alles richtig gemacht!"

Das junge Ehepaar freut sich auf nachbarschaftliche Kontakte zu Deutschen, wie sie es von zu Hause kennen. Die junge Frau jedenfalls. In der Straße, in der sie aufgewachsen ist, lebten fast nur alteingesessene deutsche Familien. Das war nur zwei Straßenbahnhaltestellen weiter westlich von unserer Haltestelle „Schwan" im Herzen von Walsum, seit 1975 ist das der nördlichste Stadtteil von Duisburg.

Ihr Vater und sein Bruder, die aus der Türkei gekommen waren und in den Siebzigerjahren dort das dreistöckige Haus für sich und eine der Schwiegermütter gekauft hatten, verhielten sich unauffällig, sorgten aber doch für Aufsehen in der Straße – wegen ihrer Kinder: Jeder bekam vier Töchter. Bald sprachen alle vom schönen „Mädchenhaus".

Alle acht sind heute sehr attraktive junge Frauen, und man kann sich vorstellen, dass sie von den Nachbarn beobachtet wurden und werden. Dass eine der beiden Mütter inzwischen eine der Nachbarinnen pflegt, die früher skeptisch und abweisend gegenüber den sogenannten „Gastarbeitern" war, jetzt aber ganz allein im Haus lebt, gehört zu den Schicksalsgeschichten, die das Leben schreibt.

Von dem Moment an, in dem ich mich für das Ehepaar als Käufer entschieden hatte, habe ich versucht, Beziehungen zwischen ihnen und unseren alten Nachbarn zu vermitteln. In der Siedlung aus überwiegend Einfamilienhäusern kommen alle neugierig an den Zaun, wenn ich den Rasen mähe oder den Hof fege. Dann erzähle ich voller Freude, an wen ich das Haus verkauft habe. Einige Bekannte reagieren eher wohlwollend, andere beschweren sich, dass ich mitverantwortlich sei, wenn sich Marxloh so langsam nach Walsum einschleiche. Was sie damit meinen? Dass die unsichtbare Grenze zwischen den Zuwanderern und den Deutschen weiter überschritten wird. Manche empören sich sogar, als hätte ich ein Grenzrecht verletzt. Ich antworte – und fühle mich unwohl dabei, weil ich es irgendwie rechtfertige: „Sie sind in Deutschland geboren."

Neue Nachbarschaften

„Quatsch, das sind Türken" – der Stempel ist aufgedrückt. Einige Nachbarn reagieren richtig aufbrausend, wie ich das nur hätte tun können. „Na klar, du lebst hier ja nicht!", heißt es dann. Zu meinem Erstaunen gibt es diese Ablehnung sogar bei NachbarInnen, die seit Jahren ihren Urlaub gerne in der Türkei verbringen. Also bohre ich nach, was dahintersteckt. Es ist irgendwie die Angst, die vertraute Alltagskultur zu verlieren. Dass unausgesprochene „deutsche" Gesetze missachtet werden wie die Sonntagsruhe und das Fegen der Bürgersteige. Gleichzeitig wird über alteingesessene deutsche Nachbarn gelästert, mit denen man im Clinch liegt: wegen des Gartenzauns und der Bäume, deren Äste über das Grundstück ragen, oder wegen derjenigen, die neugierig hinter der Gardine alles beobachten oder die zu laut im Freien reden, weil sie schwerhörig sind. Es gibt viel Stoff für Nachbarschaftssoaps, die nur unterhaltsam sind, wenn man nicht betroffen ist.

Einige neue Hausbesitzer mit türkischem Migrationshintergrund zeigen isch nicht an nachbarschaftlichen Begegnungen interessiert. Sie grüßen nicht, verbieten ihren Kindern, den aus Versehen in den Nachbargarten geschossenen Ball zurückzuholen und kaufen lieber einen neuen. Und manche bauen Zäune mit Steinbefüllung, Gabionenzäune, die einmeterachtzig hoch sind und einen hundertprozentigen Sichtschutz bilden. Ob es sie nicht stört, das damit ihr Grundstück für sie selbst wie ein Gefängnishof wirkt?

Um das junge Ehepaar zu motivieren, das bereits bei den ersten Arbeiten im Garten so langsam ahnt, auf was es sich eingelassen hat, nehme ich die beiden mit zu meiner alten Jugendfreundin, die gegenüber wohnt. Sie hat sich ihren Traum von einem Garten erfüllt: mit einem Gartenhäuschen für Partys und Grillfeste und einer schicken, gemütlichen mediterranen Terrasse und sorgfältig gepflegten Blumen-beeten, Sträuchern und Bäumen. Meine Käufer sind begeistert. Schnell sind die neuen Nachbarn in ein reges Gespräch über Baustoffe, Holz, Gartengestaltung und Nachhaltigkeit vertieft. Die Bewunderung der Anfänger für das beeindruckend einladend gestaltete Gartenidyll der alteingesessenen Hausbesitzerin ist groß – und Tipps sind willkommen.

Es sind erste Momente der Begegnung, in denen der Migrationshinter-grund absolut keine Rolle spielt.

Ich bin mir sicher, mit jedem Duft aus dem geplanten Backhaus, der aus „unserem" Garten herüberziehen wird, und mit den ersten Grill-abenden, die gemeinsam gefeiert werden, werden Ängste und Vorurteile so langsam verfliegen.

Schon jetzt bin ich eingeladen, im Gästezimmer meines ehemaligen Eltern-hauses zu übernachten und das Haus im renovierten Zustand zu genießen, wenn alles fertig ist. Eine schöne Geste der Käufer. Die Familie sieht meinen Abschiedsschmerz und will mir ihre Dankbarkeit zeigen. Vielleicht werde ich es dennoch bei einem Kaffee im Wohnzimmer belassen. Und mich an dem Gefühl erfreuen, dass dieses Haus meiner Eltern mit seinem wunderschönen Garten ein neues Leben haben darf, ein geliebter Lebensraum sein darf für eine ganz normale, bescheidene, sympathische junge Familie.

Fazit und Ausblick

Hätte ich jemals gedacht, dass ich so gute Gespräche mit Fremden haben würde über kulturelle Eigenheiten, die Lust am Neuen, das Miteinander, die eigenen Marotten und die eigenen Werte?

Die Toleranz in Marxloh ist groß. Leben und leben lassen, das kann man hier beobachten. Man wird nachdenklich. Durch persönliche Begegnungen, redet vielleicht anders, wird vorsichtiger mit Verallgemeinerungen. Man spürt, dass man in den meisten Fällen viel zu wenig weiß, um Sachverhalte richtig einzuschätzen. Wenn nur ein Mensch sein Verhalten ändert und sich ein wenig öffnet, verändert sich der Kosmos, sagen einige Philosophen. Hier habe ich angefangen zu verstehen, was es bedeutet. Aus der Musik weiß ich: Jeder noch so kleine Ton, jede minimale Schwingung verändert den Klang.

Was ich im Alltag in Marxloh erlebe, durch Gespräche mit Menschen, die hier ihr Glück suchen, die fair miteinander leben möchten, die ihren Weg gehen, ist letzten Endes unbeschreiblich. Und ich wünsche jedem, dass er nur ein wenig genauer hinsieht. Und ins Gespräch kommt. Und diese Freude erlebt. Es bringt Gelassenheit – und diese vielen kleinen Momente von Glück, die unseren Alltag so reich machen.

Danke von Herzen

Was für ein Geschenk! Ohne die Schülerinnen des „Elly" hätte ich nie angefangen, dieses Buch zu schreiben. Ohne meine Tochter Jana und meinen Ehemann Heinz hätte ich irgendwann nicht weitergemacht, durch den inspirierenden Dialog mit Barbara ist es endlich fertig geworden zur Veröffentlichung.

Ich danke allen, die mir ihre Geschichten erzählt haben, und allen, die sie mir nicht erzählen wollten. All diese Begegnungen haben mich sensibel gemacht für das Zusammenleben der Menschen in unserer Gesellschaft, das jeder Einzelne von uns mitgestaltet. So sind zahlreiche Dinge in meinem Leben aufgetaucht, die es reicher und bunter machen.

Ich möchte Danke sagen. Zuallererst den SchülerInnen in Marxloh, die mir freundlich, skeptisch, neugierig und offen entgegenkamen und -kommen: an der KGS Henriettenstraße, der GGS Sandstraße, der Regenbogenschule, der Herbert Grillo-Gesamtschule und dem Elly-Heuss-Knapp-Gymnasium. Auch den LehrerInnen und den SchulhausmeisterInnen und allen, die an diesen Schulen arbeiten: dem Küchenpersonal, den Reinigungskräften, den IntegrationsassistentInnen und dem Education-Team des Klavier-Festivals Ruhr, das immer Wege gefunden hat, mich ins Gespräch mit allen Mitwirkenden zu bringen.

Besonders dankbar bin ich all den Menschen, die mir einen Blick in ihr Leben geschenkt haben – offen, bescheiden und humorvoll, dazu gehören:

Laila Aharroud, Regina Balthaus-Küper, Arno Berndt, Tobias Bleek, Anne und Marco Bliersbach, Saida Chadmi-Chalh, Alfred Dade, Delal, Klaus Hagge, Naci Heme, Ivo, Yasmina, Petra Jebavy, Kemal, Pascal Kißel, Gabi Klar, Brigitta Kleffken, Haris Kondza, Melisa Küccük, Tercan Küccük, Nihal Kuru, Luzie Nowak, Richard McNicol, Malina Metodieva, Fabian Müller, Franz Xaver Ohnesorg, Sami Osman, Mehmet Pera, Erica Pico, Bianca Pulungan, Holger Rinn, Gisbert Rühl, Abdullah Sarikaya, Bärbel Scharf, Andreas und Anke Schmaler, Sheriban, Shivko Slavev, Lorenzo Soulès, Rabia

Sprenger, Dieter und Marietta Stradmann, Yasha Wang, Murat und Nurcan Yagiz, Thomas Zander –

und nicht zuletzt mein Vater Werner Zander, der 1985 die Idee hatte, dieses Buch mit mir zu schreiben.

Erinnerung an Werner Zander Kokerei Friedrich-Thyssen 4/8

Margarete Zander, Dr. phil.

ist in Walsum geboren und aufgewachsen, in Duisburgs Norden. Der Stadtteil grenzt direkt an Marxloh. In den letzten 33 Jahren arbeitete sie als Journalistin und hat sich als Moderatorin von Sendungen und Konzerten mit
klassischer Musik einen Namen gemacht. Ihr besonderes Interesse gilt den
Menschen und ihren Biografien, die auch Grundlage ihrer Rhetorik-
Coachings sind.

Im Café Elif's Tortenwelt

MARXLOH

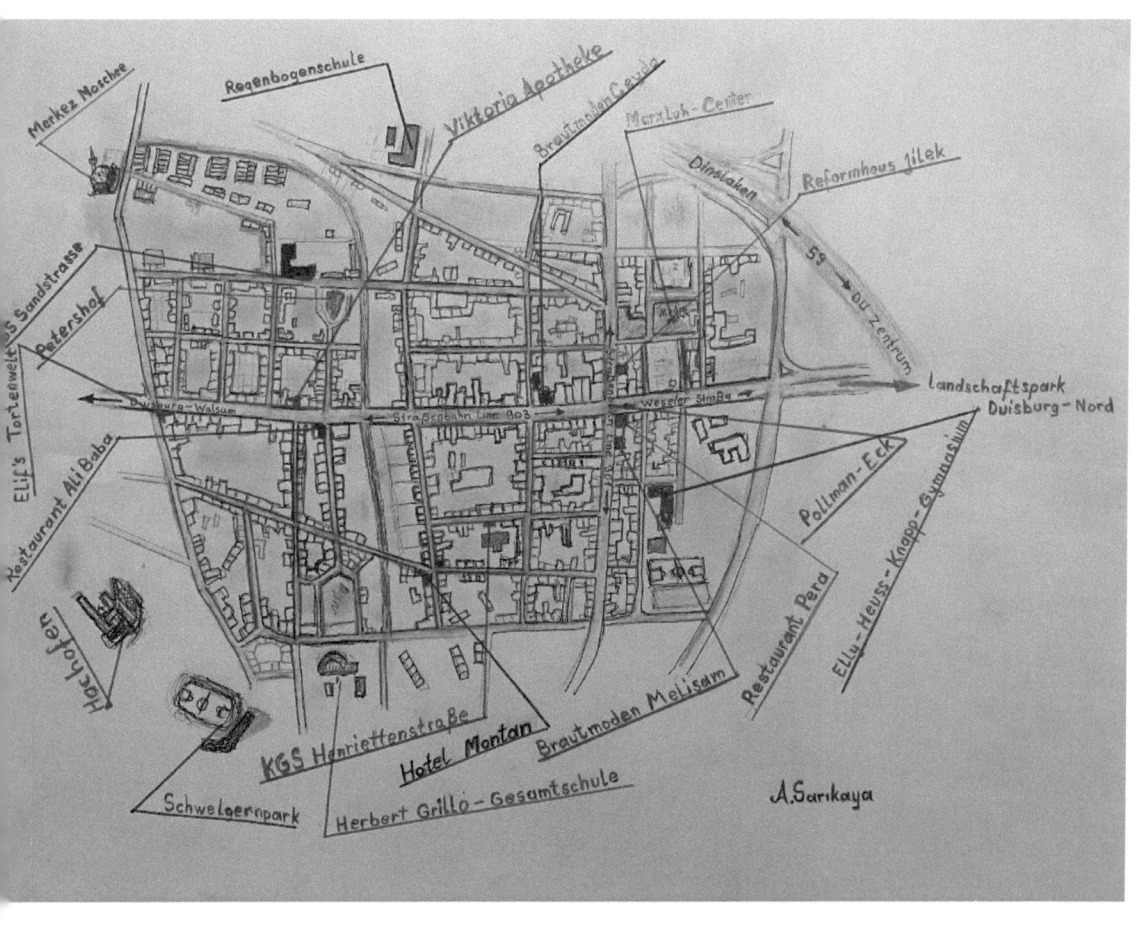